Social Media Marketing

3th Edition

社会化媒体营销

（原书第3版）

[美] 特蕾西·L. 塔腾（Tracy L. Tuten）　著
　　　迈克尔·R. 所罗门（Michael R. Solomon）

戴鑫　严晨峰　译

图书在版编目（CIP）数据

社会化媒体营销（原书第3版）/（美）特蕾西·L. 塔腾（Tracy L.Tuten），（美）迈克尔·R. 所罗门（Michael R. Solomon）著；戴鑫，严晨峰译 .—北京：机械工业出版社，2020.1

书名原文：Social Media Marketing, 3rd Edition

ISBN 978-7-111-63510-9

I. 社… II. ①特… ②迈… ③戴… ④严… III. 网络营销 IV. F713.365.2

中国版本图书馆 CIP 数据核字（2019）第 262790 号

本书版权登记号：图字　01-2019-2164

Tracy L. Tuten, Michael R. Solomon. Social Media Marketing, 3rd Edition.

Copyright © 2018 by SAGE Publications, Inc.

Simplified Chinese Translation Copyright © 2019 by China Machine Press. This edition is authorized for sale in the People's Republic of China only, excluding Hong Kong, Macao SAR and Taiwan.

No part of this book may be reproduced or transmitted in any form or by any means, electronic or mechanical, including photocopying, recording or any information storage and retrieval system, without permission, in writing, from the publisher.

All rights reserved.

本书中文简体字版由 SAGE Publications, Inc. 授权机械工业出版社在中华人民共和国境内（不包括香港、澳门特别行政区及台湾地区）独家出版发行。未经出版者书面许可，不得以任何方式抄袭、复制或节录本书中的任何部分。

本书透过各种纷繁复杂的营销现象厘清了社会化媒体营销的本质，从而构建出社会化媒体营销的理论体系。第一部分介绍了社会化媒体营销的基础，包括社会化媒体环境、社会化消费者、社会化媒体中的网络结构和群体影响。第二部分介绍了社会化媒体营销策略与规划，包括社会化媒体营销策略以及战术计划和执行。第三部分把社会化媒体分为四个区域进行分析：社会化社区、社会化发布、社会化娱乐和社会化商务。第四部分介绍了社会化媒体数据管理和测量，包括社会化媒体分析和社会化媒体指标。第五部分介绍了社会化媒体营销实践。

本书适用于作为高校 EMBA、MBA，以及信息管理、电子商务、市场营销、工商管理等专业本科生的教材，也可供企事业单位高层管理者参考使用。

出版发行：机械工业出版社（北京市西城区百万庄大街22号　邮政编码：100037）

责任编辑：邵淑君		责任校对：殷　虹	
印　　刷：北京市荣盛彩色印刷有限公司		版　　次：2020年1月第1版第1次印刷	
开　　本：185mm×260mm　1/16		印　　张：21.75	
书　　号：ISBN 978-7-111-63510-9		定　　价：79.00元	

客服电话：（010）88361066　88379833　68326294　　投稿热线：（010）88379007
华章网站：www.hzbook.com　　　　　　　　　　　　读者信箱：hzjg@hzbook.com

版权所有·侵权必究
封底无防伪标均为盗版
本书法律顾问：北京大成律师事务所　韩光/邹晓东

THE TRANSLATORS' WORDS 译者序

随着互联网及移动终端技术的快速发展，互联网营销已经从营销 1.0 向营销 4.0 发展演变。互联网营销 1.0 起源于 20 世纪 90 年代，以 Web 1.0 网络为基础。典型的互联网业态有雅虎、新浪、搜狐等综合性门户网站以及谷歌、百度等搜索引擎。此阶段用户以阅读和浏览信息为主要目的，网络话语权较小，基本是被动的信息接收者。企业在此阶段的互联网营销以广告发布为主，具体形式有网络广告、搜索引擎营销、电邮营销、BBS 营销等，这些手段本质上属于传统营销中的广告传播工具。互联网营销 2.0 大约出现在 2000 年，以 Web 2.0 网络为基础。典型的互联网业态有 Facebook、Twitter、人人网、新浪博客、腾讯博客等互动平台，也有淘宝、天猫、京东、当当等商城出现。此阶段用户以交流互动为主要目的，初步尝试在网上购买。用户的网络权利增强，去中心化、草根性、真实性、自组织协同性、主体参与性明显增强。企业在此阶段的互联网营销以品牌传播为主，以网络渠道销售为辅（甚至很多企业并不重视网络渠道），具体形式有博客营销、播客营销、RSS 营销、SNS 营销、联属网络营销、借助第三方电商平台进行销售等。这些手段本质上属于传统营销中的一些公共关系工具和辅助销售渠道，因此，该阶段的互联网营销仍然依附于传统营销。互联网营销 3.0 大约从 2010 年开始，以 Web 3.0 网络为基础。典型的互联网业态有新浪微博、腾讯微博、微信等社交媒体，美团网、蘑菇街、微信商城、苏宁易购等电商平台以及"米粉"（小米）、"花粉"（华为）等在线社区。此阶段用户以购物、娱乐、分享为主要目的，网络权利较强，逐步形成消费者互联网社区与生态。企业在此阶段的互联网营销以互联网品牌创立、顾客引流及在线价值变现为主，具体形式有微商营销、朋友圈营销、品牌社区营销、直播营销、网红营销、自媒体营销等。此阶段互联网营销已经冲击或颠覆了传统的营销模式，初步建立了新的行业标准与营销规则。互联网营销 4.0 从 2016 年开始，以人工智能、移动智能终端、虚拟现实、区块链、互联网支付创新等为代表的新技术融合为物理基础。典型的业态有无人超市、无人驾驶汽车、车联网等。此阶段用户以多资源、多价值观、多媒体途径参与互联网及智能终端的创新创业，用户既是消费者（使用者），又是生产者，还是资源提供者。企业在此阶段的任务是通过重塑模式与资源整合，促进线上线下融合、互联网与智能终端融合，以及企业与顾客价值共创，建立共生关系，具体形式有智联网营销、区块链营销等。目前大部分企业正处于从互联网营销 3.0 到互联网营销 4.0 的发展过渡阶段。

本书由特蕾西·L.塔腾（Tracy L.Tuten）和迈克尔·R.所罗门（Michael R.Solomon）两位美国学者编写，为上述处于从互联网营销3.0到4.0发展阶段的企业营销活动提供了从理论到实务五个方面的帮助，具体如下。

第一，本书回答了"what"，即什么是社会化媒体营销？它主要包括哪些营销活动？ 正如作者在第1章所引述的，社会化媒体通过其技术能力和移动性来增强人与人之间、社区和组织之间互联互依的网络体系，促进它们之间的交流、信息传播、相互协作与关系培养。社会化媒体营销就是利用社会化媒体技术、渠道和软件来创造、交流、传送和交换对组织利益相关者而言有价值的产品，具体包括社会化社区、社会化发布、社会化娱乐和社会化商务四类区域的营销活动。

第二，本书解释了"why"，即为什么要开展这些营销活动？隐藏在其背后的消费者心理行为机制是什么？ 作者在书中指出社会化媒体营销的对象是"数字原住民"，这些原住民除了按照传统的人口统计特征、心理、行为等因素细分目标群体以外，还有独特的社会化身份特征。数字原住民通过与他人的各种社会化联系、群体关系来参与活动，共享图文、声音和视频等。用户参与的各种在线活动和上传的信息都表达了自己的社会化身份。这类社会化身份会影响其参与社会化媒体的位置、时间、方式和内容，也因此带来了不同的心理机制。例如，用户参与社会化媒体的动机有对密切关系的渴望、追求个人效用的渴望、接触安慰和即时冲动、利他主义的渴望、满足好奇心的渴望和对于获得认可的渴望等。

第三，本书给出了"so what"，即如何根据网络用户的心理行为特征开展社会化媒体营销活动？ 第4章描述了社会化媒体营销策略，第5章探讨了战术计划和执行。第6~9章分别从社会化社区、社会化发布、社会化娱乐和社会化商务这四个方面具体阐述了营销策略和行动要点。例如，品牌基于自有、免费和付费媒体这三种社会化网络社区进行品牌宣传的策略，社会化发布的内容开发策略，基于搜索引擎的站内、站外优化策略，社会化娱乐中常用的产品植入、品牌整合、社会化视频、音乐等策略，以及社会化商务的推荐策略，等等。

第四，本书提出了"how about"，即用户对组织或企业的社会化媒体营销计划反应如何？企业的营销绩效如何？ 企业或组织的营销活动，同样必须遵循传统营销的计划-执行-反馈闭环。因此，第10章给出了基于社会化媒体的市场研究分析方法，如基于网络爬虫技术的情感分析和基于社会化社区人群的访谈、焦点小组、网络志等。第11章列出了常用的社会化媒体绩效评价指标，并给出了如何基于营销漏斗、客户旅程及参与度来制定营销目标及选择绩效评价指标的方法等。

第五，本书解决了"how to do"，即如何将理论知识变为实际技能？ 为了方便读者将知识"变现"，两位作者还非常贴心地给出了社会化媒体营销计划的具体应用场景和10个案例研究。

本书理论体系更加完善，逻辑主线更加清晰，写作依然保持深入浅出、诙谐幽默的风格，很好地兼顾了理论的前沿性与实践的可操作性，是企业和组织在从互联网营销3.0向4.0发展过程中不可多得的营销实践指南，也是国内社会化媒体营销学习者不可或缺的一本教科书。本书适用于作为高校EMBA、MBA，以及信息管理、电子商务、市场营销、工商管理等专业本科生的教材，也可供企事业单位高层管理者参考使用。如果把本书同机械工业出版社出版的其他教材，如《新媒体营销：互联网营销新视角》和《社交商务：营销、技术与管理》等结合起来阅读学习，会收到举一反三的社会化学习效果。

　　本书翻译历经 8 个月时间，秦曦、胡易思、吴玲敏、施雅倩以及朱希萍五位同学参与了初期翻译工作，在此对他们表示感谢。感谢机械工业出版社华章公司对译者团队的信任，感谢出版社吴亚军主任、邵淑君编辑、张有利编辑等优质高效的支持帮助。因译者学识和翻译时间有限，本书翻译难免存在不足之处，敬请各位同行和读者批评指正。

戴鑫　严晨峰
2019 年 10 月于武汉喻家山

作者简介 ABOUT THE AUTHORS

特蕾西·L.塔腾（Tracy L.Tuten） 美国东卡罗来纳州立大学市场营销学教授，ICHEC布鲁塞尔管理学院客座教授。她的第一本书《广告2.0：网络2.0世界中的社会化媒体营销》出版后，又相继出版了关于企业利用社会化媒体和数字营销手段的书，《职业广告人》一书介绍了广告领域杰出人士的访谈内容。塔腾博士的作品曾在《营销传播》(Journal of Marketing Communications)、《心理与营销》(Psychology & Marketing)和《商业研究》(Journal of Business Research)等期刊上刊载。在到东卡罗来纳州立大学任职之前，她曾在朗沃德大学和弗吉尼亚联邦大学任教，并且研究成果获得了"弗吉尼亚联邦大学卓越奖学金"表彰。她两次被评为富布赖特学者，在全球范围内开展营销学巡讲。她获得了其所在院校的教学奖和国家奖项，如奥哈拉互动与直复营销（DIM）教育领导奖等。2013年，她入选"东卡罗来纳州立大学杰出女性"，该荣誉致力于表彰在各自的职业生涯中取得卓越成就的东卡罗来纳州立大学女性毕业生。她是获此殊荣的110名女性中的一员。她在社会化媒体营销方面的影响力得到了《社交媒体营销》期刊的认可，在Twitter上，她的名字连续出现在营销学教授前20名和营销类图书作者前50名列表中。你可以关注她的Twitter账号（@brandacity），或点击www.tracytuten.com关注她的博客。

迈克尔·R.所罗门（Michael R.Solomon） 美国费城圣约瑟夫大学市场营销学教授，主要研究方向包括消费者行为和生活方式、品牌战略、时尚心理学以及营销在虚拟世界和其他新媒体中的运用。他所著的教材包括《消费者行为：购买、拥有与存在》(Consumer Behavior：Buying, Having, and Being)、《市场营销学：真实的人，真实的选择》(Marketing：Real People, Real Choices)和《创业与经营：如何做得更好》(Better Business)。《金融时报》出版了他最新的大众图书——《消费者想要了解的真相》(The Truth about What Customers Want)。所罗门教授撰写的文章经常发表在《新闻周刊》(Newsweek)、《纽约时报》(The New York Times)和《华尔街日报》(The Wall Street)上。他曾担任包括卡尔文·克莱恩、英特尔、宝洁、微软、美国州农业保险公司和美国联合航空公司等在内的众多企业的顾问，负责研究消费者行为、营销策略、广告和零售等相关问题。

| ABOUT THE TRANSLATORS | 译者简介

戴鑫 管理学博士，华中科技大学管理学院教授、博士生导师、院长助理，美国伊利诺伊大学香槟分校访问学者。国家自然科学基金项目通讯评审专家，全国MBA教学指导委员会百篇优秀管理案例函评专家，《南开管理评论》《管理学报》《营销科学学报》《管理案例研究与评论》等学术期刊审稿人。曾在企业工作多年，推崇理论与实践密切结合的科研、教学与社会服务理念。

研究领域包括新媒体营销、消费幸福、危机管理、变革管理、创新创业教育等，为政府、企业家、MBA学员等讲授新媒体环境下的"营销创新""危机管理"等课程。在《管理世界》《教育研究》《新华文摘》以及《商业研究》（Journal of Business Research）等国内外重要学术期刊和会议上发表论文40余篇，独著（编著）《新媒体营销：网络营销新视角》（机械工业出版社）、《中国企业营销变革实践研究》（中国社会科学出版社）、《绿色广告传播策略与管理》（科学出版社），合著《危机管理案例研究》（科学出版社）、《危机管理模型、方法与工具》（科学出版社）、《营销人生存手册》（企业管理出版社）、《大学生科技竞赛理论研究与实践应用》（华中科技大学出版社），合译《社会化媒体营销》（机械工业出版社），合编《大学生科技竞赛参赛指南与案例点评》（华中科技大学出版社）。参与《大百科全书（案例卷）》《大百科全书（管理科学卷）》相关词条编写工作。在《销售与市场》等营销与管理实践类杂志发表文章近200篇。主持国家自然科学基金青年及面上项目共3项，担任国家社科重大项目子课题负责人项目1项，主持省级教学研究项目1项以及其他省部级科研项目8项，主持或参与政府、媒体及企业咨询项目18项。入选全国MBA教学指导委员会百篇优秀管理案例5次，获省级科技进步三等奖1项，省级优秀调研成果二等奖1项，省级优秀教学成果三等奖1项，获华中科技大学青年教师教学竞赛一等奖1次，校教学质量一等奖1次。

严晨峰 华中科技大学管理学院企业管理博士研究生，研究方向为新媒体营销、创新创业及危机管理。在国内外学术会议上发表成果3篇，参与翻译《社会化媒体营销》一书，参与编写《危机管理模型、方法与工具》，协助整理《新媒体营销：网络营销新视角》。参与《大百科全书（管理科学卷）》相关词条编写工作。参与学校及企业咨询项目2项。曾担任华中科技大学思想政治辅导员，获校优秀教工、优秀辅导员、优秀团务工作者、宣传工作优秀个人等称号。

前言 PREFACE

你也许会在上课的时候考虑很多事情。毕竟,你是个不折不扣的多面手。你花费大量的工作时间(甚至包括部分睡眠时间)同时接受来自多个多媒体平台的信息。上网、给朋友发信息,抑或在当地的一家咖啡馆边喝拿铁边打电话,可能这些都让你感觉非常舒适安逸,我们甚至猜测你经常在上课的时候查看Facebook上收到的即时信息。

我们为你们这样一个群体取了一个名字:"数字原住民"(digital natives)。社会化媒体营销讲的是你每天都接触到的东西,并且会告诉你怎样将其运用到专业领域以及个人活动之中,这就是这门课如此重要的原因。除非你生活在山洞里,否则你绝不会以为像Facebook这样的平台就是"用花朵交换故事"的地方。营销人员也运用各种平台和你交流,不管你是否愿意。如今,营销人员有许多新型手段来与你这样的"数字原住民"打交道。事实上,对大多数公司来说,它们关注的不是是否将社会化媒体纳入其通信组合之中,而是在多大程度上发挥社会化媒体的作用。有些机构甚至怀疑它们是否还需要那些"老式"平台,如今只要轻点鼠标,就可以轻松地接触到全球数百万的消费者。

我们不说得那么绝对,社会化媒体是对其他通信技术的补充,并不一定取代它们。此外,我们还有很多需要学习的地方,要在试验之后才能找到把这些新型通信方式整合起来的最佳方法。

我们期望本书能够帮你解开社会化营销方面的疑惑。我们出版了社会化媒体营销方向的第一本教科书,对此倍感荣幸(亦有些许忐忑),现在我们迎来了第3版!在第1版中,我们的目标是展现社会化媒体如何在21世纪营销人员的"营销工具箱"中大展身手。几年过去了,社会化媒体的作用确实已经得到了印证,并且我们从行业角度和学术角度对社会化媒体营销有了更加深入的了解。社会化媒体营销初次进入营销人员的"营销工具箱"时,其作用主要是参与营销过程以及作为发展关系的手段。尽管媒体空间本身是免费的,但是存在劳动力成本。现在,社会化网站已开发出复杂的算法,能够为每个人量身定制用户体验。对于营销人员来说,尽管消费者更倾向于参与到营销活动中来,但是广告(付费媒体)这种营销手段应被纳入社会化营销组合中。当然这不是唯一有所发展的地方。技术手段在很多方面都取得了进展,这对我们进入社会化网络的方式、所创造出来的新事物以及能够参与和分享的体验都产生了重要影响。智能手机和其他联络设备的普及,就是技术发展的重要体现之一。

第1版刚出版的时候,多数大学都还没有开设社会化媒体营销这门课程。如今很多大学都开设了,并且有些学校还认识到社会化媒体需要保持自身的纯粹性!本书所讲述的内容,也是你以及你未来的雇主所希望了解的东西。很简单，你需要比现在更了解社会化媒体。你需要知道如何利用这些工具帮助你在商业、非营利组织以及几乎任何涉及买卖双方、制造商和用户的活动中取得成功。

面对数量众多的应用程序，我们应从哪里开始说起呢？本书围绕社会化媒体的四个区域展开，即社会化社区、社会化发布、社会化娱乐和社会化商务。很多社会化媒体渠道可以为多个区域提供服务（Facebook 就是一个很好的例子），但是这些区域只能捕捉到每个区域参与者的基本意图。社会化社区与关系的建立有关；社会化发布就是分享知识（即使对于普通人而言也是如此）；社会化娱乐就是运用社会化媒体手段在社会化媒体渠道上创造娱乐的机会；社会化商务与购买和销售有关，并且展现了社会化媒体如何在购买过程中发挥作用。这四个区域所构成的框架将帮助你理解社会化媒体这个复杂的世界。

我们的方法很简单：从第一部分开始讨论社会化媒体的意义，以及它是如何改变我们的生活的。我们会解释社会化媒体生存的环境（互联网与网络）、作为参与渠道的社会化网站、为我们的社会化活动提供便利的社会化软件（包括幕后运行的软件），以及我们体验社会化媒体的相关设备。我们不仅要考虑消费者，也要考虑那些需要将社会化媒体纳入其战略规划程序的机构组织。你将了解到细分和目标选择，它与社会化媒体中的消费者和潜在买家有关，尤其是你需要考虑如果受众参与到社会化媒体中来可能会对营销策略产生怎样的影响。我们还通过解释信息在社区中如何传播、为什么影响者对信息传播而言有价值，以及口碑传播在所有这些方面的作用来概括网络和在线社区的特征，因为这些特征与社会化媒体的每个区域都有关系。

在第二部分，你将了解社会化媒体营销策略规划的过程以及制定社会化媒体营销策略时必须考虑的关键组织问题。你还将学习规划并执行特定的策略。这是本书最令人激动的一部分。本书的案例材料模拟的正是社会化媒体营销经理每天所执行的活动。你可以体验这些活动，课程结束时你会掌握实践知识并能够将这些知识用于社会化媒体营销工作之中。

第三部分将讲述社会化媒体的四个区域。我们从社会化社区（例如，Facebook、Instagram）开始，然后转向社会化发布（例如，用户生成的内容以及品牌内容营销，可以通过博客、视频博客、汤博乐等社会化媒体平台进行分享）、社会化娱乐（如《糖果粉碎传奇》、Spotify、YouTube）以及社会化商务（例如，评分/评论、酷朋、聊天机器人）。第四部分解释了社会化媒体如何成为营销研究的来源，以及处理社会化媒体信息的关键分析方法。在最后一章，你还将学习如何运用社会化媒体指标来评估社会化媒体营销的成果。实际上，对营销人员来说，指标是一个非常敏感的事物，本书每一章都包含一个案例，案例中蕴含着评估策略或策略有效性的指标。每一章还强调了营销人员和消费者所面临的道德问题或担忧。

我们一直在努力为营销组合提供大量的现有案例以及在"现实世界"中用到的应用程序。即使由你来写这本书，当你面对的情景发生变化时，著述也不是件容易的事。本书囊括了最新的流行社区、全新的案例和最具相关性的研究，可以帮助我们理解如何利用社会化媒体进行市场推广。就像社会化媒体一样，本书也在不断改进，我们喜欢在社会化渠道上听取读者的意见！希望你们能够享受这趟了解社会化媒体营销的"旅程"！

致谢 ACKNOWLEDGEMENTS

詹姆斯·艾伦曾说:"没有哪种责任比感谢回馈更迫切。"本书的出版是很多人一起努力的结果,我们再次致以诚挚的感谢。

感谢世哲出版公司(SAGE)的马修·沃特斯,他赞许了本书的教育价值,称本书能够指导全球市场营销专业的学生如何有策略地使用社会化媒体营销手段。对于他的赏识与认同,我们深表感激。他的员工,尤其是林赛·艾特肯,工作认真负责,全身心地投入到本书的出版工作之中。和他们一起共事非常愉快!

如果没有他人相助,本书难以出版,在此我们想向以下为本书的出版提供帮助、做出贡献的人士致以谢意。

保拉·费雪不辞辛劳地为本书收集相关示例,更新词汇,并且协助本书在整个出版过程中的其他活动。

迈克·多尔蒂为本书的许多概念和模型设计了图表,他所具备的对本书相关内容的理解能力以及通过视觉方式传递概念的能力,对有效传达书中复杂、细致的信息至关重要。

阿什比·布雷姆是一名社会化媒体营销经理,他为本书的出版提供了参谋和意见反馈,以及其他帮助。

几位教授也为本书的出版做出了贡献,他们回答了之前版本的调查问题,分享了对他们而言最重要的一些话题。他们的反馈对本书具有重要的指导作用,我们对此深表感谢。也要感谢罗伯·科兹内的书评与溢美肯定。范纳媒体的加里·维纳查克一直是社会化媒体营销领域的翘楚,本书的出版能够得到他的支持,我们感到无比荣幸。

许多公司为本书慷慨提供素材,或者提供了其他帮助。我们感谢 Social Media Examiner、Social Studio/Salesforce、Forrester Research、Altimeter、Sprout Social、Content Marketing Institute、HubSpot、Ignite Social Media、Hootsuite、AdEspresso、BrightSpark、eMarketer、Marketo、Buffer、CoSchedule、Nielsen、SocialBakers、Infegy、TeraData、Brandwatch、Curata、SimplyMeasured、Edelman Digital、Think with Google、Interactive Advertising Bureau(IAB)、SmartInsights、Regalix、Ditch The Label、Vivaldi Group、Pew Research、NatCen Social Research、The

Chartered Institute of Marketing、Content Strategy Alliance、Meltwater、SocialFish、SmartSheet、Accenture、RadiumOne。

本书以及辅助网站现在有来自世界各地的社会化媒体营销教授所贡献的案例。他们根据真实的公司经历,为学生提供了额外的学习活动,使本书的内容更为充实。以下教授提供了案例研究。我们很高兴与你分享他们的工作,我们相信这些案例研究将有助于你学习本书的内容。

- 唐娜·维塔利克,弗吉尼亚理工大学:"战略性社会化媒体计划——首个主流户外购物中心"和"大学商学院战略社会化媒体计划"。
- 凯伦·米什拉,东卡罗来纳州立大学:"全球社会化宣传"。
- 里卡多与马科斯,戈亚斯联邦大学,UFG-巴西:"数字影响者在社会化媒体中的角色"。
- Selcen Ozturkcan,巴赫赛尔大学:"在 Instagram 上充当大腕的伪心理学家的起落"。
- 加利福尼亚路德大学的萨拉·菲施巴赫和亨德森州立大学的詹妮弗·萨尔索萨:"原生广告——新颖还是欺骗?""真假消费者?"以及"真假消费者,接受在社会化媒体中使用本土广告"。
- 茱莉亚·克罗宁·吉尔莫博士和兰达·扎尔曼,贝佛大学:"内布拉斯加州历史协会基金会——内布拉斯加州标志项目启动仪式"。
- 艾伦·西摩,咨询顾问:"社会化媒体会议社区"。
- 克里斯汀·斯米尔诺夫,惠特学院:"丹尼的千禧年战略"。
- 雪伦·泽蒂斯,东卡罗来纳州立大学:"婚礼策划行业的社会化媒体营销"。
- 弗吉尼亚联邦大学品牌中心的卡丽·卡佩尔和布拉德·佩里:"旅游和社会化媒体——大奥普里剧院"。
- 西苏格兰大学的艾玛·瑞德和格拉斯哥大学的凯瑟琳·达菲:"#NikeAirMaxDay——创办社会化品牌活动"。
- 托马斯·米勒,阿巴拉契亚州立大学:"社会化媒体是电子书销售成功的关键——亚马逊 Kindle 电子书"。
- 克莱·格兰斯登,利物浦希望大学:"《精灵宝可梦 GO》——社会化游戏革命"。
- 维罗纳大学的伊莱尼娅·康芬特和保拉·西格诺里:"米拉——利用社会化媒体进行市场研究"。
- 拉尼娅·A. 皮丽都,顾问:"先进的社会化媒体智能定位与定性市场研究的结合"。
- 伊莲娜·菲利波维奇,贝莱格莱德大学:"学术链接——社会化之前的信息"。

最后,感谢对我们抱有耐心、理解我们和疼爱我们的家人,是他们替我们分担生活的重担,使我们能够集中精力撰写此书。

使用建议

可以访问网站：https://study.sagepub.com/smm3e。

课程资料夹可以轻松地把我们的优质教师和学生资源导入你所在机构的虚拟学习环境之中，并通过定制课程内容来满足学生的需求。

对教师而言，针对每一章

- 幻灯片。
- 教师手册。
- 多选题试题库。
- 世哲出版公司的社会化媒体营销优质视频。
- 补充的案例研究。

对学生而言

- 社会化媒体营销作者独家视频。
- 作者选取的 YouTube 视频播放列表。
- 可免费阅读的世哲期刊文章以及本书结尾章节中有效的网页链接。
- 补充的案例研究。

| CONTENTS | 目录

译者序
作者简介
译者简介
前言
致谢

第一部分　社会化媒体营销的基础

第1章　社会化媒体环境　/2

1.1　你们好！数字原住民！　/2
1.2　社会化媒体基础设施　/5
1.3　社会化媒体区域　/9
1.4　商业化和社会化媒体　/14
1.5　社会化媒体营销　/15
1.6　社会化媒体职业　/25
本章小结　/26
关键词　/27
复习题　/28
练习题　/28

第2章　社会化消费者　/30

2.1　社会化媒体营销细分和定位　/30
2.2　社会化身份　/37

2.3　影响社会化媒体活动参与的动机和态度　/44
2.4　社会化媒体用户细分　/48
本章小结　/54
关键词　/55
复习题　/56
练习题　/57

第3章　社会化媒体中的网络结构和群体影响　/58

3.1　社区结构　/58
3.2　线上社区的特点　/61
3.3　影响者的出现　/69
3.4　流动：想法如何在线上传播　/73
本章小结　/78
关键词　/79
复习题　/79
练习题　/80

第二部分 社会化媒体营销策略与规划

第 4 章 社会化媒体营销策略 /82

4.1 战略规划和社会化媒体营销 /82

4.2 社会化媒体竞赛:战略规划过程 /89

4.3 企业社会化媒体营销管理 /104

本章小结 /110

关键词 /111

复习题 /111

练习题 /111

第 5 章 战术计划和执行 /112

5.1 社会化媒体营销战术规划 /112

5.2 为什么:价值驱动社会化媒体营销 /113

5.3 涉及谁:理解和尊重目标受众 /113

5.4 在哪里:社会化媒体渠道计划 /115

5.5 是什么:制定体验活动 /119

5.6 如何做:创建和安排内容的发布与推广 /128

本章小结 /138

关键词 /138

复习题 /139

练习题 /139

第三部分 社会化媒体的四个区域

第 6 章 社会化社区 /142

6.1 社会化社区区域 /142

6.2 社会化社区中的营销应用 /146

6.3 品牌社会化社区 /156

6.4 社会化网络中的付费媒体 /156

本章小结 /165

关键词 /166

复习题 /166

练习题 /167

第 7 章 社会化发布 /168

7.1 社会化发布区域 /168

7.2 内容的发布 /169

7.3 开发有效的品牌内容 /177

7.4 合理分布内容及提高内容质量 /181

本章小结 /198

关键词 /198

复习题 /199

练习题 /200

第 8 章 社会化娱乐 /201

8.1 社会化娱乐区域 /201

8.2 社会化游戏 /203

8.3 替代现实游戏:一种跨媒体游戏类型 /214

8.4 原创数字视频和品牌视频 /218

8.5 社会化电视 /220

8.6 社会化音乐 /221

本章小结 /223

关键词 /224

复习题 /225

练习题 /225

第 9 章 社会化商务 /226

9.1 社会化商务区域 /226

9.2 社会化商务:社会化购物体验 /228

9.3 社会化商务策略 /238

9.4 影响力心理学 /241

9.5 社会化商务的好处 /247

本章小结 /248

关键词 /249

复习题 /250

练习题 /250

第四部分　社会化媒体数据管理和测量

第 10 章　社会化媒体分析　/252

10.1　社会化媒体在研究中的作用　/252
10.2　社会化媒体倾听：研究过程　/255
10.3　注意！研究误差与偏差　/260
10.4　社会化智能　/264
10.5　社会化媒体主要研究　/268
本章小结　/270
关键词　/271
复习题　/272
练习题　/272

第 11 章　社会化媒体指标　/273

11.1　测量很重要　/275
11.2　评估和测量过程：DATA　/280
本章小结　/296
关键词　/297
复习题　/297
练习题　/298

第五部分　社会化媒体营销实践

附录 A　10 个案例研究　/300
附录 B　社会化媒体营销计划示例　/323
注释　/330

PART 1
01

第一部分

社会化媒体营销的基础

第 1 章 | CHAPTER 1

社会化媒体环境

■ 学习目标

当阅读完本章时,你将能够回答以下问题:
1. 什么是社会化媒体?它与传统媒体有何相似之处,又有何不同?
2. 社会化媒体价值链如何解释互联网、社会化媒体渠道、社会化软件,以及我们用来参与社会化的上网设备之间的关系?
3. 社会化媒体的几大主要领域构成了社会化媒体参与的渠道、模式与媒介,那么这几大主要领域是什么?
4. 什么是社会化媒体营销?各机构在将社会化媒体纳入其营销组合之中时,需要达到什么样的营销目标?

1.1 你们好!数字原住民!

早上醒来,你第一件事是做什么?当然,你也许会匆忙地喝点果汁或者咖啡,但是也有可能会查看手机昨晚收到的信息。也许你会设置 Snapchat 信息推送,也许会浏览 Twitter 页面,或者登录 Flipboard 看看此时此刻发生的事情。其他人也是如此。一项调查表明:来自 31 个国家的被调查者中,有 96% 的人会在起床后的一个小时内玩手机,而且往往下床前还在玩。[1]

坦然面对吧!你们就是**数字原住民**(digital native)。如果你是一个典型的学生,你可能无法想象互联网作为静态的单向平台,只能传输文本和一些粗略图像的时代。数字原住民这一术语源于马克·普伦斯基(Marc Prensky)在 2001 年发表的一篇名为《数字原住民,数字移民》(*Digital Natives,Digital Immigrants*)的文章。[2] 他试图解释一种新型学生,他们开始去教育机构学习。这些像和一样的学生,诞生于数字技术一直存在的时代。你和同侪数字原住民们成长于高度网络化、网络无处不在的世界。这个时代让人振奋,但它也在不断变化,因而我们需要对其进行仔细研究。

今天,互联网是我们所处社会的中坚力量。广泛的互联设备,如个人电脑、数码摄像机和录音机、网络摄像头、智能手机以及智能手表等可穿戴设备的连接设备,可确保生活在世界上任何地区的消费者均可创建与共享内容。今天，全球互联网用户约为37.7亿人，约为世界总人口的一半。绝大多数互联网用户至少在其中一个社会化网络上非常活跃，人数约占世界总人口的37%，将近28亿人。[3] 当然，全球地区社会化网络的普及率有所不同，中亚、非洲和南亚的普及率较低。预计未来这些地区的社会化网络普及率会有所增长，部分原因是人们可以通过手机访问互联网。全球手机渗透率为108%（有人拥有不止一部手机），有34%的移动用户通过移动应用程序活跃在社会化媒体上。对特定国家社会化媒体的使用情况感到好奇？全球社会化媒体营销机构WeAreSocial在其数字年鉴中展示了全球每个国家的使用数据。[4] 有可能你已经参与到这个互联网世界之中了。

信息不仅从大公司或政府流向我们，今天，我们每个人通过点击鼠标，就能够与很多人进行交流，同时信息也在人们之间流动。我们在生活、工作和娱乐方式上发生的根本性变化在某种程度上是社会化媒体的盛行所带来的。**社会化媒体**（social media）通过技术能力和流动性来加强构建用户、社区和组织之间互相联系、相互依赖的网络系统，社会化媒体是一种交流、传播、协作和培养的在线手段。[5] 这听起来像是一个复杂的定义吗？这是因为社会化媒体存在于一个复杂且迅速发展的环境之中。我们将深入探索社会化媒体环境，但首先让我们来探索一下社会化媒体生活，即你的生活。

1.1.1 社会化媒体生活

互联网及其相关技术的存在，成就了我们今天所知道的且广泛流行的社会化媒体。随着越来越多的人加入在线社区，社会化媒体的影响力每天都在扩大。Facebook是一种实用的**社会化应用**（social utility），可以实现同步交互（实时发生，例如你可以与朋友来回发送信息）和异步交互（不需要所有参与者立即做出回复，例如你给朋友发送电子邮件，在第二天得到了回复）。截至撰写本书时，全球有超过20亿的活跃用户在进行图像、视频、音乐、游戏、应用程序、群组等内容的共享活动。[6] 更重要的是，超过10亿用户是移动用户。假设Facebook是一个国家，那它将是世界上人口最多的国家。你想知道为什么我们称Facebook为社会化应用吗？作为社会化网络社区，Facebook所提供的功能远远超出了基本的关系构建。它不仅要与社会化渠道（从视频到照片分享，再到博客）竞争，而且它的Facebook Live、Marketplace和Campaigns还使得它与电子商务网站、新闻媒体以及其他广告媒体渠道进行竞争。Facebook还拥有两大顶尖社会化信息服务——WhatsApp和Facebook即时通，以及顶级照片与视频分享网络——Instagram。

人们不只是加入社区，他们也在做贡献！以YouTube为例，YouTube用户（YouTube用户超过10亿人）每天每分钟上传超过300小时的视频。[7] 时长大致相当于每周上传150万部完整的电影。超过88个国家或地区拥有YouTube的本地化版本，用户可以使用76种不同的语言浏览YouTube。[8] YouTube用户每月观看超过30亿小时的视频，并且超过一半的视频是在手机上观看的。知道了这些，你也许就不会感到惊讶了。在谷歌上搜索社会化媒体统计，你会看到很多让你为之惊讶的事情，你可以看到使用社会化媒体的人数，看到他们在社会化媒体上做过什么（以及何时做的），他们所产生的影响力和影响范围，如表1-1所示。再见图1-1，它突出呈现了一些最流行的社会化网站的趣事。

表 1-1 超级社会化媒体统计

- 无线电广播花了 38 年时间拥有了 5 000 万听众。电视花了 13 年时间拥有了 5 000 万用户。互联网花了 4 年时间拥有了 5 000 万用户。但是在不到 9 个月的时间里，Facebook 的新增用户就达到了 1 亿①
- Facebook 超过 13% 的用户位于北美，超过 1/3 的用户位于亚太地区②
- 94% 的公司使用领英作为它们的主要招聘工具③
- 像 PewDiePie 和 Lily Singh 这样的顶级 YouTube 用户每年能够获得数百万美元的收入④
- X 一代（年龄为 35～49 岁）在社会化媒体上花费的时间最多，每周 6 小时 58 分钟。千禧一代（18～34 岁）排在第二位，每周花 6 小时 19 分钟在社会化网络上②
- 全球只有约 1/5 的互联网用户使用社会化媒体⑤
- 尽管 Facebook 在全球范围内占据主导地位，但 Instagram 在用户互动方面占主导地位，平均每个帖子在 1 000 个用户中会进行 70 次交互，而在其他主要社会化网络上的平均交互次数在 10 次以下②
- QQ、微信和 QQ 空间这些拥有庞大用户群的社会化网络在亚洲比汤博乐、Instagram、Twitter 和 Pinterest 更受欢迎②

资料来源：① Jake Hird, "20+More Mind-blowing Social Media Statistics," eConsultancy Blog, August 17, 2009, https://econsultancy.com/blog/4402-20+-more-mind-blowing-social-media-statistics（accessed July 20, 2017）.
② Dave Chaffey, "Global Social Media Research Summary," Smart Insights（2016），www.smartinsights.com/social-media-marketing/social-media-strategy/new-global-social-media-research（accessed February 2, 2017）.
③ Top 15 Recruiting Statistics 2014, Capterra Talent Management, http://blog.capterra.com/top-15-recruiting-statistics-2014（accessed February 2, 2017）.
④ YouTube Statistics, YouTube, www.youtube.com/yt/press/statistics.html（accessed February 11, 2017）.
⑤ Mobile Messaging and Social Media 2015 Survey. Pew Research Center. www.pewinternet.org/2015/08/19/mobile-messaging-and-social-media-2015（accessed February 11, 2017）.

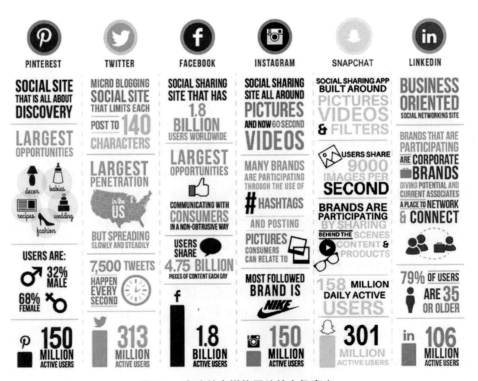

图 1-1 主流社会媒体网站的有趣事实

1.1.2 社会行为与参与规则

早些时候在介绍社会化媒体的定义时，我们承认社会化媒体是一个复杂的概念。由于网站、服务和行为的不断发展与扩张，而且它们又是迅速扩张的数字世界的一部分，因此很难完全捕捉到社会化媒体的领域。有太多的社会化网站，我们可以在线做太多的事情，并且可以使用各种设备来一次性地获取更多信息。

然而，一般来说，我们可以将社会化媒体视为数字原住民参与社会化生活的途径。总的来说，社会化媒体与这些活动有关：参与文化活动；表达民主信仰；能够与其他公司、组织和个人自由开展互动；社会化媒体作为一个开放性的访问场所，允许用户分享简单的评论、评分、照片、故事等内容，并且你能够从自己独特的角度来构建内容。简要介绍一下你可能会在社会化媒体上做的一些事情。

- 使用实况视频记录和分享某个事件。
- 边看电视节目边在社会化媒体上对其进行评论。
- 创建博客分享你最喜爱的食谱。
- 协调图书俱乐部的会议，并协商图书的团购折扣。
- 发送即时消息或给朋友发语音进行在线同步会话。
- 与朋友分享信息。
- 根据其他素食主义者的评论，在你初次去的城市中找到最好的素食餐厅。
- 自己制作动画视频并分享给其他人。
- 写出国旅行日记，并附上照片、视频、日志条目和目的地评分。
- 为慈善机构募集资金，或者为愿意向你支付部分费用的创业公司寻找支持者。
- 寻找你曾经认识的人并重新与他们联系。

这个列表还能继续写下去。总之，社会化媒体通过沟通、创造、加入、合作、工作、分享、社会化、游戏、购物、销售和学习等方式使人们积极参与到相互联系、相互依存的社会化网络中。这是一个激动人心的时刻！

1.2 社会化媒体基础设施

社会化媒体环境就像一座没有发出预告而突然爆发的火山。在短短的几年内，我们见证了一个不断发展壮大的领域，其涉及的活动、渠道、技术和设备正在改变我们对生活的看法（例如，在过去，"朋友"就只是指你认识的人）。作为社会化媒体营销专业的学生，你应该了解该领域的一些参数，知道拼图的各个小块是如何拼接在一起的，这将会使你在培养制定社会化媒体策略的技能方面受益。如图 1-2 所示，**社会化媒体价值链**（social media value chain）将这种复杂的环境与其核心组件组织在一起。

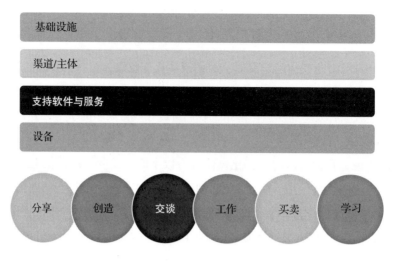

图 1-2　社会化媒体价值链

社会化媒体价值链展现了社会化媒体参与者的核心活动以及这些活动的组成部分。作为社会化媒体用户,你有权以任何方式参与其中,从"潜伏"在网站上到写脚本、拍摄,再到上传自己的视频故事。这些活动由社会化媒体的技术和社会化系统的基础设施构成。[9] 就像在现实世界中,我们需要道路、铁路、电视信号传送器等基础设施和受过训练的人来运行及维护这些基础设施一样,在数字环境中,组成社会化网络的各个部分至关重要,包括网络、社会化渠道和方式、执行这些活动的编程软件、使用的设备(苹果平板电脑、智能手机、计算机),当然还有参与者——提供访问内容的人员和机构组织。让我们仔细看看这些组成元素。

1.2.1　网络平台

就像互联网是网络的基础一样,网络也是社会化媒体的基础。如果没有网络作为基础,社会化媒体就不可能存在,因此它是我们在社会化媒体价值链中确定的第一个支持性组件。简单来说,互联网就是连接数据服务器的网络。最初的 Web(我们现在称之为 Web 1.0)是一个连接信息的网络。浏览互联网的人只是互联网上大部分静态内容的消费者。Web 1.0 是认知时代,数据生产者网络主要为被动的消费者提供信息。除了信息网络之外,Web 2.0 通过人际网络实现了重大转变。[10] O-Reilly Media 的创始人蒂姆·奥莱利(Tim O'Reilly)第一个定义了 Web 2.0,他将 Web 2.0 解释为"在线技术的发展,使用户在在线环境中能够通过用户控制、自由和对话来实现交互功能"。[11] Web 2.0 为很多问题提供了经济高效的解决方案,比如可以访问大量的数据,发挥用户的集体智慧,能够进入微型市场,能够在多种平台(手机、平板电脑、计算机)及更高版本(云计算)运行的软件,以及提供了易于访问和交互的用户界面。

从这些进步开始,社会化网络和通信时代开始蓬勃发展,在这个时代,网络社区的成员以消费者、创造者和共同创造者的身份参与其中。每个增加的用户为所有用户增添了价值。经济学家称这是**网络效应**(network effect)。亚马逊根据过去与你兴趣相似的用户所购买的书目记录,向你推荐书目，它在这方面做得越来越好，对越来越多的用户进行搜索与购买记录的追踪。当你到达一座新城市想要在 Yelp 上找到一家很棒的餐厅的时候，你会觉得 1 000 个用餐者推荐过的餐厅比只有 10 个用户评分的餐厅更加可靠。更多的朋友使用 Facebook，你从 Facebook 上也获得了更多的价值。网络效应使机构能够利用**众包**（crowdsourcing）的价值，众包是一个利用大量人群的集体智慧来解决问题和完成任务的过程。机构通过众包这种方式从群众的集体智慧中受益，网络效应确保了众包解决方案有足够的参与率，以证明其可靠性。

Web 3.0，即**语义网**（semantic web），也就是 Web 2.0 的下一阶段。蒂姆·伯纳斯·李（Tim Berners Lee）首先设想的是，Web 自身的迭代使得人们可以与机器合作。[12] 网络将成为数据、信息和知识交流的通用媒介。它标志着合作时代的来临——不仅是人与人的合作，还包括人与机器的合作。[13] 换句话说，设备（是的，机器！）将具备情景、社会化和网络意识，并且能够在相互联系的人之间动态地建立社会化联系，以便为彼此提供服务并共同解决问题。换句话说，社会化媒体最终将支持**集体智慧**（collective intelligence）。[14] Web 3.0 存在的一些要素，尤其是社会化软件提供的一些服务，如捕获用户生成的数据以及挖掘和处理大数据，由于这些服务尚未完全实现，所以我们仍然处于 Web 2.x 阶段。

1.2.2 社会化软件

到目前为止，我们已经了解了社会化媒体环境所支持的很多活动。但是我们的很多体验以及能够在网上创造或者做的事情，都依赖于**社会化软件**（social software）应用程序。它是使用户能够在线交互、创建内容和共享数据的计算机程序。对于几乎所有你想在网上做的事情，都有某个（或几个）社会化软件应用程序可以帮助你。对安排活动这件事感兴趣吗？你可以使用 eVite.com 这样的活动策划者和邀请服务。想要记录下可以与伴娘们分享的婚礼想法吗？你可以使用 Evernote.com 或在 Pinterest 上构思出新款婚纱礼服（注意那些难看的伴娘礼服）。想追踪学校的最新动态新闻吗？你可以使用 Paper.li 或谷歌快讯。社会化软件可以推动互动、内容创建、共享、联合、保存、分析、筛选、分类和在线数据搜索工具的发展。这些工具对个人、社区、企业家和企业都大有裨益，比如 Mixlr（用于制作实况广播节目和播客）、Xtranormal（用于视频制作）和 Prezi（用于演示）。

你肯定听过这样一句话："居然有这款应用程序！"毫无疑问，现在有超过 12 亿个应用程序可以通过谷歌 Play 等数字商店获得。这些**应用程序**（App）也称为**小程序**（widget，通常是可下载或可嵌入的），属于不同类型的社会化软件。除应用程序外，社会化软件还包含我们称之为**社会化服务**（social services）的应用程序服务网站。需要强调的是，社会化软件的作用是推动社会化媒体渠道的发展。社会化活动、信息发布、娱乐和商业活动都有相应的应用程序。重要的是，这些应用程序在很大程度上使得移动设备和我们的社会化空间与活动连接起来。为进一步模糊界限，开放的应用程序编程接口（API）与其他平台技术将数不清的第三方网站和社会化网站连接起来。最新的发明——**聊天机器人**（chatbot）是一种人工智能计算机软件程序，它利用 Facebook 即时通或微信等聊天界面，通过书面或口头方式模拟智能对话。聊天机器人可以提供从功能到趣味等多种对话服务。

示例 1-1

聊天机器人

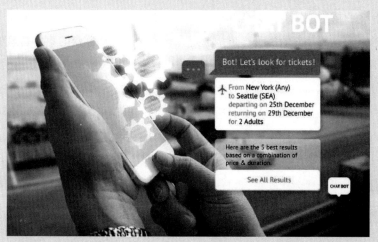

Zapp2Photo/Shutterstock.com

了解聊天机器人的最好办法就是尝试一下，在 Facebook 即时通上发信息（比如发"Hi"），来体验这些功能。

美国有线电视新闻网（CNN）——me/cnn

《华尔街日报》(*The Wall Street Journal*) ——me/wsj

胖球天气（Poncho）——me/HiPoncho

续集故事（Sequel Stories）——me/storiesonsequel

社会化软件也在幕后运行，影响着你的社会化媒体体验。社会化网站使用被称为**算法**（algorithms）的复杂数学公式来为你个性化定制动态新闻中的内容，并且向你推荐相关朋友等。多米尼克·卡尔顿（Dominique Cardon）是《算法是什么》(*What are Algorithms Dreaming of*)一书的作者，他将算法比作一份配方，这是因为算法是一系列产生预期结果的指令。[15] 当你在手机上浏览附近的餐厅，在 Netflix 上查看电影推荐，或在 YouTube 上查看教学视频的时候，算法可能就在其中发挥作用。

1.2.3 设备

设备指的就是我们访问互联网以及参与一系列在线活动时用到的装备。我们利用平板电脑、智能手机、智能手表、连接互联网的游戏控制台、传统笔记本电脑和台式机等硬件设备，甚至利用电视来访问社会化媒体。作为消费者，我们可能主要关注的是智能手机和其他智能设施等连接设备，尤其是那些提供移动访问社会化媒体的设备。在全球范围内，85.5% 的社会化媒体用户使用移动设备参与社会化活动。[16] 如今的智能设备还包括冰箱、恒温器，甚至汽车。**可穿戴设备**

（wearables）就是可以携带或穿在身上的智能设备。它们可以测量和捕获数据，并对其进行存储、共享和进一步处理。像 Fitbit 这样的健身可穿戴设备，可以测量健身者的活动水平并通过在线社区共享活动信息，它是迄今为止使用率最高的健身可穿戴设备，但是它只是可穿戴设备的一个小的类别。例如，Snapchat Spectators（配备相机的太阳镜），用户使用时只需按一下按钮即可拍摄视频并将其上传至 Snapchat。

即使是本身不"聪明"的设备，也可以通过使用**物联网网关**（internet of things gateway）变得"聪明"起来。**物联网**（the internet of things）是指我们周围的所有事物可以随时随地地相互连接起来。[17] **网关**（gateways）指的就是能够将不具备网络功能的对象连接起来的设备。到目前为止，大多数应用程序都是产业应用程序，未来希望在那些不常见的领域看到消费应用程序。伏特加公司 Absolut 正在尝试将其瓶子制造成物联网支持的物品！智能设备是将机器与用户以及社会化媒体人员连接起来的过程中的第一步。[18] 最终，机器间所产生的社会联系将使智能设备从被动的数据收集设备转变为富有活力的数字生态系统，能够建立社会化联系、解决问题并提供服务。

1.2.4 人群

社会化媒体仅在人们参与社会化活动、创建内容和分享内容时才起作用。记者、编辑和出版社在社会化媒体中仍然很重要，参与到社会化活动中的每个人也很重要。你可以把图 1-2 中的可视化内容看作社会化媒体所参与的一系列典型活动。这就是为什么我们听到很多有关公民记者（发布有新闻价值的事件的业余爱好者）和公民广告商（那些即使不隶属于公司，也会分享对产品或服务的看法的人）的事情。博客代表了一种独特的"网民"混合存在方式，他们可以以专业者的身份或个人身份创作与分享内容。发布博客显然比在 Facebook 上更新动态更大程度地分享了内容，但这两种行为都会为社会化媒体环境创造内容并增加价值。尽管如此，人们并不是社会化媒体中唯一的参与者。作为技术社会系统，参与者还包括企业与品牌、政府组织、社区团体、传媒公司、内容制作者等。[19]

如果没有对社会化媒体所使用的社会化渠道和相关媒介进行审查，那么我们对社会化媒体价值链的叙述就不完整。接下来，我们将介绍这些被称为**社会化媒体区域**（zones of social media）的社会化渠道。

1.3 社会化媒体区域

媒体（media）这个词有多种含义，但针对本书所讲的内容，我们只是简单地用它来指代通信手段。[20] 我们使用的媒体包括广播、印刷和数字频道等**大众媒体**（mass media，可以接触到大量个人的通信手段），以及**个人媒体**（personal media，小规模双向通信渠道），例如电子邮件、平邮、电话和面对面交谈。社会化媒体跨越了大众媒体和个人媒体的边界，可以使个人与个人或几个人或数千甚至数百万的人进行交流。

通信使用口碑、电视、广播、报纸、杂志、招牌、互联网、直接邮件或电话等**媒介**（medium）或频道进行传播。在各种媒体中，营销人员都可以选择特定的**传播媒介**（vehicles）来发布信息。例如，在电视媒体中，营销人员可以选择《行尸走肉》(*The Walking Dead*) 作为传播其信息的工具。《时尚》(*Cosmopolitan*) 和《快公司》(*Fast Company*) 是杂志媒体的载体。社会化媒体是具有社会化功能的网络营销渠道，与其他媒体一样，每个渠道都有各种工具载体。

社会化媒体的部分复杂性是由于其渠道和工具的数量过于庞大造成的，而新的渠道又不断上线。如果我们将类似的社会化渠道组合在一起，就更易于对其进行比较和对比。通过这种方法，我们可以更方便地将社会化媒体空间组织到一个紧凑的空间中，该空间由社会化媒体的四个区域组成。图 1-3 展现了社会化媒体渠道的四个区域，本书就是围绕这四个区域展开的。

- 区域 1 是社会化社区。
- 区域 2 是社会化发布。
- 区域 3 是社会化娱乐。
- 区域 4 是社会化商务。

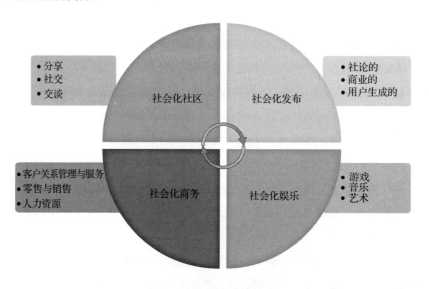

图 1-3　社会化媒体区域

你会注意到，当我们出于个人和商业目的讨论社会化媒体的各种用途时，有些区域会涉及两个甚至更多的区域。这是由社会化媒体的模糊特性所造成的。所有的社会化媒体都围绕着关系网络化、技术化而展开，而且它们是建立在共享参与的原则之上的。因此，这四个区域的框架结构并不是一成不变的。但是这种划分方法非常有用，可以消除混乱，把重点放在每个社会化媒体平台（包括那些尚未开发的平台）最重要的功能上。

1.3.1　区域 1：社会化社区

社会化社区（social community）描述的是社会化媒体渠道，其重点是建立社会化关系，以及让具有相同兴趣爱好或身份的人一起参与活动。因此，社会化社区以双向和多向沟通、对话、协作以及分享经验与资源为特色。所有的社会化媒体渠道都是围绕网络关系而建立的，但对于社会化社区来说，关系构建和维护过程中产生的互动与协作，是人们参与社会化活动的主要原因。你参与活动时使用的许多渠道可能位于这一区域。社会化社区的渠道包括**社会化网站**（social network site）、**留言板**（message board）、**论坛**（forum）以及**维基**（wikis）。所有这些渠道都强调了在社区、沟通与对话以及合作过程中的个人贡献。

社会化网站（SNS）就是一个在线主机，它使得站点成员能够构建和维护配置文件，识别与其取得连接的人员，并通过消费、制作和（或）与其连接产生的内容进行互动来参与社会化。[21] 添加个人资料图片或头像、个人基本信息和自定义选项，有助于社会化人员提高**社会化辨识度**（social identity）。社会化成员在社区中保持**社会临场感**（social presence），其心情状态、好友列表和动态都可以被看到。产生的各种**联系**（connection），如朋友、关注者或粉丝，他们之间以各种方式交流和分享内容，包括直接发送消息（类似于社会化网站中的电子邮件）、涂鸦墙发帖（发送附有个人资料的帖子，其他人可以看到）以及聊天或发送即时消息等。因此，社会化网站提供同步和异步的通信方式，并且发送的信息可以是永久性的也可以是临时性的。Snapchat 之所以这么受欢迎，就是因为在它上面发送的信息一段时间后可以消失不见。SNS 通过提供和（或）启用应用程序为用户增添价值。Facebook 上有数以千计的应用程序，从游戏到约会到天气预报到安全检查等各种应用程序。虽然应用程序所提供的服务提高了用户的参与度，但 SNS 的重点还是强调社区环境中的个人沟通和协作。我们将在第 6 章深入探讨 SNS 和社区的这些特征及用途。

由于 Facebook 和一些主要的社会化网站占据主导地位，因而人们很容易认为只有为数不多的几个社会化网络。事实上，目前有数百个社会化网站在运行着。你一定听说过 Instagram、Snapchat、领英和 Pinterest。但是，你是否熟悉 Steemit、DriveTribe、Whisper、Houzz 或 Thumb 呢？SNS 的存在就是为了满足用户的需求，而其他的很多社会化网络则提供了小众社区。

论坛可能是社会化媒体的发源地。论坛基本上是社区公告板的交互式在线版本，完全侧重于论坛成员之间的讨论。论坛成员与 SNS 的会员一样，创建个人资料，并通过提出问题、发表意见、发布新闻和上传照片等形式参与谈论。其他人进行回复，并在回复之后展开对话，这就形成了一个线程讨论的过程。成千上万的在线论坛非常活跃，大部分话题都是围绕论坛成员共同的兴趣爱好展开的，例如，RC Universe（www.rcuniverse.com）就是一个非常活跃的远程控制爱好者论坛。

维基是协作式的在线工作空间，它使得社区成员能够贡献有用的共享资源。维基可以是关于任何事情的。家庭社区可以通过创建维基来分享和更新家族历史，或由致力于打造完美使用手册的应用生产商来创建维基。支持维基的软件可以让多个社区成员之间展开协作，编辑、发表评论以及共享各种信息。

1.3.2 区域 2：社会化发布

社会化发布（social publishing）是指通过社会化发布网站制作与发布各种内容。社会化发布网站通过托管的方式向观众传播内容，同时让观众参与其中并进行分享。尽管社会化网站满足了在线社区的需求，但社会化发布让人们可以分享自己的内容以及用户生成的内容（UGC），克服了传统的发布和广播模式的阻碍与入门障碍问题。这是我们将社会化媒体与民主相结合的一个主要原因，因为社会化发布使得内容制作与传播更加民主化。也就是说，今天，个人用户并不是唯一的社会化发布者。像记者这样的专业内容创作者以及报纸和品牌等传统媒体组织，也可以在社会化发布网站上发布内容。我们将社会化发布者分为四个使用组：①个人用户；②独立专业人士；③与组织有关的专业人士，如新闻媒体；④品牌。品牌在**内容营销**（content marketing）活动中使用社会化发布作为发布与（或）促销模式。[22]

我们将在第 7 章介绍博客、微分享网站、媒体分享网站以及社会化书签和新闻网站等社会化发布渠道。社会化发布渠道可以促进社会化参与和信息共享，就像社会化社区一样。这两个区域之间的区别在于定位不同。社会化社区的定位是构建网络，而社会化发布的定位是知识共享。[23]

博客（blog）是定期更新在线内容的网站，内容可能包括文本、图形、音频和视频。博客可能由个人、记者、传统媒体提供商或组织来运营，因此博客上的话题非常广泛。博客的运作方式非常类似于在线新闻或杂志、小报，或只是简单地作为在线个人日记。博客是社会性的，提供社会化分享工具，也是参与性的，具有让读者留言的选项，这样一来可以针对某个特定的帖子展开讨论。有多种服务可用于格式化和托管，包括 Blogger、WordPress、Squarespace 和 Weebly。

微分享网站（microsharing site）也称为**微博网站**（microblogging site），其工作方式与博客非常相似，只是发布的内容长度是有限制的。**微分享**（microshare）包括句子、句子片段、嵌入式视频或另一网站的内容链接。Twitter 是最知名的微型分享工具，它将帖子长度限制为 140 个字符。其他分享工具还包括 Plurk 和 identi.ca。

媒体分享网站（media sharing site），如博客，其所承载的内容以视频、音频（音乐和播客）、照片、演示文稿和文档分享为特色，而不仅仅是文本或媒体的组合。媒体分享网站承载着大众可搜索到的内容，但每种分享工具都可以用来追踪特定人员发布的内容。因此，媒体分享网站也是联网的。以下是不同类型媒体中的一些代表媒体。

- 博客：汤博乐、Blogger 和 Wordpress。
- 视频共享：YouTube、Vimeo 和 Vsnap。
- 照片分享：Flickr、Snapfish 和 Instagram。
- 音乐与音频共享：Audiofarm 和 Soundcloud。
- 演示文稿与文档：Scribd、SlideShare、SplashCast、BrightTalk 和 SlideBoom。
- 社会化书签服务（分享到其他网站的链接）：Diigo 和 Digg。

1.3.3 区域 3：社会化娱乐

社会化娱乐（social entertainment）区域包括旨在为用户带来愉悦享受的事件、表演和活动，让用户通过社会化媒体进行体验与分享。社会化发布和社会化娱乐领域之间的区别在于定位不同：前者是知识共享，后者是娱乐共享。第 8 章的主题包括社会化游戏、社会化音乐、视频和社会化电视。支持该区域的社会化媒体渠道包括像声田这样致力于娱乐的社区，以及 YouTube 和 Twitter 等多区域社会化网络。在社会化媒体发展的这个阶段，**社会化游戏**（social games）是社会化娱乐领域最先进的渠道，它是在线托管的，提供与网络玩家进行互动的机会，并且能够在线**发布动态**（statuscast，更新个人动态）和展示游戏胜负结果。社会化游戏的例子包括《糖果粉碎传奇》（*Candy Crush*）和《黑手党战争》（*Mafia Wars*）。

1.3.4　区域 4：社会化商务

第四个区域是**社会化商务**（social commerce），我们将在第 9 章进行介绍。社会化商务是指在网上购物以及出售产品和服务时使用社会化媒体。社会化商务包含社会化购物、社会化市场以及能够参与购买决策的混合渠道和工具。因此，社会化商务可以使买卖双方积极参与在线市场以及社区中的产品与服务的营销与销售。[24] **社会化购物**（social shopping）体现了他人在消费者决策过程中的积极参与和影响，这种参与和影响往往以社会化媒体中的共享意见、建议和经验的形式呈现。[25] 渠道包括发表评论和评分（在 Yelp 或品牌电子商务网站等评论网站上）、交易网站（如酷朋）、交易聚合网站（聚合交易转变为个性化交易反馈）、社会化购物市场（以用户推荐产品为特色的网上购物中心，可以进行评论，可以像 Wanelo 一样边购物边与朋友聊天）、社会化商店（即在线零售商店，有时可以在像 Facebook 这样的社会化网站运行，具备社会化功能）、社区市场（像 Etsy 这样的网站）以及那些具有销售转换功能的社会化网络。此外，机构组织可以通过使用联外通（一种允许用户使用 Facebook 身份登录到其他合作网站的 Facebook 工具）和共享应用程序（允许用户共享其所购物品的工具）等工具使传统的电子商务网站变得更利于社会化。图 1-4 显示了社会化媒体的四个区域以及各区域流行的社会化应用。

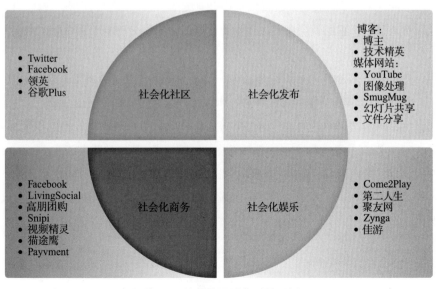

图 1-4　社会化区域与工具示例

1.4 商业化和社会化媒体

作为有线个体，我们已经开始依赖在线提供的许多社会化网站和服务。对于营销人员来说，社会化媒体已经创造了最令人兴奋与最有效的方法来获取目标受众。但你有没有想过这些社会化网站如何赚取收入呢？大多数网站仍然是可以免费使用的，并且能够提供有价值的社会化应用与服务。然而这些网站已潜在投入了大量的开发成本与时间成本、托管成本和持续的维护成本。尽管标准的商业惯例就是投资，为未来的盈利做准备，但是如果大多平台都是免费使用的，那么这些平台如何获得收入呢？

1.4.1 商业模式与商业化

就像企业一样，社会化媒体提供商（无论是社会化社区、公用事业、软件提供商还是游戏与应用开发商）都需要制定**商业化策略**（monetization strategy）。**商业化**（monetization）是指企业如何赚取收入。企业要想生存下去，就必须盈利。如果某个系统在用户使用时需要进行大量的投资，那么即使投资回报率（ROI）相当不错，其盈亏平衡点也会往后延。盈利计划是公司整体**商业模式**（business model）的一部分，其遵循的战略和模式可以盈利，并且为股东创造价值。例如，谷歌的大部分收入来自于广泛使用搜索引擎（你可以搜索某个术语，找到术语对应的链接），谷歌向将广告投放在搜索结果网页的广告商收取费用。相比之下，每次卖家在商品页面填写买家订单时，eBay 都会通过减少卖家的收益来获得收入。这是两种不同的商业模式，但这两种方式都可以向赞助商返利。

几十年来，媒体提供商（例如，大型网络、美国广播公司、美国全国广播公司、哥伦比亚广播公司和福克斯）和媒体集团（例如，迪士尼、维亚康姆集团和时代华纳）严重依赖于**插播模式**（interruption-disruption model）。它们的目标是创办有趣的节目，吸引人们观看或收听。然后，当你在观看或收听节目时，它们就会在其中插入商业广告。它们为想要获得目标受众关注的营销人员提供投放广告的平台，并且观众要想看（或收听）节目，就必须允许广告的存在。商业化策略有赖于吸引尽可能多的对播放内容感兴趣的人，感兴趣的人越多（或者他们并没有在观看节目，只是调到了那个频道），节目制作者就可以因为插入广告信息而收取更多的费用。

很多社会化媒体网站仍然使用这种通过出售广告投放平台来赚取收入的盈利策略（你是否注意到今天 Facebook 新闻推送上的文字广告）。虽然一些公司有其他的**收益流**（revenue stream，或收入来源），通常是通过订阅高级版本或获取数据来收取费用，但这些方式不可能取代"投放广告收取费用"这种获益模式。尽管发现了在线服务与内容的价值，但是 Web 的一大文化就是开放以及免费访问。

1.4.2 精神收入

你是否需要为在线内容付费？过去（即 1999 年以前），消费者从未想过他们无须为在线内容付费。那时候，一个名叫肖恩·范宁（Shawn Fanning）的大学生引入了Napster网站，让音乐爱好者可以免费分享音乐。但是这个网站因其服务不合法只存在了两年，并且那时其不合法的秘密已经泄露了。现在，很多人（不是特指，但主要指大学生）认为"信息想要自由"，他们倾向于使用技术手段不花费任何成本地下载歌曲、报纸甚至是教科书。

尽管听起来很有吸引力，但从长远来看，一个完全免费的世界也许是不可行的。记住那句俗语，"天下没有免费的午餐"。总有一天，有人需要为内容和服务付费。音乐艺术家和小说家（甚至是教材作者）如果无法收到任何回报（不管怎样，从长期来看是这样的），就无法进行创作。然而，我们兑换的货币并不一定是金钱。例如，如果你在Yelp上发布对餐厅的评价，你并不会因为评价而收到一张邮来的支票。但是，你可以通过与未受过教育的群众分享你的美食意见而获得"报酬"。你甚至可能会在某些网站上获得评分，被评为明星评论人。这些形式的**精神收入**（psychic income，感知价值不是以货币的形式呈现的）有助于推动社会化媒体的发展。它们也被称为**社会流传度**（social currency），人们以及品牌需要赢得声誉以提高价值，无论这种价值来自信息、相关性和/或娱乐。[26]

1.5 社会化媒体营销

让我们再回过来看，**营销**（marketing）就是创造、沟通、传递与交换对消费者、客户、合作伙伴以及整个社会都有价值的产品的活动、机构和流程。[27]传统观点认为，组织通过市场营销组合来完成营销目标，**营销组合**（marketing mix）包含四个方面（称为4P）：产品、价格、促销和渠道（或分销）。

随着社会化媒体营销技术的不断发展，现在我们需要增加第五个方面（第5个P）：参与。就像社会化媒体正在改变消费者每天的生活方式一样，这些新平台也会改变营销人员开展业务的方式。无论我们的重点是改善客户服务、维护客户关系、让消费者知道我们的利益所在、推广品牌或相关的优惠活动、开发新产品，还是改变品牌态度，新社会化媒体形式都可以发挥作用。**社会化媒体营销**（social media marketing）是利用社会化媒体技术、渠道和软件来创造、交流、传递和交换对组织利益相关者有价值的产品。我们可以在社会化媒体的新兴发展趋势中看到这一定义。尽管社会化媒体营销最初对品牌的促销计划产生了影响，但现在越来越多的商业应用涵盖了社会化资金（例如，Kickstarter致力于资助新的商业活动）和社会化索引（例如，来自Google+等社会化用户的偏好数据）。[28]

1.5.1 营销传播：从自上而下到自下而上

正如横向革命改变了社会交流方式一样，社会化媒体的出现和使用改变了品牌与消费者的互动方式。传统营销侧重于使用数量庞大的广播和印刷媒体来**推送消息**（push messaging，针对目标受众的单向沟通），以覆盖大批用户。客户和媒体组织之间很少能进行互动与反馈，而**边界跨越**

者（boundary spanner，与客户进行直接互动的员工）能够缓和他们之间的对话。品牌信息由组织内部的品牌领导以自上而下的方式进行控制。

即使在20世纪90年代及之后，数字技术已经有所发展，但是营销人员基本上仍采用传统的4P模式来与客户接触。随着时间的推移，他们选择互联网作为促销与分销的环境。**电子商务**（e-commerce）开始蓬勃发展，并取代了电视或广播等其他推广形式。消费者越来越多地开始在线了解各种产品，并在线购买。电子商务网站能够让客户查看各种不同的品牌信息并通过信用卡进行交易。

电子商务活动的蓬勃发展对制造商、零售商和非营利组织来说都是有利的，电子商务交易的速度更快，成本效率更高，并且提供了打入**微众市场**（micromarkets）的机会。微众市场由一群数量很小的消费者构成，并且营销人员曾经一度难以接触到他们。然而忽然之间，即使是一家很小的公司也可以接触到全球的潜在客户。互联网可以有效地打入这些市场，并且反过来让消费者能够搜索那些非常特殊的产品（例如，2002~2005年，英格兰谢菲尔德的乐队录制的低音歌曲，或者由杰特尔所著的蒸汽朋克科幻小说）。这使得营销人员可以提供吸引小规模特殊人群的**利基产品**（niche products）。

显然互联网不会消失，营销人员蜂拥进入网络空间。然而，他们当中的大多数人仍然将熟悉的4P模型应用于数字领域。这种营销形式，即**数字营销**（tradigital marketing），其特点是互动性与衡量方面的改善，但保留了传播和分销渠道中主要的垂直性权力流动形式。数字在线消息使得消费者可以通过点击电子商务网站的**显示广告**（display ad）直接在线了解商品信息。与此同时，**搜索广告**（search advertising）也在不断增加，这使得在线广告能够同时瞄准普通大众和小众群体。直销商广泛采用电子邮件这一营销方式，以此作为直邮和电话营销方式的补充。

尽管在这些方面已经取得了很多的发展，但交流方式仍然是垂直的、单向的"大众传播"，在很大程度上是非个人化的，并且交流是在一方与多方之间进行的。无论你是在线浏览《纽约时报》的主页（网址为www.nytimes.com），还是在手机上的《纽约时报》App上浏览，或是在厨房的餐桌上阅读实体报纸，你都可以获取出版商以垂直方式在沟通渠道上发布的内容。

传统营销和传统数字营销的工作模式都是建立在我们之前讨论的中断破坏模式之上的。也就是说通信源向受众传递信息，而不管他们是否想要接受这些信息，也不管这些信息是否与其自身需要相关。通过设计，广告信息会中断之前所进行的某个活动，比如欧莱雅的睫毛膏广告突然出现在最新一期的《家庭主妇》（Real Housewives）中，或者在你浏览网站的时候，网页上弹出一个链接，你点击链接，就可以了解低价汽车保险信息。

互联网用户为什么能在上网时容忍这些干扰信息？这与电视观众和广播听众在几十年里能够接受广告的原因是相同的。广告插入能为媒体提供商提供收入，并且使得提供商能以很少的成本或者不需要成本就能为观众提供其感兴趣的内容。电视节目吸引了观众，这使得网络能够向想要接触到这些观众的广告商提供投放广告的平台。反过来观众接受了广告的存在，以观看其所需的节目。这种"互帮互助"的关系也可以用来描述传统的互联网广告：你在笔记本电脑上观看完整的一集《行尸走肉》之前，需要等待15秒的威瑞森无线公司的广告。

社会化媒体赋予消费者权利。仅仅打断消费者的体验并博取一点关注是不够的。通过社会化媒体营销，消费者与品牌之间的互动能力大大提高。社会化媒体渠道为消费者提供了无与伦比的访问机会。消费者与品牌以及与他人之间进行讨论、做出贡献、互相合作并共同分享。营销文化已经转变为非正式的营销文化，这种文化强调消费者是可控的。[29]管理学大师彼得·德鲁克（Peter Drucker）曾经说过一句名言："企业的目的就是创造一个客户。"随着社会化媒体的发展与社区影响力的扩大，我们扩展了这句话的含义：企业的目的是创造能够发展出更多消费者的客户。出自《营销的第五个P就是"参与"》(That participation in the process is the new fifth P of marketing)。

在社会化媒体存在的短短几年间，社会化媒体营销的效率得到了极大的提升，其绝对成本低，而其潜在的商业应用能够吸引客户的关注、管理客户关系、开发新产品理念、推广品牌、提高商店（在线和离线）货运量，并将客户转化成消费者。社会化媒体不能替代传统的营销传播方式，但是在本书中你将看到，社会化媒体也不仅仅是对传统媒体的补充。图1-5显示了社会化媒体从传统阶段向传统数字阶段的转变。

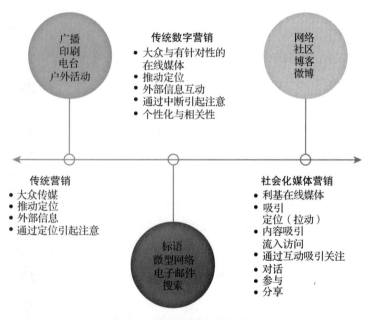

图1-5 营销沟通方式的演变

1.5.2 社会化媒体要实现的营销目标

随着社会化媒体营销在过去几年的迅猛发展，机构组织可以实现的目标也得到了扩展。图1-6显示了营销人员使用社会化媒体营销完成的各种营销活动目标的百分比，这些营销活动包括促销与品牌推广、客户服务、关系管理、零售与商业以及市场调研。正如消费者的数字生活跨越了社会化媒体的四个区域一样，品牌也会帮助这些区域的消费者树立意识、宣传自己并鼓励用户尝试品牌产品。我们来仔细看看品牌的一些做法。

	使用率	B2B 产品	B2B 服务	B2C 产品	B2C 服务
品牌意识与品牌建设	46.1%	45.30%	48.9%	45.6%	43.9%
获取新客户	31.4%	27.0%	30.4%	36.8%	40.4%
引入新的产品与服务	28.9%	29.9%	27.4%	35.1%	24.6%
保持现有客户	28.4%	26.3%	24.4%	33.3%	38.6%
品牌促销（例如举办比赛、发放优惠券）	28.4%	27.7%	27.4%	38.6%	22.8%
提高员工参与度	20.1%	17.5%	23.0%	15.8%	24.6%
市场调研	14.7%	12.4%	14.8%	17.5%	17.5%
发掘出目前尚未瞄准的客户	13.7%	14.6%	14.1%	15.8%	8.8%
发现新的产品与服务	11.1%	8.8%	14.8%	7.0%	12.3%
改善现有产品与服务	7.2%	6.5%	8.9%	5.3%	7.0%

图 1-6 社会化媒体营销商业应用的几个主要方面

1. 促销与品牌推广

营销人员拥有很多可能的技术来推广商品、服务、想法、场所或人员。虽然营销人员可能会努力完成数十项具体的推广目标，但有两个总体目标与使用社会化媒体营销作为品牌促销组合相关：扩展并利用品牌的媒体报道；在整个决策过程中影响消费者。

当涉及获取媒体空间以传播品牌信息时，营销人员可以使用三种核心媒体类型：①付费媒体；②自有媒体；③免费媒体。

营销人员对**付费媒体**（paid media）进行费用评估，包括向广告投放平台付费，以传递品牌信息并获得认可。付费媒体传统上是**广告**（advertising）的权限，其定义为向能够接触到大众的媒体渠道支付费用并播放广告信息。**公共关系**（public relation），即负责产生积极的宣传作用与打造商誉，也可以采用赞助形式的有偿媒体。电视广告、广播广告、杂志平面广告、报纸广告、广告牌、互联网显示广告和**搜索引擎营销**（search engine marketing）都是可以被纳入品牌促销计划的付费媒体。正如我们将在后面的章节中看到的，其他新兴形式包括为诸如《快乐宠物》之类的在线游戏付费或向虚拟世界中的人提供品牌化的虚拟商品。传统的促销活动，如优惠券和竞赛，在社会化媒体平台上获得了新生。

自有媒体（owned media）是品牌控制的渠道。企业网站和电子商务网站、公司博客、广告游戏和替代现实游戏（ARG）都是自有媒体。就像 Zara 的实体零售店为公司所持有、受公司控制一样，其网站也是如此。

免费媒体（earned media）指那些不直接向公司收取费用以及不受公司控制的信息。**口碑传播**（word-of-mouth communication，也称社会化媒体中的**影响力印象**（influence impression））和宣传是免费媒体的重要形式。公司通过新闻公告和付费渠道发布内容，参与社区活动和工作，产生引起媒体关注与塑造网络口碑的效果，提供高质量服务，所有这些就是希望品牌信息能够得以传播。表 1-2 解释了社会化媒体营销的各个区域中可能存在的付费、免费和自有媒体形式。

表 1-2　社会化媒体的类型

区　　域	付费媒体	免费媒体	自有媒体
1. 社会化社区	• 广告 • 本土广告 • 付费的影响者	• 社区谈话 • 内容共享 • 影响力印象 • 点赞、关注者、粉丝	• 自有品牌社会化
2. 社会化发布	• 代言 • 赞助内容 • 媒体共享网站中的品牌渠道	• 嵌入 • 评论 • 分享 • 链接 • 搜索排名	• 企业博客 • 品牌内容 • 品牌掌控的媒体共享网站
3. 社会化娱乐	• 游戏或社会化娱乐网站上的广告 • 赞助社会化娱乐体验	• 游戏互动 • 参与社会化电视节目	• 广告游戏 • 品牌 ARG 游戏 • 品牌娱乐
4. 社会化商务	• 促销 • 社会化网站上重新定位的广告	• 评论和打分 • 建议与推荐 • 团购 • 社会化购物互动	• 社会化店面

你注意到有一个类别丢失了吗？没错。有一些形式的营销媒体，真正由社会化应用所控制，但是它们不是付费的不是免费的，也不是自有的。爱德曼公关公司（Edelman PR）的大卫·阿玛诺（David Armano）称该类媒体为"社会化大使馆"[30]。例如，Facebook 的品牌形象内容由其品牌所控制。这听起来像是自有媒体对吗？但是再想一想，Facebook 规定了可以发布的内容种类。当媒体资源是"免费"的时候，这种区分变得更明显，Facebook 和其他社交网站在新闻订阅公告中偏爱付费广告商。我们将在第 6 章进行更多的讨论。但目前，社会化媒体专家反对在租用土地上建立品牌的原因是缺乏控制。这也是要认识媒体的形式以及这些形式并不完全属于付费媒体、免费媒体或自有媒体的重要性。

使用社会化媒体营销手段进行促销的主要目标是帮助消费者完成购买过程。营销人员在这一周期的各个阶段提高品牌知名度，增强人们对品牌的喜爱度和树立品牌形象，建立品牌资产，激发消费者的欲望，并促使消费者进行购买。他们可以通过社会化媒体渠道宣传信息，从而影响消费者的态度和行为。[31] 图 1-7 说明了营销人员是如何利用社会化媒体空间的。

让我们简单看一下社会化媒体营销在购买过程的每一个阶段是如何运作的。

图 1-7　社会化领域的营销应用

（1）增强意识。品牌可以通过在目标消费者"生活"的社会化空间中保持活跃，并将社会化媒体整合到营销组合中来，从而提高社会化媒体营销意识。联合利华品牌 KNOR's #LoveAtFirstTaste 活动主要针对有类似食物偏好的单身者，安排他们约会，要求他们在活动中互相喂食（并同意记录下来）。该活动包括口味的提问互动、活动登录页面和一系列社交视频，其中包括热门的 YouTube 视频。

（2）影响欲。像广告、目录营销和特征事件一样，社会化媒体促销可以用来说服消费者意识到自身的购买欲。时尚品牌莉莉·普利策将每一个新收藏品发布在 Facebook、Flickr 和 YouTube 上。访客可以浏览图片，第一时间看到收藏品的设计。这就像是在看《时尚》杂志一样。

（3）鼓励试验。社会化媒体甚至可以用来支持抽样和忠诚度项目。**抽样**（sampling）意味着免费试用产品，这些产品通常被邮寄到消费者家中或被放置于商店或街上。社会化媒体面向有兴趣的客户，使其有资格获得样品。喜乐茶用这种方法派发了 25 000 种新茶样品。被称为具有"分享魔法"的 Facebook 的追随者被要求分享茶对于他们的一天的神奇效果，喜乐茶向他们赠送了免费的样品和优惠券作为回报。

（4）方便购买。社会化媒体作为包括特价和团购在内的许多促销活动的分销渠道和场所，许多客户"点赞"或关注社会化网络中的品牌，以获得特价资格。塔可钟快餐店的推送说，"我们在 Snapchat 等你。用户名：塔可钟，关注我们。明天我们将为所有朋友推送一条神秘的消息！"这些人因此都得到了优惠券。

（5）稳定的品牌忠诚度。社会化媒体平台为消费者提供具有吸引力的活动，以确保消费者在品牌上花费更多的时间，从而实现更高水平的品牌忠诚度。提供奖励的社会化活动能获得大量忠诚的客户。折扣连锁超市 Lidl 在英国通过 Twitter 开展降价活动实现了这一点。该活动旨在让其社会化媒体的追随者在节日期间控制精选产品的定价。越多的追随者谈论 Twitter 上的产品，如"圣诞龙虾"，这个产品的价格就越低。

2. 客户关系管理与服务修复

尽管我们经常听到关于社会化媒体是"新广告"的大肆宣传，但事实上，其他技术在这些应用中起的作用越来越大。首先，客户关系管理（CRM）也占有一席之地。CRM 实践关注公司在第一次销售后如何对待客户；吸引新客户远比保留旧客户要困难得多（并且成本更高）。这就是为什么许多公司努力保持与客户的联系，并在此之后为他们提供额外的产品和服务。通常，它们依赖于复杂的数据库，这些数据库能持续记录一个人的购买信息和其他相关信息，以便客户可以接收私人定制的后续信息和可能满足其特殊需求的建议。Salesforce.com 是社会化客户关系管理的主要业务解决方案之一。

◎ 微案例研究

美国运通与社会化媒体营销创新

美国运通（American Express，AMEX）是社会化媒体营销的领导者。尽管其目标群体为客户、公司和批发商，AMEX 却善于使用社会化媒体。它利用了社会化媒体营销的三个区域——社会化社区、社会化发布和社会化商务。这个品牌有很多值得称道的社会化媒体营销活动，让我们来看看各个区域的一些活动。

其中最成功的社会化媒体营销举措是针对小企业举办的活动，包括开展"周六小企业"及开放论坛社区。"周六小企业"已经发展成为一个为商家提供流量的活动，以帮助它们在一年中最繁忙的购物日——"黑色星期五"与大型零售商竞争。AMEX 不仅成功地创造和品牌化了"黑色星期五"之后的星期六，将其作为一个在当地小企业购物的日子，而且还使这一天成了官方日。该战略的一部分包括提供资源，如营销工具包，帮助小企业获得成功，因此 AMEX 创建了开放论坛。开放论坛是美国运通为小企业创造的一个协作性社会团体。社区成员可以阅览为其提供的指南、文章和研究，发布内容，并参与与其他成员的讨论。美国运通也活跃在 Facebook、Twitter、YouTube 等社会化网络上，开放论坛是它自己的社会化社区。品牌社群是企业利用社会化社区的策略之一。在开放论坛上发布的内容属于社会化发布领域，包括用户生成的内容、来自贡献者和美国运通的品牌内容。

AMEX 为其品牌粉丝开发了有吸引力的内容，并分享了其社会化网络页面中的内容。例如，#AmexArchive 倡议利用大型数字化档案库，讲述品牌遗产和价值观的故事，令人振奋。1958 年，以 #AmexArchive 为形象的第一张紫色卡片问世，这款美国运通卡成为该品牌在 Instagram 上最受欢迎的卡片。在 163 岁生日时，美国运通以一个虚拟的 Twitter 派对庆祝，主题标签为 #163Candles。美国运通拍下并分享了生日蛋糕的图片，写上给公司发"生日快乐"祝福的粉丝的名字，或发送话题名为"#163Candles"的推文。[32]

该品牌还鼓励人们使用它的活动标签，其中一些与特定的美国运通产品有关。例如，#everydaymoments 与美国运通日常信用卡的促销活动联系在一起。

AMEX 在社会化商务领域尤其具有创新性。它最成功的一大活动就是 @AskAmex Twitter，用于满足客户的服务请求。它还开发了一个社会化应用程序，名为 Link、Like、Love。一旦会员在 Facebook 上注册，他们就会收到特殊的优惠，如折扣。当他们接受邀请时，美国运通会询问他们是否愿意和 Facebook 上的朋友或 Twitter 粉丝分享。[33] 应用程序增强了品牌意识，因为人们看到了 Facebook 和 Twitter 上的朋友使用美国运通以及 Link、Like、Love。AMEX 通过 Facebook 开展促销活动来促进购买量。它也获得了用户的拥护，因为这些帖子类似于一份证明。

受 Link、Like、Love 所产生的强大的商业效益的鼓舞，美国运通发布了 GooSocial，允许商家自行拟定自己的报价，并通过美国运通的社会化渠道发布。然后，美国运通为

iStock.com/adamdodd

参展商户提供赎回要约、平均购买价格和销售总额的数据。[34]

AMEX 最新的社会化商务倡议是开通自己的 Facebook 即时通!

AMEX Bot 提供关于余额、福利和服务的实时通知,所有消息通过 Facebook 即时通传递[35],这也会帮助客户精简购物流程,如餐厅推荐与酒店预订相结合。

结果

美国运通在社会化媒体营销方面的效果如何?有指标表明,这些活动已经增强了品牌推广。例如,其生日派对在 Twitter 上有近百万次的浏览,而在活动开始后的前 6 个小时里,有 500 多条推文提到了 @ 美国运通。[36] 社会化媒体分析提供商 Crimson Hexagon 对提到美国运通的 600 000 多条推文进行了研究,研究发现,在两年的时间内,Twitter 上的总发帖量增长了 272%。[37] 多数帖子所表达的情绪是正面的(占 41%),中性的最多(占 53%),负面的最低(占 6%)。如图 1-8 所示,人们主要谈论的是 AMEX Offers,谈论量远高于"Every Day Moments"这个话题。

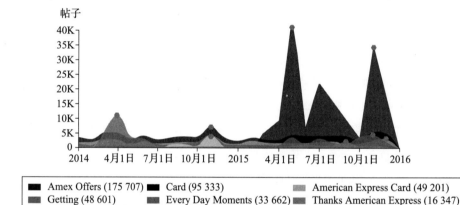

图 1-8 美国运通活动的 Twitter 参与度

资料来源:Morgan Johnstonbough, Positive Responses Follow American Express's Entrance into Customers' Everyday Lives Online and Offline, Crimson Hexagon, www.crimsonhexagon.com/blog/how-credit-card-companies-can-drive-consumer-interest-using-social-insights Reproduced with kind permission of Morgan Johnstonbaugh, Crimson Hexagon, an enterprise social media analytics company (www.crimsonhexagon.com).

Beyond the Arc 是一家专门从事社会化媒体研究的机构,研究了 Facebook 上 20 000 多条对 Link、Like、Love 这一应用程序的评论。大多数优惠都是针对特定商家的。如果折扣很大(例如 50% 的折扣),那么此时的成交量就最高。只是点赞和发帖是没法获得包邮优惠的。[38]

由于数字聚焦技术的发展,客户关系管理投身使用社会化媒体也不足为奇。**社会化客户关系管理**(social CRM)采用相关的软件与程序,汲取公司客户的集体智慧以更好地调整报价,并在组织与客户之间建立亲密的关系。[39] 当品牌融入社会化客户关系管理时,品牌会使用社会化媒体。为什么要这样做呢?我们知道,免费媒体可能来自有创意的互动社会化信息,那些很好地维护了品牌与客户之间关系的公司将从免费媒体中受益,因为这些客户反过来会在网上分享他们所了解的品牌信息和建议。

但这也是一把双刃剑。与用户进行积极正面的互动是我们所期待的。然而不幸的是，有时也会出问题。当与客户之间产生不愉快的时候，如今的用户会毫不犹豫地在社会化媒体平台上与他人分享他们不愉快的经历。他们会以最直接的方式发泄他们的不满。一个典型的例子就是有个人在坐飞机的时候吉他被弄坏了，这一事件在 YouTube 上广泛传播（YouTube 上"美联航空弄坏了吉他"的视频）。[40] 这个人尝试让美联航空修理或更换他的吉他，当以失败告终后，这位乘客怀着愤懑的心情将自己的经历拍摄出来，并配上音乐——他上传的关于自身经历的视频被观看了近 1 000 万次。显然这对于航空公司来说并不是一件好事。这种事情对公司形象产生的潜在负面影响，突出了公司应认真对待客户投诉的重要性（特别是那些喜欢在网上发布自身经历的人）。当出现问题的时候（是会出现问题的），制订计划来启动**服务修复**（service recovery）也是至关重要的。服务修复是指组织为挽救意外事件并赢回不满意的客户而采取的行动。[41] 一些公司使用的一套有用的指导方针，也称 LARA 框架。[42]

- **聆听**（listen）客户谈话。
- **分析**（analyze）这些谈话。
- 将此信息与企业中的现有信息**联系**（relate）起来。
- 针对客户的谈话内容采取**行动**（act）。

要想服务修复起作用，往往就要迅速发起服务修复。一家能够识别系统问题（例如，产品召回，或将对飞机起飞造成影响的暴风雪）的公司可以通过让客户意识到问题并采取措施来解决问题，从而将其扼杀在萌芽状态。这就是社会化媒体在客户关系管理中如此重要的原因。公司可以通过社会化媒体平台快速、有效地与大型客户群体进行沟通，或者为需要跟进的个人发送定制信息。例如 Carphone Warehouse、美捷步、百思买和康卡斯特等公司已转向 Twitter 来开展其社会化客户关系管理：它们可以监控热门话题，在有很多人发推文提到它们（说它们不好的地方）时预先发现问题。如有必要，它们可以自己发送推文来解释所发生的事情并提供解决方案。

3. 市场调研

社会化媒体为营销研究提供了新视角，令人振奋。无论是在创意过程的发现阶段收集意见，还是为新产品开发收集想法，社会化媒体都会提供新的途径来倾听客户的生活、兴趣、需求和期望。事实上，这种社会化媒体营销活动被称为**社会化聆听**（social listening）。[43] 社会化聆听可用于社会化客户关系管理、服务修复、竞争分析，甚至是新产品开发。我们将在第 10 章详细了解如何利用社会化媒体进行研究。哪些社会化媒体渠道与社会化媒体市场研究有关？所有这些东西都可能会被考虑到，但是社会化社区共享的个人资料数据、活动和内容以及通过社会化发布共享的内容，对研究人员来说尤其有价值。

4. 零售与电子商务

社会化媒体营销的最后一个主要应用是零售和电子商务。我们已经分享了品牌通过社会化媒体推广试用和购买其产品的各种方式。如果你像大多数消费者一样,你会在做出购买决定之前,就已经查看了在线评分和评论。但是你是否知道可以在社会化商店购物,或者可以边浏览电子商务网站边与朋友实时聊天?就是这样没错。只要每个人都在线,一群朋友就可以一起购物,不见得需要处于现实生活的同一个地方。品牌使用社会化媒体营销作为零售空间,创造空间鼓励消费者对产品发表评论和打分,并启用帮助朋友之间一起在线购物的应用程序,这些我们在社会化商务区域真切感受到了。这是我们第9章的重点。

● 批判性反思

算法如何对现实产生影响

算法是解决问题或完成任务的指令。食谱是算法,数学方程式也是算法。计算机代码与算法有关。互联网在算法的基础上运行,所有在线搜索都是通过算法完成的。智能手机上的应用程序也是算法。计算机和视频游戏是算法叙事。你在任何时候都可以获得自动生成的建议,无论你是在 Facebook 上与朋友通话、在 Netflix 上观看节目、在亚马逊上购物、在 Tinder 上进行浪漫的配对约会或在 Yelp 上推荐餐厅(我们可以继续列举下去),这些都与算法有关。

算法可以帮助小工具响应语音命令、识别人脸、对照片进行分类以及制造和驾驶汽车。算法大多是无形的辅助工具,根据需要提供便捷的知识使人们获益。但是,有时候出于良好的意愿而创建的算法应用会导致意想不到的后果。比如,犯罪分子开发出算法非法入侵他人的计算机系统并进行网络攻击。货币与股票市场发生的一些不好的事情也是由算法造成的。

但算法是这个关键反射特性的主题,因为它可能会影响你使用社会化媒体的体验,最终影响你的生活。实际上,有人称这是算法时代。[44] 算法主要由编码人员编写,以优化效率和盈利能力,而不必考虑数据建模和分析可能造成的社会影响。皮尤研究中心的专家解释说,在算法设计中,人们被简单地看作算法过程的"输入",而不是真实存在的、具有思维和感觉的、不断变化的生命。这是个问题,而且随着算法开始编写算法自身,这个问题可能会变得更加严重。那时,机器人将决定通过算法制定解决方案的规则。

克莱姆森大学的教授巴特·肯尼伯格(Bart Kenneberg)解释道:"算法将利用便利性和盈利性,从而排斥某些特定人群,侵蚀他人的经验。算法的目标是迎合人们的一些偏好,但不是全部偏好。它本质上是对我们的口味和偏好的一种讽刺。"他继续说道:"我最害怕的是,人们遵循算法的建议可能会太便利(或者因为太难而选择不考虑这些建议),这些算法会变成自我实现的预言,并将用户转化为专门消费那些易

Vintage Tone/Shutterstock.com

于使用的物品的'僵尸。"[45]

可能僵尸这种说法是夸张的，但生活在过滤泡沫中的风险却是真实存在的。什么是过滤泡沫？使用算法就像生活在泡沫中，我们无法体验世界，而且它会限制我们接触新的信息、积累不同的经验，同时通过向我们提供的内容影响我们的信念和情绪。[46]这种风险是真实的吗？事实上，它已经存在了。你的Facebook上的新闻是由算法控制的，该算法旨在根据你的偏好和过去的行为为你制作和呈现个性化内容。这有一项好处，它意味着你会看到更多你过去喜欢的事物，包括你关注过的人物和品牌，最终会提升你的用户体验。正是这种对社会化网络的过滤访问激发了这样一个问题："社会化媒体是否更加社会化了呢？"

你发现其中的缺陷了吗？你看到的内容不是随机的，甚至不是实时的。它是经过过滤的，以至于你很难了解到你很少关注的人曾经历了怎样的故事。你会看到更多和你有共同好友的人的故事，而那些可能持相反态度的人的故事则少之又少。随着时间的推移，你可能会对世界有一种非常扭曲的看法。你的新体验也会受到限制。算法提供的信息永远不会让你感到惊讶，因为它们不会是你从来没有想过的、看过的。相反，它们都基于你过去的行为。

也就是说，除非解决方案被人为操纵。什么是操纵？你相信你从网上获得的信息吗？没那么快。Facebook的科学家合作进行了一项名为"传染病实验"的实验。这项实验包括两组样本。给其中一组样本的Facebook用户提供负面报道，另一组样本里，则只给他们提供积极的内容。这些内容是否会影响信息接收者呢？你肯定会说会的。看到负面报道的一组人开始发布内容，说他们心情不好；看到积极内容的人发表了更加让人开心的消息。换句话说，不仅我们的经验会受到算法的影响，我们对经验的看法也可能如此。

1.6 社会化媒体职业

你可以看到个人和组织（包括企业、非营利组织和政府）是如何利用社会化渠道的。各种机构组织了解了社会化媒体的营销价值，每天都有新的工作机会出现，以适应技能型社会化媒体营销人员的需求。你对此感兴趣吗？可以考虑表1-3列出来的社会化媒体职业。

表1-3 社会化媒体职业

职业名称	职　责
社会化市场营销经理	制订并执行计划，通过在基层招募有影响力的人和征集社会化参与策略，获取优质的服务建议或内容 通过与有影响力的人或当地专家密切合作，确保及时向用户提供优质的答案或建议 执行病毒式营销计划，邀请博主和社区领袖，以及推动口碑计划的执行 支持积极的外展计划，招募当地有影响力的人、专家、博主和品牌，添加他们的推荐，并邀请他们的客户在Romio上表示支持 能够选择最好的服务建议来源

(续)

职业名称	职　责
社会化媒体观点分析员	聆听、监控和分析社会化媒体内容，撰写报告，内含标准与见解，帮助客户做出业务决策并推动策略的执行 为客户提供报告和评估框架 根据客户的要求创建报告模板，并从模板上获取客户签名 支持开发与部署新的社会化媒体评估框架和关键绩效指标（KPI） 协助培训与指导新团队成员和客户服务团队，帮助其理解社会化媒体评估或见解 保持对社会化媒体工具的熟悉度 创建高级查询以收集研究报告的观点 引入新的方法和流程，为现有交付物增值
社会化媒体助理	撰写非常棒的社会化媒体帖子 与社会化媒体营销经理保持密切合作并直接向其报告 随时关注新兴的数字营销和社会化媒体趋势以及最佳实践 使用谷歌分析（Google Analytics）和其他跟踪工具报告团队出色的工作 创建好看的 Instagram 图片 头脑风暴——在团队会议期间提供深刻的想法 协助其他机构的项目 协助管理与供应商的关系 利用社会化媒体工具来简化一天的工作 创建内容并将内容上传到 Wordpress 网站 所需的基本技能包括： 　对知识有着极其强烈的好奇心 　数字营销是你梦寐以求的工作 　对社会化媒体充满热情 　在你眼里没有阻碍，只有机会 　有条理 　良好的写作水平 　对 Photoshop、WordPress 的网站结构以及技术平台有所了解 　对分析、指标和关键绩效指标感兴趣 　受期限驱动 　具有战略眼光、创造性和主动性 　能够熟练使用 Excel、Powerpoint 和（或）Keynote、Numbers、Pages 　性格活泼、有趣
社会化媒体营销专家	为各行各业的客户开发社会化媒体内容 与设计和网络团队合作，实现概念化，并组织社会化媒体创意活动 与 Web 开发团队一起为页面创建内容 为活动的执行提供战略投入 为 Facebook 和 Instagram 打造广告活动

⊙ 本章小结

什么是社会化媒体？社会化媒体与传统媒体有何相似之处，又有何不同？

社会化媒体通过其技术能力和移动性来增强人与人之间、社区和组织之间互联互依的网络体系，促进它们之间的交流、信息传播、相互协作与关系培养。与传统媒体一样，社会化媒体包含多个渠道，并且每个渠道都有特定的媒介。例如，电视是一种广播媒体，是电视媒体的载体。社会化社区是社会化媒体的渠道，而领英就是一种媒介。

社会化媒体价值链如何解释互联网、社会化媒体渠道、社会化软件与我们用于上网和参与社会化活动的互联网设备之间的关系？

社会化媒体价值链认为，社会化媒体由核心活动和支持组件构成。核心活动包括人们在社会化媒体上做的各种事情，如交谈、分享、发帖、标记、上传内容、发表评论等。支持组件包括Web 2.0基础架构、社会化媒体渠道、社会化软件以及我们与社会化媒体进行互动的设备。

构成社会化媒体参与渠道、模式与媒介的主要区域是什么？

社会化媒体的主要渠道包括社会化社区、社会化发布、社会化娱乐和社会化商务。每个渠道包含网络连接、通信功能以及分享功能，但每种区域的侧重点有所不同。社会化社区更关注关系建设，社会化发布侧重于内容的分享与推广，社会化娱乐渠道致力于娱乐和共享社会化媒体，社会化商务针对的是社会化媒体应用程序的购物功能。

什么是社会化媒体营销？

社会化媒体营销利用社会化媒体来促进消费者和机构组织之间的交流。这对营销人员来说非常有价值，因为社会化媒体为消费者提供了低廉的访问渠道，并在购买周期的不同阶段以多种方式吸引消费者并与其进行互动。

当机构组织把社会化媒体纳入其营销组合时，企业可以实现哪些营销目标？

利用社会化媒体，可以实现品牌建设与推广、品牌研究、客户服务和关系管理目标。

⊙ 关键词

算法（algorithm）

商业模式（business model）

内容营销（content marketing）

交易网站（deal site）

数字原住民（digital natives）

论坛（forum）

营销组合（marketing mix）

商业化策略（monetization strategy）

利基产品（niche product）

付费媒体（paid media）

精神收入（psychic income）

边界跨越者（boundary spanner）

众包（crowdsourcing）

交易聚合网站（deal aggregator）

设备（device）

免费媒体（earned media）

收益流（revenue stream）

留言板（message board）

网络效应（network effect）

自有媒体（owned media）

个人媒体（personal media）

公共关系（public relation）

推送消息（push messaging）
插播模式（interruption-disruption model）
搜索引擎营销（search engine marketing）
服务修复（service recovery）
共享应用程序（share application）
社会化社区（social community）
社会临场感（social presence）
社会化辨识度（social identity）
社会化商店（social storefront）
社会化网站（social network site）
小程序（widget）
传统营销（traditional marketing）

影响力印象（influence impression）
抽样（sampling）
搜索广告（search advertising）
语义网（semantic web）
社会流传度（social currency）
社会化聆听（social listening）
社会化发布（social publishing）
社会化服务（social service）
社会化应用（social utility）
发布动态（statuscast）
口碑传播（word-of-mouth communication）
社会化媒体区域（zones of social media）

⊙ 复习题

1. 如何定义社会化媒体和社会化媒体市场营销？
2. 社会化媒体价值链的支持组件是什么？
3. Web 2.0 在社会化媒体发展中扮演了什么角色？
4. 什么是众包？
5. 什么是社会化软件？列举两个例子。
6. 设备和物联网是如何联系起来的？
7. 社会化媒体的四个区域是什么？社会化媒体与传统媒体相比是怎样的？
8. 解释精神收入（也称社会化货币）的概念。
9. 品牌是如何利用社会化媒体来获取媒介价值的？
10. 什么是社会化客户关系管理？它与传统的客户关系管理有什么不同？

⊙ 练习题

1. 什么是商业化策略？访问 Twitter.com 并解释 Twitter 是如何通过其业务获利的。对 Snapchat 的解释也是如此。
2. Facebook 和谷歌文件等在线服务应该免费吗？请你的同学和朋友（包括你的朋友圈）投票，找出他们认为哪些应该是免费的。使用 Facebook 提供的轮询功能来进行投票。对于社会化媒体提供商可用的获利策略，研究结果说明了什么？
3. 观看 Ted 演讲，其中伊莱·帕莱斯尔（Eli Palisle）解释了过滤泡沫的世界的风险。你认为算法解决方案的便利性会给人们的体验带来风险吗？社会化网络还具有社会化性吗？你可以在Ted 演讲的网站上（www.ted.com/talks/eli_pariser_beware_online_filter_bubbles？language=en）找到这个演讲视频。

4. 在 About.Me 上创建一个账户。该账户将作为你社会化足迹的基础。把你现有的社会化媒体账户链接到该足迹页面。确定那些你可以设置个人资料的社区。即使你不使用某些社会化功能，你可能也希望保留你的个人资料名称。

5. 品牌包括为传统媒体广告设计的社会化媒体术语，这种做法也被称为借入兴趣。例如，采用这种策略的广告利用单词"like"和大拇指符号（点赞）或在对话中加上话题标签。这些社会化媒体文化的"掠夺"是否有效？请说明。

6. 像 Kickstarter 这样的社会化融资网站承诺使用众包的方式来资助有价值的项目。访问 Kickstarter 并评估项目的参与率。你认为是什么刺激了资助活动的参与率？

第 2 章 CHAPTER 2

社会化消费者

■ **学习目标**

当阅读完本章时，你将能够回答以下问题：
1. 社会化媒体营销人员为什么需要了解不同消费者群体的行为？消费者细分的依据是什么？
2. 构成社会化身份的要素是什么？个人如何建立他们的社会化身份？这些身份对于营销人员来说有什么意义？
3. 人们使用社会化媒体时会表现出什么行为？人们在社会化媒体四个区域中的参与程度如何？
4. 如何理解人们参与社会化媒体活动的动机？我们在理解其社会化消费行为时应该采取什么样的态度？
5. 社会化媒体消费者最重要的特点是什么？这些特点对于我们锁定社会化网站的用户有何帮助？

2.1 社会化媒体营销细分和定位

营销人员通过洞察消费者来规划有效的社会媒体营销策略。无论是策划一个独立的社会化媒体推广活动，还是多种社会化媒体相结合的推广活动，理解目标受众市场的需求、信念和行为都是最关键的。营销人员利用对消费者的分析对目标消费者群体进行档案编写，从而促进营销战略规划过程，而这正是本章的重点。我们将回顾社会化媒体营销细分的基础，讨论社会化媒体中的个人和群体行为以及这些行为发生的原因，并详述社会化媒体社区中的群体细分。

2.1.1 介绍目标受众

营销人员重视社会化媒体营销策略和技术发展，但社会化媒体营销只能让客户在这些新媒体平台所打造的数字空间中有交谈的欲望。营销人员在锁定特定的消费群体时会依据品牌是否能够满足这些消费群体的需求和目标这个标准来进行。**市场细分**（market segmentation）是把市场划分为具有共同需求和特征的不同群体的过程。这种细分能使营销人员在服务客户的总体效率和应对不同客户的特殊问题之间取得平衡。营销人员使用几个因素作为细分市场的依据，包括地理、人口、心理、利益追求和行为。这些特征就是市场营销人员把不同消费者划分为不同的可管理群体时所利用的基础。

无论使用何种营销策略，营销人员都会利用这些因素来细分和识别目标受众。但是，当涉及社会化媒体营销时，我们还需要思考如何进一步根据他们的数字生活来细分出更多的潜在客户。虽然每个用户看起来都在上网，并且大部分在使用Facebook，但是根据他们的生活方式、性格、所处的年龄阶段，甚至地理和经济状况，这些用户的生活数字化程度各不相同。对于B2C（企业对消费者）营销人员来说，了解这些消费群体的态度和行为差异是制定有效的社会媒体营销策略的一个关键因素。营销人员利用这些信息和洞察来建立消费者个人档案，以帮助自己做出更好的活动策划选择。同样，B2B（企业对企业）营销人员也能从这种受众细分的定位模式中受益。接下来，我们简要地回顾一下受众细分的依据并且了解这些细分因素在网络领域意味着什么。

2.1.2 地理细分

地理细分（geographic segmentation）是指按区域、国家、市场规模、市场密度或气候条件等因素来划分市场。例如北面公司（The North Face）会期望卖出更多的大衣给生活在冬季气候的人们，而Roxy（澳大利亚Quiksilver公司旗下热点品牌）这个品牌面向的是阳光充足的度假胜地的消费人群。地理细分与社会化媒体营销人员的相关性越来越高，不仅因为现今基于地理位置的分销渠道，还因为社会化媒体越来越多地采用能够提供实时位置和时间信息的GPS技术。

这项创新能够帮助本地企业利用这种技术根据客户的实际所在位置定位特定的消费人群。例如美国的Yelp将自己视为依据地理定位提供服务的社会化媒体，并且Yelp还因为顾客能够在网站上发表对于本地商户的评论而变得越来越受欢迎。事实上，Yelp的用户已经贡献了1.2亿多条关于当地商户的评论。[1] 它的移动应用程序帮助用户在搜索附近的商户时获取附加的评论、评分和体验照片。商户们也可以同Yelp合作，通过在App上投放广告和优惠券来吸引用户。这就是细分策略发挥的作用。

对于社会化媒体营销人员来说，有三种地理定位技术：地理围栏技术、区域定位技术和信标技术。[2] **地理围栏**（geofencing）技术就像是把特定地理空间围绕起来的一条虚拟的线。当使用地理定位移动App的人进入特定的区域，他们就可以被定位进这个围栏之中，同时手机上就会收到应用广告或者优惠通知。例如，如果你在商场里经营一个冰沙店，你就可以将围栏设置在商场和停车场周围的区域。当人们（他们的设备是启用状态）进入围栏区域时，你可以向他们推送信息。另外一款应用Snapchat（一款名为"阅后即焚"的照片分享应用）也采用了此功能，用此来过滤不同地理位置的用户，为他们提供"快照"被拍下来时的时间和地点。**区域定位技术**（geotargeting）与地理围栏技术类似，但它的地理参数更大一些，例如，它把50英里⊖作为一个区域的标准范围。第三种是**信标技术**（beaconing），它的定位范围非常小，最适合提供商店内的地理定位服务。

⊖ 1英里≈1.61千米。

示例 2-1

Yelp 的地理定位增加了价值

资料来源：Tom Humbarger，"Why Is Yelp Important to Your Business？"Tom Humbarger's Social Media Musings（April 22，2010），https://tomhumbarger.wordpress.com/2010/04/22/why-is-yelp-important-to-your-business. Reproduced by kind permission of Tom Humbarger.

　　Yelp 的移动应用程序每月平均有 2 000 万名独立用户。当 Yelp 的移动客户端用户进入目标地理区域时，该区域的商户就可以向他们推送特别优惠和互动促销活动的通知，如免费饮料或折扣等。事实上，这应该是地理细分技术与社会化媒体营销人员最相关的部分——它为营销人员提供了在社会化和位置移动层面可行的应对策略。对于使用这种服务的本地商户来说，重要的是 Yelp 还给他们提供了一种业务"仪表板"，这个"仪表板"能为商户提供有关企业网页信息和促销信息的定制选项、Yelp 查看次数的度量标准、新评论的通知，以及与评价者和重度用户进行信息交流的功能。³ 虽然 Yelp 刚开始主要是作为一个帮助用户寻找本地商户服务的评论网站，但是它现在也开始提供事务服务，包括 Eat24、YelpNow、SeatMe 和 Request-A-Quote 等。这些服务使 Yelp 能够缩小消费者在进行信息搜索和比较不同商户以及最终做决定购买时的差异。同时这些服务也为 Yelp 带来了除广告之外的收入来源。看到这里，你是否开始担心自己的隐私问题了？我们将会本章后面部分讨论隐私问题。

2.1.3 人口细分

　　当营销人员采用**人口细分**（demographic segmentation）策略时，他们会利用一些共同特征，如年龄、性别、收入、种族背景、受教育程度、家庭生活周期和职业等来判断如何将相似的消费者组合在一起。例如，通用磨坊企业（General Mills）为不同的群体设置不同的营销活动，例如，它推出了 QueRicaVida.com 这个网站作为拉丁裔妈妈的在线交流平台。B2B 的商务营销人员也会使用人口统计学因素进行消费者受众细分，细分因素与公司规模、行业纵向、买方类型以及其他的企业特征有关。通过分析 Facebook、Twitter 和领英这些网站所提供的用户的兴趣、职称、公司规模、收入等信息，企业很容易定位相似的目标用户群体。

人口细分策略如何使社会化媒体营销人员受益？下面我们来看看来自 Secret 公司的关于推广除臭剂的营销活动。

示例 2-2
Secret 公司反欺凌营销活动

从人口特征上看，你会如何描述 Secret 公司的目标市场？其实非常简单，Secret 公司的目标用户市场的人口特征就是：女性，年龄在 12 岁及以上，居住在北美。从传统视角上看，像 Secret 这样的品牌会在适合各个年龄层的杂志上刊登平面广告来吸引女性客户。然而，在接下来的这个营销案例中，Secret 公司选择了一条与众不同的路线，它所采用的战略强调了人口特征的重要性。以下是关于这场营销活动的概述。Mean Stinks 是一场由 Secret 除臭剂赞助的反欺凌运动。这场运动让女孩和她们的父母了解欺凌的危害以及如何应对这些危险。但更重要的是，随着时间的推移，这场运动已经成为一个允许人们进行创意表达的渠道，一个对于青少年女孩和她们的妈妈而言非常重要的发声渠道。这场活动是从 Facebook 上一个号召大家行动起来的主页开始的，它号召那些同意"mean stinks"（刻薄的人烂透了）这个观点的女孩们行动起来发对欺凌。怎么反对？通过将她们自己的小指涂成蓝色！这个主页在短时间内就获得了成千上万的点赞。从那时起，这场运动就发展起来了。通过推广话题 #gangupforgood，Secret 品牌鼓励女孩们通过展示自己的蓝色小指来向他人表达她们不会欺凌其他人。然后 Secret 作为此次运动的发起者就借此将运动的内容推向了新的宣传高度，不仅在社会化社区区域（区域 1），还在社会化发布区域（区域 2）进行宣传。人们在 Twitter、Facebook、Instagram 和 Pinterest 上纷纷活跃起来。不仅网站会发布用户自制的内容，YouTube 和 Vimeo（区域 2）也会提供 Secret 制作的视频和用户自制的视频来帮助家长和老师反对欺凌。

是否可以评价这场活动是 Secret 品牌接触目标市场的有效方式？其实通过这种方式可以看出 Secret 品牌真正了解了女性所面临的挑战。这就是在进行人口细分时要考虑的一个重要因素，即在了解了基本的事实情况之后还要深入了解市场。可以说在这个案例中营销人员是在利用人口统计学知识来进一步了解市场需求。

Keith Homan/
Shutterstock.com

2.1.4 心理细分

心理细分（psychographic segmentation）指基于用户的个性、动机、生活方式、态度和观点来细分市场。这些因素可以单独使用，也可以与其他细分因素（例如上一节提到的人口统计学因素）结合使用。消费心理分析往往能为营销人员提供最充实的关于消费者的描述，以此帮助营销人员弄清消费者在做购买决定时真正的心理活动是怎样的。

现在让我们思考一下消费心理分析在社会化媒体领域的实际应用情况。现今时代，纸质贺卡行业的销售量早就不如从前。人们不再互相赠送纸质卡片，而是选择发送电子邮件、电子贺卡，甚至只是在 Facebook 上发布一条祝贺朋友生日快乐的动态。领英曾经做过一项大型研究，结果表明贺卡购买者有四种消费心态。[4] 这四种消费心态对于纸质贺卡行业来说是不利的消息，这个研究提到：拥有"寻求替代品"消费心态的消费者占最高比例，同时他们也是最渴望能够使用代替传统纸质贺卡的商品的群体。这些消费者将社会化媒体视为能够解决这个问题的答案，社会化媒体现在已经成为他们在日常生活中以及生日和节假日等特殊场合与朋友、家人保持联系的一种方式。

这项研究报告发出警示说，纸质贺卡公司现在正面临极大的风险，因为人们正在使用社会化媒体来取代传统贺卡。但是这种改变给其他公司带来了机会，像 Cool Greeting Cards 和 justWink 等贺卡软件应用创造了各种虚拟的贺卡，而这些虚拟贺卡都可以被同步发布到 Facebook 和其他社会化网站上，甚至连星巴克都支持通过 Twitter 点餐，即顾客可以通过发布一条 Twitter 动态向别人赠送一杯咖啡！

2.1.5 利益细分

利益细分（benefit segmentation）指根据消费者从产品上所寻求的不同利益来细分不同的消费群体。例如，在汽车市场中，购买混合动力汽车或电动汽车的人与购买大马力汽车或 SUV 的人肯定有不一样的利益需求。从商业利益追求方面来看，顾客可能追求的是"多久才能交货"或者"可以购买发票吗"等。品牌可以利用社会化媒体来确定顾客的利益追求。这就是麦当劳在确定其新的"全天早餐"菜单的需求时所使用的方式，超过 80 000 条用户专门发布的 Twitter 信息表示他们需要此款菜单。[5] 在社会化媒体环境下，消费者想从与品牌的互动中获得什么好处？在这个问题上不同的人有不同的看法。一些业内专家认为，消费者想与他们经常使用的品牌尤其是他们挚爱的品牌保持有意义且积极的关系。盛世长城（Saatchi & Saatchi）就是这样成了一家能够让客户对其保持热情且忠诚的品牌公司。盛世长城甚至还在维护着一个鼓励人们在上面推荐不同好品牌的网站。例如，你可以推荐一些饮料类品牌，包括健力士啤酒、印加可乐（Inca Kola）和哈果乐果汁（Boost Juice）。[6] 你也可以在 www.lovemarks.com 网站上推荐自己喜欢的品牌。

另一些人认为消费者更多的是寻求与品牌建立一种功能性关系，但还是会对满足他们需求的品牌保持忠诚。实际上，这是来自关于品牌的社会流传度研究的观点。[7] 品牌的社会流传度衡量的是一个品牌是否有能力很好地适应现今消费者以社会化媒体为中心的生活。现在的消费者广泛使用各种技术和社会化媒体，并且只有有限的决定购买时间以及对价值和效用的渴望，基于这些前提，品牌的社会流传度的确定现在考虑更多的是其能带给消费者怎样的理想利益。消费者如何回应具有高社会流传度的品牌？这项研究评估了五个行业的 90 多个品牌，发现人们更倾向于选择能够为消费者提供利益的品牌并且更愿意为此付出溢价。

◎ 微案例研究

社会流传度的影响力

品牌社会流传度的影响力研究旨在衡量零售、时装、汽车、食品和啤酒等行业内各品牌适应消费者社会生活方式的能力。[8] 报告指出，品牌往往难以跟上消费者偏好的变化。为了增加自己的社会流传度，品牌应该掌握 7 个方面的主动权来帮助消费者更有效地管理自己的生活。现代社会的消费者有许多不同的特性，而这些特性其实就是消费者对品牌社会流传度所能带来的利益的渴望，具体如下。

- 利用跨情境和跨文化的技术来管理生活和实现目标。
- 在有限的注意力、时间和精力内做出决定。
- 利用社会化媒体进行信息交流和娱乐。
- 寻找比商店更便宜和/或更方便的替代品。

社会流传度的不同方面如图 2-1 所示。该研究从各个方面评估了各个品牌，为每个品牌进行了指数评分。

图 2-1 社会流传度的维度

资料来源：Reproduced with kind permission of the Vivaldi Group（http://vivaldigroup.com）。

结论

拥有最广的社会流传度的前十大品牌分别是耐克（Nike）、赛百味（Subway）、橄榄园餐饮（Olive Garden）、西南航空（Southwest Airlines）、本田（Honda）、李维斯（Levi's）、温迪国际快餐（Wendy's）、安德玛（Under Armour）、Chili's 美式休闲餐厅和丰田（Toyota）。经过品牌在七个维度的评测结果的加权评分，耐克的社会流传度指数评分为 119 分。这个分数意味着耐克提供的社会流传度收益比其他 90 个品牌的平均水平高出 19%。

结果表明，品牌可以利用社会化媒体与客户建立关系，随着时间的推移在彼此的生活中互相交流、分享、关心和互动（就像人和人之间一样）。我们将在第 6 章深入研究品牌如何使用社会化社区（区域 1）来吸引消费者。

2.1.6 行为细分

行为细分（behavioral segmentation）根据不同消费者的行为对其进行细分。消费行为因素包括产品研究来源、购买的性质、品牌忠诚度、使用水平、购买频率和使用的分销渠道。请注意，这些细分因素对于 B2B 细分来说也是可行的。当涉及社会化媒体时，营销人员可能会考虑把以下消费行为信息，如潜在顾客在网上和社会化媒体上花费了多少时间，顾客参与了哪些社会化媒体活动，使用过什么样的社会化网络，以及用什么样的设备来使用社会化媒体等作为细分因素。

图 2-2　买方画像示例

营销人员利用这些细分基础来创建对应的**买方画像**（buyer personas）。买方画像实际上是关于理想客户的一个映射，其中包含进行受众细分时的不同信息（如人口、地理、心理、利益追求、行为等）。这种映射会给你提供所需要的营销方式的草图。有了买方画像，市场营销者能够更好地识别、理解、获取、参与并最终留住目标受众。例如，Geckoboard作为一家为社会化媒体分析提供数据可视化软件的公司，将其买方画像定义为从青年到中年的企业创始人或首席执行官级别的决策者，这个创始人或者决策者来自美国、西欧、澳大利亚或加拿大正处于高速上升期的拥有11～200名员工的组织。[9]买方画像示例如图2-2所示。

2.2 社会化身份

Facebook？YouTube？Flickr？Twitter？你的数字化生活包括这些网站吗？你在分享什么？想法、意见、活动、照片还是录像？这些都是何时何地分享的呢？是使用移动设备分享的吗，还是使用固定的电脑分享出去的？可能都有吧。我们都有自己的形象，或者对于自己是谁的感知，这就是我们的自我概念。从心理学的角度来看，社会化身份是**自我概念**（self-concept）的一部分，而这种**社会化身份**（social identity）则来自于我们在群体中感受到的集体感。[10]我们可以把这种非常抽象的理念分为两部分。首先，我们认为自己是某个群体的成员，而不是其他群体的成员。无论什么时间、什么地点、在做什么，我们都会有一种我正在代表这个群体的感觉。例如，在玩电子游戏时，我们可能会把自己看作是游戏玩家群体的一员，而不是烘焙群体中的一员。其次，我们也许属于许多正式或非正式的群体，也有可能是一些理想或实际的群体。如果我们意识到成员和团队对自己很重要，那么此时他们就会影响我们的社会化身份。这与社会化媒体有什么关系？当我们参与社会化媒体时，我们就正在参与一个或多个团体。从广泛的角度来看，在Instagram上更新动态其实是在与Instagram的用户群进行互动。

通过与他人的各种社会化联系、群体关系、参与活动、共享图文、声音和视频等，我们上传的各种信息和在线活动都表达了自己的社会化身份。因此，社会化身份可以影响我们参与社会化媒体的位置、时间、方式和内容。

如果营销人员对你的社会化身份感兴趣，他们就会利用一些有用的信息来对你进行消费细分和定位，比如人口特征、兴趣和生活方式、个性特征、日常生活和工作、线下和线上购物行为等。那么他们从哪里得到这些数据呢？答案就是，营销人员可以把来自多个来源的数据统一起来建立一个有用的数据集用于营销分析。其中一个数据来源就是社会化活动信息。只要你参与网络生活，你就会留下痕迹。各种痕迹会汇集成一个大的**社会化信息数据库**（big social data，BSD），数据库里的信息都是从科技促成的社会联系和网上交流中收集和解析得来的。[11]当营销人员评估这些信息时，他们为你描绘的简图其实就是对你的社会化身份的看法。Altimeter将营销人员对社会化身份的观点定义为"社会化媒体中的个人信息，包括个人资料和参与的活动"。[12]换句话说，当你在进行社会化活动时，你的社会化身份就是营销人员看待你的方式。

其实营销人员早就知道，掌握更加完整的客户信息可以帮助公司更好地确定出售价格和制定营销方案。此外，营销人员还认识到，利用客户的社会化信息数据可以进一步丰富自己所掌握的客户信息。他们可以利用这些新信息来识别新的方向，把发展前景转化为实实在在的客户资源，并且解决其他的服务问题等。例如，如果一个品牌可以联系到在 Instagram 发布过一张含有抱怨品牌信息图片的客户（并且该客户还是曾经多次购买这个品牌的商品的老客户），那么此时品牌就可以快速解决这位客户的投诉，留住这位客户，并在客户心中建立更高的终身价值。Altimeter 相信使用社会化身份数据有助于品牌建立更详细的客户档案、有效地利用营销预算并和客户进行跨渠道的交流。品牌可以在购买环节的任一节点利用客户的社会化身份数据来进行分析，无论它们是寻找发展方向、培养公司领职人员、调整发展建议，或者跟踪顾客需求以提高客户对品牌的忠诚度等。

2.2.1 社会化交点：社会化身份的基因

让我们来进一步分析：也许在某一天的早上，你被智能手机上的闹钟 App 吵醒。在闹钟响了以后，你可以在 Facebook 移动 App 上查看新闻提要。然后，你离开家去上学，在上学过程中，你可以使用智能手机和网络继续浏览，如果你开的是一辆新的福特汽车，你甚至可以通过汽车继续了解网络上的信息。你可以通过搜索和阅读别人的评论，在自己的移动路线上寻找最好的咖啡店，或者最便宜的加油站。当你上课时，你的教授可能会要求你在课堂上和同学一起在维基网站上合作完成课堂任务或者使用像 Evernote 这样的 App 做小组研究。等到了晚上，你可能会和吉米·法伦一起看《今夜秀》。此时，你已经为晚上的活动做好准备了。当吉米在 Twitter 上发文说明了今天晚上《今夜秀》的标签游戏环节所要讨论的标签时，你打开了你的 Twitter 并围绕这个标签话题进行互动，并且你还希望你的发言能被选中出现在今晚的节目中。读到这里，你明白我要讲什么吗？无论你走到哪里，只要你有一个可以联网的设备，社会化媒体就可以成为你日常生活的一部分。你可以从图 2-3 中看到与社会化媒体接触的不同时间点。与社会化媒体接触所留下的痕迹就可以成为营销人员构建你的社会化身份的数据。

2.2.2 社会化足迹

足迹是一个物体在占据物理空间时所留下的印记或标记。根据表面材料的不同，留下的印记保持的时间也会不同，例如一位崭露头角的涂鸦艺术家在干燥的水泥块上留下了痕迹，那么接下来大家都知道结果会变成什么样！同样，**社会化足迹**（social footprint）是一个人在社会化媒体中出现时所留下的印记。当我们访问网站和网络社区时，我们留下了数字线索。根据访问的数量、频率以及参与的活动，我们留下的社会化足迹可能明显也可能不明显。例如，当你访问你朋友的 Facebook 主页时，得知她是 Juicy Couture 的粉丝，这时你就可以知道消费在她生活中占据比较重要的一部分了。而这些信息正是她社会化足迹的一个方面。

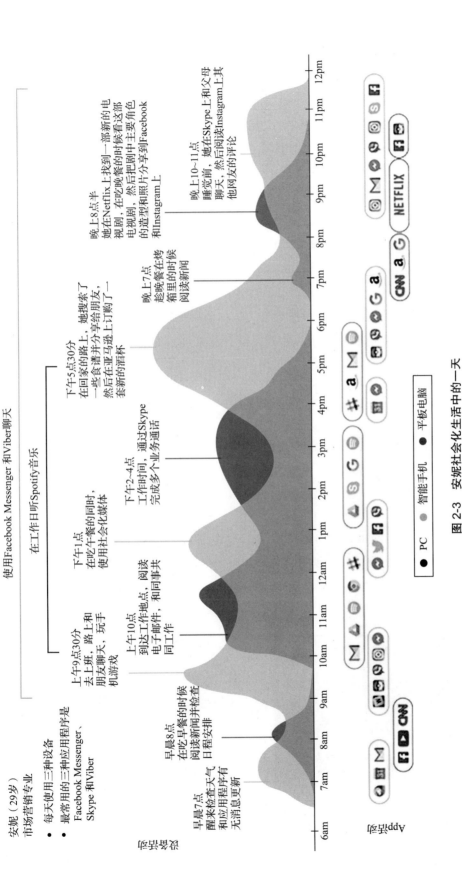

图 2-3 安妮社会化生活中的一天

资料来源：Mike Read, A Day in the Life of a Consumer, Verto Analytics, 2017. Used with permission.

图 2-4 显示了詹妮弗·雅克（简称詹妮）的社会化足迹。从职业上看，詹妮是 Bearing Arms 新闻网站的编辑（而且还是整个行业的第一个女编辑）。她是一位著名的枪支权利倡导者，经常受到媒体的采访。就个人而言，她是一位妻子和母亲。她最喜欢的业余爱好是狩猎。那么詹妮的社会化足迹如何反映她的社会化身份呢？区域 1 显示詹妮经常在几个主页中出现，包括个人 Facebook 主页、一个与狩猎有关的 Facebook 主页（www.facebook.com/jenn.d.jacques）、一个 Facebook 的粉丝主页（www.facebook.com/2AJennJacques）。她与她的职业伙伴一样都使用领英（www.linkedin.com/in/jennjacques）。和自己的朋友交流时，她也使用 SnapChat（jennjacques）。区域 2 显示詹妮有自己的网站（https://jennjacques.com），可以链接到 Twitter 来分享想和粉丝分享的内容（https://twitter.com/JennJacques）。另外，她还在 Instagram（www.instagram.com/jennjacques75）上上传照片。区域 3 显示詹妮喜欢使用 Pinterest（www.pinterest.com/JennJacques75），当她有片刻的休息时间时她会玩 Trivia Crack 这款益智闯关小游戏。区域 4 显示詹妮首先是一个消费者。她在网上购买东西时会参考很多评论和评分，但她没有在网站上团购过，没有使用过 Groupon 等团购网站，并且她也没有其他的社会化购物方式。在这 4 个区域中，詹妮都过着非常社会化的生活。作为一个全职作家和母亲，詹妮并没有太多的时间进行社会化活动，但她偶尔会和朋友们一起玩文字游戏。

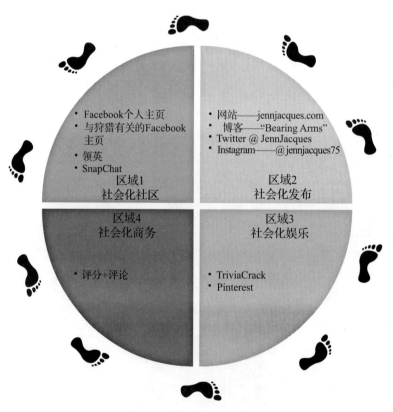

图 2-4　詹妮的社会化足迹

你可能会留下像詹妮一样多的社会化足迹,也许没她多,但你确实留下了自己的那部分足迹。像 Hansel 和 Gretel 在森林里撒下面包屑来标记他们走过的路一样,你通过网上交流尤其是分享社会化信息来留下自己的足迹。你有没有"喜欢"过一个网站、一篇文章或一个产品?如果你喜欢过,那就是你留下的足迹。你曾经在网上购物吗?如果你曾在网上购物,那么你会留下更多的足迹。你评论过 YouTube 上的视频吗?你从 iTunes 下载播客或在 Instagram 上传过图片吗?如果你有,是的,你又一次留下了社会化足迹。你所进行的活动记录组成了你的生活历程(假设你是有规律地分享生活信息),其实通过你的社会化媒体活动,这种历程本质上就是你自己的日记。

你的足迹会成为社会化数据来源的一部分(我们将在第 10 章介绍营销人员如何利用这些数据)。这些足迹对于人们进行预测十分有用,即使是看起来空泛的或者没有用的数据,比如你登录 Facebook 的次数,你点赞、评论和分享的次数也都有其作用。根据斯坦福大学的研究人员科辛斯基(Michal Kosinski)对 800 万名志愿者在 Facebook 上留下的足迹所做的研究,社会化足迹可以惊人并有效地预测你的个人特征——包括你的父母是否离婚都有可能从你留下的社会化足迹中获悉![13] 看到这里,你是不是对这个结果产生了怀疑?那么你可以亲自登录剑桥大学在线心理测试中心网站(https://applymagicsauce.com/demo_likes.html)试一试是不是这样。你只需要登录你的 Facebook 简介,应用程序就会利用你的个人资料数据做出一系列分析,包括你的人格特征、领导潜力、智商、生活幸福程度、政治生活、宗教信仰和性取向等。

2.2.3 你的社会化品牌

你会在访问不同的社会化团体的过程中留下社会化足迹。许多社会化团体要求用户注册之后才能成为团体的一员,之后才能获得服务和参加社区活动。用户都是以虚拟的空间形象出现的,所以他们会在网站上建立不同的档案资料来代表他们在社会化媒体空间中所希望呈现的样子。你在社会团体中的用户名就是你的代号或昵称,就像过去那些卡车司机在使用老式 CB 无线电台交流时使用的化名或者真名一样。虽然很多人都使用可以隐藏真实身份并保护隐私的假名,但是有些人会选择使用能够代表自己特色的代号。我们可以把这些 ID 看作是我们的个人**数字品牌名**(digital brand name)。比起隐藏自己的身份,他们更想用名字来突出自己的身份。例如,数字媒体大师詹妮弗·莱吉奥(Jennifer Leggio)作为 ZDNet 上的一个知名博主,她就是用"mediaphyter"这个名字来代表她的数字社会化身份。

如果你想要给自己起代号,记住千万不要占用他人的名字。换句话说,不要在没有资格和权利的情况下使用他人的网络代号。有时候别人确实也有资格跟你重名,因为总有人的名字会和他人相同。例如,世界上有几百个叫大卫·琼斯的人。这种情况就不是占用别人的代号。但是如果你在 Twitter 上搜索 Hugh Jackman,结果可能会显示很多相关的人名列表,包括 @RealHughJackman、@JackmanHugh、@HughJackman 和 @H_Jackman 等。但是真正的 Hugh Jackman 只有一个,其他用户就是在占用他的网络代号。

接下来，你应该查找一下你自己想使用的名字是否可以在主要的社会化社区中使用。像 Namechk.com 这个网站提供的服务会给你答案。如今这个时代，父母会使用提供这种服务的网站来给孩子起名（为了找到一个独特的名字），然后在社会化网络上提前给孩子注册用户名以免以后被别人占用！

你在自拍时代的社会化品牌

最早分享至网上的照片出现在 2011 年，短短几年内，在 Instgram 上 #selfie 这个话题标签已经有超过 1.85 亿的阅读量！[14] 这还仅仅是一个平台上的一个话题标签的阅读量。**话题标签**（hashtag）指的是包含字母、数字或者表情符号的单词或短语，这些话题标签前面都会有 # 作为标记。有可能人们用 #美图这个话题标签的次数跟 #自拍一样多！你分享的自拍显示了你的个人社会化品牌。另外，你的自拍和用户名所传达的信息和组成你的社会化品牌的其他部分不同。在展示自己的社会化身份时，用户对于自己能够掌控的部分更为主动，相比之下，仅仅是参与社会化活动他们就显得有些被动了。[15] 用户对于信息的掌控越弱，他们对于自己社会化身份的塑造就越消极。一张分享出去的自拍就代表你做出了一种非常积极的举动，因为你拥有足够的掌控权。你可以一次性拍很多张自拍，但是你可以选择上传最喜欢的那张或者不上传，这些都由你自己决定。

我们稍后会解释营销人员怎么利用这些信息来建构你的社会化身份并且有效锁定目标客户。这时你可以思考一下你的社会化身份对于其他人来说有着什么样的意义？例如你的朋友、家人、老板或者老师？这个问题也出现在安迪·比尔（Andy Beal）的名为 *Repped* 的书中，这本书告诉人们在社会化经济中如何保护自己的声誉。[16] 为什么声誉这么重要？就像我们在第 1 章所讨论的那样，因为社会化媒体就是一种声誉经济。布莱恩·索利斯（Brian Solis）对此给出的解释可能是最好和最恰当的："这样想，当你照镜子时，你看到的是自己现在的镜像。如果能把镜子里面的人变成自己最想要的样子，你觉得怎么样？"[17] 如果你的选择恰当，你就可以实现这个愿望。索利斯建议人们对自己的社会化活动进行审查和反思。听起来非常有意义吧？是的，的确很有意义。这实际上就是个人对于社会化媒体的思考，营销人员通过这样的方法来评估市场情况和竞争对手的社会化影响力！而对于个人用户来说，反思自己的社会化活动时要按照社会化参与体现出的个人价值观念来对其进行分类。[18]

- **愿景**（vision）：愿景类的帖子通常回答这样的问题："我学到东西了吗？我受到启发了吗？"
- **认可**（validation）：认可类的活动通常回答这样的问题："我被这个群体接受了吗？"
- **证实**（vindication）：证实类的帖子通常都告知他人："我这样做是对的。"
- **弱点**（vulnerability）：弱点类的帖子通常向别人敞开心扉，告诉他人"我可以成为你的倾听者"。
- **虚荣**（vanity）：虚荣类的帖子则显示出一种自恋倾向，告诉他人"看我，我什么都会"。

通过社会化足迹反映出来的应该是一种各方面都平衡的用户社会化身份，即上述这些价值观念大家都有一些。如果我们的社会化足迹过多地聚集在某些价值观念上，那么我们就会无意识地歪曲自己的社会化形象。

一旦你完成了对自己将要分享的信息的考量，你就可以借助社会化媒体来建立个人的品牌形象了。社会化媒体专家丹尼尔·托利戴（Daniel Tolliday）提出了以下五个问题，而你对这五个问题的回答将会引导你在建立自己的社会化品牌时所做出的选择。[19]

- 你想要达到什么目标？
- 你想让别人知道什么？
- 在你有意向的领域中有哪些群体和人比较活跃，他们使用什么社会化媒体渠道？
- 你能做什么来传达你所期望的社会化品牌，同时还能将自己与他人区分开来？
- 什么视觉元素会帮助你建立你想要建立的形象？

谁知道呢！你可能会成为下一个社会化媒体的强影响力者也说不定。这是社会化媒体令人兴奋的好处之一。任何具有独特观点的人都可以获得数量庞大的追随者和粉丝。总之，你的社会化足迹留下了你在哪里和你去过哪里的证据。你的生活事件流就是对你网络生活的记录。这些信息构成了你的社会化品牌，即营销人员所说的社会化身份。当你思考自己的经历时，你会同意这个观点的，即你分享的信息就代表着你自己。

● **批判性反思**

哪种权利最重要？知情权还是隐私权

我们提醒过大家：在社会化媒体领域，一个人的声誉是永恒的。但事实真的是这样吗？欧洲联盟法院持不同看法。根据《数据保护法》所谓的"被遗忘权"的条例，法院称人们在一定程度上有权利控制别人获取自己的网络信息的量。[20] 换句话说，如果你不想让体现自己社会化身份的某些信息被别人看到，那就直接要求谷歌在别人搜索自己的相关信息时不予显示吧！是的，你要记住，你在社会化领域参与过的活动都是可以被搜索到的！试着在谷歌上搜索一下自己看看别人都能够获取关于你的什么信息。不过如果你对于能够"粉饰和美化"自己的社会化经历和社会化身份暗自庆幸，这时网络审查可能会"阻碍"你的隐私权和言论自由权了。日本最高法院最近就一起关于"被遗忘权"的案例公布了一则规定，即国家的法律系统会优先考虑公众的知情权和隐私权。[21] 日本最高法院否决了原告申请取消谷歌有关儿童色情相关犯罪记录的搜索结果的诉讼，同时法院声明搜索引擎帮助用户从海量数据中获取必要信息，因此搜索引擎在现代社会基于互联网的信息发布中有着相当重要的地位。日本最高法院列举了六条处理标准来指导未来案件的审理，以确定在哪些案件中言论自由权或隐私权可以不被考虑。

- 来自搜索引擎的信息的本质和内容。

Rawpixel.com/Shutterstock.com

- 原告遭受的损害。
- 原告的社会地位和权利。
- 检索文章的目的和意义。
- 社会条件。
- 张贴搜索信息的必要性。

示例 2-3

公司也会用自拍！

像丰田、万事达信用卡、迪士尼和 Tarte Cosmetics 化妆品这些品牌一样，Dallas Pets Alive 借助流行的自拍营销活动进行市场运作。Dallas Pets Alive 决定借助 #selfie 这个话题的趋势来为流浪狗寻找家庭。他们是怎么做的呢？靠 #Mutt bombing 推广活动！参与这场活动的都是等待被收养的流浪狗。这些狗狗可以在 Instagram 红人或者当地人的自拍里面露脸，来吸引别人的注意。你可以在 www.muttbombing.com 网站上查看关于这场活动的更多的详细信息。

Annette Shaff/Shutterstock.com

2.3 影响社会化媒体活动参与的动机和态度

越来越多的用户参与社会化网络，如注册 Facebook、在网络社区中玩《糖果粉碎传奇》这样的在线社会化游戏（回合制，适用于社会化网络的多人游戏）、观看视频、听音乐、评论朋友的帖子、更新状态信息、分享内容等。同样地，品牌公司在这些网站也很活跃，它们更新内容并尝试与消费者交谈。市场研究集团 GfK 进行的研究表明，排名最靠前的社会化活动如下。[22]

- 访问朋友的个人资料页面。
- 评论朋友的帖子。
- 发送私信。
- 观看视频。
- 张贴照片。
- 给别人的帖子点赞。
- 更新状态。
- 关注、点赞或成为某事物或某人的粉丝。
- 玩社会化游戏。

那么，用户参与社会化媒体的动机是什么？你可能很难回答，因为原因太多了。有些看起来很平常，但有些就可能出乎你的意料了。以下是研究人员提出的最常见的理由。

（1）**对密切关系的渴望**（affinity impulse）。社会化网络能使参与者向其他个人和群体表达喜好或友好等密切关系。这种密切关系有助于用户构建自己的社会化身份。[23]当你使用Facebook与高中时期的朋友联系或者结交新朋友时，你就是在满足自己对于密切关系的渴望。[24]这种渴望也可以被称作是一种社会化功能。当人们为了实现这种渴望而走进社会化社区时，他们肯定会和别人建立友谊并且寻找归属感。[25]密切关系还和一个人对于**社会化资本**（social capital）的欲望相关。社会化资本是指在社会化网络中建立和维持关系所产生的资源。[26]

（2）**对追求个人效用的渴望**（personal utility impulse）。虽然我们倾向于把参与社会化媒体看作参与社区活动，但有些人确实会产生疑问："它对我来说有什么意义？"这就是对个人效用的顾虑。大量关于用户参与社会化的研究表明，用户的个人效用是品牌应该考虑的最重要的个人动机。关于社会化参与的研究表明，无论用户是为了搜寻信息、寻找乐子还是为了其他事，用户参与社会化媒体活动的主要动机就是为了满足自己的个人效用。[27]对于那些将社会化媒体行为理解成互相利用和互相满足的人来说，调查结果依旧成立。[28]例如，一项研究发现，60%的互联网用户使用社会化媒体作为与健康相关的信息来源。参与者咨询医生、医院和医疗机构的在线评论，对自己的经历进行评论，并在社会化网络上发布问题。[29]

（3）**接触安慰**（contact comfort）和**即时冲动**（immediacy impulse）。人们天生有一种动力去感受与他人的心理亲近感。联络所带来的舒适感是指我们知道可以通过社会化网络与其他人保持联系而感到安心。而**即时性联络**（contact immediacy）指的是和别人没有信息延迟或时间延迟的联络。当你的手机没带在身上的时候会感到很空虚？或者一段时间没有上Facebook检查自己的动态你就会感到焦躁？当你回复信息时，你会一直检查你给别人的答复吗？这些其实表明你非常需要联络带给你的舒适感和即时性联络。社会化媒体用户甚至从品牌中寻求联络舒适性和即时性。一项研究发现，近40%的受访者认为品牌很愿意与他们在社会化网络上进行交流，25%的受访者希望在品牌的Facebook或Twitter上留言的一小时之内得到答复。[30]在另一项研究中，参与者通过考察品牌回复消息的即时性、速度以及与顾客的联系来评判哪个品牌在使用社会化媒体方面最成功。[31]

（4）**对利他主义的渴望**（altruistic impulse）。一些人参与社会化媒体是为了做好事。他们利用社会化媒体"让世界变得更好"或者"把爱传递出去"。用户对于利他主义的渴望也需要借助社会化媒体的即时性才能实现，这种价值观在**即时利他响应**（immediate altruistic responses，IAR）中有所体现，例如像海地或日本地震那样的危机发生后，社会化媒体用户就可以通过平台响应赈灾。[32]有些个人希望在最短的时间内给予帮助，而社会化媒体正好符合这一点，例如号召捐款或者是社区服务第一时间到位。对利他主义的渴望可以让用户通过社会化媒体表达自己的价值观以及在行动上表达价值观念。[33]利他主义也可以解释包括利他惩罚在内的负面社会化媒体活动，即社会化媒体用户试图把注意力吸引到某公司或个人身上，而该公司或个人的行为是社会群体所不能接受的。³⁴ 一定要注意对于利他主义的渴望、对于密切关系的渴望以及想获得认可的渴望三者之间的不同。对于利他主义的渴望实际上是释放一种道德信号（有时候只是"标签主义"或"懒人行动主义"），人们有可能因为某个原因通过发布动态或者点赞给予活动象征性的支持。³⁵ 实际上对于利他主义的渴望是发自用户内心的。但是如果用户潜在的动机只是为了确认一种关系、公开塑造一个人的形象或羞辱其他人，那么此时对于利他主义的渴望则不是他参与社会化媒体的动机。

（5）**对满足好奇心的渴望**（curiosity impulse）。当人们利用社会化媒体获取新知识、激发知识兴趣时，**求知欲**（epistemic curiosity）就是驱动力。³⁶ 另一种形式的好奇心是**情欲冲动**（prurient impulse）。在网络生活中，我们可以通过在 Twitter 上"关注"某人或者访问他的个人主页来满足我们的好奇心。所以，上百万的 Twitter 用户正是因为这种情欲冲动去关注金·卡戴珊的日常生活或者八卦贾斯汀·比伯生活的起起伏伏——他是会成为巨星还是会过气呢？

（6）**对于获得认可的渴望**（validation impulse）。社会化媒体的意义体现在每个个体。作为个体用户，你可以随意分享你的意见和活动，并评论别人的意见和活动。这种对于用户自我的高度重视显示了用户对于获得认可的渴望，换句话说，满足了用户对于自我的想象。这就是为什么获得认可的渴望有时被称为自我防卫功能，这种功能与人们试图消除外部威胁和消除自我怀疑尤为相关。³⁷ 具有这种渴望的用户会做出特定的行为，例如在发布自拍之后要去查看有没有人给自己点赞，他们过度分享自己的生活，调整自己在他人心中的形象（比如，在分享的信息中呼吁完美生活）。³⁸ 有一项研究就是研究社会化媒体中自恋行为的不同表现形式，尤其是在 Facebook 和 Twitter 上的自恋行为，人们可能会发布不同的内容来显示自己高人一等（特别是通过表达意见）或者过度曝光自己的生活。这就是为什么社会化媒体领域的领头人布莱恩·索利斯建议要预防这种可怕的疾病——意外自恋。这就难怪一项关于 Twitter 用户信息发布的研究发现，80% 都是自我信息发布者，只有 20% 是信息分享者。³⁹ 自我信息发布者更新与自己最相关的信息，例如对于日常活动和心情的评论，而信息分享者更多的是分享大家已知的信息。即时信息分享者的数量不及自我信息发布者多，但是比起后者他们却拥有两倍多的粉丝。

尽管所有这些动机都与社会化媒体参与有关，但一项研究表明，上述所提到的最后一个动机是驱使用户参与社会化媒体活动的最主要的因素，尤其是对那些期望通过网络来建立理想形象的用户而言。⁴⁰ 无论是有意识还是无意识，用户在社会化媒体参与过程中总会对自己进行形象管理。尤其是在进行个人交流（例如，一对一交流）而不是广泛交流（例如，多人交流）时，用户会避免分享让他们看起来很糟糕的内容。⁴¹ 那么如何知道我们的朋友是否在网上展示了他们的"真实自我"呢？答案可能如下，一项关于 Facebook 用户真实表达自我的研究发现，乐于分享"真实自我"的人往往会流露出个人情感。⁴² 早些时候用户被鼓励经营好自己的社会化活动，利用社会化媒体来建立自己的社会化品牌。在建立社会化品牌之前，你也许要考虑到朋友和同事之间的差别，选择是否把社会化媒体当成提升你的职业声誉的工具。同时，你的选择将会影响你在建立社会化品牌的过程中会采取以下四种策略中的哪一种。⁴³ 图 2-5 阐述了这四种策略，另外还包括能够指导社会化媒体活动的建议。

	整合	分割
自我验证	开放边界管理行为 将你的信息分享给朋友和职业伙伴	听众边界管理行为 在社会化媒体中不显示职业信息
自我提升	内容边界管理行为 将你的信息分享给朋友和职业伙伴，但要注意分享的内容	混合边界管理行为 通过共同管理听众和内容来建立自己的形象

（左侧纵轴标签：进行自我评价的动机）

图 2-5　理解社会化共享边界的框架

资料来源：Reproduced with kind permission of the Academy of Management.

尽管用户有参与社会化媒体活动的动机，但同时他们也有不参与社会化媒体活动的动机！这就体现在用户放弃自己的社会化身份这一兴起的现象上。用户为什么会放弃自己的社会化身份呢？研究表明，放弃社会化身份的人更注重自己的隐私。[44]

隐私问题的重要性：他们知道多少？你在不在乎

对于营销人员来说，在制定营销战略时了解用户参与社会化媒体和分享的动机是非常有帮助的，另外，用户的社会化足迹也是有价值的。这些用户留下的海量社会化数据构成了营销人员用来推测其他客户的信息、进行市场研究、制定目标广告和促销活动等有用的社会化身份信息。

你会因为在社会化媒体活动中留下痕迹而担心隐私问题吗？对隐私问题的担心程度以及对于信息收集、未经授权的二次使用、使用错误和个人资料的不正当访问等风险的担心程度被称作**隐私感知显著度**（privacy salience）。有趣的是，隐私感知显著度不一定表明社会化媒体用户是否一定会采取措施来保护他们的隐私。由于这种不一致性，研究者称这种现象为**隐私悖论**（privacy paradox）。[45] 隐私悖论揭示了人们一方面想要在社会化媒体上展示自己的个人信息的意愿，另一方面又表现出对于隐私保护的高度关心。那么我们如何理解这种矛盾？其中一种解释将隐私问题视为一个二分系统：系统 1 是**直觉关注**（intuitive concern），系统 2 是**经考虑之后的关注**（considered concern）。[46] 直觉关注是指对可能的隐私入侵所表现出来的一种情感上的本能反应，而经考虑之后的关注则包括以下过程：确定可能的隐私风险、估计隐私入侵的潜在成本，以及决定是否有任何利益可以抵消这些成本。因此，社会化媒体用户可能有很高的直觉关注度，但也有可能在确定风险之后不采取行动。

隐私问题还涉及多种形式，包括社会化隐私和机构隐私。**社会化隐私**（social privacy）是指向他人泄露个人信息，**机构隐私**（institutional privacy）是指向提供服务的机构和第三方泄露信息。

研究表明人们正在采取措施保护自己的社会化隐私。常见的策略包括使用隐私设置来限制访问、删除个人联系方式、不给照片加标签或者删除照片、将阅读权限设置成"仅熟人可见"。虽然大家还是会透漏（或者过度分享）一些私人信息，但在采取了一些措施来保护社会化隐私之后就会更安心一些。

有人认为，不同时代的人对隐私的看法不同。具体来说，今天的青少年表现出较低的隐私敏感度。根据皮尤研究中心的调查，青少年在社会化媒体上分享了大量的信息。[47]具体数据如下。92%的人把真实姓名分享到主页中。

- 91%的人发布过自拍。
- 82%的人公布过出生日期。
- 71%的人公布过他们目前就读的学校。
- 71%的人公布过他们居住的城镇。
- 64%使用Twitter的人都将自己的主页公开。
- 53%的人公布过电子邮件地址。
- 20%的人公布过手机号码。
- 16%的人允许网站自动发布其所在的地理位置。

为什么会分享这么多信息呢？这有可能是社会化环境所决定的。如果整体的社会化环境被当作是一种私密空间的话，那么其中的社会化规范就会阻止用户滥用网站内容，人们在分享敏感信息时也可以比较安心。如果社会化环境被当作公共空间，用户分享信息时可能会更小心，因为自己分享的信息可能会被意料之外的人看到。人们（尤其是年轻人）把社会化看作是一种"创造自我"的方式，而把社会化环境看作公共场所。[48]换句话说，人们可以把社会化媒体的隐私归为**网络隐私**（networked privacy）。就网络隐私来说，人们知道自己的个人信息很可能受到技术侵犯和社会化侵犯，他们所采取的任何保护行为都可能是不够的。人们可能会产生"隐私犬儒主义"的态度作为一种应对机制，忘记做出能够保护隐私的行为。[49]另外一种解释是，社会化媒体用户使用心理成本－效益的方法在信任度高、边际风险较低、实体收集数据不公开的情况下会否定隐私问题这一隐患。[50]

隐私感知显著度也可能因文化区域而异。益普索市场调查公司发现了这一点！你可能会对研究结果感到惊讶。当被试被问及他们在网上分享过多少信息时，全世界有近1/4的人说他们分享过一切。[51]分享指数较低的国家有美国、加拿大、英国、法国和德国，而沙特阿拉伯等国家的分享指数较高。这个结果有可能是互联网普及率和过度分享所造成的。几乎所有存在过度分享现象的国家是互联网普及率较低的地区，而分享指数较低的国家主要分布在欧洲，这些国家的互联网普及率相对较高。[52]

2.4 社会化媒体用户细分

因为社会化媒体是相对较新的领域，营销人员仍在思考如何利用它，并且在多大程度上利用它来细分客户或者和客户进行交流。一家品牌公司可能会把社会化媒体当成整体战略的一部分，例如创建 Facebook 主页，或者发布"新媒体"内容来代替以往传统的广告。一家品牌公司到底需要在多大程度上依赖社会化媒体，如何设计有效的项目？这些都需要品牌更多地了解参与社会化媒体的人群，思考不同人群间的差异。

了解这些细微的差别将有助于社会化媒体营销策略与目标市场产生共鸣。失败的社会化媒体营销活动案例有很多。技术调研公司 Gartner 称，实际上 50% 的社会化媒体推广都以失败告终。[53] 为什么会这样呢？主要原因可能就是社会化战略与目标受众不匹配。一个要求参与者发布原创视频的竞赛式推广是不可能在只消费不生产原创内容的目标市场成功的；一个在 Twitter 上免费下载歌曲的推广活动也不会吸引 SoundCloud 上的粉丝；一个彩虹糖糖果推广活动可以把社会化媒体上的用户吸引至自己的网站，但如果网站页面不适合孩子，他们的父母是不会买账的。让我们看看下面几种社会化媒体细分方法，每种方法都会帮助你更加了解社会化媒体用户。

2.4.1 社会化科技消费学划分

弗雷斯特研究公司根据其对消费者网络和数字生活的研究提出了**社会化技术特征**（social technographics）这个概念。后来，基于此研究，沙琳·李（Charlene Li）和乔希·贝诺夫（Josh Bernoff）写出了 *Groundswell* 这本书。[54] 根据最初的研究成果，弗雷斯特公司依据人们和社会化媒体互动的不同情况将线上用户划分为六类：参与者、旁观者、创造者、评论者、收藏者和交流者。但这些类型并不具有排他性，有些人的线上行为可以被归入多个类别之中。这些不同类型的行为仍然具有参考作用，但随着社会化媒体用户越来越多，弗雷斯特公司修改了这个类别框架来更多地容纳用户使用社会化媒体的特征。新的框架强调人们在购买决策的各个阶段都在不同程度地依赖社会化媒体。[55]

社会化技术特征的评分反映了用户使用社会化工具的积极程度、社会化工具在消费者生命周期不同阶段的重要程度，以及消费者与品牌在社会化媒体上进行交流的意愿。从 0 到 100 的分数范围，包括四种类型的社会化媒体用户：①摒弃社会化者；②普通社会化群众；③渴望社会化者；④社会化明星。

（1）**社会化明星**（social stars，超过 60 分）类型的消费者要求与公司进行社会化互动。这些消费者不断地利用社会化媒体与公司、品牌和产品保持联系。对于他们来说，社会化媒体是其与品牌和产品进行互动的首选方式。此外，他们还可以通过移动端等渠道进行高自由度消费，所以此类型的消费者属于有价值的客户。

（2）**渴望社会化者**（social savvies，30～59 分）类型的消费者希望与公司进行社会化互动。社会化媒体仍然是他们日常生活的一部分，他们经常使用社会化媒体来与公司、品牌和产品保持联系。

（3）**普通社会化群众**（social snackers，10～29 分）类型的消费者珍惜与公司进行社会化互动的机会。他们不回避品牌的社会化活动，但也不寻求合作，也就是说，针对这些受众的营销人员应该把社会化工具当作营销计划的次要部分。

（4）**摒弃社会化者**（social skippers，0～9 分）类型的消费者摒弃与公司进行社会化互动的机会。他们很少使用社会化媒体来与公司、品牌和产品保持联系。他们更喜欢通过电子邮件和实体店的方式与公司进行互动。因此针对这类受众，营销人员应该尽可能地减少投入在他们身上的社会资源。你可能会对此感到惊讶，这类消费者占总数的 20% 以上。但别担心，这类不会在非必需品上花钱的消费者对于各种各样的营销方式总有自己的抵抗方式。

正如你想的那样，从全球范围来看，用户使用社会化媒体的程度各不相同，社会化科技评分也不相同。例如，在亚洲，居住在大城市地区的印度和中国消费者得分最高。虽然韩国有着非常高的社会化媒体普及率和使用率，但是韩国的平均社会化科技评分却比较低，当然，这也许是因为在韩国一款名为 KakaoTalk 的移动消息应用非常普及。⁵⁶

社会化技术特征也展示了消费者在不同生命周期阶段的社会化技术得分，这会帮助品牌更好地选择社会化媒体营销的目标。图 2-6 是基于美国成人网民的社会化技术平均分所制作的一个报告样本。

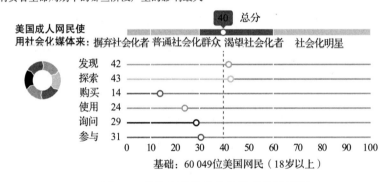

图 2-6　弗雷斯特的社会化技术特征模型

资料来源：The Data Digest：Forrester's Social Technographics 2016，August，blog by Gina Fleming（http://blogs.forrester.com/gina_fleming/16-08-03-the_data_digest_forresters_social_technographics_2016）。

（1）**发现**（discover）评分代表目标受众通过社会化媒体了解新品牌的程度，以及如何传播关于自己最喜爱的产品和服务的标语。高发现评分反映了通过社会化媒体提供的经验的开放性。当对具有高发现评分的细分市场进行营销时，选择社会化社区、社会化发布和社会化娱乐区域都是可行的。

（2）**探索**（explore）评分衡量社会化媒体是否可以激起消费者的购买意图。这个评分衡量的是，品牌的受众消费者在考虑产品和做出购买决定时消费社会化内容的积极度。在对高探索评分的市场制定社会化媒体营销策略时，可以集中在区域 2 和区域 4，即社会化发布领域和社会化商务领域。

（3）**购买**（buy）评分表示社会化媒体是否可以引导消费者做出购买行为，即计算消费者点击社会化网站上"购买"按钮的频率。换句话说，它衡量的是利用社会化媒体完成购买转换的可能性。弗雷斯特的研究表明，即使是社会化明星，仍然无法通过社会化媒体完成购买行为。

（4）**使用**（use）评分评判社会化媒体是否能增加产品的使用率。它衡量目标用户分享自己使用的产品或服务的普遍度，例如分享在 Spotify 上听的歌曲或者和其他 Fitbit 用户比较自己做的锻炼。当"使用"评分很高时，品牌可以从用户的口碑传播中获益，并鼓励用户在社会化社区、社会化发布和社会化商务领域为品牌贡献相关的评论和评级。

（5）**询问**（ask）评分反映了社会化媒体是否可作为客户的一个有价值的渠道支持。它衡量用户在使用自己购买的产品和服务时向社会化媒体寻求帮助的普遍程度，例如在 Twitter 上寻求帮助或者在 YouTube 查找视频寻求帮助等。当一个地区的"询问"评分很高时，在社会化社区、社会化发布和社会化商务领域进行营销是非常有效的。

（6）**参与**（engage）评分衡量社会化媒体是否有助于建立客户关系。它衡量目标用户为了和他们最喜欢的品牌保持联系而使用社会化媒体的程度。高"参与"评分代表社会化媒体营销策略可以着重应用于社会化社区中。

2.4.2 社会化消费/创造模型

另一个细分框架——社会化消费/创造模型，根据用户的社会化媒体消费和创造程度对其进行分类。[57]虽然该框架对社会化媒体用户进行了更为简单的分类，但是却更有效地把握了社会化媒体用户创造者和消费者的双重角色。用户对于社会化媒体内容的消费行为最为普遍，但是只有通过社会化媒体内容的不断更新和创造才能支撑起用户的消费需求。当品牌和媒体发布社会化媒体内容时，社会化媒体用户应该对这些内容进行选择性的阅读和消费。根据用户对于社会化媒体内容的创造和消费选择从低到高的倾向性，可以将用户分为四类：①寻求关注者；②热衷者；③追逐娱乐者；④社会化保持者，如图 2-7 所示。

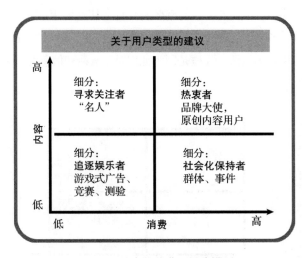

图 2-7 社会化消费/创造模型

资料来源：Reproduced with kind permission of the *Journal of Marketing Management*—Taylor and Francis.

（1）**寻求关注者**（attention seekers）拥有庞大的网络关系网、较高的社会资本以及创造和促进社会内容的能力。他们就是我们在本章的前面部分所提到的社会化媒体影响力较强的人，他们通常拥有许多追随者。他们参与社会化媒体活动基本上是为了获得别人的认可，并且喜欢参加品牌发起的引人注目的交互活动。

（2）**热衷者**（devotees）是理想的品牌大使，因为他们想与品牌互动，渴望分享他们的观点。像寻求关注者一样，他们是天才般的内容创造者。同时他们也是活跃的内容消费者，所以其他社会化媒体用户可能会认为他们更真实可信。

（3）**追逐娱乐者**（entertainment chasers）的特点是低水平的创造和消费。这些是注意力不集中的被动用户，他们限制自己的时间和精力投入，除非受到奖励驱使。他们对社会化娱乐领域（包括视频、问答、投票和游戏）的社会化媒体营销有着最热烈的反应。

（4）**社会化保持者**（connection seekers）是社会化媒体参与者中最大的组成部分。他们构成了任何社会团体的基础。虽然他们是基础内容的创作者，但是他们的持续参与对社会化团体的健康发展至关重要。出于对密切关系的渴望，社会化保持者希望和别人进行社交和建立联系。对于品牌来说，与社会化社区相联系的社会化媒体营销活动最适合吸引这些社会化保持者。

社会化消费/创造模型针对每个细分市场为营销者提供了明确的指导。该框架是基于对Facebook用户所进行的研究，但很明显，这些指导建议在各种社会化渠道中都是有应用价值的。

2.4.3 社会化效用的类型学

多伦多瑞尔森大学的研究人员采取一种不同的方式，根据用户社会化及其在社会化媒体社区中寻求信息的不同倾向对社会化媒体用户进行分类。通过将社会化媒体用户分成被动或主动的查找信息者和被动或主动的参与者，该研究给出了四种用户类型：①极简主义者；②查找信息者；③社会化人员；④社会化行家，如图2-8所示。[58]品牌必须在社会化社区中进行互动来锁定社会化人员和社会化行家，并且积极地为查找信息者和社会化行家提供内容（在社会化发布区域进行内容营销）。极简主义者在社会化参与中最不活跃，大概是因为他们对于联系和信息的需求低于其他类型的用户。

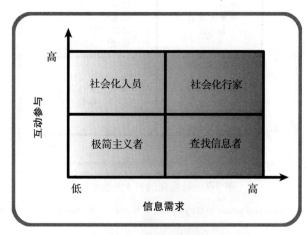

图2-8 社会效用的类型学

资料来源：Reproduced with kind permission of the *International Journal of Internet Marketing and Advertising*—Inderscience Publishers.

2.4.4 皮尤互联网技术使用者类型

皮尤互联网和美国生活项目（The Pew Internet & American Life Project）曾经发表了一篇名为 *The Mobile Difference* 的论文。[59] 随着使用移动设备上网和参与社会化社区活动的人越来越多，皮尤研究中心想通过这项研究来更好地了解消费者对于移动互联网设备的看法。在这项研究中，参与者会被问及他们对各种网络活动的态度以及参与的动机。根据研究结果，美国消费者的数字生活方式可被分为 10 种。在这套分类体系中，数字生活方式的分组基于两个特点：①他们对**数字移动**（digital mobility）持积极态度还是消极态度；②他们与资产（装备和服务）、网络行动（活动）和态度（技术如何融入他们的生活）的关系。

皮尤研究中心通过判断个人对移动性能的接纳程度（即用户会利用移动设备来进入深入的数字交流还是会保持一定的距离）来定义数字移动性能。以上 10 种数字生活方式中，五种方式的消费者对于移动技术的依赖性在增强；另外五类消费者在网络交流中保持相对"静止"的状态。此项研究建议，当涉及社会化媒体策略时，营销人员应该瞄准那些关于移动性能的积极观点。用户对于社会化媒体的使用与其对互联网和移动设备的使用有关，而保持"静止"状态的用户群体不太可能大量地参与社会化媒体。表 2-1 对皮尤研究中心划分的 10 类用户做了总结。

2.4.5 微博用户类型

微博就像 Twitter 一样不同于其他社会化网络。用户聚集在一起可能是因为兴趣相同而不是因为人际关系。皮尤研究中心在关于 Twitter 的话题研究中发现，微博用户的聚集方式还有更细致的划分。[60] 从对 Twitter 话题讨论的分析中可以发现六种更细致的社会化媒体参与方式。

- 极化用户群。
- 密集用户群。
- 品牌集群。
- 社区集群。
- 广播型关系圈。
- 支援型关系圈。

对于营销人员来说，最重要的两个用户群是品牌集群和支援型关系圈。在讨论之前，让我们看看每个种类的含义。极化用户群指那些热烈讨论问题的用户，这些用户分为明显的两个阵营，分别持有不同的观点。密集用户群指的是那些因为兴趣、追求、职业而密切联系在一起的人群。品牌集群的用户则会讨论与品牌相关的事情但是并不会和他人进行交流。社区集群通常通过与特定群体相关的新闻来维持联系。广播型关系圈则形成于许多人互相传播重要新闻的时候。新闻来源是这个圈子的核心枢纽。支援型关系圈是当一个或多个客户抱怨和投诉时形成的。这种关系圈呈现出中心辐射式结构，但成员彼此之间没有太多的联系。品牌集群与社会化媒体营销人员有关，因为群体成员的对话都是围绕品牌主题而展开的。这就为营销人员提供了参与的机会。而品牌可以利用支援型关系圈将社会化媒体作为客服服务的渠道。

表 2-1　皮尤互联网技术使用者类型

移动媒体偏好

- **数字合作者**（digital collaborators）：数字合作者用户拥有最多种类的电子设备，他们会使用这些设备来访问社会化网站，在网站上工作、娱乐、创作和共享。这类用户的主要特征为：大多数是男性、30 多岁、受过良好教育、收入相对较高

- **矛盾者**（ambivalent networkers）：矛盾者用户使用移动设备访问社会化网站或者发短信，但他们像其他人一样也想暂时远离网络生活稍微休息一下。这类用户的主要特征为：男性（60%）、年轻人（20 多岁）、种族多样化

- **媒体推动者**（media movers）：媒体推动者用户创造内容，例如照片，然后用移动设备把照片分享到社会化网络上。对他们来说，数字化就是进行社会化和与他人建立联系。在这类用户中 46% 的人有社会化网络主页。他们管理自己的社会化内容，对互联网有高度的依恋。这类用户的主要特征为：男性（56%）、30 多岁、家庭导向、中等收入

- **漫游者**（roving nodes）：漫游者用户出于工作目的想和他人保持联络状态。他们使用短信和电子邮件，依靠自己的移动设备来提高工作效率。维护社会化网络关系对于他们来说不重要。这类用户依靠语音通信、短信和电子邮件进行交流。这类用户的主要特征为：女性（56%）、30 多岁、受过良好教育、收入高

- **移动新手**（mobile newbies）：移动新手用户是移动互联网领域的新手。总的来说，他们更关注旧媒体而不是新媒体。这类用户的主要特征为：女性、50 岁左右、教育程度和收入水平较低

非移动媒体偏好

- **台式机资深使用者**（desktop veterans）：台式机资深使用者用户使用高网速的台式计算机上网。这类用户的主要特征为：男、40 多岁、受过良好的教育、有较高的收入

- **流动上网者**（drifting surfers）：流动上网者用户上网频率较低，不介意放弃使用互联网和手机。这类用户的主要特征为：女性、40 岁出头、中等收入

- **信息超载者**（information encumbered）：信息超载者用户受到信息过量的困扰。他们更喜欢电视、互联网等旧媒体。这类用户的主要特征为：男性（66%）、50 岁出头、平均教育水平、中下收入水平

- **技术冷淡者**（tech indifferent）：技术冷淡者用户很少使用互联网，并且愿意放弃网络联系。这类用户的主要特征为：女性、接近 60 岁、收入较低

- **网络隔绝者**（off the network）：网络隔绝者用户是由不使用互联网和没有移动电话的人组成的。他们过去可能有过一些互联网使用经验，但没有选择继续上网。这类用户的主要特征为：低收入的老年人

资料来源：adapted from John Horrigan,"The Mobile Difference," Pew Internet & American Life Project, March 2009, http://pewinternet.org/Reports/2009/5-The-Mobile-Difference-Typology.aspx（accessed March 27, 2010）.

⊙ 本章小结

为什么社会化媒体营销人员需要了解不同细分市场的消费者行为？对消费者进行细分的基础是什么？

市场细分是指基于相似性将一个整体的、有价值的市场细分为不同群体的过程。一旦选择了目标细分市场，营销人员就可以根据这个细分市场的特点来制订有效的营销计划。传统的细分方式至今仍用于社会化媒体中的市场细分。地理细分指的是根据市场的地理位置或地理特征来细分消费群体。具体来说，带有地理定位功能的社会化工具（例如，Foursquare）对于采用地理细分策

略的公司来说就非常有用。人口细分指的是根据消费者的年龄、性别、收入、教育程度等来进行细分。利益细分则是根据消费者想从购买产品中获得的利益来进行细分的。一些品牌正在开发移动应用程序为消费者提供附加价值，我们称这些应用程序为品牌管家。行为细分将消费者行为作为细分的基础。心理细分利用消费者的个性、活动、兴趣、意见来进行细分。现今许多社会化媒体在使用的细分方式都是心理细分。

社会化身份由哪些要素构成？个人如何建立他们的社会化身份？这些身份与营销人员有什么关系？

社会化身份是营销人员利用我们的社会化足迹（我们进行社会化媒体活动时留下的痕迹）收集的信息。我们通过在网上分享内容来建构社会化身份。营销人员可以利用这些信息来补充其他的消费者数据。

人们在使用社会化媒体时会表现出什么行为？人们在社会化媒体的四个区域中参与程度如何？

在生活中，我们越来越多地在网上查收电子邮件、购物、理财、看视频、玩游戏和在社会化网站交流等。在区域1——社会化社区中，消费者在网络上与他人进行交流和沟通。在区域2——社会化发布领域，我们发布自己的内容，同时消费其他人（包括商业和用户生成的）的内容。如果你在 YouTube 上看过视频，那么你已经参与过区域3——社会化娱乐领域的活动了。在线游戏是区域3中的一项主要活动，而网上购物则是进入区域4——社会化商务领域的开端。

我们如何解释用户参与社会化媒体活动的动机？我们理解消费者的行为时应该持什么样的态度？

消费者参与社会化媒体活动的动机有以下几种。对亲密关系的渴望体现了用户对于个人或群体的认同的渴望。对满足好奇心的渴望使我们感到好奇，而这种好奇心可以被参与社会化媒体活动所满足。联络带来的安慰其实是我们想与他人保持亲密关系的需要。联络及时性代表我们希望联络没有任何延迟。对利他主义的渴望代表用户想要为别人做好事。对获得认可的渴望代表用户想要满足自我。

社会化媒体消费者有哪些重要的细分群体？这对我们锁定目标群体用户有何帮助？

对网络消费者进行分类的方法不止一种，其中包括弗雷斯特研究公司提出的社会化科技消费学划分、社会化消费/创造模型、社会效用类型学、皮尤研究中心提出的互联网技术使用类型，以及 Twitter 参与方式分类等。每一种分类方式都可以帮助营销人员更好地了解消费者的在线社会化行为，尤其是消费者的社会化媒体使用行为和驱使这些行为发生的动机。

⊙ 关键词

行为细分（behavioral segmentation）　　　利益细分（benefit segmentation）

买方画像（buyer personas）
即时性联络（contact immediacy）
热衷者（devotees）
数字品牌名（digital brand name）
流动上网者（drifting surfers）
地理围栏（geofencing）
区域定位技术（geotargeting）
话题标签（hashtag）
市场细分（market segmentation）
媒体推动者（media movers）
隐私感知显著度（privacy salience）
即时利他响应（immediate altruistic responses）
直觉关注（intuitive concern）
社会流传度（social currency）
社会化身份（social identity）
社会化隐私（social privacy）
认可（validation）

接触安慰（contact comfort）
人口细分（demographic segmentation）
台式机资深使用者（desktop veterans）
数字合作者（digital collaborators）
求知欲（epistemic curiosity）
地理细分（geographic segmentation）
用户名占用（handle-squatting）
网络隐私（networked privacy）
行家（mavens）
极简主义者（minimalists）
心理细分（psychographic segmentation）
信息超载者（information encumbered）
自我概念（self-concept）
社会化足迹（social footprint）
社会化人员（socializers）
社会化技术特征（social technographics）
技术冷淡者（tech indifferent）

⊙ 复习题

1. 请给出"社会流传度"的定义。对于品牌来说，有着高社会流传度意味着什么？
2. 我们怎么才能细分社会化媒体的参与用户，细分依据又是什么？
3. 什么是社会化身份？
4. 给出营销人员细分消费者的主要参照因素，并举例说明如何在社会化媒体营销中应用这些细分因素。
5. 推动消费者参与社会化媒体的主要动机有哪些？
6. 解释社会化科技评分和根据此评分划分的四种社会化媒体用户类型。
7. 为什么"移动性能"这个概念与社会化媒体营销有关？
8. 根据皮尤研究中心互联网技术使用者的分类，受移动性能动机驱使的用户和那些更喜欢固定媒体的用户有什么区别？
9. 什么是隐私感知显著度？社会化媒体营销人员为什么要关注这个问题？社会化隐私和机构隐私有什么区别？

⊙ 练习题

1. 现在开始试着创造你自己的社会化品牌。准备一份你的社会化网络档案，标注你最近分享过的内容的类型，以及调查一下别人通过阅读你在社会化媒体上分享的信息对你留下的印象。然后根据布莱恩·索利斯建议的个人评价方法来评估自己在社会化网络中的形象。然后问问自己你在社会化网络上构建的是你自己所希望的社会化身份吗？

2. 根据社会化科技评分，你会把自己归为哪种类型的社会化媒体使用者？你对自己的消费者类型定位和营销人员给你的定位一样吗？

3. 找出正在进行的社会化媒体营销活动。评估一下这个活动是否按照社会化科技消费学的用户细分方法来设计用户的参与形式。如果该活动想要让更多的人参与进来，还要做哪方面的改善？

4. 访问 Twitter 并用几分钟来阅读用户的帖子（这就是所谓的 Twitter 流）。你能看出这些用户分别属于哪种用户参与方式吗？你又是如何判断的呢？

5. 访问 https://applymagicsauce.com/demo 这个网站，根据自己的 Facebook（或者其他社会化网站）的档案检测分析自己的社会化身份。

6. 你对隐私有什么看法？你有采取措施来保护你的社会化隐私吗？你怎么处理机构隐私的问题呢？问问朋友的想法，制订一个符合自己观念的计划来保护自己的社会化隐私吧。

第 3 章 | CHAPTER 3

社会化媒体中的网络结构和群体影响

■ 学习目标

当阅读完本章时,你将能够回答以下问题:
1. 社会化网络是怎样架构的?
2. 线上社区的特征是什么?
3. 影响者所扮演的角色以及他们的权力和社会资本的来源是什么?
4. 想法是怎样在社区中传播的?

3.1 社区结构

尽管基础设施、渠道、设备和社会化软件造就了社会化媒体,但却是广大的参与者使社会化媒体成为我们日常生活的组成成分。社会化媒体中最基础且最重要的部分就是**社区**(community):共同参与的成员一起创造了价值。对于研究人员来说,很难准确定义什么是线上社区,而且定义线上社区的方法比比皆是。我们对线上社区的定义是:一群人为了特定的目的而聚到一起,接受社区规则的指导,通过线上渠道进行虚拟沟通。

在某些方面,线上社区与真实环境里的社区差异不大。韦氏字典(网络版本)对社区的定义是:由有着共同的兴趣、地理位置、职业、历史或共同关心的政治、经济问题的个人所组成的统一体。事实上,有位社会学家将线上社区定义为:一种网络空间,在这里人们与志趣相投的人进行交流,保持互助友好的关系,赋予其线上活动一定的意义、归属感和认同感。[1]

网站是社区参与的一种渠道(我们在第 1 章社会化媒体价值链的基础设施层次中提到过),旨在实现成员间的交流和合作。这些渠道,无论是社交网站、论坛还是留言板,为社会化媒体中一个或多个区域的成员提供了虚拟空间(网络场所),以供他们交流和参与。你可能已经登录过一些社交网站,如

- Facebook
- QQ 空间

- Taringa
- 新浪微博
- VK
- 优酷

在社会化媒体的四个区域中，社会化媒体的价值与网络效应和群体影响紧密相连。因此，我们将主要讨论网络的结构要素、内容的创建和流动以及社会化社区影响的来源。

3.1.1 网络：社区的基础结构

我们在讨论社会化媒体价值链时曾强调过，所有的社会化媒体都是通过网络互相联系的。我们将在第 4 章（并贯穿本书）更多地探讨社交网站，但实际上所有的社会化社区都是社会网络。社交网站的定义为：网络化的交流平台，其中参与者①拥有唯一可识别的配置文件，其中包括用户提供的内容、其他用户提供的内容或系统提供的数据；②公开表示与他人之间可见或可传播的联系；③能够使用、生成内容或与用户在站点上生成的内容进行交流，这些都是社会化媒体最常用的渠道。[2] 网络是社会化媒体的前提，网络效应是理解社会化社区的价值并将其运用于社会化媒体营销的关键。网络效应解释了社区为成员提供的相对价值与其成员之间的联系。我们在继续讨论之前，先介绍**社会网络理论**（social network theory）的基本知识，它解释了网络（无论在线上还是线下）是如何工作的。

3.1.2 社会网络

社会网络（social network）是由一种或多种关系连接在一起的一系列的相关节点。[3] **节点**（node，也称为网络单元（network unit））指的是网络成员。提到社区时，我们会想到人，但网络成员还可以指组织、文章、国家、部门，甚至其他任何可定义的单元。大学校友会就是一个好例子，校友会就是个人和组织通过网络进行联系的社区，成员通过彼此的关系相互联系。这些关系建立在各种联系的基础上，如亲属、朋友和情感联系、共同的经历、同事关系以及共同的兴趣和爱好。这些关系可能是相互的，也可能是单向的，朋友、追随者、粉丝、链接和联系都是用来表示社会化社区中关系联系的术语。

网络中连接的节点会进行**互动**（interaction），这些是基于行为的联系，如聊天、一起参加活动或者一起工作。如果你在 Twitter 上与人聊天，那么你就是与另一个节点进行互动。这些互动在互相联系的节点中形成了流。**流**（flow）是指资源、信息和网络成员影响力的交换。例如，你在 Facebook 上分享新闻，更新状态，评论喜欢的书籍、电影、照片、视频和笔记。在你分享这些内容时，你就在网络中创造了流。在社会化媒体中，这些流有可能会从任何一个节点流向各方，而且经常跨平台流动——这种情况被称作**媒体多样性**（media multiplexity）。[4] 流不仅仅有双向和三向的，还可能涉及整个社区、网络中的个体或某个群体，甚至几个独立的个体。

通信流也会产生于社区平台之外。线上社区存在于网络空间，通信流有可能会拓展到其他区域，如电子邮件、短信、虚拟世界，甚至面对面的聚会——在这里会安排线上网络成员见面。我们逐渐发现线上的社会化联系会产生线下面对面的联系。对于市场营销人员来说，流特别重要，因为就信息共享、促销材料的发放和社会化影响力的来源而言，流在任何网络系统中都是可操作的部分。口碑传播从一个节点流向另一个节点。流能否改变消费者的行为或态度，取决于最初节点的社会化影响力。社会化影响力（一个人的态度或行为在他人的影响下发生改变）的大小取决于其他节点的权威或吸引力。我们将在本章的后面部分详述这些影响力以及人们是如何产生这些影响力的。

可以通过对社会化网络进行图解来说明网络单元的互相联系性。Socilab 为领英成员提供了映射工具，从而生成了成员社会化图表的可视化图，可在 www.socilab.com 查看。图 3-1 展示了领英成员网络。图 3-1 中的点代表通过联系连接的节点（领英的成员）。领英还提供了成员间分离程度的信息，一度表示将直接联系的人们分离，朋友的朋友代表两个分离度数。

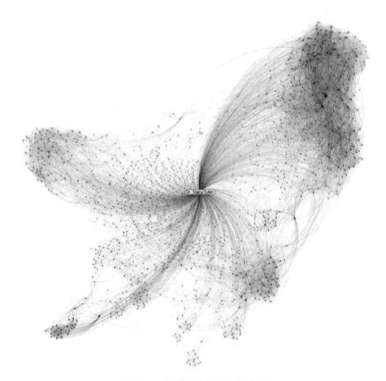

图 3-1　领英可视化网络地图

你和你最喜欢的电影明星或最受尊敬的商业领袖有多少度的分离？六度或者更低。这个概念被称为**六度分离**（six degrees of separation）。该理论认为，地球上的任何人只需要六步或者更少的步数就能与其他任何人联系起来。[5] 因此只需通过五个人或者更少的人，你就能和任何人建立起联系，如英国女王、马克·扎克伯格（Mark Zuckerberg）和克里斯蒂亚诺·罗纳尔多（Cristiano Ronaldo）。这个理论起源于 1929 年一篇名为《链》(*Chains*) 的短篇小说，故事里的一个角色向其他人发出挑战，声称只要通过不足五个中间人，就能与地球上的任何人建立起联系，但当时这个理论并没有被证实，直到几十年后才被科学所证实。从数学上看，这个概念是合理的。假设每个人都至少认识 44 个人，并且这些人中每个人又都认识全新的 44 个人，依此类推，数学表明只需六步，每个人就可以与 72.6 亿人建立起联系，这比今天地球上生活的人还多。我们应该把该理论在科学上的突破归功于一种名为"凯文·培根六度"（Six Degrees of Kevin Bacon）的大学游戏。

示例 3-1
凯文·培根的六度理论

一群大学生在观看凯文·培根主演的《浑身是劲》（*Footloose*）和其他由他主演的电影时受到启发，创建了凯文·培根六度游戏，以此来说明六度分割理论。[6] 该游戏要求玩家通过电影尽快想出与培根有关系的名人，很快游戏就很受欢迎，形成了如今的模因。培根利用这款游戏，成立了六度慈善组织，发动名人从事慈善事业，以筹集资金。六度游戏也赋予了甲骨文网站灵感，在这里你可以尽情享受！该网站给每位名人一个"培根号"，以显示两者间的分离程度。谷歌后来也模拟了该游戏，用户只需要在搜索栏中键入"培根号"，就会显示演员的名字，也会产生同样的结果。

Ga Fullner/Shutterstock.com

3.2 线上社区的特点

所有的社区，无论是在网络中还是在现实中，都有一种重要的特点，即参与者会有一种归属感，感觉到与他人的亲近感（即使线上社区的成员之间相距千里），并且在大多数情况下他们对社区活动很感兴趣。社会化网站和其他社会化工具通过建立虚拟的位置，供成员联系、交流和合作，实现社区成员间的价值。

3.2.1 存在感

尽管线上社区是虚拟的，没有实际的位置，但好的社区会有一些有形的特征，让人感觉好像真的存在于某个地方，尤其是那些对其物理空间有三维描述的虚拟社区，也适用于看起来非常简单的线上社区，如留言板社区。**存在感**（presence）是指人们在以计算机为媒介或计算机生成的环境中互动时所产生的影响。[7] 社会化媒体网站使得环境看起来更真实，以此增强访问者的存在感。[8]

3.2.2 目标价值和社会化目标

如果成员间没有共同的基础，虚拟社区就不会发展和繁荣。正如现实社区里有家庭、宗教信仰、社会活动、爱好、目标、居住地等，线上社区也需要共同基础来构建成员间的联系。这些成员在一起可以分享他们对于独立乐队、白葡萄酒或开放源码的应用程序的热情。社区内容（无论是简单的对话、共享的食谱、照片还是其他内容）都由社区成员生成、分享、消费、加工和推广。成员的贡献增加了整个社区的价值。

社会化对象理论（social object theory）认为，如果能激发人和对象之间的关系，那么社会化网络将更加强大。该理论认为，对象是指人们都感兴趣的事情，其主要功能是调节人与人之间的互动。[9]所有关系都包含社会化对象理论，该理论也蕴含在关系中。在网络世界里，诸如Facebook这样的网站能够提供多种形式的对象，以确保关系在网站中的发展。Facebook取得巨大成功的一个原因是，它提供了很多供用户分享的对象，如照片、现场录像、活动和测试。

其他社交网站会提供更专业化、集中化的对象。例如，考虑下面每个社交网站如何将对象融入其公司使命中。Instagram用户想分享照片，于是就参与了进来。这些图片就是对象，赋予了这个平台一定的意义，并驱动人们访问网站。现今视频蓬勃发展，以前社会化媒体专注于照片，现在扩展到了视频领域，Instagram和Snapchat就是两个例子。

示例 3-2

Dogster 网站和社会化对象理论

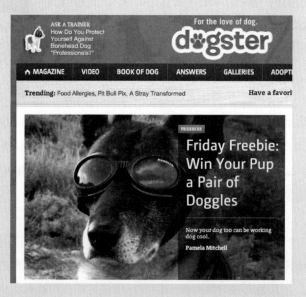

资料来源：www.dogster.com.

社会化对象理论认为，共享对象赋予社会载体一定的意义，并激励成员参与。在Diigo上，对象是统一资源定位器（URL）；在Yelp上，对象是生意；在Dogster上，对象是我们的狗伙伴；在Whisper上，对象是秘密。

对象社会性（object sociality）是指社会化媒体的用户能在多大程度上分享对象，这显然与受众的独特兴趣相关。[10]对象社会性把网络关系与特定的对象（如狗的照片或叙述音乐史的网站）

联系起来。受众至少在某种程度上越来越专业化了。但更重要的是，以对象社会性为导向的社交网站可能是以激情为中心的。换句话说，参与到社区中的人可能不仅是对对象感兴趣，更可能是对这些对象充满激情。众所周知，有些人会在爱好上投入大量的时间，如有人（在外人看来）痴迷于《星球大战》里的角色细节以及《魔兽世界》里的名酒和"工会战场"。

在行业术语中，围绕对象社会性设计的网站是垂直网络。垂直网络指的是范围较小但聚焦集中的社交网站，这些网站的不同之处在于它们关注一些共同的爱好、兴趣或特征，以吸引成员访问网站。这些垂直网站无法吸引到与大众网站相同的流量，但是有人指出，这些网站的成员会更多地参与其中，因为他们最初是因共同的兴趣而访问网站的。网站的运行与现实中的"利基市场"非常相似。利基市场是指提供数量相对较少的产品给那些忠诚顾客的经销商（如大块头男人商店或双人自行车店）。

3.2.3 行为标准

社区能够满足成员对归属感、资源获取、娱乐以及信息的需要。最重要的是，社区非常活跃！无论是线上还是线下，社区的兴盛都体现在成员的参与、讨论、分享、互动上，还有新成员的招募中。虚拟社区需要准则或规范来约束社区成员的行为，以使社区有效运行。有些规则是明确写出来的（例如，当你注册社交网站时，需要同意使用条款），但是很多规定是未说明的。一般来说，**准则**（norm）是社区中行为的心理表征。社区准则是由社区成员创建、分享和维持的，因为他们促进了利于集体的行为。[11] 没有这些准则，就会产生混乱。想象一下，如果现实中没有"红灯停"这样简单的准则会引起怎样的混乱！

在社会化社区里，成员通过社会化学习准则。例如，研究人员试图解释网络上的攻击性行为，如粗俗语、侮辱、欺凌、诽谤，他们发现在社会化社区里攻击性行为更为常见，此外同龄人的评论也具有攻击性。[12] 比较普遍的攻击性行为有谩骂、人肉搜索和恶意攻击。**谩骂**（flaming）是指用大写字母写的表达愤怒的帖子。**人肉搜索**（doxing）是一种网络犯罪，其在英国是非法行为，指的是识别和发布关于某人的私人信息，以此作为惩罚或者报复。

恶意攻击指的是通过发布具有煽动性、争议性、侮辱性和挑衅性的信息来蓄意挑起冲突。[13] 恶意攻击不是指普通的社会化媒体用户借机发泄或抱怨，而是一种网络暴力，对于他们来说，恶意攻击就是一种爱好。迈克尔·布鲁奇（Michael Brutsch）就是个例子。[14] 布鲁奇使用化名 Violentacrez，成立了具有攻击性的 subreddits（Reddit 上的话题组），旨在激怒 Reddit 上的其他用户。Violentacrez 建立了 Chokebitch、Rapebait、Misogyny 和 Jailbait。不幸的是，对于营销者来说，这却成为恶意攻击者引诱品牌的流行游戏。如果他们成功引起了情绪反应，他们会将此截图并发布。如果营销者或者个人不幸成为这些攻击者的目标，专家建议受害者对这些言语攻击视而不见。如果这些攻击极其严重，就将其报告给社会化社区，阻断这些言语的传播。[15]

正如你所看到的，一些准则可以防范一些轻微的负面行为，有些准则会与一些更严重的问题有关。虽然准则的制定通常被认为是对社区成员的一种管制，但是社会化媒体使得社区可以对社区以外的人和企业实施管制，以防出现辱骂和网络攻击现象。[16]《纽约时报》(*New York Times*)的记者大卫·布鲁克斯（David Brooks）表示，辱骂这一行为通过发表许多负面评论让人们感到不快，这标志着社会化社区文化的转变。过去人们会由于良心不安而意识到自己的不良行为。布鲁克斯声称，而现今人们应该对社区的声音做出反应。[17]

除了社会化准则外，行为标准还受到匿名性和社区与个人成员间的明确协议的影响。开放型网站允许任何人不经注册或认证即可参与。这有利于提高敏感话题的参与度，也会降低使用难度。然而，由于用户都是匿名的，所以开放性也降低了不当行为的门槛。正如在化装舞会上，不知道彼此真实身份的人会用行动表达情绪，网站的发布者会发布某些内容，但如果别人知道他们的真实身份的话，他们就不会这样做。[18] 社会契约是存在于主办方或管理团队与成员之间的协议。当你同意网站的"使用条款"时，也就签署了社会契约。社会契约对用户的行为提出了期望，也对主办方或管理团队提出了期望。然而，有些如 Facebook 这样的网站在没有用户参与的情况下任意更改社会契约，这种行为遭到了大家的抨击。人们一般都很重视对用户隐私的保护。

3.2.4　群体和亚文化群

只有在社会化社区里，群体和亚文化群才会繁荣起来。从早期对虚拟社区的研究到现今很多关于利基群体的网络图解的研究来看，都可以看出这一点。这些社区和亚文化群一直都存在，但往往处于边缘状态。由于无法与志同道合的人接触，所以无法形成主流群体。社会化媒体使得这些相距遥远的亚文化群建立网络，进行合作。[19] 结果是繁荣的**大众文化**（crowd cultures）几乎存在于每个话题中，如动画、极简主义、传统饮食、马拉松运动员和理发师。这些社区的潜在影响体现在众包中，如一大群人共同完成任务，那么最后的价值远远超过了任何单个参与者所贡献的价值。

成员与社区的联系源自他们的认同感，但是共性的来源可以是任何事物——任务、地点、兴趣、特征等。联系与某人的社会认同感有关，我们在第 2 章已经介绍过了。社会认同感是个体的自我感念，与成员身份相关，它能帮助我们了解社会团体的参与度。就群体来说，参与度可以看作是**有目的的社会行为**（intentional social action）。[20] 参与度可以解释为"我们-意图"，受个人态度、群体特征、背景和准则的影响。

3.2.5　参与度

社区成员寻求建立联系的方式，社交网站鼓励新成员参与进来。鼓励新成员参与进来至关重要，这对全体成员建立价值平台也有帮助。如果一个社交网站的访问量减少，那么它就像旧西部一个荒芜的矿业小镇，镇上全是空荡的沙龙、银行和商店，街道上到处都是风滚草。你的活动水平基于四个要素：与你联系的人、你在网站上生成的内容（称为工件）、从他人那里得到的反馈以及工件和反馈在网络中的传播。[21] 一个人是否会在社交网络空间里非常活跃，不论网站的主要功能是什么，其中最大的预测因素就是拥有大量的朋友。如果你的朋友在网络空间里很活跃，那么你也有可能会比较活跃，因为有人与你进行互动，你也会受到一定的奖励。

在社交网站参与的四个要素中，有三个要素依赖于网络中的节点。如果你的联系人在你的体验中表现并不活跃，那么你在网络中的活动就会受阻，因为你没有与之交互的人，不会收到足够的反馈，并且你的内容将不会被重新分配。有些节点会比其他节点有更多的连接，有些节点会有更多的互动。这些节点往往会在网络中产生更大的影响。我们将在本章的后面部分详细讨论其影响和节点类型。互动本质上是由多人一起参与的——它们是网络成员之间的共享活动。

线上社区要想繁荣，社区的大部分成员必须参与进来。否则，网站将不能提供较新的内容，最终导致访问量减少。参与度除了对社区健康至关重要之外，还能提高大家的参与度——这是社会化媒体最终期望存在的状态（我们将在第4章进行讨论）。参与的意义一直是营销学者极为关注的焦点。参与是一种"通过互动性、创造性来获取消费者体验的心理状态"，它关注代理人或对象，强调参与（互动性、共同创造的体验）和环境（社会化社区）的重要性。[22] 然而，参与也可能是一个挑战，因为大多数用户都在潜水，他们浏览网站内容，但实际上并没有什么贡献。研究人员估计，只有1%的社区用户经常参与，有9%的用户偶尔参与，其余90%的用户只是在看网站有什么内容，他们其实并没有增加多少价值——除了成为网站吸引人"眼球"的筹码，可以用来说服广告商购买空间。

听起来有些熟悉？这种差距与我们在市场营销活动中观察到的有些相似，它被称为80/20法则——约20%的顾客购买了80%的产品。市场营销人员把这些忠诚用户称为"重度用户"。在很多群体或消费者细分市场中，都是较少的人参与了大部分活动，这些核心成员通常是最值得企业去接触的，因为他们是真正的推动者和撼动者。因此，一个人的参与程度受网络的影响不到20%。最有效的社区做什么来促进成员的参与呢？根据《平台革命》(*The Platform Revolution*)的数据，参与程度主要受三个因素的影响：①磁性（社区对成员的吸引程度，反之亦然）；②用户生成的内容（成员主动贡献的内容）；③价值创造（成员通过参与来共同创造价值，从而改善体验）。[23]

3.2.6 社会资本

当人们建立了社区关系后，这些关系可以帮助他们积累资源，然后他们可以用来"交换"其他东西。在现实的商业世界中，我们可以清晰地看到这一过程是如何在高尔夫文化中起作用的。尽管确实有很多人喜欢打高尔夫，但事实是大量的商业交易也是在打球的过程中达成的，高层管理人员也从中受益（有些学院甚至设立了有关"高尔夫礼节"的课程）。

我们将这些资源称为**社会资本**（social capital），因为这些资本的价值就在于给人们提供资源。[24] 这些资源可能是真实的，也可能是虚拟的，可能由团体持有，也可能由个人持有。例如，这些资源可能包括有用的信息、关系、团队组织能力以及就业联系等。[25] 你是否认识在朋友的朋友介绍下得到工作面试机会的人？这是在工作中运用社会资本的例子，特别是如果求职者认识许多高层工作者，那么他更可能会利用这些关系。社会资本往往是一种有限的、受保护的资源。回到高尔夫的例子，在很多乡村俱乐部里，仅仅有钱还不能加入该俱乐部：你需要现有的成员推荐，这样俱乐部才能知道（无论是否公平）是哪些人在球场和更衣室相互交谈。

通常来说，如果社区能提供大量的社会资本来吸引人们加入，那么它会更健康、吸引力更强。社区通过声誉和结构来构建资本。**声誉资本**（reputational capital）建立在社区成员共有的信仰、关系以及行为基础之上，这些准则、行为和成员共享的价值观支撑着社区的声誉。你可以将其想象成一个高大、壮实的夜店保镖，他可以决定谁能进入。事实上，线上封闭式社区如同独有的乡村俱乐部一样，选择性地只让一部分人加入，可能会为这些幸运地通过测试的人提供高程度的社会资本。

> **示例 3-3**
>
> **Raya 成员享有社会资本**
>
> Raya 是一个独特的约会网站，它是线上封闭式社区一个典型的例子，该网站经过精心策划，去除魅力值不高的人。该网站被称为"名人的 Tinder"，其挑选申请者的标准包括 Instagram 粉丝量、个人介绍和特征（外貌、创造力和收入）。

下面我们以 Klout 为例，来看看线上社会资本是如何发挥作用的。Klout 是一个社交信誉指标，用于评估用户在 Twitter、Facebook、领英和 Foursquare 等多个社交媒体上的相对影响力。Klout 会为每位用户打分，分值在 0 到 100 之间，分数越高意味着其社交媒体的影响力越大。

网络规模、成员活动、活动质量指标（如网络反馈、收藏夹的数量）以及成员与网络间的信息流都可用于计算 Klout 分数（https://klout.com/brandacity）。网络规模作为评估 Klout 分数的变量，可以用于计算我们在第 1 章中所讨论的网络效应的可行性，推动网站内容在社区中的传播。成员活动说明了参与的重要性，质量指标和信息流可以用于证明价值和相关性，所有的这些变量都基于社区参与。如果人们在特定的社区参与较少，那么社区里有影响力的资本也会减少。随着社区资本的减少，由参与程度、准则遵守、知名度和成员间信任决定的社区体验的实力也会有所降低。[26] 希望你可以看到社区里具有影响力的人能够一直保持社区活跃度，甚至帮助社区发展。

有趣的是，这曾是普林斯顿大学的研究人员用来预测 Facebook 最终会消亡的工具。[27] 正如我们之前认为病毒内容的传播方式如同疾病一般，社区参与度和成员归属感也像传染病传播一样。该探究采用了 MySpace 成员资格和活动中采取与放弃的数据，借助社交网络搜索查询的谷歌趋势数据建立了一个模型。该模型表明，社交网络会有一个生命周期（很像产品的生命周期），在生命周期期间社会化社区逐渐成长、成熟并最终衰落。该研究之前预测 Facebook 将会流失 80% 的活跃成员，这一预测在当时传播很广，而 Facebook 研究人员用普林斯顿入学研究回应了该预测。Facebook 的团队利用谷歌学术的数据，采用了类似的建模法，建立了一个模型，以此来说明普林斯顿大学在 2021 年的入学率为零。[28] 考虑到那项研究的预测可能性极低，Facebook 幽默地回应了普林斯顿大学的研究。尽管如此，Facebook 的增速确实在下降并渐趋稳定，尤其是许多年轻人不用 Facebook，而是更多转向像 Snapchat 这样的私人网络，以及发短信等"黑暗社交"选择。

示例 3-4
Facebook 的未来是否仍不确定

虽然世界各地的人们都喜欢在 Facebook 上分享动态，但并不是每个人都想把私人空间细节公之于众（特别是告知好奇的父母）。

近年来像 Snapchat 这样在一定时间后自动删除帖子的社交网站越来越火。你认为 Facebook 的未来将是什么样子呢？

franviser/Shutterstock.com

强关系和弱关系

情感支持是社会资本的一种形式。例如，辛苦减肥的人或努力戒酒的人常享有这种社会资本，因为加入某个组织可以督促他们，如减肥中心或匿名戒酒会。我们把这种情感支持称为**黏合社会资本**（bonding social capital）。

我们可以在网上轻松获得这种资源，因为我们可以在网上找到能够帮助我们解决各种问题的人，即使我们与他们并没有私人交情。相比之下，我们的**核心关系**（core ties），即与我们有亲密关系的人，不一定能帮助我们解决一些问题（有时我们甚至不希望他们知道这些问题）。[29] 有趣的是，我们在给予或接受黏合社会资本的过程中会与社区中的其他人形成核心关系，至少是**重要关系**（significant ties，某种紧密的联系，但不如核心关系紧密）。

线上社区也能提供其他类型的支持。这对于能够帮助建立弱关系的社区而言尤其如此。**弱关系**（weak ties）是指与他人的关系建立在肤浅的了解或很少的联系的基础之上。例如，你与最好的朋友间是一种**强关系**（strong ties），你们可能一起上高中，有着共同的经历和朋友，然后你们又一起上大学，再一次有了共同的经历。你们又加入了同一个社团，在组织中的关系更加亲密了。在这一关系中，你和你的朋友至少有三条关系主线，并且关系持续了好多年，拥有很多共同的经历——不得不说，这就是强关系。

对比而言，你和 Facebook 朋友之间则是弱关系，你与这些朋友的关系仅限于认识或者他们只是你朋友的朋友，你并没有见过。当有人连接到几个分散的人群网络中时，弱关系会变得更普遍。换句话说，这个人不是处于几个紧密联系的网络中，而是在几个相对没什么联系的网络中充当节点。[30]

然而，我们可以向你保证弱关系也有价值，它们可以提供**连接型社会资本**（bridging social

capital），即获得那些我们无法接触的地点、人物和想法给我们提供的价值。

事实上，我们在网上的很多联系都不是活跃的关系，而是**休眠关系**（latent ties），即先前存在的关系，但我们已经抛弃了。[31] **维持型社会资本**（maintained social capital）指的是与休眠关系保持联系并从中获益。你可能听父母说过，他们在 Facebook 上又和高中老友联系上了（"不敢相信他现在都秃顶了！"）。这是关于休眠关系的好例子——回顾我们的一生，有的人停留在我们的生活中，但有的人慢慢都失去了联系。对于休眠关系而言，社交网站是重要的连接工具，它用一种低参与、低成本的方式维系着这些关系。事实上，研究人员发现，大学生用 Facebook 来维系休眠关系。[32] 你可能和某些高中朋友读了同一所大学，有些朋友则去了别处。但不管生活方式和地理位置怎么变化，你都可以用像 Facebook 这样的网站与这些朋友随时保持联系。如果你以后外出游玩或找工作，这些关系都有一定的作用。

需要注意的是，我们之前讨论了社区中的强关系和弱关系。休眠关系并不一定是弱关系，读六年级时你与最好的朋友之间是强关系，但现在可能是弱关系。社会化媒体还没问世之前，除非你们碰巧一起参加了第 25 次班级聚会，否则你可能与她失去了联系。现在你不一定需要经常与那些老朋友交谈或写信，也可以通过社会化媒体保持联系。社交网站使得我们可以根据关系的类型来维持联系。

示例 3-5

影响者凯西·奈斯泰德用社会资本做好事

资料来源：Matteo Fusco, 30 September 2016, "That time Casey Neistat saved a human life thanks to his masterful communication", Medium. Reproduced with kind permission of Matteo Fusco（@matfsc）.

有影响力的人可以利用社会资本做好事。凯西·奈斯泰德（Casey Neistat）在 YouTube 上有 500 万名粉丝，经常利用其影响力为朋友、UPS 司机和玛丽安·富兰克林（Marian Franklyn）在网上寻求帮助。[33] 玛丽安一直独自为她姐姐支付治疗肾脏病的费用，但是现在付不起了。凯西发起了众筹，目标是筹到 125 000 美元。

几个小时内，关于玛丽安的这项众筹活动就受到了大家的关注。在 4 天内，全球近 1 万人为其捐款，比目标金额多了数千美元。

3.3 影响者的出现

虽然消费者从个人途经获取信息，但是他们通常不会向任何人询问购物方面的建议。如果你打算购买一套新的音响系统，你很可能会向了解音响的朋友询问相关的建议。这位朋友可能拥有比较复杂的系统，他可能会订阅像《立体声评论》（*Stereo Review*）这样专业的杂志，空闲时间喜欢逛逛电子商店。然而，你也可能有一个时尚气息比较浓的朋友，空闲时间喜欢读读《绅士季刊》（*Gentleman's Quarterly*）、逛逛精品店。你应该不会向他咨询有关音响系统方面的问题，但可以和他一起去购买新款秋季衣柜。

意见领袖（opinion leader，在某些社区也称为**影响者**（influencer）或**权力使用者**（power user））被他人认为是可靠的信息源。[34] 他们拥有强大的沟通网络，因此他们会直接或间接地影响其他消费者的购买决策。他们拥有以下五个特征：①活跃分子；②有联系；③有影响力；④头脑灵活；⑤时尚的引领者。[35] 换句话说，意见领袖通过参与活动建立人际网络。他们在社区和工作中都是积极的参与者。他们的社会网络庞大且发达。其他人信任他们，而且认为他们是某个或多个特定领域的可靠信息源。他们一般对知识抱有一颗好奇心，这有利于他们发现新的信息源。

所有的社会化社区都有意见领袖。无论是线上还是线下，有些人在社区中相对比较活跃并能获得较为权威的地位，这很常见。然而，影响力却来自影响者本身所拥有的权力。

一个人怎样才能获得权力呢？弗伦克（French）和拉文（Raven）在他们的文章《社会权力的基础》中提到了在组织中个体可以从多个渠道获取权力。[36] 这些权力来源包括以下几方面。

- **奖赏性权力**（reward power）：给他人提供其想要的东西的能力。
- **惩罚性权力**（coercive power）：惩罚他人的权力。
- **合法性权力**（legitimate power）：与某人担任的职务有关的组织权力。
- **参考权力**（referent power）：基于对某个人的认同或欣赏所形成的权力。
- **专家权力**（expert power）：对某人知识、技能或能力的认可。
- **信息权力**（information power）：对信息流和信息使用的控制权。

当然，营销人员总是希望能找到意见领袖，并让他们加入其团队。这些意见领袖通常是沟通战略的关键；一旦这些意见领袖喜欢你的产品，那么这些人网络中的其他人迟早也会知道你的产品。因此，对于购买决定而言，意见领袖由其社会化权力而成为极其有价值的信息来源。[37]

- 他们拥有较强的技术，因此享有专家权力。
- 他们以公正的方式预先筛选、评估以及综合整理产品信息，因此他们拥有知识权力。
- 他们在社区里极其活跃，与他人的联系极其紧密。
- 他们可能会担任领导职位，因此意见领袖通常凭借其社会地位拥有合法性权力。
- 他们的价值观和信仰类似于消费者，因此他们享有参考权力。需要注意的是，虽然意见领袖是根据对某一产品类别的兴趣或专业知识来区分的，但他们更倾向于说他们是同质性的而不是异质性的。**同质性**（homophily）指的是人们在教育、社会地位和信仰方面的相似程度。同质性可以预测网上的协作关系和联系性，无论是新产品开发项目中的专业协作，还是音乐家线上网络朋友之间的互惠友善关系。

- 好的意见领袖在地位和受教育程度方面往往略高于受他们影响的人，但也不会高到可以成为不同的社会阶层。
- 意见领袖通常是第一批购买新产品的人，他们也承担了很多风险。对于其他胆子较小的人来说，这些意见领袖的行为帮助他们降低了不确定性。此外，虽然公司赞助商倾向于关注产品好的一面，但意见领袖的行为更有可能传达关于产品性能的正面和负面信息。因此，这些信息也更可信。

虽然意见领袖存在于社会化社区里，但这些社区里还有不同类型的影响者——微名人（也称为微观影响者）。微名人通过自我展示技巧来树立影响力，比如通过在一个或多个社区共享内容来建立与观众的亲密关系。[38] 虽然这些影响者进行自我展示，但他们使用的技巧能保证他们是真实的、透明的、与普通人是相关的。[39] 与传统意义上的名人相比，微名人的受众较少，他们被归类为拥有 1 000~10 万名粉丝的社交达人，但他们在社区里的参与率和影响力往往较高。[40] 传统意义上的名人可能在多个社交网站拥有大量的受众，这些微名人往往在一个社区里比较活跃。慢慢地，他们的受众群体逐渐扩大。来自澳大利亚的健身教练凯拉·叶钦斯（Kayla Itsines）就是个例子。她经常在网站上分享一些女性按照其健身方法锻炼前后的照片，以及在 Instagram 上发布训练视频和健康食品图片。她的粉丝量现在已经达到了几百万，甚至《时代》杂志也刊登了她的积极影响力，她以一种"虚拟行为"激励女性积极健身。[41]

图 3-2 是一些社会化媒体影响者的典型原型，以及与每位原型合作的品牌。我们接下来还会讨论影响者在社会化媒体营销中的作用。品牌公司与影响者合作，开展活动，加深印象，并扩大活动内容的传播范围。

◎ **微案例研究**

影响者营销

对于营销人员来说，影响者营销是最快的营销策略。如今已经出现了像 Linqia、Grapestory 和 Everywhere 这样的机构，旨在匹配营销人员和影响者，并制定有效的影响者活动。影响者为营销人员提供其所能覆盖的范围，同时也有其他好处。一项针对营销人员将影响者运用于营销活动中的研究揭示了影响者营销渐趋流行的原因。[42] 当被问及他们为什么选择与影响者合作时，73% 的参与者表示影响者与目标受众紧密相连；72% 的参与者希望能够借机利用影响者的真实性与其可信的话语权；60% 的参与者希望影响者能够动员观众的参与。

与影响者合作能有效地为社会化媒体创作内容。传统上，品牌公司支付专业内容创作者（如摄影师、摄像师和作家）以博客、照片、视频、指导性文章或配方的形式创作内容，但这种做法既费时又费钱。当品牌公司选择与影响者合作时，这样可以创建内容。这项研究显示，50% 的营

八种社会化媒体原型

平衡生活

描述：这种影响者吃得好，经常锻炼，仍然有时间过一种健康的生活
使用的品牌：Bai、安德玛、Beta
示例：杰西尼亚（Jessenia Vice）把负面信息转化为积极信息，她的播客和Instagram帖子专注于健身，激励别人克服逆境

朋友圈

描述：线上好友专注于跨渠道协作的喜剧内容
使用的品牌：乐高、Hotpockets
示例：LankyBox由两位喜剧影响者——亚当（Adam）和贾斯汀（Justin）领衔。他们的内容有趣，适合家庭观看

时尚教练

描述：这些影响者是具有个性的时尚偶像
使用的品牌：凯特·丝蓓、阿迪达斯、维多利亚的秘密
示例：前维秘大使和时装模特卡莉·克劳斯（Karlie Kloss）用她对时尚界的独特见解来激励时尚达人

游戏英雄

描述：游戏英雄拥有很多粉丝，寻求娱乐以及改进游戏的技巧
使用的品牌：华纳兄弟、摩托罗拉、红牛
示例：玛丽·高桥（Mari Takahashi）使用AtomicMari，展示了游戏英雄并不一定是男性

魅力厨师

描述：这些影响者很有趣，过去几年是一直喜欢禅宗的线上厨师和美食设计师
使用的品牌：Blue Apron、卡夫食品、Wolf
示例：马里亚姆（Mariam Ezzeddine）（@CookinwithMima）在Instagram上分享灵感和健康的食谱和照片

冒险家

描述：这位冒险家创造了一个融合了旅行和边界的终身故事情节
使用的品牌：GoPro、Northface、Patagonia、Travelocity
示例：梅根·杰拉德（Megan Jerrard，@MappingMegan）到世界各地旅行，通过她的博客、Twitter和Facebook分享其冒险经历

灵感启发者

描述：灵感启发者使你想要到处动一动，分享锻炼和伸展身体
使用的品牌：Lululemon、GNC、SmartWater
示例：哥伦比亚健身专家Anllela Sagra在Instagram和YouTube上分享锻炼和健身灵感

美容专家

描述：美容专家是头发和/或化妆方面的大师，她们会向你展示如何从头到脚变美
使用的品牌：美宝莲、MAC、Suave、妮维雅
示例：曼尼·古铁雷斯（Manny Gutierrez，@mannymua733）在YouTube和Instagram上分享一些美容技巧，比如如何修眉

图 3-2 社会化媒体影响者的原型

资料来源：Adapted from Marty Swant, "6 Social Media Archetypes for the Modern-Day Brand Influencer," Adweek, October 30, 2016, www.adweek.com/digital/6-social-media-archetypes-modern-day-brand-influencer-174335/（accessed June 12, 2017）.

销人员会支付给影响者费用，来制作每部分的内容。平均而言，制作类似的内容，这种支付方式比聘用专业内容创作者的成本要低2.6倍。营销人员也可以将此归类为"工作支出"，因为影响者正在与受众分享内容。**工作支出**（working spend）指的是达到目标受众所需进行的投资，如广告和事件营销。**非工作支出**（non-working spend）指的是项目资产创建、计划或管理过程中产生的任何费用。Ragu策略师莱西·米斯（Lacey Meece）表示，当涉及专业创作时，就连简单的食谱创作也是个漫长且费用高昂的过程。首先，我们需要选择一款具有特色的产品，然后雇用按每份食谱收费的专家。接下来，我们请摄像师和摄影师来进行拍摄。但与影响者合作效率会更高，这些影响者都拥有自己的风格和观点，能够迅速制作出大量真实的食谱、照片和视频。[43] Ragu与YouTube Honeysuckle频道上生活方式影响者Dzung Duong合作，共同开发家常系列调味汁。

对于社会化媒体营销人员来说，创建好的内容是他们面临的主要挑战。影响者不仅可以吸引更多的消费者，还可以创建用于品牌社会化媒体渠道的内容，以创造价值。大多数营销人员正在重新调整影响者产生的内容：84%的影响者发布的内容出现在品牌的有机社会化媒体账户中，72%的内容使用了付费社会化媒体。

影响者是否有效？雀巢的格伯（Gerber）认为有效。格伯推出了干酪泡芙条产品，并希望通过大众超市（Publix）、塔吉特、沃尔玛和克罗格（Kroger）来推动该产品在关键市场中的认知和试用，他认为影响者是社会化媒体战略的重要组成部分。

对于学步儿童来说，每份海军豆零食含有两克蛋白质，不含转基因成分，不含人造香料或色素。该产品发布的广告预算很低，需要一些策略来展示该品牌的价值。[44] 利用"妈妈博客"作为宣传手段是个最佳选择。

这是不是陷阱？对于学步儿童来说，干酪泡芙条是不错的零食。谁是影响者呢？几位影响者包括Mommy Hates Cooking的克里丝蒂（Kristy）、Mom Without Labels的香农（Shannon）以及Not Quite Homemaker的苏西（Susie）。博主们明确地给"博客"贴上了"被赞助"的标签，并分享她们的故事。博主们一方面说出食品中含有的营养，一方面证实了孩子们喜欢这款零食。看看这些博主们的帖子，看看她们是如何推销产品的，同时也是向她们的粉丝说真话。[45]

Monkey Business Images/Shutterstock.com

结果

有效吗？有效！该活动的展示次数达5 600万次，互动参与达26万次。它还在格伯的社会化媒体活动中创建了9 000多份重新使用的内容。该产品在活动期间销售额提升了5%，这表明该活动增加了产品的销售量，加深了产品在人们脑海中的印象。[46]

3.4 流动：想法如何在线上传播

我们之前讨论过社会化社区是建立在网络上的，这些网络包括通过内容和体验流的关系连接的节点。我们还了解到，有影响力的节点是有价值的，这些节点可以通过他们的社会力量接触到大量的人。

首先我们要了解产生了什么流以及流通过影响者传播的广泛程度，这些要基于**两步流影响模型**（two-step flow model of influence）的框架。[47]

最近的研究对这个基本想法进行了修改，认为影响力可以产生于影响者和易受影响者之间的相互作用。这些人对信息进行大力宣传，并作为**影响力网络**（influence network）的一部分与意见领袖进行双向对话。这些对话生成了信息的**串联**（cascade），即一条信息引发的一系列互动（像雪崩一样），如图 3-3 所示。

① 1 000+ 链接
② 500+ 链接 "势力范围"更大的博主们的连锁反应更广
③ 200+ 链接
④ -100 链接 排名较低的博主也会产生影响，他们的影响相对较小，但数量更多

图 3-3 影响力网络示例

一条消息始于第一级，影响者把消息发送给他或她的联系人（第二级）。该消息可能会从一些二级联系人传递到他们的联系人（第三级），如此传递下去。社会化媒体共享十分便利，网络效应、影响力和口碑可以在有或没有影响者的情况下进行传播。

3.4.1 口碑（WOM）

通过流的信息传播就是节点到节点、人与人之间共享的产品信息，被称为**口碑传播**（word-of-mouth（WOM）communication）。尽管很多市场营销者在广告上投入了大量资金，但口碑传播的作用更大：口碑传播影响着 2/3 的消费品销售。在一项调查中，69% 的受访者一年中至少有一次在选择餐厅时采纳了他人的建议，36% 的人在购买电脑硬件和软件时听从了别人的建议，22% 的受访者咨询朋友和同事应该去哪儿旅行。[48]

如果你仔细回想一天中的对话内容，你可能会发现你和朋友、家庭成员、同事之间的讨论很多都与产品相关：你赞美某人的裙子并询问她在哪里买的，向朋友推荐新开的餐厅，向邻居抱怨你在银行受到的糟糕待遇，这些就是口碑。

市场营销人员多年前就意识到了口碑的影响力，但是直到现在才主动去塑造和控制口碑，他们不再袖手旁观，而是期望人们喜欢他们的产品并表达出来。口碑可以通过社会化媒体和其他数字媒体进行分享，这是主要原因。像 BzzAgent（www.bzzagent.com）这样的社会化媒体营销公司就拥有上千名线上"代理人"，他们负责不断尝试新产品并为喜欢的产品传播口碑。[49] 现在很多企业都能够精准地追踪口碑。

示例 3-6

参与实验室测量线上和线下口碑

口碑传播每年可以推动 6 万亿美元的消费，营销人员需要知道人们在说什么。线上对话极其重要，但线下对话也重要。参与实验室的解决方案是结合深入的社会反响和全面的线下对话测量工具，提供了 17 个主要行业的社会化总计分卡。[50]

根据《倾听消费者的声音：UGC 和商业体验》（*Hearing the Voice of the Consumer：UGC and the Commerce Experience*）报告，90% 的购物者都偏爱线上口碑传播。口碑传播的影响力甚至超过了搜索引擎和促销邮件，价值重大，人们愿意支付更多的费用，花更多的时间来购买他人认可的产品。[51] 在实证研究中，线上口碑传播与销售额有关，但其影响因人而异。[52] 口碑传播通过社会化媒体分享时，如果那些接触到信息的人认为他们与共享信息的人相似，这时口碑传播的影响力更大。相比之下，相似性对电子商务平台（如 Amazon.com）线上口碑传播的相对影响力微乎其微。[53] 另外，当产品比较新颖并且在市场上尚未稳定时，口碑传播也更具影响力。

请记住，对于营销人员来说，口碑可能是一把双刃剑。正面口碑可以改善态度和提高销售量，而负面口碑有坏处。另外，与正面口碑相比，消费者对**负面口碑**（negative word-of-mouth）更为看重。美国白宫消费者事务办公室的一项研究显示，90% 不满意的消费者不会再与企业进行交易。每个不满意的消费者至少会向 9 个人抱怨，其中 13% 的消费者会向 30 多个人诉说他们的糟糕经历。[54]

慢慢地,相较于正面口碑,负面口碑有所增加,线上的负面信息也越来越多。[55] 随着信息层叠流动和社会化媒体的问世,用户可以和许多、甚至是网络以外的其他人交流,口碑的影响范围因此可能很广。尽管如此,研究表明共享口碑的价值可能取决于发送者和接受者之间的人际关系。人际关系越紧密,负面口碑的分享率越高;反之,正面口碑的分享率越高。研究表明,人际关系越紧密,保护他人的意识越强,人际关系越淡,保护自身的意识越强。[56]

这些针对特定品牌的对话具有与媒体相同的价值,被称为**广告等效价值**(ad equivalency value)。换言之,企业在使用付费媒体时,它们以场地费和广告费的形式估算广告的价值。但在社会化媒体中,推广价值大部分来自于赢得媒体和自有媒体。因此我们试图创造价值,并把价值与购买等效付费媒体的成本对比。这就是广告等效价值的内涵——如果品牌提及来自付费广告的投放而不是消费者自发的评论,那么它的价值有多大?

弗雷斯特研究公司把这些特定品牌的提及称为"影响印象",无论何时我们在线上公开讨论某品牌,都会形成影响印象。在广告术语中,**印象**(impression)指的是对广告信息的观看或展露。在社会化媒体中,品牌受益于影响印象,同样也受益于广告印象。根据弗雷斯特研究公司的估计,美国消费者每年会生成 2 560 亿的影响印象,人们和其他人谈论自己的生活、讲述故事和经验时都离不开品牌。[57] 此外,品牌在社会化媒体上开展的活动,无论是以微博、博客、社交网络的形式还是以虚拟交易的形式,都会鼓励人们把活动信息融入自己的沟通交流中。

这些影响印象基本都是通过意见领袖传播的:在社会化媒体用户中,6.2% 的人影响了 80% 左右用户的印象。弗雷斯特研究公司把这些影响者称为**大众连接者**(mass connector),以此来向马尔科姆·格拉德威尔(Malcolm Gladwell)的畅销书《引爆点》(*The Tipping Point*)致敬。格拉德威尔假定有三个关键因素"引领"潮流,也就是激发人们对某个想法、行为或产品产生兴趣,这三个因素包括少数原则、黏性和环境的力量。[58]

(1)少数原则认为三种人有利于传播病毒信息。
- **行家**(mavens)拥有渊博的知识。
- **连接者**(connector)认识很多人,并和他们沟通。
- **推销员**(salespeople)用天生的说服力影响他人。

(2)如果一个想法具有黏性,那么其影响显著且持续时间长久。事实上,网页设计师使用"黏性"来描述网站对人们的吸引程度,以便长久留住这些用户。

(3)最后,格拉德威尔认为,如果情境配合得当,想法更容易传播——这就是环境的力量。[59]

3.4.2 社会化内容的病毒式传播

无论是简单的意见、视频还是趋势通过社会化网络迅速传播时,我们都称之为病毒式传播。病毒式的内容可能没有标牌,但一个或多个社区中的很多人都认为这些内容是相关的、有价值的,或认为这些内容太过奇怪而不愿与朋友分享。然后这些社区成员通过自己的社交图分享内容或参与口碑传播来影响内容的传播。

> **示例 3-7**
>
> **病毒式的内容激发了文化基因**
>
> 关于病毒式的内容的例子如视频 Chewbacca Mom、Damn Daniel 和 LipSyncBattle。
> www.youtube.com/watch?v=y3yRv5Jg5Tl
> www.youtube.com/watch?v=_LUX70mXcEE

病毒式的内容在社区内发展时,就变成了一个文化基因。**文化基因**(meme)是文化信息的片段,它在人与人之间传播,最后形成共识。这些片段可能是歌曲、短语、观念、俚语、时尚潮流和共有行为。关于文化基因的一个例子是 YouTube 上有 400 多万条"假人挑战"视频。最初的视频传开之后,迅速引爆全网,掀起了全球的"假人挑战"热潮(www.youtube.com/results?search_query=mannequin+challenge)。

如果你把文化基因传播与医学病毒传播进行类比,那么你将很容易理解文化基因的传播:文化基因在消费者中以几何级数传播,就像病毒起始于一个很小的范围,然后不断感染更多的人,最后变成一种流行病。当人们分享并模仿文化基因时,人与人之间的传播也就开始了。慢慢地,存留下来的文化基因一般是独特的、有纪念意义的。最古老的文化基因可能与传奇、著名的故事或传说有关。例如,电影《星球大战》传播的文化基因就与亚瑟王、宗教、英雄青年以及 20 世纪 30 年代的冒险小说有关。

文化基因在 Reddit 上的社区里产生了文化基因经济,这是股票市场中关于文化基因的术语。股票市场中的文化基因在该网站上被买入、卖出或持有。买入/卖出交易也推动了文化基因的传播。

> **示例 3-8**
>
> **瑞克摇摆:经典的文化基因**
>
> 你有没有在打开一个链接或看到爆炸性的新闻故事时,却发现自己在听着瑞克·艾斯里(Rick Astley)1987 年的流行曲 *Never Gonna Give You Up*?然后你发现自己被捉弄了一番。这样一个经典的诱因转换场景,这个文化基因

现在和过去一样受欢迎。第一次瑞克摇摆发生在 2007 年，访问者在 YouTube 上寻找《侠盗猎车手》(Grand Theft Auto IV) 游戏时，却看到了艾斯里的视频。有一年的愚人节，YouTube 上掀起了瑞克摇摆的热潮，网站主页上的每个链接都指向瑞克的一段短片。[60] 自那以后，成千上万的人都开始瑞克摇摆。你可以在 http：//mentalfloss.com/article/55468/11-epic-rickrolls 上观看一些例子（白宫的 Twitter 账户也发布过一个类似的视频）。

● **批判性反思**

社会化媒体是网络欺凌的一种途径

大卫·莫拉克（David Molak）是一个十几岁的少年，几个月里他一直遭受针对其外表的匿名网络欺凌。他的父母将他转移到一所新学校，希望他不再受到他人的攻击，但欺凌仍在继续。最终，大卫自杀了。大卫的兄弟克利夫（Cliff）在 Facebook 上写出了大卫的经历，并呼吁人们与网络欺凌做斗争，他写道："现今的欺凌不会将你推入储物柜，不会叫受害者课下在学校垃圾箱后见，他们在几英里外的背后用用户名和虚假档案不断诋毁和斥责无辜的人。"[61] 不幸的是，大卫的故事很寻常，并无特别之处。

根据反欺凌慈善组织 Ditch The Label 的定义，网络欺凌是通过数字手段进行辱骂，常以收件人的外表、兴趣、情报或以前的帖子为目标。[62] 该组织表示，网络欺凌与传统欺凌并无大异，但其所在的平台有所扩大。网络欺凌率也各不相同，最高高达 87%，34% 是直接受害者。[63] 网络欺凌的受害者滥用药物或酒精和吸烟的可能性也更大，他们将此作为一种自我治疗法。[64] 经历过网络欺凌的青少年的自杀率是没有经历过的近两倍。[65] 最常见的青少年网络欺凌的形式是社会化媒体帖子和图片。虽然网络欺凌在青少年中最为普遍，但它甚至也会影响已经工作的成年人。[66] Lady Gaga 也表示她对在 Twitter 上受到的各种攻击感到很烦恼。[67]

Ditch The Label 与社会化媒体监测公司 Brandwatch 进行合作，评估了来自美国和英国的 1 900 万条推文，以更好地理解网络欺凌这一现象。[68]

- 最有可能收到欺凌言论的话题是政治话题，其次是有关体育和食物的话题。然而，关于音乐、电视和旅行的帖子也会受到攻击。
- Twitter 上的网络欺凌行为常发生在周日和下午 6 点到晚上 8 点之间。
- 在推文中，体育迷和管理人员参与欺凌的推文数较多，教师和科学家的参与率则很低。
- Twitter 上大多数侮辱性言论与智力（占 33%）和外表（占 20%）有关。
- 女性欺凌者常常喜欢攻击受害者的智力（如呆笨、愚蠢）或外表（肥胖、丑陋），而男性则常常喜欢侮辱同性恋。

主动回应那些使冲突升级的欺凌者。研究发现，如果我们对欺凌推文做出回应，这将使 44% 的案件冲突升级，能改善冲突的比例只有 3%。

当然，Twitter 并不是唯一存在网络欺凌的社交网站。一项关于 Facebook 上的网络欺凌的研究发现，欺凌者通过公开和私人评论、照片、状态更新来攻击受害者，评论他们的感情关系、性活动、友谊和外表。[69]

Ditch the Label 通过 www.DitchtheLabel.org 为网络欺凌受害者提供支持。

那么，结论是什么呢？线上社区是否和传统社区一样强大或更强呢？仍然没有定论。一项关于公民参与和社交网络的研究发现，线上社区既没有限制也没有鼓励共享社区资源。[70] 皮尤互联网与美国生活项目为线上网络作用的发挥提供了积极的支持。它指出，互联网为我们提供了正确的信息和合适的人选。事实上，皮尤的报告甚至表明，我们与社交网络的成员见面和通话的次数越多，我们就越有可能在网上与这些人进行交流。[71] 你们之间的联系越多，你就拥有更多的联系！

⊙ 本章小结

社会化网络是如何构建的？

线上社区是建立在网络的基础之上的。这些网络由连接的节点组成。节点之间产生互动和资源流动、信息和影响。有些节点比其他节点更有影响力，一些联系比其他联系更强，一些信息流动更为深入、广泛。根据网络效应，社区提供给成员的相对价值与其成员密切相关。

在线社区的特点是什么？

社区通常围绕着社区成员——有着共同兴趣的社区成员。社会化社区在交谈中发展，它们为参与者提供存在感。社区成员享有集体利益，进行民主化治理。社区成员遵循行为准则，可能作为规则和被成员接受的规范。社区准则是由社区成员创造、共享和维持的，它促进了有利于集体的行为。对于社区的健康来说，参与是必要的，但大多数成员并不活跃。社区参与有着80/20规则的典型特征，只有小部分成员为了所有人的利益而参与。

想法是如何在社区中传播的？

信息通过网络节点之间的流在社区中传播。关于品牌的口碑传播，也称为影响印象，就是这样产生的。对于一些成员来说，这样他们可以更加主动，并且可以获得线上或线下组织内部的权限职位。意见领袖在社区中具有更大的影响力，因此意见领袖分享的信息也可能更有影响力，并通过社会化网络传播得更远。内容可能会像病毒一样传播。当一条病毒式的信息进入社区的普遍意识并被社区成员所适应时，它被称为文化基因。

影响者扮演什么样的角色，他们的权力和社会资本的来源是什么？我们与社区中的其他人有哪些类型的关系？

意见领袖拥有专家权力、奖赏性权力和权威权力等社会权力的来源。社会资本是指人们（个人或团体）在社区背景下拥有的宝贵资源。资本可能是实际的或虚拟的，可能包括声誉资本、黏合社会资本、连接型社会资本、维持型社会资本。人们的网络总是包含强关系和弱关系，两者都有价值。即使是弱关系也可以为网络成员创造社会资本。维持型社会资本是指我们通过维持与休眠关系的联系而获得的价值。

⊙ 关键词

广告等效价值（ad equivalency value）　　黏合社会资本（bonding social capital）
人肉搜索（doxing）　　连接型社会资本（bridging social capital）
串联（cascade）　　惩罚性权力（coercive power）
社区（community）　　核心关系（core ties）
大众文化（crowd culture）　　专家权力（expert power）
谩骂（flaming）　　同质性（homophily）
影响力网络（influence network）　　信息权力（information power）
互动（interaction）　　有目的的社会行为（intentional social action）
合法性权力（legitimate power）　　休眠关系（latent ties）
维持型社会资本（maintained social capital）　　大众连接者（mass connector）
媒体多样性（media multiplexity）　　文化基因（meme）
网络单元（network unit）　　节点（node）
准则（norm）　　对象社会性（object sociality）
意见领袖（opinion leader）　　存在感（presence）
声誉资本（reputational capital）　　参考权力（referent power）
奖赏性权力（reward power）　　推销员（salespeople）
社会资本（social capital）　　网络效应（social effect）
社会网络理论（social network theory）　　社会化对象理论（social object theory）
重要关系（significant ties）　　六度分离（six degrees of separation）
强关系（strong ties）　　弱关系（weak ties）
工作支出（working spend）

⊙ 复习题

1. 网络的基本结构是什么？
2. 信息在网络中是如何流动的？
3. 线下和线上社区的共同特点是什么？
4. 解释社会化资本的含义。
5. 什么是意见领袖？意见领袖的权力来源有哪些？

6. 为什么社会化社区与口碑传播有关?

⊙ 练习题

1. 访问 Playstation 和 Lego Ideas 这样的线上社区。你认为这些社区有什么共同之处?有什么不同?每个社区是否真的看起来是一个有着共同文化的统一组织?请解释。
2. 查看你 Facebook 上的朋友。你的朋友有多少是"弱关系",又有多少是"强关系"?找出与"强关系"朋友的关系纽带。Facebook 是否帮助你加深了这两种关系?为什么?
3. 识别当前的文化基因并追踪其起源,或使用 www.memecreator.org 来创建自己的文化基因。
4. 在 Instagram 上搜索与某品牌相关的主题标签(如唐恩都乐),你搜索的主题会出现什么样的影响印象?你能否识别利用这个特定标签来分享推文的关键影响者?
5. 讨论:如何解释凯文·培根的六度游戏作为社会化网络理论的一个例子?

第二部分

社会化媒体营销策略与规划

第4章 | CHAPTER 4

社会化媒体营销策略

■ 学习目标

当阅读完本章时，你将能够回答以下问题：
1. 社会化媒体营销计划在企业的整体规划框架中处于什么位置？
2. 社会化媒体营销发展成熟的三个阶段是什么？企业从试验阶段到过渡阶段，最终进入战略阶段，在这个过程中社会化媒体营销是如何变化的？
3. 社会化媒体营销战略规划的步骤是什么？
4. 如何设计企业结构来支持社会化媒体营销？
5. 企业中社会化媒体政策的关键组成部分有哪些？社会化媒体政策为什么如此重要？

4.1 战略规划和社会化媒体营销

本田汽车公司正在大举收购社会化媒体。近年来，本田制定战略利用不同的社会化媒体渠道和工具进行营销，同时结合付费广播等传统媒体宣传，以实现公司影响力最大化。本田不仅在YouTube、Facebook、Instagram和Twitter等社交网站上十分活跃，还在Snapchat和Pinterest等利基社区网络上开展了有针对性的活动。此外，本田和Salesforce合作，共同管理社会化媒体活动，确保世界各地的本田粉丝能在社会化媒体上与公司进行互动。为了满足不同地区的需要，本田利用Adobe的营销云对社会化媒体上的内容进行了针对性的调整，同时为经销商提供社会化媒体工具以方便其在区域内交流，确保各经销商获得一致的信息。本章会有更多关于本田社会化媒体营销的方法。

对于像本田这样的营销者来说，**战略规划**（strategic planning）是确定目标，制定具体的战略战术实现这些目标，采取行动把计划变为现实以及衡量目标实现程度的过程。战略规划过程分为三个层面：首先是企业层面，然后是业务层面，最后转移到市场营销等职能部门层面。规划人员首先确定总体目标（例如，"明年把消费者对我们品牌的认知度提高10%"），然后制定具体的策略来实现这些目标（例如，"明年把我们在目标出版物上的广告支出增加15%"）。**市场营销规划**

（marketing plan）是一种形式化的书面计划，详细描述了产品、定价、分销以及实现特定营销目标的促销策略。表 4-1 是一个营销总体规划的样本。

表 4-1 营销总体规划结构

营销规划大纲	规划解决的问题
A. 现状分析 1. 内部环境	• 如何通过营销帮助我们完成企业使命和目标？如何帮助我们制定发展策略 • 我们的企业文化是什么？它如何影响市场营销活动 • 我们企业过去在目标市场、产品、定价、推广、供应链等方面做了什么 • 企业有哪些资源（包括管理经验）让我们与众不同？企业过去如何通过产品实现增值
2. 外部环境	• 从整体上看，我们的产品在国内市场和全球市场上的性质是什么？我们的市场有多大？谁买了我们的产品 • 我们的竞争对手是谁？它们的营销战略是什么 • 经济环境、技术环境、监管环境和社会文化环境的主要趋势是什么
3. SWOT（优势、劣势、机会、威胁）分析	• 基于对内部和外部环境的分析，我们主要的优势、劣势、机会和威胁是什么
B. 制定市场营销目标	• 市场营销需要完成什么任务才能帮助企业实现目标
C. 制定营销战略 1. 选择目标市场，进行企业定位	• 消费者和其他企业组织如何购买、使用以及处理我们的产品 • 我们应该选择哪个细分市场？如果选择消费者市场，应考虑该市场相关的人口细分方法、心理细分方法、行为细分方法及其媒体习惯是什么？如果是商业市场，应考虑相关企业的人力资源结构是什么 • 我们如何对产品进行市场定位
2. 产品策略	• 我们的核心产品是什么？形式产品和附加产品又是什么 • 我们应该采取哪种产品线或哪种产品组合策略 • 我们应该如何包装产品？如何打造我们的品牌？我们的产品应该贴上什么样的标签 • 服务质量如何促进产品成功
3. 定价策略	• 产品定价是多少？如何进行定价 • 在此定价上，我们需要销售多少产品才能保持收支平衡 • 我们应该采取何种定价策略
4. 促销策略	• 我们如何提供一致的产品信息？我们如何打造最佳口碑 • 我们如何打广告、公关和促销以及如何利用更新的通信方式（如社会化网络）进行交流 • 销售人员在营销沟通计划中应该扮演什么样的角色？如何利用直接营销
5. 供应链策略	• 我们如何又快又好地向我们的消费者提供产品 • 如果有选择，我们应该与哪些类型的零售商合作来销售我们的产品 • 我们如何整合供应链中的各要素以最大限度地提高为客户和投资人提供的价值
D. 实施和控制营销计划 1. 行动计划（适用于所有营销计划）	• 我们如何实施营销计划
2. 责任	• 营销计划的各个方面由谁负责完成
3. 时间线	• 营销计划的各个部分的执行时间是什么时候
4. 预算	• 我们需要多少预算来完成营销目标
5. 衡量与控制	• 我们如何衡量营销计划的实际表现？如何将其与计划预期表现和营销目标进展情况进行比较

仔细想想，毫无计划一头扎入营销游戏之中有没有问题？我们为什么要花时间进行计划？虽然凭直觉办事这个想法十分诱人，但事实是，计划行事往往创造巨大的价值。仅凭运气和努力的公司无法实现长远发展，而制订计划能让公司不仅了解市场和市场变化，还能了解竞争对手。如果企业的合作伙伴参与讨论计划，他们之间的沟通能力和活动协调能力还可以大大提高。在计划中，企业需要协商设定一致的目标，从而增加实现目标的可能性。此外，管理者能根据计划中各事项的优先顺序更合理地分配企业的有限资源。也许更重要的一点是，计划能够明确指出怎样算是成功，有了成功这一层定义，我们就可以衡量结果的成败，并根据衡量的结果来指导未来的规划工作。

如今，企业在营销计划中融入大量社会化媒体元素的做法越来越普遍。每年，《社会化媒体营销行业报告》（Social Media Marketing Industry Report）会公布全球 B2B 和 B2C 营销人员利用社会化媒体进行营销的数据。最新的报告显示，90% 的营销人员认为社会化媒体对其营销活动非常重要。[1] 不管是大企业还是小公司，也不论是 B2B 企业还是 B2C 企业，它们大都意识到应该把社会化媒体纳入其营销计划中。据《2016 年社会化媒体营销行业报告》（2016 Social Media Marketing Industry Report）显示，81% 的企业在营销计划中融入了社会化媒体元素。虽然大多数公司利用社会化媒体是为了推广品牌和扩大需求，但事实上社会化媒体营销对于客户服务交流管理和市场调研也很有价值。未来几年，社会化媒体营销将继续保持上升趋势。

将社会化媒体营销纳入品牌营销计划是合乎情理的。对于营销人员来说，社会化媒体营销应用广泛。首先，社会化媒体作为传播工具，可以帮助企业建立口碑并通过媒体传播。其次，它可以高效地向消费者发放优惠券和提供其他特殊促销优惠活动。社交平台还可以成为竞赛和抽奖活动的主要场所，然后企业利用这些平台收集数据、建立数据库以挖掘潜在的销售客户。最后，社会化媒体也是管理客户服务关系和进行新产品研发的有效渠道。

由于社会化媒体的创意应用是独一无二的，所以我们会像广告策划（又称整合营销传播（IMC）或马科姆营销计划（Marcom market plan））详细说明品牌营销计划（传统）促销部分的执行情况那样，提供社会化媒体营销策略细节制定的方法。在社会化媒体营销的早期阶段，许多营销策划都是针对某一特定的活动单独制定的，因此这些活动并未完全融入品牌宣传之中。如今，社会化媒体营销活动可以独当一面，或者说可以完全融入马科姆营销计划中。我们将从策划单独的营销活动的角度出发，对营销策划的样本进行简单研究。表 4-2 展示了社会化媒体营销计划的结构。首先，我们研究社会化媒体营销计划的战略制定，其次讨论其制定步骤，最后探讨企业在营销计划执行准备过程中可采取的结构化方法。

社会化媒体营销成熟阶段

如果你关注行业动态，你就会发现每个品牌都有自己的社会化媒体策略，它们似乎每天都会开展融入社会化媒体元素的新营销活动。随着大大小小的企业涌入 Twitter 和 Facebook，我们在广告、店面和名片上随处能看到"关注我"的字样以吸引人们的关注。

表 4-2　社会化媒体营销计划大纲

Ⅰ 分析现状，识别关键机会

- 内部环境

    1. 整个营销计划中可以用于社会化媒体营销的活动有哪些
    2. 企业文化是什么？该文化是否支持社会化媒体透明和分散的准则
    3. 哪些资源可用于社会化媒体活动
    4. 企业内部是否为开展社会化媒体活动做好了准备

- 外部环境

    1. 我们的客户是谁？他们是否使用社会化媒体
    2. 竞争对手是谁？他们正在开展哪些社会化媒体活动？他们是如何将社会化媒体融入其营销和促销计划中的
    3. 社会、文化、法律、监管、政治、经济和科技等环境可能影响社会化媒体营销决策，这些环境的主要趋势是什么

- SWOT 分析

    1. 根据 SWOT 分析，企业的主要优势、劣势、机会和威胁是什么

Ⅱ 阐明目标

1. 企业希望通过社会化媒体营销达成什么目标（促销目标、服务目标、零售目标、研究目标）

Ⅲ 深入了解目标受众

1. 我们应该选择哪些细分市场来进行社会化媒体活动
2. 在这些细分市场的相关人口统计学、心理学和行为特征中，有哪些适用于社会化媒体营销策略的规划
3. 媒体习惯是什么？特别是细分市场的社会化媒体习惯是什么

Ⅳ 选择社会化媒体区域和社会化媒体工具

1. 社会化媒体分为四个区域，哪种区域组合最能让我们在现有资源的基础上实现目标

- 社会化社区区域策略

    （1）我们应该采取何种方式进入社交网络，建立社交关系？在社交网络中我们如何展示企业品牌？我们将在这个区域分享什么

- 社会化发布区域策略

    （1）我们需要与受众分享什么？我们能否提供充分新颖、有价值的内容来吸引关注的受众在线阅读
    （2）我们的博客应该采用何种形式
    （3）我们应该使用哪些媒体共享网站发布内容？我们如何在社会化媒体网站、自媒体网站和附属网站之间建立联系，便于搜索引擎优化我们的网站搜索

- 社会化娱乐区域策略

    （1）社会化娱乐在社会化媒体营销计划中扮演什么角色？我们是否有机会定制企业的社交游戏，或者在其他游戏中植入广告来提升品牌影响力？我们是否有机会将 MySpace 等社会化娱乐网站作为我们的娱乐场所

- 社会化商务区域策略

    （1）我们如何才能让客户进行评论和评级，从而为潜在客户提供更多的价值
    （2）我们应该在社会化媒体网站上进行零售吗？如果我们在社会化媒体上扩展了电子零售空间，之后我们应该使用哪些应用程序来提供服务
    （3）我们如何利用团购等社会化商务应用程序来增加交易量

(续)

Ⅴ 选定社会化媒体区域后制定体验策略
1. 我们如何开展社会化媒体活动来支持或者扩展现有的促销策略
2. 我们想在社会化媒体上分享什么信息
3. 我们如何激励社会化区域中的用户和企业互动
4. 我们如何激励那些在社会化网络上与企业互动的用户引导舆论,和其他用户分享自己的服务体验
5. 我们可以通过哪些方式将所选定的社会化媒体区域和其他促销工具整合在一起,共同提升企业品牌?我们是否可以在广告、商店展柜等地方植入企业社会化信息,提醒客户关注
Ⅵ 制订计划启动方案
1. 我们如何实施计划
2. 计划的各个方面分别由谁负责
3. 计划中各个部分何时实施
4. 完成目标需要多少预算
5. 我们如何确保该计划与企业的整体营销计划和促销计划一致
Ⅷ 管理和衡量
1. 我们如何衡量计划的实际表现

虽然看起来每个人都在谈论社会化媒体,但实际上,使用社会化媒体是一回事,而有一个包含社会化媒体元素的营销策略又是另外一回事。在前一种情况下,企业团队可以利用社会化媒体活动来制造一些**噱头**(stunts,一种博取关注和新闻报道的伎俩),也可以把社会化媒体活动当作**激活工具**(activation tool),辅助开展其他营销活动。例如,彩虹糖(Skittles)网站上全是彩虹糖在各个社会化媒体上的信息,这就是一种噱头,而星巴克不同,它把社会化媒体营销恰当地融入了整个营销计划中。可以看出,利用社会化媒体营销的品牌会保证所有营销传播符合公司的形象,同时它们也尝试把社会化媒体元素融入短期营销活动和马科姆营销计划开展的各个渠道之中。

随着企业社会化媒体营销的发展成熟,它们开始进行系统性计划,以确保社会化媒体营销活动符合其市场营销活动和营销传播计划,同时确保社会化媒体营销活动能够完成特定的营销目标。也就是说,随着时间的推移、经验的积累,那些起初是"试验性"的营销方式,经过企业长期考察和慎重考虑,常常会将其融入其他吸引客户的营销传播计划之中。

然而,目前许多利用社会化媒体营销策略的营销人员还未达到如此成熟的阶段。一项针对欧洲和北美营销人员的重要研究发现,受访者在社会化媒体利用方面和将社会化媒体与其他营销活动相结合的程度上存在巨大差异。在社会化媒体使用方面,许多营销人员还像婴儿蹒跚学步那样停留在试验性阶段(如在Facebook上创建一个网页),并未把社会化媒体当作营销策略的基本组成部分。[2] 公司都渴望从社会化媒体中获益,但它们之中还有许多仍处于探索阶段,正在探究如何才能脱颖而出,帮助企业实现目标。总体来说,社会化媒体营销包括三个阶段:试验阶段、过渡阶段和战略阶段。公司可以根据其社会化媒体营销的成熟程度来判断自己处于哪个阶段。

1. 试验阶段

试验阶段（trial phase）是社会化媒体营销的第一阶段。处于该阶段的企业在社会化媒体平台上尝试开展营销活动，但它们并没有真正考虑到社会化媒体如何在整体营销计划中发挥作用。在该阶段的早期，大多数公司团体把重点放在新沟通形式的学习和对社会化媒体平台的探索上。

早期的社会化媒体尝试活动其实并非坏事。也就是说，公司需要在沙盘上试验，尤其是在早期阶段，试验活动是必要的。通过试验，公司可以集思广益，思考社会化媒体的利用方法，探索在这个崭新世界里成功的秘诀。然而，试验阶段存在的问题是许多公司并未认识到这个阶段是一个有着多级过程的探索阶段。相反，它们单刀直入，只关注那些酷炫的新交流方式。你是不是觉得这种情况不太可能发生？《2016年社会化媒体营销行业报告》显示，41%的营销人员使用社会化媒体的时间不到两年。

示例 4-1

社会化媒体营销的过渡阶段

英国航空公司（British Airways）是处在社会化媒体营销过渡阶段的典型案例。该公司虽然把 Twitter 作为品牌宣传的平台和服务客户的渠道，但它并不会在 Twitter 上处理乘客的投诉问题。一名乘坐英国航空公司航班的旅客在途中丢失了行李，对此他很失望，就在 Twitter 上（账号为 @hvsvn）发布了一条"推文"（一种付费社会化媒体工具），表示英国航空公司的服务很糟糕，建议人们不要乘坐其航班。英国航空公司8小时都没有对此做出回应。之后，英国航空公司发推文说，客户服务时间是标准营业时间——从上午9点到下午5点，并要求客户直接把行李信息发给他们。你觉得他们的做法怎么样？你要知道，Twitter 提供 7×24 小时全天候服务（即每周7天，每天24小时），所以品牌公司只靠一天8小时的投入是不够的。[4] 此外，若涉及社交平台上有影响力的人物，类似事件的负面影响还可能会被放大。我们认为品牌公司与有影响力的人合作可以进一步传播正面消息，塑造正面形象，但是如果影响者的体验不愉快，他们的抱怨也会传播开来。英国航空公司在一次惨痛的教训中学到了这一点。有一次，由于电脑故障，数千名乘客滞留在希思罗机场，但英国航空公司没有为这些乘客提供帮助。电视明星菲利普·斯科菲尔德（Phillip Schofield）就拍了一张自拍照，记录下这混乱拥挤的一幕，之后在 Instagram 和 Twitter 上发布了该自拍照，并在 Twitter 上配文"史诗般的咆哮"，@了英国航空公司（@britishairways）。[5] 事实上，许多其他乘客也在社会化媒体上对英国航空公司进行了投诉，但由于斯科菲尔德拥有数百万的粉丝，所以他的照片产生的影响更大。

Chris Parypa Photography/Shutterstock.com

2. 过渡阶段

随着企业在社会化媒体营销方面的成熟，它们逐渐进入**过渡阶段**（transition phase）。在这个阶段，企业仍以随机或者任意的方式开展社会化媒体活动，但它们已经开始系统地策划社会化媒体活动。企业虽然可能还没有完全形成社会化媒体营销的战略方针，但已逐步走上正轨。例如，企业可能会建立社会化媒体档案并定期使用，但在开展过程中可能仍然会出现错误。常见的一种方法就是在社会化网络上按时自动发送帖子，自动回复评论。也就是说，Twitter 或 Facebook 等社交媒体上的一些回复帖是程序事先编辑好的。在社会化媒体这个行业里，自动回复功能对于工作流程管理来说非常有用，但用户认为自动回复带有欺骗性，称这种做法为**社会化媒体僵尸**（social media zombies）。事实上，自动回复可以帮助企业积极回应顾客，所以就其本身而言，这并不坏，但是过度使用或者无效使用自动回复，用户就会察觉，然后逐渐变得反感。

3. 战略阶段

当企业进入最后的战略阶段时，它们会通过正式的流程来规划社会化媒体营销活动，制定明确的目标和衡量指标。如今，社会化媒体已被纳入整体营销计划中并成为其中的关键组成部分。虽然对社会化媒体营销进行战略部署需要一定的时间，但这么做确实会带来好处。营销人员表示，社会化媒体营销提高了品牌曝光度，产生了品牌态度，甚至增加了销售额。当然，即使是那些有着丰富的社会化媒体营销经验的营销人员，要做到上面几点也不容易——有 40% 的营销人员认为现在的社会化媒体营销比过去困难得多。[6] 目前，像计算营销活动的投资回报率和衡量社会化媒体环境的流动性等挑战无处不在。

● **批判性反思**

在我们当中的聊天机器人

聊天机器人是在社会化媒体网络中运行的算法程序，能为营销人员和消费者提供潜在的价值。例如，聊天机器人可以给出建议、提供信息、刺激消费，并能模仿人类和消费者进行对话交流，其模拟的真实程度让人惊讶。自动回复功能提高了营销人员的工作效率。其实，我们很多人都接触过聊天机器人，像即时聊天软件 Facebook Messenger、微信等社交渠道就有数千个聊天机器人。一些聊天机器人会带有明确的标签，尤其是像 Facebook Messenger 上 TripAdvisor 这样的品牌应用程序。一项关于消费者对聊天机器人的态度的研究表明，人们愿意使用聊天机器人，但他们希望聊天机器人能提供更加准确的信息，同时他们也希望采取信息安全保护措施，防止聊天机器人访问的信用卡数据和其他个人信息泄露。[7]

以上还不是聊天机器人的全部内容。有些机器人可以进行伪装，对于普通的社会化媒体用户来说，它们似乎就是真人。事实上，有 30% 的人无法识别社交网络上的真实用户和聊天机器人。[8] 那么聊天机器人的风险是什么？聊天机器人会影响认知、情感、信息传递，造成各种麻烦。[9] 简单举个例子，Twitter 上很多用户都关注了巴拉克·奥巴马（Barack Obama），他因此广受好评，但据估计，关注奥巴马的人中有 50% 以上都是聊天机器人。

聊天机器人可以发送垃圾邮件、伪造优惠活动、通过恶意软件发送邮件等。骗子们对这些操作十分在行。安全研究公司 Cloudmark 就记录了一种名为 "TextGirlie" 的调情机器人兴起的全过程。TextGirlie 从社会化媒体档案中获取受害者的姓名和电话号码之后向受害者发送私人消息，邀请他们在网络聊天室中继续聊天。之后，TextGirlie 会和受害者进行暧昧聊天，然后让受害者点击链接，进入成人约会网站或者视频聊天网站。聊天机器人还可以通过编程发布虚假信息来控制舆论。这种现象叫作"伪草根营销"，即大量看似真实的群众意见实际上是一群机器人制造出来的。[10] "伪草根营销"会造成严重的社会影响，所以美国国防部开发了一个名为 BotOrNot 的应用程序，这个程序可以确定 Twitter 账户是否由聊天机器人运行。该应用程序主要根据账户的活动情况和推文内容进行预测分析，判断账户是人在运行还是聊天机器人在操作。Twitter 上确实存在着聊天机器人的威胁——据估计，有 15% 的 Twitter 账户实际上是聊天机器人在操作。除去这些账户，Twitter 大约只有 5 000 万名用户。虽然这些账户是由机器人操作的，但其实它们在网络上十分忙碌活跃。一项研究发现，超过 60% 的互联网流量实际上是由机器人产生的。理查德·华莱士（Richard Wallace）发明创造了用于客户服务和其他营销活动的机器人，他解释说，真实度最高的机器人可以说服大众，让他们相信自己就是人类。Twitter 等社交网络都有检测系统来识别僵尸账号，但这些系统目前无法识别那些设计精良的机器人。某研究团队发现，只要这些机器人看起来像真正的 Twitter 用户那样活动，它们就能轻而易举地渗入 Twitter。该团队创建了 120 个网络账户并确保每个账户都有简介，简介上还附上图片和性别等个人说明，这些简历的真实度足以让人信服。一个月后，他们发现几乎 70% 的机器人未被 Twitter 上的机器人检测系统识别出来。更重要的是，这些机器人通过预编程和其他用户互动，迅速吸引了数千个账户关注。

机器人还存在另一个问题？作为人工智能程序，机器人能从周围的环境和互动中学习，这是机器人的一个优势，但也存在风险。就像微软机器人 Tay 那样，聊天机器人容易被那些爱钻空子的邪恶分子操纵学习。Tay 是一个为 Twitter 创建的对话机器人，她可以在对话中进行学习，然后学以致用。邪恶分子就利用这一点，开始和 Tay 进行消极对话，让她充满种族歧视，变得愚昧无知，甚至残忍无情。短短一天之内，Tay 就发布了许多攻击性的帖子，微软因此关闭了该程序。

4.2 社会化媒体竞赛：战略规划过程

企业度过社会化媒体营销的试验阶段和过渡阶段之后，开始制订社会化媒体战略计划并在这些计划中融入不同的社会化媒体元素，将其作为实现营销目标的渠道。如表 4-2 所示，该规划过程由以下步骤组成。

- 分析现状，识别关键机会。
- 阐明目标。

- 深入了解目标受众，瞄准社会消费者群体。
- 选择社会化媒体区域和社会化媒体工具。
- 选定社会化媒体区域后制定体验策略。
- 制订计划启动方案（如有需要，可利用其他促销工具）。
- 执行方案和衡量结果。

4.2.1 现状分析

社会化媒体计划制订的第一步与传统战略计划的步骤大致相同——研究和评估环境。一项规划良好的社会化媒体方案应先从行业情况、竞争对手、产品类别和消费者市场方面着手研究。研究报告出来后，战略规划人员可根据实际情况分析报告数据，对研究结果进行解读。

现状分析详细列出了企业当前面对的机遇和挑战。分析时通常涉及社会化媒体审核，在审核过程中企业不仅要确保营销人员知道必要的营销标准，还要保证整个团队都了解企业在社会化媒体上的营销体验。审核主要是评估企业过去的社会化媒体活动，包括企业简介是否符合企业形象、活动频率、活动类型、响应度、参与度和其他有效对策。用于审核社会化媒体活动的免费工具有 LikeAlyzer、Fan Page Karma 和 AgoraPulse。当然，你也可以使用 Sprout Social、Sysomos 等公司提供的付费软件。图 4-1 展示了社会化媒体审核的运行模板。

此外，对企业的 SWOT 分析进行回顾可以突出那些影响企业选择、能力和资源的内部环境和外部环境。SWOT 指的是企业在制定战略时应考虑的优势、劣势、机会和威胁。内部环境是指组织的优势和劣势——企业内部的可控因素，这些因素影响着企业运作的好坏。外部环境由企业外部元素组成——企业的机会和威胁，这些因素可能影响企业的选择和能力。内部环境在很大程度上是可以控制的，但外部环境不同，企业无法直接掌控，所以管理层必须事先做好计划以应对外部环境的变化。

外部环境的一个关键方面是企业竞争。社会化媒体营销规划必须分析竞争对手的社会化媒体活动以及目标市场对这些活动的体验反应。该分析过程与社会化媒体审核大致相同，只是它把焦点放在竞争对手上。企业可以利用内部系统或者 RivalMap（www.rivalmap.com）等云服务（cloud service）来管理竞争对手信息以及监控新闻和社会化活动。在 RivalMap 上，企业只需支付少量费用就可以搜索到竞争对手网络上的新闻和活动信息。图 4-2 展示了社会化媒体竞争的分析样例。若想详细了解，请参阅 Infegy 报告的《品牌分析：可口可乐对阵百事可乐》（*Brand Analysis：Coca-Cola versus Pepsi*），该报告评估了社会化媒体的有效性和企业在社会化媒体上的活动。[12] 对竞争对手进行社会化媒体分析时应回答以下问题。

- 竞争对手活跃于哪些社会化媒体渠道？他们常使用哪些社会化媒体工具？
- 竞争对手在这些社会化媒体渠道中如何展现企业形象？他们又如何利用社会化媒体工具？该过程应分析竞争对手的企业资料、信息、公司氛围和活动。
- 竞争对手的粉丝和追随者是谁？他们对于该企业的社会化活动有什么反应？

	社会化媒体审核	
	• 我们得到了多少个赞 • 我们多久发一次帖子 • 我们的推送组合和吸引组合是什么 • 我们使用什么类型的媒体 • 我们的Facebook上是否有本企业的网站链接 • 我们有没有更新封面和企业资料	• 我们回复评论吗 • 我们有评分系统吗？有的话是什么 • 我们的社会化媒体发言如何 • 我们的网页和图片得到的评论通常是什么 • 我们分享文章吗？多久分享一次
	• 有多少人关注了我们 • 我们发帖时采取哪种形式（如文字、图片、视频等） • 我们发帖时使用什么标签 • 我们的账户资料中有公司网站的链接吗 • 我们的社会化媒体发言如何	• 我们关注了谁 • 我们回复评论吗 • 我们发布的照片收到了什么评论 • 我们的推送组合和吸引组合是什么
	• 有多少人关注了我们 • 我们发帖时采取哪种形式（如文字、图片、视频等） • 我们的社会化媒体发言如何 • 我们有谷歌的业务清单吗 • 我们的简介里有公司网站的链接吗	• 我们回复评论吗 • 我们的推送组合和吸引组合是什么
	• 我们发布什么内容的帖子 • 消费者看了这些帖子后会访问我们的网站吗 • 我们的推送组合和吸引组合是什么？我们和用户互动吗 • 我们经常分享公司的故事吗	• 我们公司的故事塑造了什么样的企业声音或形象
	• 我们使用YouTube吗 • 我们发布什么内容的视频 • 这些视频是通过我们的其他社交渠道分享吗 • 有多少用户关注我们 • 大家对我们发布的视频有什么评论	• 我们回复评论吗 • 我们的简介里有公司网站的链接吗 • 我们的视频平均收到多少个赞 • 每个视频的平均观看次数是多少

图 4-1　社会化媒体审核模板

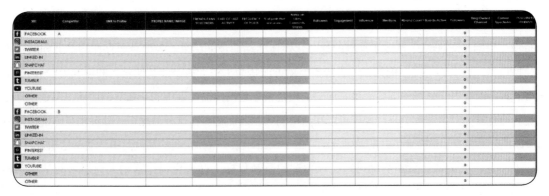

图 4-2　社会化媒体竞争分析样例

除了要回答以上问题外，还有重要的一点是营销人员应该有能力解决多种问题，抓住各种机会。在这里，虽然我们关注的是企业对社会化媒体的使用，但规划人员仍应问问自己这个问题：

"考虑到目前的情况和问题，社会化媒体营销适合我们企业发展吗？"尤其那些还处于试验阶段的企业更应该先回答这个问题，因为它们很容易被社会化媒体的"噱头"所吸引，从而导致即使在其他传统的营销策略更有效的情况下，他们仍想采取社会化媒体营销。所以，请注意：虽然社会化媒体常常为营销问题提供有效的解决方案，但不要盲目使用。

为了了解战略规划过程在早期阶段的实际运作，我们回到之前本田公司的案例。本田公司的社会化媒体 SWOT 分析结果如表 4-3 所示。本田将社会化媒体纳入公司及其旗下品牌（如 CRV、Civic、Ridgeline）的营销计划中，使社会化媒体营销成为马科姆营销的一部分。本田会结合 Twitter、Instagram、YouTube、Pinterest 和汤博乐等社交媒体工具，根据不同品牌的特点单独制订社会化媒体营销计划。虽然本田是世界上最知名的品牌之一，在《福布斯》最具价值品牌排行榜上排名第 20 位，还赢得了最值得信赖的汽车品牌奖、最佳品牌奖和最佳整体品牌奖，但是它仍面临着线上和线下的激烈竞争。

表 4-3 本田公司社会化媒体 SWOT 分析

优势：	劣势：
• 忠实的顾客	• 难以在竞争激烈的市场中脱颖而出
• 品牌资产雄厚	• 产品召回损坏了其声誉
• 偿付能力强	• 品牌老派影响声誉
• 产品优质	
• 各种媒体的广泛新闻报道	
• 营销传播的资金充足	
机会：	威胁：
• 社会化媒体渠道成本效益好	• 面临丰田等强大品牌的竞争
• 与事业和生活激情息息相关	• 出于经济考虑，减少高价收购
• 社会娱乐活动和商业机会增多	• 面临天然气的消耗和污染等环境问题

4.2.2　确定社会化媒体营销目标和制定预算

在这一阶段，规划人员详细阐述社会化媒体活动的预期目标以及实现这些目标所需的资金和人力资源。**目标**（objective）阐述了计划的社会化媒体活动的预期结果。各个企业存在的状况和问题不同，所以目标也会不一样。例如，一项营销活动可能是为了扩大该企业其他营销的影响力而开展的。比如，该企业举办了一场演唱会。虽然演唱会只是整个营销传播计划中的一项营销活动，但企业知道利用社会化媒体对该演唱会进行推广可以在活动前后制造话题。在这种情况下，社会化媒体营销的目标（即让目标客户知道企业举办的营销活动并留下深刻印象）就和企业的其他营销活动息息相关。

基本上，我们认为营销活动可以实现预期的营销目标。社会化媒体营销人员追求的基本营销目标有哪些？其中一些重要的营销目标如下。

- 提高品牌知名度。
- 提高品牌（或产品）的口碑。
- 增加网站访问量。

- 加大公关力度。
- 提高企业在搜索引擎上的排名。
- 提高客户服务的品质认知度。
- 挖掘潜在客户。
- 降低客户购置成本和维护费用。
- 增加销售量（销售收入）。

在这一规划阶段，企业要注重采取合适的方式阐述营销目标，以帮助规划人员在计划过程中做出其他决定，同时方便他们在营销活动中具体衡量目标完成情况。一个清晰明了、操作性强的目标具备以下特征。

- 具体明确（是什么、涉及谁、什么时候、在哪里）。
- 可衡量。
- 指出目标的预期变化（即偏离基准情况）。
- 包含时间线。
- 目标前后一致，符合现实情况。

下面我们来看一个具有操作性的目标方案。某企业决定到第三季度末，通过增加社会化商务的分享功能，使顾客在网站浏览的时间增加一倍（即将每位顾客访问网站的时间从5分钟增加到10分钟）。企业在表述目标时应阐明自己在营销过程中希望达成的各个小目标（见图4-3），并注意每个目标都应具体化、可衡量、符合现实以及设置时限。虽然我们不知道本田的具体目标是什么，但我们可以猜测本田的目标是在流行的社交网络上发布引人注目的内容以吸引用户关注，在社交区域建立粉丝群，建立品牌资产并提高品牌意识。

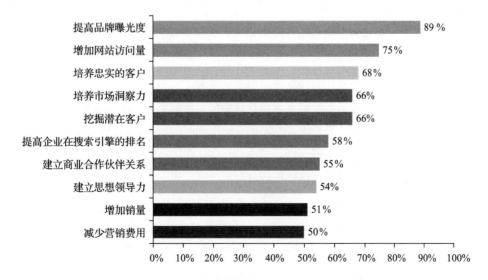

图4-3　营销者使用社会化媒体的目标

资料来源：Stelzner，*2016 Social Media Marketing Industry Report*，p.17.
Reproduced with kind permission of the Social Media Examiner.

资源是企业的另一关注点。你是否听过这种说法——社会化媒体营销的主要好处就是它是免费的？如果企业经理与代理商合作规划传统广告活动，那么他们在媒体上投入的成本似乎是非常大的。从这一点出发进行比较，大家就明白为什么很多人把社会化媒体营销当作是广告的免费替代方案。然而大家要清楚，不是说企业加入了社会化网络就能获得免费的社会化媒体营销。社会化媒体本身就需要付费，除此之外，它还有其他相关方面的支出。当然，和全国电视广告相比，社会化媒体的费用自然要低得多。沙琳·李是一位顶尖的社会化媒体规划专家，他曾说："社会化媒体是以媒体成本换劳动力成本。"

李的这句话是什么意思呢？从媒体成本的角度看，企业在社交网络上和消费者进行的互动很大程度上是免费的，但我们不能因此而忽视其他成本。企业和消费者互动的内容需要构思、分享和管理，而这些工作需要投入时间和金钱。我们在一些社会化媒体渠道上构建社会化媒体框架也需要投入研发费用（包括内部研发和与代理商合作），如定制个性化企业简介、开发社会化游戏、研发品牌应用程序和微件、制作微型网站。目前，企业也越来越难实现高的自然触及人数。因此，越来越多的企业在 SNS 上做广告。所以说，天下没有免费的午餐。[13]

迄今为止，大多数企业分配给社会化媒体营销的预算只有一小部分，估计还不到 10%，但在未来 5 年内预算可能会翻倍。这笔预算会花在什么地方呢？首先，企业要安排员工对营销内容进行管理，确保他们有时间构思、发博客、监控社会化渠道以及支付社会化广告费用。正如第 1 章所讲的，社会化媒体经理的职位就和品牌经理一样越来越常见，他们主要负责内部监督、管理和支持社会化媒体策略。现在大多数企业都有一个专门的社会化媒体营销团队，但 80% 的团队的成员不到 4 个人。[14] 其中的主要角色包括社会化媒体规划人员、社会化区域经理、社会化媒体分析人员和社会化媒体助理。另外，企业可能会为软件购买和相关服务分配预算，以管理社会化媒体账号、管理有关项目、分析活动有效性、自动高效执行任务、托管活动内容、监控社交对话和收集数据以及加快营销内容构思。社会化媒体经理还可以与代理商以及其他供应商（或团队）合作，把企业其他马科姆计划、技术知识和测量方法融入社会化媒体营销中，以补充企业的社会化媒体营销方案。

和其他业务活动一样，预算对社会化媒体营销非常重要——如果没有资金支持，企业无法启动营销活动，也无法维持活动。那么，分配多少预算合适呢？一般来说，社会化媒体营销的预算从几百美元到几十万美元不等。例如，有报道称本田把有线电视网络通信的预算分配给了社会化媒体营销，为其社会化娱乐活动提供资金支持。许多企业把社会化媒体营销的预算纳入广告花费中，具体数额就由内部规划人员根据几种公式按比例进行分配。这种广告支出比例法就是把企业总的广告预算的一部分分配给社会化媒体营销活动。还有些企业会把网络营销资金分配给社会化媒体。

除此之外，企业还会用其他两种方法来制定社会化媒体营销的预算。一是竞争看齐法，即企业将其竞争对手的预算作为参考基准。与广告的声音份额类似，竞争看齐法认为在社会化媒体营销上投入与竞争对手相同或者比竞争对手更多的资金会改变其品牌受到的关注度。但需要注意的是，就广告来说，企业只要购买更多的广告时间就可以提高其声音份额，而社会化媒体所指的声音份额不太一样，它还包含他人对其品牌的讨论评价。

就社会化媒体营销来说，不同方式和不同平台的营销成本差别很大。有时即便投入了大量资金，企业也无法在网络上广泛形成口碑，其发布的内容也不会被大量转载分享或者快速传播。由社会化媒体营销产生的声音份额的大小一部分取决于粉丝和朋友在自己的网络空间上分享信息的程度。第二种方法是目标任务法，这种方法考虑的是营销活动所设定的目标，确定好完成每个目标所预计的成本。该方法以完成目标作为出发点合理制定预算。

4.2.3 建立目标社会消费者的档案

和所有营销计划一样，社会化媒体营销计划必须策划出与目标受众相关的、对他们来说有意义的营销活动。为此，企业需要建立目标受众的社会化媒体档案。在营销方案中，企业应根据人口统计学、地理特征、心理特征和产品使用特征几个方面对目标市场进行定义，然后建立目标受众的社会化媒体档案以帮助企业进一步理解目标市场。档案的内容包括市场上的社会化活动和方式，如他们的社会化媒体参与度、使用的社会化渠道、活动的社交区域以及他们在社交网络上的行为。具体可以参考第2章提到的市场细分和定位要素以及针对不同受众所采取的方法。

战略规划人员必须知道企业在社会化媒体空间中和受众交流意味着什么。核心目标受众是谁？如何描述核心目标受众中的细分市场？在社会化媒体上和谁交流？消费者属于哪个社会群体？他们如何使用社会化媒体？他们和其他的品牌如何互动？目标受众档案原先是为企业制订整体营销计划和马科姆计划而建立的，但现在这个档案也可用于了解目标市场的整体概况。

然而，除此之外，规划人员还必须了解其客户在网络社区上的互动时间和方式，以及他们所使用的设备。在建立目标受众档案时，规划人员可以描述社会化媒体用户日常的一天，可以收集受众的网络活动信息。

本田旗下不同品牌的受众档案各不相同，如本田思域和本田CRV的目标受众不同，受众档案也不一样。本田利用各个受众的特征指导其具体的社会化媒体营销活动和互动内容。

4.2.4 选择社会化媒体渠道和工具

企业一旦确定了目标受众，接下来就应该选择最合适的**社会化媒体组合**（social media mix）与受众进行互动。社会化媒体组合可选择的社会化媒体渠道和工具由社会化媒体区域所决定。与传统的营销组合类似，社会化媒体组合是营销策略中用来实现企业营销目标的社会化媒体工具组合。

社会化媒体组合的选择根据我们之前讨论的四个区域（即社会化社区、社会化发布、社会化娱乐和社会化商务）的关系来决定。每个区域都有许多具体的社会化媒体工具，这些工具可能是与某些受众进行互动的最佳渠道。例如，某一目标受众中包含大学生群体，为了实现期望的营销目标并满足该受众的社会化媒体模式要求，规划人员可能会选择社交网络、社会化发布和社交游戏来开展社会化媒体营销活动，媒体工具就可能包括Facebook、YouTube和Flickr。至于社会化发布，企业可以利用企业博客以及文档共享网站（如Scribd）来开展社会化媒体营销活动。企业还可以利用社会化娱乐区域中的流行游戏、音乐和视频进行营销宣传。在这一规划阶段，企业还可以思考营销活动如何获得媒体的免费报道，如何综合利用付费媒体和自有媒体。

> **示例 4-2**
>
> **本田邀请粉丝设计特技车道的体验战略**
>
> 　　为了宣传其最新款汽车思域 Coupe，本田在 Instagram 上开展了**用户原创内容**（user generated content，UGC）比赛的营销活动。本田根据 Instagram 用户的个人资料确定思域的目标受众，之后举办 UGC 活动并激励受众参与其中。那么用户的参与体验是什么？粉丝用户可以参与世界上首个大众设计的特技车道——"梦之道"（Dream Track）。¹⁵ 这个车道到处都是障碍物，有的像保龄球，有的类似弹球，还有的居然是甜甜圈形状的。本田世界各地的粉丝对障碍物的形状积极提出想法和建议，讨论达到了顶峰。粉丝可以通过 Facebook、Twitter 和 Instagram 说出自己对特技车道设计的想法，本田若是采纳就会回复粉丝并在官网账号上公布。"梦之道"一完工，本田就马上拍摄了一些照片和视频上传到 Instagram，在照片和视频中专业特技车手驾驶着思域汽车在"梦之道"上奔驰，展现了思域的超凡性能。该活动的概念符合本田的马科姆计划，即"梦想的力量"，同时大大吸引了思域目标受众的目光。"梦之道"不仅仅是选择合适的社交工具让目标受众参与体验的活动，它还要进行产品宣传和推广。如果粉丝参与该活动并贡献了自己的想法，他们就很可能会和朋友分享这个活动。
>
>
>
> Reproduced by permission of American Honda Motor Co., Inc.

　　本田涉及多个社会化媒体区域，因此利用了多种社会化媒体工具。社会化媒体区域和工具的选择主要取决于营销目标的本质、受众的特点以及如何把企业的体验战略融入生活。本田的社会化区域活动总结如图 4-4 所示。

4.2.5　制定体验策略

　　如果我们计划进行一项广告活动，那么下一步要做的就是确定有创意的信息策略。信息策略指的是我们在整个活动过程中所采用的创新性方法，主要来自企业的市场定位声明——一份表明企业希望其品牌在目标受众心中所占地位的书面声明，该定位声明简要抓住了品牌的核心以及赞助商对品牌发展的期望。由于社会化媒体活动、营销活动的计划和执行始终需要符合企业所期望的信息，所以在准备社会化媒体营销计划时有必要查看企业的定位声明。

图 4-4　本田的社会化媒体营销区域

你能根据以下市场定位确定它是哪个企业吗？ [16]

（1）个性化个人电脑。

（2）万物互联。

（3）轻轻一点即可掌控全球信息。

（4）个人视频传播网络。

答案：（1）苹果；（2）思科；（3）谷歌；（4）YouTube。

信息策略还应有助于实现营销活动的目标。在信息策略的规划过程中，企业首先列出一份把品牌创意转化为实际方案的创意大纲文件，再根据大纲制定信息策略。社会化媒体营销活动的规划设计过程与此类似，即规划人员先建一份简要大纲，再根据大纲指导组织的营销活动。但是由于社会化媒体和传统媒体不同，社会化媒体关注的是用户的互动体验、社交分享以及参与，所以两者的大纲在结构和命名上会有所不同。有些规划人员把社会化媒体营销活动的大纲称为体验大纲。

网站开发人员认为自己设计的网站架构、图像、副本等网站特征会直接影响用户的使用体验，所以他们提出了体验大纲这个概念。战略规划师格里芬·法利（Griffin Farley）则给出了另一个名称，他把社会化媒体营销的规划文件称为传播大纲。[17] 他解释说，传播大纲计划指的不是由企业自己吸引顾客，而是靠顾客传播宣传，换句话说就是靠顾客吸引更多的顾客。传统广告将所有观众视为目标受众，向其传递信息时观众只能被动接受。社会化媒体则邀请有影响力的人进行交互体验，然后由他们分享该品牌的信息并邀请他人参与体验。

研究人员将**品牌体验**（brand experience）定义为消费者与品牌互动时的感官感觉、心理感受、想法和行为，互动过程包括消费者接触品牌信息、进行购物和接受品牌服务以及产品消费。[18] 品牌体验的四个维度是体验设计的重要元素。

- 为了触发感官维度，体验应该调动消费者的感官，尤其是视觉。
- 为了唤起情感维度，体验应该触动消费者的感情。
- 为了激活行为维度，体验应该刺激消费者采取实际行动。
- 为了刺激认知维度，体验应该激发消费者的好奇心和解决问题的认知动机。

根据品牌体验维度的要求，社会化媒体营销策略应利用视频、有创意的感性诉求（如幽默、内疚、怀旧、恐惧）和互动等视觉元素。但令人惊讶的是，研究表明，品牌在社会化媒体营销中对功能性信息的关注远远超过了情感信息。在一项针对利用社会化媒体营销的顶级品牌的研究中，近90%的研究品牌发布功能性信息，而只有57%的研究品牌进行互动，43%的品牌采取情感诉求。该研究也发现，情感诉求和互动对消费者的参与度有正面的影响，而功能诉求不会产生任何影响。

为了制定出值得消费者参与和分享的社会化体验，社会化媒体规划人员应提出并回答以下几个问题，[20] 然后根据答案制定体验大纲。

- 营销活动的目标和传播的任务是什么？设定活动目标之后确定可以采用社会化媒体来完成该目标的可能性。在这一步，规划人员重新回顾有关营销活动的决定，简要概述活动目标。
- 品牌如何定位？该定位在市场上有何独特之处？就像传统的创意大纲那样，所有社会化媒体营销活动都应该利用品牌的定位策略建立品牌优势。
- 目标受众是谁？你之前已经建立了目标受众档案，现在想想你希望他们做什么。你希望他们和品牌对话吗？想他们创建和分享品牌内容吗？还是想他们在个人社交网络中传播品牌信息呢？他们将在哪些设备上与你的品牌进行互动（如iPad、手机、电脑）？你能提供什么有价值的东西来换取他们的合作？
- 是否有另外一群人能够说服目标受众跟随他们？有的话，这群人就是你们品牌的影响者——他们可以传播你们的品牌信息，但这群人凭什么向他人分享你品牌的信息呢？他们能从中获得什么利益？
- 现有的**创意资产**（creative assets）是什么？如何利用品牌的创意资产制定社交体验？大多数品牌现在已经拥有一些能够推动其付费媒体和自有媒体活动开展的创意资产，其中包括流行的知名角色代言人。GEICO 公司的商标——壁虎就是这样的创意资产，壁虎是 GEICO 在传统广告中创造的形象，所以它也可以把这个形象应用到社会化媒体之中，这样公司就可以在混乱的竞争信息中脱颖而出，抢先一步得到消费者的认可。规划人员应该列出现有的创意资产，然后确定自己还需要哪些资产来推广品牌故事。在社会化媒体营销中如何利用现有的创意资产？

- 如何把营销活动和企业使用的其他社会化媒体整合在一起？整合需要多久？这个问题涉及如何把营销活动和企业的付费媒体与自有媒体完美地整合在一起。
- 根据目标市场的需求和动机、现有渠道和创意资产，有哪些体验是可行的？如何设计这些体验才能让受众的多媒体设备最易携带、最易访问？社会化媒体营销活动使用的创意资产应激发受众的行为、促进互动。这些问题回答了利用多媒体设备可以为目标受众提供哪些值得他们在网络上分享的活动。
- 需要发布什么？社会化媒体为内容驱动型，所以要考虑与该营销活动有关的内容。内容的来源是什么？该内容是评论、问题调查、视频、图片、故事还是应用程序？
- 体验活动如何在社会化渠道中分享、传播？例如，用户的活动体验会自动发布到动态更新栏中吗（如特蕾西在 Songpop 社交游戏上创建了本田的游戏播放列表）？

规划人员首先完成探究任务，制定好大纲，向创意团队提供"必知"事项，之后创意团队才能进入构思阶段或者叫作概念形成阶段。探究指企业规划过程中的调研阶段。规划人员可能会依赖第一手资料研究和第二手资料研究去发现那些对创意团队有用的信息。这些信息会在大纲中列出并交给创意团队，然后创意团队集思广益，为营销活动构思出可行的概念方案，之后选择方案并进行进一步的设计完善，最终建立原型或者实体模型。以上产生的初步成果可以用于内部评审、可用性测试等其他预测试。

品牌在社交空间开始进行互动时，如何展现品牌的社会形象是企业应做出的一项关键决定。规划人员会据此决定品牌在社交网络中的行为方式、说话方式和语气，甚至决定品牌在社交空间中与消费者互动的程度。因此，这些决策应该符合品牌在市场上的定位。在品牌形象的介绍和塑造上，企业有几种不同的创意方案可以选择。例如，它们可以把品牌拟人化（如 GEICO 保险公司的壁虎），对客户言听计从并像管家那样服务客户（如戴尔），为客户提供功能价值、信息价值或者娱乐价值（如耐克）。在本田案例中，其品牌定位是实体企业。

另外，品牌社会形象的构成要素可能会各不相同。美捷步等品牌利用社交网络中不同员工的声音塑造形象，所以美捷步网络零售商的形象就是员工形象的总和。还有一些企业会选择一个人代表其品牌，即由一个人负责整个品牌的社会声誉。此外，企业还可以选择吉祥物代表其品牌形象，如 Travelocity 公司的漫游小矮人（Roaming Gnome）。有些企业可能会把自己的形象塑造成有趣、幽默的思想领袖和朋友。品牌的社会形象没有对错之分——它最终是品牌的定位在社会上的体现，应该和品牌在其他地方的定位保持一致。

示例 4-3

本田：社会化媒体上闪耀的品牌个性

本田的品牌个性体现在本田在社会化媒体上的风趣和幽默。本田活跃于第一个社会化媒体区域——社会化社区，在该区域中本田除了与其粉丝进行互动之外，还和其他知名品牌在 Twitter 上对话。本田幽默地调侃了 15 个强势品牌来吸引它们的关注和参与，以便与其进行对话和互动。比如本田在 Twitter 上发给奥利奥的消息。多么聪明的互动！本田发的这条推文既机智有趣，又和奥利奥相关。车主在开车途中都会吃点零食，但吃完后看到掉了一地的碎屑都会觉得烦对吧？另外，因为本田在 Twitter 上拥有大量活跃的粉丝群，所以本田不用花一分钱请有影响力的人宣传就能吸引大量受众。

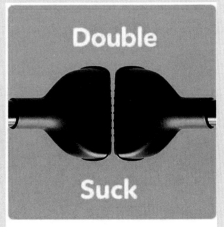

4.2.6 与其他营销活动结合，制订激活计划

传统的媒体宣传活动一般有时间规定，它们必须在有限的时间内完成特定的目标，但对于社会化媒体来说，营销活动并不一定需要固定的开始时间和结束时间。在社会化区域中，人们一直在进行交流对话，所以品牌的社会化媒体营销也应该持续进行。对于那些依赖社会化媒体来管理客户服务和客户关系的品牌来说更是如此。像戴尔和美捷步这样的知名品牌一直在进行社会化媒体营销，它们希望持续参与社会化社区活动，维持其曝光度。本田公司等企业则采用了短期营销和持续参与的混合模式。

示例 4-4

本田：让社会化社区意义非凡

提供品牌体验是提高消费者参与度最有效的策略之一。例如，本田制定了"爱的回馈"社会化媒体营销策略，向忠实顾客回馈体育门票、按摩服务和食物赠品等福利，以便和他们建立联系、保持互动。[21] 当本田在 Facebook 上的粉丝达到 100 万人时，它就开始查看粉丝的 Facebook 页面，寻找他们与本田之间独特的故事。本田很快就发现了乔，他在 1990 年购买了本田雅阁，目前这辆车已经跑了快 100 万英里。之后，本田与洛杉矶的广告公司 RPA 合作，设计了一款本土视频广告，将乔与雅阁的故事分享给社会化区域的用户，这是社会化营销独特转变的一个例子。在本田的 Facebook 和 YouTube 页面，RPA 发布了第一个名为"乔的百万英里之旅"的视频，粉丝可以看到乔走过的里程，并且可以鼓励他继续前行。第二段视频记录了本田给乔制造的一个巨大的惊喜：本田在乔的家乡为他举行了一场盛大的游行，并送给他一辆新的雅阁轿车作为礼物，活动至此达到了高潮。当天晚上，美国各地的新闻电视台都开始报道这个事件，本田因此得到了线上、线下媒体的免费宣传。该活动在媒体上免费曝光了 4 400 多万次，在 YouTube 上的浏览量达到了数十万次，塑造了本田的正面形象，引发了关于本田的社交话题。

Reproduced by permission of American Honda Motor Co., Inc

◎ 微案例研究

本田社会化媒体策略的特色是讲出你与本田的故事

本田的社会化媒体营销策略在多个社会化社区通过多个渠道开展多样的营销宣传活动，借此整合营销传播计划以及开展独一无二的社会化体验活动。实践证明品牌最好在社会化媒体上发布真实的、吸引人的、对观众有价值的、新颖的以及体验式的内容。品牌的最终目的是要激发受众参与活动并与他人分享经验。本田的纪实系列"N600 系列一号"营销活动不仅完成了以上目标，还做到了更多。

1969 年，本田通过紧凑型 N600 双门轿车打开了美国汽车市场的大门。现在，N600 仍然是本田历史上的一段传奇故事，是美国的经典车型之一，也和之后肌肉车的盛行紧密相关。大家都认为第一批 N600 已经消失了，直到几年前，一位名叫蒂姆·明斯（Tim Mings）的机械师发现了最后一辆型号为 1000001 的 N600 车，绰号"N600 系列一号"。该车的颜色为灰绿色，外表破烂不堪，已无法驾驶，所以明斯对这辆车进行了修复。本田记录了明斯修复 N600 的全过程，抓住了这个难得的机会讲述了本田第一辆车的故事，也可以与本田粉丝、汽

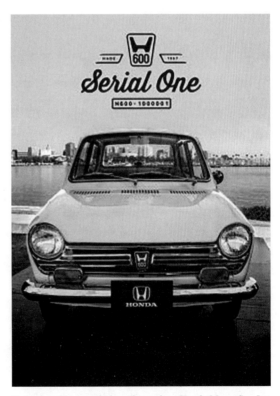

Reproduced by permission of American Honda Motor Co., Inc

车修复爱好者以及经典汽车爱好者互动，引发人们对美好过去的怀念。

摄制组记录了明斯对"N600系列一号"车长达一年的修复过程，捕捉到了许多激动人心的重要时刻，从重建后首次发动引擎到修复完成后登陆"日本经典车展"展出，总共分为12个部分。之后，本田在专门的微网站（www.serialone.com）、YouTube以及Facebook上发布了该视频纪录片。22 本田还在其他社交渠道中使用#HondaSerialOne标签、GIF动图和采访剪辑等推广这个纪录片。

在分享"N600系列一号"的故事时，本田也讲述了自己的革新故事。N600是本田的第一批汽车，也是今天本田车的鼻祖。美国市场起初不相信本田可以生产汽车，但本田最终生产出了N600，让本田成了家喻户晓的名字。说了这么多也做了这么多，本田不仅在一年的时间里讲述了N600的故事，而且还发起了本田品牌运动，相信所有社会化媒体上的粉丝都会爱上本田。"N600系列一号"的成功建立在第二个社会化媒体区域（即社会化发布）中发生的真实故事的基础之上，而社会化发布区域又是被第一个社会化媒体区域（即社会化社区）中的发帖和交流活动所激活的。

结果和影响

本田的"N600系列一号"计划独一无二，引发了积极正面的情感。本田在社交平台上发布的视频就有4 870万点击量，而在PR和在线出版物（如汽车潮流、Jalopnik和Yahoo！汽车）的专题报道上总共播放了2.06亿次。这些视频引起了观众的注意，其访问完成率达到了81%。人们每周都跟进"N600系列一号"活动的进展情况，该项目的平均参与率达4.8%。在长达一年的修复过程中，这段连续的内容让粉丝很感兴趣，并参与跟进到最后一段视频，这段视频在PR上获得了3 900多万公关印象。"N600系列一号"活动结束后，该车有幸入驻本田博物馆永久展出，汽车爱好者可以在这里欣赏明斯的修复手艺。当然，也希望这辆N600车偶尔可以启动引擎跑一跑。

4.2.7 实施计划，衡量结果

战略规划过程的最后阶段是实施计划并衡量结果。第11章将详细讨论可以用来评估社会化媒体活动有效性的指标。从社会化媒体计划的各个方面收集的数据对未来的营销活动都有借鉴意义。

正如我们所见，许多企业仍然是"社会化媒体的崇拜者"，但它们仍处于社会化媒体营销的早期阶段，还在新环境中摸索前进，所以它们犯的一些常见的错误是可以被原谅的。以下列出了一些比较大的错误。

（1）人员配备问题。在进行社会化媒体营销之初，企业须在感兴趣的社区崭露头角，让受众知道自己的存在，但只专注于刷存在感可能会导致品牌资产被低估，而且在营销活动目标完成上可能会表现不佳。处在试验阶段和过渡阶段的企业往往专注于建立Facebook企业资料和Twitter账户，或者可能计划开展一个UGC比赛。这些企业抱着"只要开展了活动，用户就会来参加"的"壮志雄心"来组织营销活动，丝毫不考虑如何吸引用户、增加网站**流量**（traffic）。虽然社会化媒体营销建立在社会化媒体固有的区域、内容和技术之上，但为了让营销活动获得成功，企业必须在社交空间保持活跃——这意味着企业要给员工充足的时间编写内容、发布内容和回复评论。

（2）内容问题。企业在内容方面的问题是没有及时更新内容。企业可以通过互动、增强内容与受众的相关度、监察用于必要维护的资产、回应顾客的反馈和发布新的内容来使资产保鲜，激发核心受众的好奇心。重要的一点是，要想社会化媒体营销取得成功，以上这些方面一直需要人力资源的支持。

（3）时间范围问题。社会化媒体的工作方式与传统广告不同，企业可能需要耐心等待才能看到效果。对于电视广告而言，企业可以在媒体计划的早期投入大量的资金来瞬间建立人们的品牌意识以及刺激他们消费，而社会化媒体恰恰相反，一场社会化媒体宣传活动可能需要几个月才能引起人们的关注（而且有大量的社会化媒体活动以失败告终，并没有引起用户的关注）。假设计划本身是合理可行的，那么企业必须要有耐心，等待社区慢慢接受其创造的内容和建立的关系。虽然可能需要较长时间才能看到成果，但社会化媒体营销模式的整体效果和效率绝对值得企业投入资源、耐心等待。

（4）目标重点问题。企业只关注行动步骤而忽略社会化媒体的预期结果的现象并不罕见。换句话说，它们采取的是短期战术方法而不是长期战略方针。一个不恰当的目标可能如下，"企业应通过以下措施来提高受众的参与度：在内容发布后 24 小时内，在 Twitter 和 Facebook 上回复评论；每个工作日更新三条状态；在企业博客上添加社会化媒体账户的链接"。你发现有什么不妥吗？这些措施把重点放在社会化媒体经理应该完成的行动步骤（战术）上，而没有关注社会化媒体活动应该为品牌贡献什么。为了社交而进行社会化媒体营销没有任何价值，社会化媒体营销的价值在于实现营销目标。社会化媒体营销不是"一时的流行"——如果社会化媒体营销活动开展得当，能持续为企业带来巨大的利益。

（5）用户受益问题。社会化媒体的生死存亡取决于平台向用户提供的内容质量，有质量的内容必须为社会化区域增加价值。社会化媒体营销计划可以回答下面这个问题：我们将如何使用社会化媒体渠道发布我们的内容？除此之外，它也必须回答下列其他问题：我们如何让目标受众参与到社会化媒体社区中？目标受众看重什么样的内容？他们想要收到信息性内容还是娱乐性内容？我们如何不断编写出与品牌有关的新鲜内容？

（6）衡量问题。企业没有采取合适的方式衡量结果。市场营销顾问汤姆·彼得斯（Tom Peters）曾说过一句名言："有衡量才算完成。"随着社会化媒体营销的发展，一些推崇者鼓励新加入者要相信社会化媒体营销，强调媒体的发展和普及可以充分保证品牌在社会化区域的曝光度。但从长期来讲，仅仅有曝光度是不够的。对于那些想要在社会化媒体营销中取得成功的企业来讲，衡量是至关重要的一步。企业对结果进行衡量之后才能知道哪些营销是有效的，哪些是无效的。重要的是，随着企业开始把更多的营销资金从传统广告转向社会化媒体营销，管理者将寻找指标（如投资回报率）以便对社会化媒体和其他媒体进行比较。

4.3 企业社会化媒体营销管理

我们现在制订好了社会化媒体营销活动的计划框架。在第 5 章，我们将进一步了解社会化媒体营销人员使用的策略，以及社会化媒体团队如何为每日、每周、每月和每年的活动制订计划。事实上，社会化媒体营销并不是由社会化媒体团队单独负责的，其他部门可能会与社会化媒体团队互动合作，共享品牌资产、满足信息技术需求、解决客户问题、设计创意材料、评估风险和潜在法律责任、发掘潜在客户、协调销售和特价关系以及准备人力资源招聘材料等。换句话说，社会化媒体团队可能会涉及市场营销、销售、客户支持、信息系统、网页设计、法律、人力资源和金融方面。此外，在社会化媒体渠道中，员工可能成为有价值的品牌代言人，但也可能招来麻烦。例如，员工因一时冲动发表了一则侮辱性的推文，这种做法会给雇主的品牌抹黑，损害公司与客户之间的关系。因此，公司应依靠社会化媒体政策解决员工在公司中扮演的角色问题。

4.3.1 社会化媒体政策

企业需要在员工中制定、实行并推广社会化媒体政策。社会化媒体政策是一份解释企业及其雇员社会化媒体活动的规则和程序的企业文件。和你们一样，很多员工都在使用社会化媒体，活跃在像 Facebook 和 Twitter 这样的社交网站和微分享工具上。员工可能主要利用社会化媒体与朋友交流、参与娱乐活动（甚至是在工作时间），但他们也很有可能会在社会化媒体上提到雇主，甚至可能会发泄办公室的钩心斗角或劣质产品问题，所以企业必须防范这种风险。许多企业意识到，当员工参与社会化媒体时，他们可以担任强有力的品牌大使的角色。正如我们之前提到的，美捷步的许多员工参与社会化媒体，所以美捷步就利用这些热心的员工团队宣传了公司。

当然，我们不能保证员工（至少在他或她的私人时间里）一定只会发布对公司有利的信息。因此，企业应制定正式文件，确保公司受到法律的保护并鼓励员工采取与品牌总体战略一致的方式参与到社会化媒体活动中。以下是三家公司社会化媒体政策的部分内容。[23]

（1）微软（Microsoft）。如果员工打算发布任何关于行业问题的推文（如微软或其他商业公司的问题，微软同行的产品或服务问题），除了附上个人的微软内部邮箱（XXX@microsoft.com）之外，还要尽可能加上服务账号或联系信息来证明自己是微软的员工或者隶属于微软某一小组或团队。

（2）太阳微系统公司（Sun Microsystems）。无论是在现实世界中还是在虚拟的网络世界中，员工进行互动和交流时都应该尊重他人。例如，当员工在虚拟世界中代表公司时，他在网络中的形象应得体、言谈应专业。我们十分推崇尊重他人的行为。

（3）英特尔（Intel）。考虑发布一些开放式的内容，鼓励他人回复评论。员工可以通过引用他人针对同一话题发表的博文或者允许别人分享自己的博文来扩大交流范围……如果犯了错误就大胆承认并迅速改正。例如，员工在博客上发表了一篇不当的博文，那么他可以选择修改博文，但之后要向公众明确说明自己已经做了修改。

示例 4-5

本田的社会化媒体政策

本田的基本指导方针针对的是参与本田社会化媒体活动、品牌和商业活动的相关人员，包括本田的员工、供应商、销售商、顾问和第三方雇用的个人。本田完整的社会化媒体政策可在线查阅获取。[24] 政策中强调了五个关键点。[25]

本田认识到，敬业的员工和商业伙伴往往是本田的最佳支持者，他们参与网络讨论可能有助于公司宣传，积极地影响公众对公司的看法。在参与社交网络、行业博客、论坛、维基等类似的网站时，员工的行为、创作及内容不仅仅是个人行为，而且还代表了本田的形象。请记住自己是本田与其旗下品牌的大使，而且网络评论可能一直留存，所以要三思后再发布。

- 透明——如果员工有话要说，请实名发表。在评论与行业有关的事情时，要表明自己的身份，说明自己在公司或项目中的角色，讲清楚自己无权代表公司发言（详见充分披露或免责声明义务）。

- 顺从——除非该员工是公司的授权发言人，否则不得在本田任何官方公共宣传渠道发布信息，也不要参与评论或点赞。只有经过授权的员工或团队可以代表本田通过公司网站等官方渠道与客户进行交流沟通。

iStock.com/Weekend Images Inc.

- 信用——当员工在"非本田"网站上分享个人对本田的看法时，要想一想自己的评论如何反映本田的定位以及自己在公司所扮演的角色。你应该把注意力集中在手边的话题，在自己的专业领域中保持较高的可信度。

- 警惕——员工有义务保护本田的机密或者专有资料，包括政策、产品细节、财务报告、商业秘密和商业计划，不得公开任何敏感的事项。

- 深思——在发布可能是不敬的评论之前要三思。不要贬低竞争对手、客户、供应商、合作伙伴、公司和同事。不要卷入口舌之争或者将其变为私人恩怨。在问题不确定之前，不要轻易参与纷争。

美国口碑营销协会（Word of Mouth Marketing Association，WOMMA）制定了一份数字社会化媒体政策的快速设计指南，旨在指导组织、员工和代理人在社会化区域中分享观点、想法和信息，如表4-4所示。[26] 该指南不仅可以帮助企业制定社会化媒体营销政策，还能帮助企业避免法律问题。口碑营销协会制定的指南鼓励企业对以下三方面进行决策，也鼓励企业把决策结果纳入企业的整体社会化媒体政策中，具体如下。

表 4-4　口碑营销协会指南

口碑营销协会信息披露的主要方面
个人博客和社论博客
• 我从 _____ 处收到了 _____，我觉得 _____ • 产品评论博客 • 我从 _____ 处收到了 _____ 并对该产品做出评论 • 我从 _____ 处收到报酬并对其产品做出评论
此外，对于产品评论博客，口碑营销协会强烈建议在博文中增加并突显"信息披露和关系声明"这一部分，以充分披露评论博主与公司合作接受其产品并进行评论的过程，并列出任何可能影响评论信度的利益冲突
在网络讨论中进行评论
• 我从 _____ 处收到了 _____ • 我从 _____ 处收到了报酬 • 我是 _____ 的员工（或代表 _____）
微博
应包含以下其中一种标签： • #spon（得到赞助） • #paid（得到报酬） • #samp（免费样本）
此外，口碑营销协会强烈建议在个人资料页面附加关于"信息披露和关系声明"的链接，让人们获得完整的"信息披露和关系声明"内容。正如口碑营销协会推荐的评论博客一样，该声明应该说明博主与公司合作接受其产品并进行评论的过程，并列出所有的利益冲突，这些冲突可能影响你接受赞助或报酬之后所做评论的可信度
社交网络上的状态更新
• 我从 _____ 处收到了 _____ • 我从 _____ 处收到了报酬
如果状态更新受到字符限制，披露信息的最好方法就是在博文中加入 #spon、#paid 或 #samp 等标签。此外，口碑营销协会强烈建议在个人社交网站主页完整描述"信息披露和关系声明"或提供一条链接，引导人们查看"信息披露和关系声明"。请注意，如果员工在发布关于其公司产品的博文时引用了个人资料表明雇主的身份，那么这种信息披露是不充分的。博主披露的信息应该接近其发布的背书或证明声明
视频和照片分享网站
包括视频/图片部分以及书面说明部分： • 我从 _____ 处收到了 _____ • 我从 _____ 处收到了报酬
此外，口碑营销协会强烈建议在视频/照片分享的个人资料页面完整描述"信息披露和关系声明"或提供一条链接，引导人们查看"信息披露和关系声明"的内容
播客
包括音频部分和书面说明部分： • 我从 _____ 处收到了 _____ • 我从 _____ 处收到了报酬
此外，口碑营销协会强烈建议发布"信息披露和关系声明"的完整说明或提供一条链接，引导人们查看"信息披露和关系声明"的内容

资料来源：http://womma.org/main/Quick-Guide-to-Designing-a-Social-Media-Policy.pdf（accessed September 30，2011）. Reproduced with kind permission of http://womma.org.

（1）行为准则。社会化媒体政策中的行为准则是企业对员工在社会化区域中的行为进行约束的基本规范。口碑营销协会建议的最低标准是要求网络上所有与公司业务有关的表述都应该真实透明，员工不得发布有关本企业或其竞争对手的欺骗性、误导性或未经证实的消息。此外，在社会化区域中言谈举止应得体（不得有种族歧视、人身攻击，不得散布谣言、谎话或其他攻击性言论）。

（2）信息披露要求。透明在网络社区中很关键。员工必须表明自己的身份，即隶属于哪个企业。若员工因收到物质补偿或礼物而发布消息，那么他们必须公开说明这一情况。员工披露其隶属的企业可以确保读者对帖子信息的可信任度。口碑营销协会建议博主发帖时插入一段简单的声明："我从［插入公司名称］中收到［插入产品名称］，我认为……"此外，在社交网络上发布帖子时，口碑营销协会建议使用标签表明帖子里各种关系的性质：#雇员/雇主、#免费样本、#付费。

（3）发布知识产权、财务信息和版权信息的规范。社会化媒体中有许多潜在的法律问题都与不恰当的信息共享有关。口碑营销协会建议企业对所有知识产权和私人财务信息进行保密，企业在发布版权信息之前应先征求许可。

4.3.2　支持社会化媒体的企业结构

企业里谁"拥有"社会化媒体？一些企业将这一责任分派给某一个特定部门，比如市场营销部门，而另一些企业则依靠**卓越中心模式**（center of excellence model）来吸引企业内有着不同背景知识的员工参与社会化媒体。这个模式消除了企业中谁对社会化媒体负首要责任的内部政治问题，因此企业更容易把社会化媒体应用与其他营销活动结合起来。

除了要有支持社会化媒体营销的企业结构之外，企业还必须决定在社会化媒体中投入多少资源。社会化媒体需要几款沟通工具之间进行持续的交流，所以有些企业会雇用多个员工来管理社会化媒体的沟通问题，而另一些企业则指派一名员工进行管理。企业的任务是分配最少的资源供内部使用，然后从企业的社会化媒体代理商那里对内部资源进行补充。

社会化媒体结构有五种基本模式（见图4-5）。[27]

- 有机式结构。
- 集中式结构。
- 中心辐射式结构。
- 多中心蒲公英式辐射结构。
- 整体蜂窝式结构。

在集中式结构中，社会化媒体部门为高级部门，其职能是向首席营销官（CMO）或首席执行官（CEO）汇报，并负责所有社会化媒体活动的开展，但存在的潜在问题是无法充分涵盖所有的社会化媒体活动。如果社会化媒体营销由营销部门负责而不受客户服务部门管辖，那么客户关怀服务会变好吗？

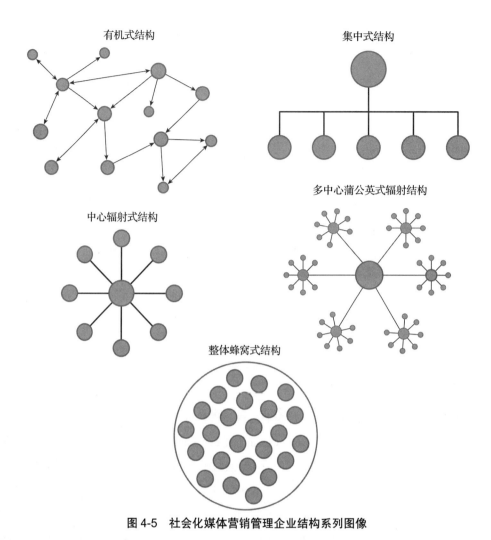

图 4-5　社会化媒体营销管理企业结构系列图像

资料来源：http://www.web-strategist.com/blog/2010/04/15/framework-and-matrix-the-five-ways-companies-organize-for-social-business Images courtesy of Altimeter, a Prophet Company.

在有机式结构中，没有人单独对社会化媒体负责，所有员工都代表品牌形象并在社会化媒体中发挥各自的作用。企业通过员工培训建立这种结构，然后在整个企业内实施。但这种结构的风险就是员工发布的内容可能不是企业想要传递的信息。任何员工都可以在 Twitter 上注册账号并回复客户的问题，也就是说企业无法控制员工回复的是什么。因此，企业必须建立完善的社会化媒体政策来指导员工在网络社区中的行为。

在中心辐射式结构中，企业雇用受过多方面培训的团队来满足社会化媒体的各种需求。这种结构是目前最流行的社会化媒体管理结构。

多中心蒲公英式辐射结构本质上是一种多层级的中心辐射式结构，适合那些由战略业务单位代表其核心品牌的公司。

整体蜂窝式结构是目前最少使用的结构。在这个结构中，所有员工都有权根据公司战略使用社会化媒体。

4.3.3 社会化媒体管理系统

无论公司采用何种结构或者制定何种政策，都必须设计一个系统来管理社会化媒体的日常活动、追踪从内容编写到传播整个过程、管理社会化广告活动、分析活动的有效性、进行监管和倾听、收集和分析社会化数据进行市场研究。公司也可以寻求销售商提供以下帮助：管理社会化客户关系、主办自有社会化网站、进行评论和评级、促进营销策略的制定、提供发帖内容。无论公司的规模大小，它们最常用的系统之一是 Hootsuite。值得注意的是，Hootsuite 为大学生用户提供了一个特殊的程序，其中包括一个经 Hootsuite 认证的选项。

4.3.4 社会化媒体营销战略框架

图 4-6 展示了社会化媒体营销的框架，该框架描绘了企业如何从范围、文化、结构、管理四个维度使用社会化媒体营销。[28]

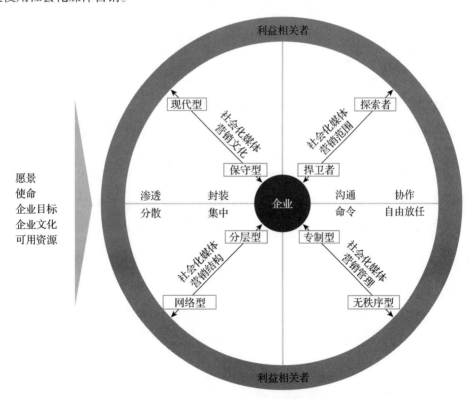

图 4-6　社会化媒体营销战略框架

资料来源：Reto Felixa, Philipp Rauschnabelb, and Chris Hinsche, "Elements of Strategic Social Media Marketing: A Holistic Framework," *Journal of Business Research*, 70 (January 2017), 118-26. Reproduced with kind permission of the *Journal of Business Research*—Elsevier.

- **范围**：企业有没有利用社会化媒体营销在企业内部和外部与其他利益相关者合作？还是社会化媒体只限于外部沟通渠道使用？不同的答案可以把企业归为不同的类型：一是捍卫者，它把社会化媒体营销视为一种单向的沟通工具，主要用来娱乐消费者以及与利益相关者沟通；二是探索者，它们与许多不同的利益相关者寻求合作，如客户、雇员和供应商。
- 文化：企业文化是保守型（注重大众传播）还是现代型（注重渗透性、开放性和灵活性）？
- 结构：社会化媒体营销任务的组织和在部门间的分配是分层型还是网络型？
- 管理：企业是否规定了社会化媒体准则和员工行为规范（专制型）？还是自由放任（无秩序型）？

企业应根据内部影响因素（如企业总体的愿景、使命、企业目标、企业文化、可用资源）对社会化媒体营销做出决策，这样才能保证决策符合企业的内部情况（如社会化媒体区域、竞争情况、政府监管）。这个框架并没有规定哪种选择是正确的哪种选择是错误的，相反企业应该根据其整体战略重点和利益相关者的要求设计合适的社会化媒体营销框架。

⊙ 本章小结

社会化媒体营销策划在企业的整体规划框架中处于什么位置？

企业应把社会化媒体营销视为企业营销计划的一部分，但它们也可以像制订整合营销传播计划一样单独规划规模更大的社会化媒体营销。

社会化媒体营销发展成熟的三个阶段是什么？企业从试验阶段到过渡阶段，最终进入战略阶段，在这个过程中社会化媒体营销是如何变化的？

社会化媒体营销发展成熟的三个阶段包括试验阶段、过渡阶段和战略阶段。在试验阶段，企业实施社会化媒体营销策略的方式比较特别，重点专注于积累社会化媒体经验。此外，这些策略和企业的整体营销计划关联不太紧密，并且在执行时可能比较随意。在过渡阶段，企业会考虑如何系统性地规划社会化媒体活动以帮助达成营销目标。当企业进入最后的战略阶段，会正式规划社会化媒体营销活动，制定清晰的目标和衡量标准。在此阶段，社会化媒体营销被纳入企业的整体营销计划中，成为其中一个关键部分。

社会化媒体营销战略规划的步骤是什么？

社会化媒体营销战略规划包括以下几个步骤。
- 分析现状，识别关键机会。
- 阐明目标。
- 深入了解目标受众。
- 选择社会化媒体区域和社会化媒体工具。
- 制定体验策略。
- 如果有需要，可以利用其他促销工具来制订计划启动方案。
- 管理和衡量营销活动。

如何设计企业结构来支持社会化媒体营销？

企业结构可分为有机式结构、集中式结构、中心辐射式结构、多中心蒲公英式辐射结构、整体蜂窝式结构五种模式，不同的结构代表了企业对社会化媒体营销不同的控制度和回应度。除了企业结构之外，企业也可以构建社会化媒体管理系统来支持社会化媒体营销。

企业社会化媒体政策的关键组成部分有哪些？社会化媒体政策为什么如此重要？

社会化媒体政策可能包含一些指导方针，如行为准则、信息披露要求以及发布知识产权、财务信息和版权信息的规范。企业需要制定社会化媒体政策来确保其社会化媒体活动与整体的品牌战略一致。

⊙ 关键词

战略规划（strategic planning）	市场营销规划（marketing plan）
噱头（stunts）	激活工具（activation tool）
试验阶段（trial phase）	过渡阶段（transition phase）
社会化媒体僵尸（social media zombies）	响应度（responsiveness）
云服务（cloud service）	目标（objective）
社会化媒体组合（social media mix）	用户原创内容（user generated content）
品牌体验（brand experience）	目标受众（target audience）
创意资产（creative assets）	流量（traffic）
版权信息（copyrighted information）	卓越中心模式（center of excellence model）

⊙ 复习题

1. 为什么有些企业在没有规划和调研的情况下就进入试验阶段？在社会化媒体营销被纳入马科姆计划之前，企业积累社会化媒体经验是否有价值？
2. 解释社会化媒体营销成熟度生命周期的几个阶段。
3. 企业可采用哪些企业结构来支持其社会化媒体营销？这些结构的优缺点是什么？
4. 解释社会化媒体营销战略规划的步骤。
5. 企业在计划社会化媒体营销时如何制定其预算？

⊙ 练习题

1. 访问 www.thecoca-colacompany.com/socialmedia，然后查看可口可乐或者其他公司的社会化媒体政策，找出口碑营销协会建议社会化媒体政策包含的关键部分。想一想可以如何完善这些政策。
2. 为自己喜欢的品牌确定一项社会化媒体营销活动。该活动属于哪个社会化媒体区域？参与该活动可以让你有何种体验？活动是否运用共享技术以确保网络传播？
3. 探索为社会化媒体管理系统提供培训服务的 Hootsuite 学院。

第5章 CHAPTER 5

战术计划和执行

■ 学习目标

当阅读完本章时,你将能够回答以下问题:
1. 什么是社会化媒体营销战术计划?它如何帮助企业执行社会化媒体营销策略?
2. 渠道计划是什么?如何使用?
3. 内容计划与体验策略有什么关系?内容计划包含哪些元素?
4. 什么是内容日程,在制定日程时应该考虑什么?
5. 社会化媒体团队如何管理社会化媒体战术的执行任务、执行安排和执行负责人?

5.1 社会化媒体营销战术规划

在第 4 章,我们学习了如何为品牌的社会化媒体营销制定策略。社会化媒体营销战略计划可以独立存在,也可以是整合营销传播计划的一个子计划。当社会化媒体营销属于营销传播(马科姆)计划的一部分时,其活动将与马科姆计划中的广告、促销活动等结合,以扩大品牌宣传或者激活营销活动。因此,本章提到的许多战术决策(例如,建立品牌形象和确定创意策略来引导品牌宣传)可能之前就已经确定了。企业应准备好向目标受众传递品牌故事和现有的品牌资产,为社会化媒体团队开展营销活动奠定基础。即使是新推出的品牌,品牌标识也是品牌形象和品牌定位的支柱,所以它们应在品牌的营销战略规划过程中定义好自己的品牌标识和主张传递的价值观。

在本章中,我们将学习战术计划的制定过程。**战术计划**(tactical plan)把社会化媒体营销策略带入生活。制定战术计划需要采取一些实际的步骤,包括确定正确的渠道、受众期望的体验活动、参与规则和时间表。但只靠这些步骤似乎还不够,我们必须建立一套流程来创建、传播内容和会话等体验元素,将其融入我们的战略计划中。[1] 换句话说,在社会化媒体营销中我们将讨论为什么、涉及谁、在哪里、是什么、什么时候做以及如何做这些相关事项,为社会化媒体营销的成功实践奠定基础。基于此,我们将在下一节深入讨论社会化媒体区域、策略和战术决策,探讨战术决策之间如何相互影响。

5.2 为什么：价值驱动社会化媒体营销

社会化媒体战术（social media tactics）指执行社会化媒体策略所采取的行动。社会化媒体营销策略通过分析企业现状、目标受众和营销目标来指导品牌选择社会化媒体区域，以便最易接触目标受众并能吸引他们参与活动。社会化媒体战术则在满足公司营销目标的前提下指导品牌在社会化媒体营销领域的活动。公司的营销目标回答了"为什么"这个问题——社会化媒体营销的原因或目的。表 5-1 回顾了企业可能制定的社会化媒体营销目标、实现目标的策略和战术。正如我们在前几章中看到的，品牌可能会利用社会化媒体营销实现一些营销目标，表 5-1 通过其中一些例子向我们展示了如何把策略目标和策略与战术目标和战术联系起来。

表 5-1 策略和战术的目标映射

策略目标	策略	战术目标	战术
建立品牌意识	提高品牌在目标受众中的曝光度	在社会群体中建立品牌形象；发布有趣的互动信息；和粉丝以及有影响力的人对话；对有价值的内容提供链接并进行推广	在选定的 SNS（如 Facebook、领英等）上建立企业简介；每天在各个社交网络上发布内容；每天都回复评论、回答问题；进行营销活动时列出有影响力的人，通过他们与目标受众进行对话宣传
建立企业形象和声誉	传递企业形象；鼓励口碑传播	构思出强大的内容，加强品牌传递的信息，同时这些内容要对目标受众有价值；通过自媒体渠道发布内容，在社会化社区分享丰富的媒体经历	根据内容日历构思、创建、发布和传播内容；所有内容都应包含互动元素，提供自媒体内容和共享工具的链接；使有影响力的人优先传播重点内容
使品牌在竞争中脱颖而出	开展体验活动，证明品牌的独特优势	创建并发布证明品牌价值的内容；邀请有愉快体验的客户对品牌进行评论和评价，有效证明品牌价值	在博客上创建突出品牌独特优势的内容；开发微件供客户提供建议；举行现场评论和评分活动，优化移动搜索；在客户购买产品 10 天后，企业向客户发送电子邮件请其提供反馈
创造需求/争取客户	激发欲望，兑现承诺	监控社会化渠道，寻找潜在的销售线索；使有影响力的人说服目标受众，扩大品牌的影响	监控关键字以督促销售团队的后续工作；有影响力的人的活动应针对特定的销售目标；在 SNS 上定期开展限时抢购活动
留住客户/建立客户忠诚度	吸引、取悦、激励、感谢以及奖励客户	将粉丝和忠实客户聚集在一起，共同打造品牌社区；和粉丝建立关系；合作创作；鼓励评论和评级等口碑交流；倾听和监控；回答客户的问题，回复客户的评论	UGC 活动要融入营销活动和 SNS 中；公开感谢 UGC 贡献者，通过分享和支持 UGC 活动鼓励粉丝参与行动；正面的口碑有利于让粉丝接受优惠券等奖品；监督品牌讨论情况、回复他人的感谢、解决用户的问题、警戒内部人员防范潜在危机

5.3 涉及谁：理解和尊重目标受众

目标受众研究是社会化媒体营销战术策划过程的重要组成部分，能为制定吸引社会化媒体区域中目标受众的体验策略提供所需信息。**参与**（engage）是社会化媒体文化中的一个关键词。请记住社会化媒体就是参与和分享。文化期望是指参与者参与互动、共同创作和分享，消费者和品牌参与者都会抱有这种期望。因此，社会化媒体战略应该建立在体验的基础上。《韦氏词典》将体验定义为：①把直接观察或参与活动作为获取知识的基础；②通过直接观察或参与而影响或获得知识的事实或状态。《剑桥词典》将体验定义为从行动、观察或感觉中获得知识或技能的过程。如果营销人员想要有效地吸引顾客，他们就需要了解什么样的体验可以激发行动——激发受众去做、去看、去感受。同时，目标受众研究将指导营销人员何时何地进行营销决策。此外，该研究也将为目标受众使用的社会化媒体网络和渠道及其参与的活动、使用的设备、接触的人和品牌等方面提供指导。

人物角色描述了目标受众的关键信息。第 2 章深入分析了人物角色的构成要素，这些要素信息成为第 4 章所描述的战略规划过程的一部分，而在这里我们将再一次利用人物角色信息。企业经常回顾或修改人物角色对指导战术决策大有裨益。图 5-1 是指导社会化媒体战术的人物角色模板。

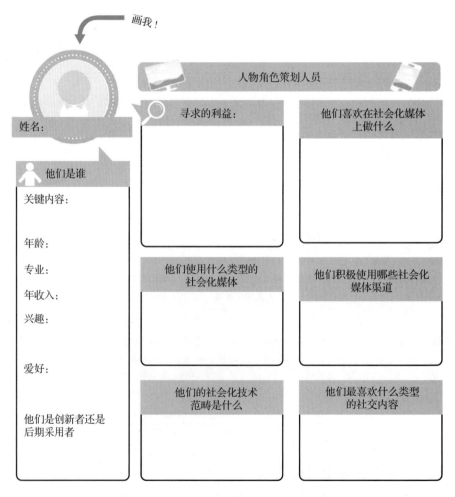

图 5-1　社会化媒体战术计划的人物角色模板

5.4 在哪里：社会化媒体渠道计划

下一个决策将决定品牌与目标受众接触的地方。简单来说，我们把战术规划看成是一个线性过程，其中的各项决策前后连续一致。每个潜在**渠道**（channel）的文化、指导方针和规则、功能（以及成员的特征）都将影响企业能分享和应该分享的内容，影响人们相互交流的方式以及参与的时间和频率。在这一步，企业将对每个渠道的适用性进行评估。以下一些问题有助于企业选择渠道。

- 谁使用这个渠道？他们用它做什么？他们在渠道上花费了多少时间？
- 该渠道中的对话怎么样？在这里最有效的内容是什么？
- 参与该渠道能帮助我们达到目标吗？使用这个渠道对我们的业务有意义吗？
- 鉴于该渠道的功能，在这里我们可以实现哪些特定的目标？这些目标与我们战略计划中的目标有关联吗？
- 我们能否展现自己独特的一面，能否为该渠道做出宝贵的贡献？我们的品牌形象、声音和语气是否符合**渠道文化**（channel culture）？
- 我们的竞争对手也使用了该渠道吗？如果他们也使用了，那么表现如何？
- 如果我们参与该渠道，我们可以贡献什么？当粉丝和关注者与我们接触时，我们会希望他们做什么？接触之后又希望他们做什么？是分享还是评论？
- 该渠道是否提供付费媒体选项，以确保企业信息为受众所接收，并且保证这些受众是特定的细分受众。

记住，可选择的**社会化媒体渠道**（social media channels）有好几个，企业应该考虑各个渠道的特征。我们提到了一些受众最多和营销人员采用率最高的渠道，但其实还有成千上万种其他可用的选项。根据目标受众、行业类型和社会化媒体的目标来选择渠道，较小的利基渠道可能会卓有成效。图 5-2 描述了几个主要渠道的特征。

以上问题的答案和渠道特点的总结有助于**渠道计划**（channel plan）的制订。图 5-3 给出了渠道计划的一个例子。渠道计划可以确定品牌用来接触受众和与目标受众进行沟通交流的工具，并总结每种工具推荐采用的战术。渠道的选择影响企业后续建立和发布的主题与内容类型的决定，影响品牌的活动数量和参与活动的形式。请记住企业在做这些选择时要考虑企业可用的资源，因为社会化媒体团队的规模和社会化媒体营销的预算将会影响渠道的数量、内容的类型、内容的来源以及内容发布和推广的数量和频率。

有些渠道对 B2B 和 B2C 营销人员来说都有效，但有一些（如领英）对其中一种更加有效。图 5-4 反映了 B2B 和 B2C 营销人员的渠道选择情况。渠道计划既包括自媒体，也包括企业在社会化媒体网站上购买的付费媒体。图 5-5 展示了营销人员在社交网站上使用付费媒体的比例分布情况。

	Facebook	Twitter	Pinterest	YouTube	领英	Instagram	Snapchat
关注点	品牌页面和付费广告。规模最大，最佳的品牌社会化媒体网络	少于140个字符，可以和受众快速互动。大部分是付费的	非常直观，所以应有很强的画面感或产品形象。推广图片增加了付费推广	视频内容发布之家。博客和付费广告是打造品牌知名度的好方法	专业网络，面向高端、富裕的用户。通过新闻和文章来建立其思想领袖的定位，这需要很长一段时间	基于图像的共享平台。可以通过加标签、发布吸引人的照片和视频来获得曝光度	可以发送和接收快照，或者发布内容和配图。这个软件可以和关注者进行良好的即时沟通
人口结构概述	24～54岁	18～29岁	18～35岁	所有年龄段	30～49岁	18～29岁	18～24岁
典型用途	• 建立关系 • 了解产品或者服务	• 新闻文章和交流 • 及时了解活动	• 网络剪贴板 • 了解产品或者服务	• 告诉你如何做和娱乐 • 了解产品或者服务	• 新闻文章和网络沟通 • 及时了解活动	• 建立关系和对话 • 及时了解活动	• 建立关系和对话 • 了解产品或者服务
最适用于B2B还是B2C	B2C	B2B和/或B2C	B2C	B2C	B2B	B2C	B2C
最利于品牌实现的目标	建立品牌忠诚度	公关关系	拓展销路	建立品牌意识	发展业务	拓展销路	建立品牌意识
使用的媒体	• 视频 • 照片 • 链接	• 照片 • 链接	• 照片 • 链接	• 视频 • 链接	• 视频 • 照片 • 链接	• 视频 • 照片	• 视频 • 照片
第一个社会化媒体区域受益（建立友好关系）	√	√			√	√	√
第二个社会化媒体区域受益（发布内容）	√	√	√	√	√	√	√
第三个社会化媒体区域受益（消遣娱乐）	√		√	√	√	√	√
第四个社会化媒体区域受益（商务）	√		√		√	√	

最佳内容	图片和视频	新闻和文章	照片和图表	示范视频	新闻和文章	图片	图片和视频
战略样例	• 邀请品牌粉丝参与活动 • 拓展销路或者获得客户 • 分享相关链接、博客和引人注目的内容 • 宣传即将举办的活动 • 与有影响力的人建立良好的关系	• 邀请品牌粉丝参与活动 • 拓展销路或者获得客户 • 分享相关链接、博客和引人注目的内容 • 细分有影响力的人并建立列表 • 与团队沟通,讨论问题,确保后续工作的开展 • 与他人对话时要学会倾听和回应 • 建立品牌声誉	• 建立品牌意识 • 拓展销路或者获得客户 • 分享相关照片和图表——都很重要 • 利用活动内容和公司文化创建自己的剪贴板 • 关注其他企业、思想领袖、消费者和合作伙伴	• 建立品牌意识,参与活动 • 快速分享传播 • 展示公司文化 • 发布产品视频和演示视频	• 建立品牌意识,参与活动 • 拓展销路或者获得客户 • 分享相关链接、博客和引人注目的内容 • 宣传即将举办的活动 • 与有影响力的人建立良好的关系	• 建立品牌意识 • 关注视觉资产 • 展示产品 • 展示公司文化 • 展示营销活动 • 发布链接连接到公司网站、博客等内容	• 建立品牌意识 • 关注视觉资产 • 展示产品 • 展示公司文化 • 展示营销活动 • 发布链接连接到公司网站、博客等内容

图 5-2 SNS 主要渠道的特征

渠道计划							
渠道		目的			编辑计划			衡量
自有媒体渠道	战术	吸引人群	益处	特色话题	时间（或者理想时段）	主题	内容类型	语气或参与者参与规则	行动号召	参与指标
Facebook	建立品牌形象，建立社交关系	吸引"张三""李四"等普通大众	娱乐，提供信息，推广和支持	健康，科技，生活窍门，乐极致生活	每天至少发两篇与公司相关的帖子，分享非促销的帖子	周一：研究数据；周二：白皮书；周三：一周案例分析；周四：发言视频；周五：会见团队	文章，电子书，视频，研究数据	经验丰富，热情友好；除非关联度很高或对公司很有帮助，否则不"强迫"公司参与其他对话	订阅每周新闻通信，下载电子书，报名参加今日培训	粉丝增加，评论增多，得更多的赞和被分享的次数增加
Instagram	提高品牌意识，与新用户建立关系，吸引粉丝	利用比较标签来吸引品牌爱好者	娱乐，加强用户基础，增加客对产品的认知	健康，公司文化，美食和大自然	每天至少发一次内容，交替分享公司和非公司事宜	周一：产品照片；周二：企业文化基因；周三："幕后工作"；周四：美食照片；周五：会见团队	产品图片，办公室内部，美食图片	经验丰富，热情友好；利他，打造渴望的生活	订阅每周新闻通信，下载电子书，报名参加今日培训	粉丝增加，评论增多，图片转发量增加，图片标记量增加，获得更多的赞
Twitter	分享相关文章，参与活动，建立品牌意识，创建品牌社区以及用户建立良好的关系	利用比较标签来吸引品牌爱好者	娱乐，提供信息，推广和支持	健康，科技，生活窍门，乐极致生活	每天至少发两篇与公司相关的帖子，分享非促销的帖子	周一：研究数据；周二：白皮书；周三：一周案例分析；周四：发言视频；周五：会见团队	文章，电子书，视频，研究数据	经验丰富，热情友好；除非关联度很高，对公司很有帮助，否则不"强迫"公司参与其他对话	订阅每周新闻通信，下载电子书，报名参加今日培训	粉丝增加，评论增多，得更多的赞

渠道计划							
渠道		目的			编辑计划			衡量
付费渠道	战术	吸引人群	益处	特色话题	时间（或者理想时段）	主题	内容类型	语气或参与者参与规则	行动号召	参与指标
Facebook	在Facebook上发布针对性广告和赞助帖子	点击鼠标就可以新增30英里（约48千米）以内，家庭收入75 000美元以上	热爱健康，住在据企业30英里（约48千米）以内，家庭收入75 000美元以上	健康，乐极致生活	在活动前3个月进行宣传，50%的预算用于前一个月的宣传	客户评价和参与过UGC活动的用户	图片和视频A/B产品测试，两者预算五五分	利他，打造渴望的生活，经验丰富，热情友好	报名参加今日培训	点击量，评论量，获赞次数，分享次数

图 5-3　渠道计划示例

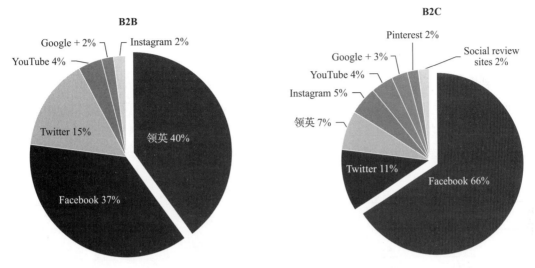

图 5-4　B2B 和 B2C 模式下营销人员的渠道使用情况

资料来源：Michael Stelzner，*2016 Social Media Marketing Industry Report*，Social Media Examiner，www.socialmediaexaminer.com/wp-content/uploads/2016/05/SocialMediaMarketingIndustryReport2016.pdf（accessed June 16，2017）. Reproduced with kind permission of the Social Media Examiner.

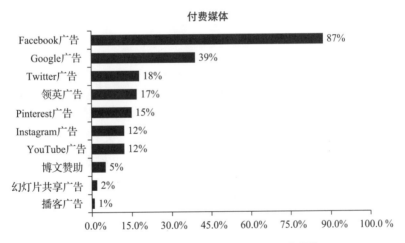

图 5-5　营销人员在 SNS 上使用的付费媒体

资料来源：Michael Stelzner，*2016 Social Media Marketing Industry Report*，Social Media Examiner，www.socialmediaexaminer.com/wp-content/uploads/2016/05/SocialMediaMarketingIndustryReport2016.pdf（accessed June 16，2017）. Reproduced with kind permission of the Social Media Examiner.

5.5　是什么：制定体验活动

品牌想要目标受众做什么？这个问题的答案是品牌制定体验活动的基础。企业不仅要制定出能参与和分享的体验活动，更应该鼓励受众参与和分享。体验活动必须符合品牌形象，对受众有价值。因此，我们认为理想的**体验活动**（experience）抓住了受众的激情和需求与品牌身份的交叉点，是受众对品牌的最佳体验。与广告类似，体验活动必须能够吸引受众的注意力，突破混乱的竞争来传递预期信息，帮助受众理解和回忆体验内容，同时积极影响受众对品牌的态度和购买意图等。除此之外，体验活动应该是**可发现的**（discoverable），以便受众在进行相关检索时可以查到该品牌。为了适应社会化媒体文化，体验活动应该是**真实的**（authentic）、**有互动交流的**（conversational）。最后，体验活动还应该是**可拓展延伸的**（scalable）和**可持续的**（sustainable）。由此看来，体验活动的制定确实是一项挑战，只有少数社会化媒体营销活动能够成功开展，吸引受众参与，这也许就不足为奇了。有效的社会化媒体营销战术的特点如表 5-2 所示。

表 5-2 有效的社会化媒体营销战术的特点

互动性	针对性	价值驱动	真实性
参与性	独特性	目的驱动	交流性
分享性	一致性	纪念性	显著性
象征性	功能性	体验性	引人性

因此，体验活动的制定应包含以下要素：战术的类型；内容类型；内容策略（包括主题、话题、诉求、资源和风格）。

5.5.1 战术的类型

品牌为目标受众提供的体验应该与社会化媒体营销的相关领域相一致。换句话说，在社会化社区中，体验活动应该以建立关系为目的，活动可能包括交流和分享互动等内容。在社会化发布区域，体验活动应该提供信息或者进行知识普及教育。在社会化娱乐区域，体验活动应该是有趣的、愉快的。在社会化商务区域，体验活动应该和购物有关。有些**战术**（tactic）可以跨区域采用，而有些战术只适用于某些区域。表 5-3 描述了营销人员在社会化媒体相关区域用来制定体验策略的战术方案。[2] 下一节我们将深入探讨社会化媒体的各个区域，了解更多关于这些战术的信息。

5.5.2 内容类型

不管采用何种战术，也不管在哪个社会化媒体区域应用该战术，都会涉及一种或者多种内容类型。社会化媒体战术可能需要平台，以使受众与品牌进行互动，比如应用程序、微件、机器人或游戏。最常见的是，战术将内容视为社会化对象，依靠它来鼓励受众参与活动。**内容类型**（content type）是一种信息资产，其属性有其他内容不同。营销人员可以使用的内容类型非常多，包括实时视频、预先录制的视频、照片、图片、文章、引用他人的话语、信息图表、公告、新闻标题、问答、陈述、案例研究、电子书、白皮书、歌曲、广告、游戏、表演等。此外，千万不要忘记还有对话交流！Bizzuka 的首席执行官乔恩·孟塞尔（Jon Munsell）曾说过："如果内容为王，那对话就是女王。"[3]

表 5-3 社会化媒体营销战术

战术	区域	描述
分支	1	活跃于社交网站以增加品牌的线下曝光度（如品牌简介符合品牌元素）
贡献	所有	投资社区，贡献价值和意义
交友	1	和社会化社区的其他成员一起参与活动、建立关系（如交流、互动和分享等）
告知／广播（如朋友圈广告）	所有	单向发布关于品牌或其产品、价格、促销的信息，可以链接至其电子商务网站
聚类	所有	围绕共同的兴趣建立社区（如社会化对象），可以建立内嵌型社会化社区（如 GoPro 的 Facebook 粉丝页面），也可以建立自品牌社区（如 MyStarbucksIdea），或者建立品牌赞助社区（如 Always' BeingGirl 社区）
倾听／监测	所有	监测社会化媒体，评估和回应，收集数据用于市场研究
合作	所有	合作、伙伴关系和共同创造（如相互依赖的贡献者）
众包	所有	列出个人为完成任务获取资源而需付出的努力（如多个独立的贡献者）
播种／传播	所有	通过有影响力的人触发快速传播的网络效应，促进社会化口碑的传播
教育	2	教授和指导他人，提供解释
娱乐	3	提供可行的社会化娱乐活动，参与娱乐性的社会活动
游戏化	3	将品牌与游戏联系在一起或者游戏化地披露品牌信息
激励	3、4	提供奖品刺激受众参与活动（如果玩家看了游戏内的广告，就奖励给他们积分）
销售	4	通过社交应用程序和微件推动销售、在 SNS 上进行交易，通过社会化口碑传播刺激受众的购买决心
服务	1	通过社交网络渠道提供顾客服务

营销人员该如何选择内容呢？营销人员应考虑哪些类型的内容适合在 SNS 上发布，内容是否符合战略目的，是否最受目标受众的欢迎（可以根据各种内容类型的参与率进行估计），是否能最准确地传达品牌的信息。最后，根据品牌的人力、创造力、资金和时间资源，判断该内容类型是否可行。图 5-6 是内容营销矩阵，该矩阵根据两个指标来确定内容类型：一是传递的信息是**感性的**（emotional）还是**理性的**（rational）；二是目标受众在购买过程中处于**被动的**（passive）阶段还是**主动的**（active）阶段。[4] 图 5-7 提供了社会化媒体营销中最常用的内容类型评估指标，包括互动性、感知价值、来源、生产成本和结果等关键性因素。图 5-8 展示了营销人员常用的几种内容类型及其产生的效果。[5]

5.5.3 内容策略

必须确定具体的内容主题和话题。主题可以根据品牌价值、行业问题、目标受众的兴趣、整合营销传播活动和季节性事件等因素确定，但唯一的要求是确定的主题要符合品牌形象和目标受众的需求，适用于品牌采用的策略。话题则是所确定的主题的子类别。有了主题和话题，团队将集思广益、构思方案，确定各个活动的标题。值得进一步发展的方案可以交给某位团队成员负责，由其跟进该方案的制定、批准、执行、发布、推广和评估六个阶段。

美国内容营销协会建议企业通过回答以下一系列问题来制定**内容策略**（content strategy）。[6]

- 目标受众是否积极地寻找你们品牌的信息？他们对品牌的态度是否积极？他们需要什么内容或信息？你们能帮助他们解决工作或生活中的"痛点"吗？你们能提供哪些他们关心的内容？
- 你们的品牌能带来哪些不同的价值？你们能提供哪些比竞争对手更有价值的独特内容？
- 我们能构思什么内容来协助品牌的整体营销工作？
- 我们需要说什么？目标受众能接受什么？

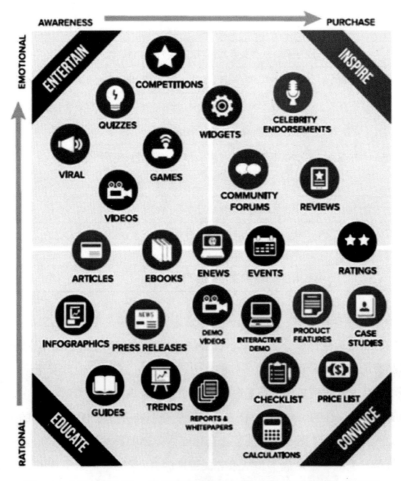

图5-6　内容营销矩阵：将内容类型与目标受众的兴趣和需求一一相连

资料来源：D. Bosomworth, 2014, "The Content Marketing Matrix", *SmartInsights*, www.smartinsights.com/content-management/content-marketing-strategy/the-content-marketing-matrix-new-infographic/?utm_source=hubspot&utm_medium=pdf&utm_campaign=contentplanning. With permission of Digital Marketing advice site Smart Insights (www.smartinsights.com)。

内容类型	适用目标	参与(P)/分享(S)	发布渠道	推广渠道	期望行动	成本/难度
图片	建立品牌意识、参与活动、拓展销路和获得客户	P + S	Instagram、Facebook、Twitter 和 Pinterest	Instagram、Facebook、Twitter、Pinterest	评论、点赞、分享	低
预先录制的视频(ODV)	建立品牌意识、参与活动、显示品牌不同之处	P + S	Instagram、Facebook、Twitter、Blog、YouTube	Instagram、Facebook、Twitter、Pinterest、Blog、YouTube	观看、评论、点赞、分享	高
预先录制的视频(经过剪辑)	建立品牌意识、拓展销路、获得客户、参与活动	S	Facebook、Instagram、YouTube	Instagram、Facebook、Youtube、Twitter、Snapchat、Blog	观看、评论、点赞、分享	低
博文	建立品牌意识、参与活动、活动预告、有影响力的人进行推广、建立品牌资产	S	Blog、Facebook、Twitter、领英、Instagram、Pinterest	Facebook、Twitter、领英、Instagram、Pinterest、Snapchat	观看、询问、评论、点赞、分享	中低
信息图表	建立品牌意识、参与活动、拓展销路和获得客户	P + S	Blog、Instagram、Facebook、Twitter、Pinterest	Instagram、Facebook、Twitter、Pinterest、Embed	观看、评论、点赞、分享	中
文章页面	建立品牌意识、参与活动、活动预告、有影响力的人进行推广、建立品牌资产	S	Facebook、Instagram、Twitter	Facebook、Instagram、Twitter	观看、评论、点赞、分享	中
案例研究	建立品牌意识、参与活动、活动预告、有影响力的人进行推广、建立品牌资产	P	Blog、Facebook、Twitter、领英、Instagram、Pinterest	Blog、Facebook、Twitter、领英、Instagram、Pinterest、Snapchat	观看、询问、点赞、分享	中
年度报告	建立品牌意识、参与活动、拓展销路和获得客户、有影响力的人进行推广宣传、建立品牌资产	P	Blog、Facebook、Twitter、领英、Instagram、Pinterest	Blog、Facebook、Twitter、领英、Instagram、Pinterest、Snapchat	观看、询问、评论、点赞、分享	高

图 5-7 社会化媒体营销的内容类型评价

创建的内容类型 VS 美国营销人员认为最有效的内容类型（2016年9月，受访者百分比）		
	创建的内容类型	营销人员认为最有效的内容类型
研究调查/原始数据	74%	18%
信息图片	74%	17%
产品评论	74%	16%
视频	70%	13%
博文	57%	14%
案例研究	56%	6%
白皮书	55%	5%
访谈	49%	7%
播客	38%	2%
电子书	23%	1%

图 5-8 营销人员使用并认为有效的内容类型

注：n=300；由于对结果进行了四舍五入处理，所以第三列的数字相加不等于100%；Clutch,"2016 Content Marketing Survey" Jan 10, 2017。

资料来源："Types of Content Created vs. Considered Most Effective According to US Content Marketers", September 2016（% of respondents）, eMarketer, January 20, 2017, www.emarketer.com/Chart/Types-of-Content-Created-vs-Considered-Most-Effective-According-US-Content-Marketers-Sep-2016-of-respondents/203148（www.eMarketer.com）. Reproduced by permission of eMarketer Inc.

- 我们将使用哪些内容类型？是否可以将这些内容扩展为一个系列来增加其影响力？
- 这些内容将在哪里发布和传播？
- 你们已有哪些资源可以用来开发内容，或者说你们可以获取哪些资源来开发内容？你们能利用现有资源把内容整合到一起吗？你们能从其他资源获取内容提供更多的价值吗？如果要开发原创内容，是否有内部资源支持？公司里谁可以提供专业的帮助？公司内部已拥有哪些资产，开发了哪些内容？你们还需要什么资源（如人力资源、合作伙伴、供应商服务）？

请注意，以上问题不仅有助于创意设计，还有助于提供依据，解释为什么要创建符合标准且能达到预期结果的内容。除此之外，这些问题还应该评估内容的可行性。一些社会化媒体营销团队是一个专门的团队，而其他可能由一些扮演特定角色的人组成。有些团队可以从公司的其他部门获得**人才**（talent，比如网页设计师、广告文案人员、图形设计师）和**品牌资产**（brand assets，比如录像片段、商业广告、平面广告、宣传册和年度报告），所以这些可以重定为**源内容**（source content），而其他团队则从头开始创建。

另一个需要考虑的因素是根据**观点**（point of view，POV）或特定受益人进行内容组合。研究表明，如果发布或分享的内容代表的是接收者的观点而不是发布者的观点，人们会更愿意参与其中，而且会积极参与。换句话说，发布的信息内容应该更加关注"你"而不是"我"。当品牌分享宣传新产品的帖子时，重点要放在品牌上。此时，如果受众参与其中，品牌就会受益。当品牌分享给受众带来欢乐的娱乐视频时，焦点就要放在观众身上。此时，受众如果观看了视频，他们就会受益。你看到其中的不同了吗？行业最佳实践表明，内容组合应该遵循80/20原则，就是其中80%的内容关注受众，20%的内容关注品牌。换句话说，每四个**以受众为中心**（audience-centric）的社会化媒体的帖子中，品牌可以分享一个**以品牌为中心**（brand-centric）或以销售为导向的帖子。

图5-9举例说明了内容战术计划，示例的主题和话题在左边一列。规划包括标题空间、内容类型、创意来源、预期销售渠道和生产进度安排。

社会化媒体营销人员常面临的困境是，他们希望在保持预算和人员配置不变的情况下开发新的高价值内容。谷歌的《YouTube品牌开发者手册》建议制定一种内容策略，该策略包括三个层次的内容：①保健内容；②中心内容；③英雄内容（见图5-10）。[7] **保健内容**（hygiene content）包括已存档的"常青"内容，它是内容策略的基础，确保品牌活跃于每个社会化群体中。"常青"内容有很长的保质期，在很长一段时间后很可能仍然有用且可靠。社会化渠道中的日常发帖和互动也是品牌保健内容的一部分。**中心内容**（hub content）的发布频率低于保健内容，但它对目标受众的价值更大，受众更有可能产生兴趣且参与其中。中心内容可能会发布在品牌的自有媒体上（比如，一个综合了品牌所有社会化媒体档案内容和链接的网站），或者发布在内容类型合适的社交网站上（例如YouTube上的视频）。中心内容通过保健内容的帖子进行宣传，这些帖子涉及中心内容并附有内容链接和分享工具以鼓励人们传播信息。最后，**英雄内容**（hero content）才是真正值得关注的内容。

1. 风格

针对社会化媒体开发的内容应该与品牌在其他传播媒体中的风格和个性相一致。要做到这一点，社会化媒体营销团队应该熟知品牌**风格指南**（style guide），有时也称为品牌识别指南。该指南将确保营销人员在发布内容时遵循一定的**品牌标准**（brand standard）。社会化媒体传播的声音和基调应该与为该品牌社会化媒体的存在而建立的品牌形象相一致。

2. 发布标准

内容策略可能还包括内容标准，确保所有社会化媒体营销的发布和推广都能最优化，提高效率。例如，社会化媒体的内容应该强调与品牌搜索引擎优化（SEO）策略相关的关键字、标签和元标签，应该识别出品牌特定活动的标签或与季节主题相关的标签。内容标准可能还包括标题或标题字数指南、首选标题词、首选互动活动类型（如测验或投票）、链接、缩略图等。

类别和消息主题	话题/关键词	话题内容			声音	媒体类型(s)	目的渠道												制作注释		
		包括呼吁受众阅读关于品牌的所有文章			公司 VS 个人声音		Website	Wordpress Blog	Facebook page	Twitter	LinkedIn	YouTube	Google+	Slideshare	Pinterest	Snapchat	Blogger	Flickr			
		标题	主要内容类型：图像、视频、案例研究、白皮书、证言		品牌、吉祥物、用户、影响力	文章/博客-视频-播客-信息图表-简报-电子邮件													到期时间	分配对象	目标发布日期
价值诉求 ● 区别之处 ● 客户需要/客户关注点 ● 捍卫和定义我们的发言权 ● 我们最想让大家知道的三件事 ● 我们最想让大家去做的三件事 ● 主要的行动号召																					
公司或产品参与的独特方式 ● 我们在哪些方面是独特的 ● 如何参与 ● 如何购买产品																					
公司 ● 公司历史 ● 核心价值 ● 宗旨 ● 愿景宣言 ● 公司统计数据或产品统计数据																					
行业 ● 趋势走向 ● 竞争状况 ● 行业研究 ● 即将开展的行业展会和活动																					
常见问题解答及产品销售服务 ● 产品比较帖子 ● 列出清单、发布指南帖 ● 客户故事帖 ● 证明帖 ● 新品发布 ● 社会竞争帖																					
每月事件和(或)公告 1~12月																					

图 5-9 社会化媒体编辑日历的规划内容

图 5-10 内容策略框架示例

资料来源:Google,"The YouTube Creator Playbook for Brands,"www.thinkwithgoogle.com/intl/en-gb/research-studies/youtube-brand-playbook.html(accessed June 16,2017).
Reproduced with kind permission of Google.

3. 内容策略文档

企业内容策略决策记录在内容策略简要文档中,如表 5-4 所示。

表 5-4 内容策略文档示例

战术方针	大多数内容与主要策略(教育、贡献)和次要策略(交友、服务)相一致;极少数内容发布产品、价格和特殊优惠信息(80/20)
类型	因为我们的品牌提供的是高参与度、高风险的服务,所以发布可靠、详细的信息在帮助受众选择服务提供商方面很有价值。公司博客上发布的视频和文章是主要的内容类型,这些内容将在我们所选择的社会化渠道中以简短对话帖的方式进行推广
内容主题	内容主题包括:①品牌标语;②授权决策者进行风险决策;③应激决定
内容话题	视频将以戏剧的形式传递顾客的故事,精心打造的故事情节将观众带入戏剧情感之中,最终证明我们的服务价值。这些视频将制作成一个系列,每一集针对客户所面临的一种情况。品牌可下载一份指南来帮助完成以上工作,该指南解释了当面对类似情况的潜在客户时可以选择何种解决方案来满足需求 内容日程为话题标题提出了建议
风格	品牌扮演的角色应该是可靠的参谋。品牌的声音应体现出一种具有同情心、让人安心、可靠和强大的个性
执行标准	所有内容都应有一致的声音、音调、标题、术语和编辑风格。所有内容将包括行动号召、公司网站的链接和品牌标志

示例 5-1

碧然德的"过滤生活系列"在 Twitter 上采用了含有 #FilterYourFeed 标签的战术[8]

碧然德是知名的净水器品牌，它将其社会化媒体战略与核心利益——过滤联系在一起！"过滤生活"活动把过滤器过滤水比喻成可以将人类意识中的有害物质除去，该活动涉及社会化社区和社会化发布区域。体验策略根据品牌的视频内容和 Twitter 应用程序来制定战术。Filter Your Feed 应用程序可以扫描用户的推文，把其中消极的推文替换为积极的信息，比如小狗的照片！积极的信息可以赢得媒体的报道。这些帖子有助于活动的推广宣传，鼓励用户接受具有利他诉求的正面帖子：每删除一个负面帖子和分享一个正面帖子，碧然德将向反网络欺凌非营利组织 Cybersmile 基金会捐赠 1 美元。该活动以自有媒体中微站点（www.brita.com/filtered-life）的形式展开，该网站不仅承载了碧然德的内容，作为社会化媒体中心，连接碧然德多个社交媒体渠道（包括 Twitter 和 YouTube）的品牌资料。这款应用在 Twitter 和 YouTube 上采用付费广告的形式进行推广。

iStock.com/cmannphoto

5.6 如何做：创建和安排内容的发布与推广

战术规划的下一个阶段是建立步骤流程来创建内容策略所确定的内容，制定时间表来指导工作。

5.6.1 内容创建

每个内容单元都必须被创建和生成。团队可以使用不同的**创意纲要**（creative briefs）来记录每个内容单元所需的特征和元素。如果这些内容是较大活动的一部分，那么可能会用到一系列不同的纲要，包括活动水平、内容类型和内容单元。如果内容项目涉及多媒体，甚至还要使用内容元素纲要。内容纲要向负责人员提供所需的信息，以确保交付的内容符合相关要求。这些纲要指南可能非常具体，例如标题中的单词数量、包含的短链接、使用特定大小的图像、添加的活动标签、**行动号召**（call to action，CTA），等等。

内容创建之后要进行记录和编目，以确保内容以后可以被重新使用或重新定义。随着时间的推移，团队会慢慢积累一个内容数据库，其中包括发布的帖子、推文、照片、标签、文章等。团队应想出最佳方案来创建有多种用途的内容，这种做法被称为**原子化**（atomization）——内容虽然可以通过多种方式分离和（或）重新包装，但在策略上仍保持一致。原子化不仅是一种有效利用资源的方式，还有信息**放大**（amplification）的功能。不同社会化渠道中的内容应各不相同但又息息相关，以增加目标受众多次接触信息的可能性，这样也可以极大地再现信息内容。

5.6.2 内容议程安排

内容议程（content calendar）记录了内容的时间安排和优先顺序，通常可分为年度、季度、月度议程，有时也可能是周议程。议程最常用的格式是在 Microsoft Excel 或者 Google Sheets 上建的电子表格。利用社会化媒体管理服务的公司（例如 Sprout Social、Hubspot、Buffer）会使用内容议程并将其整合到整个公司体系中。内容议程有助于识别未来需要创建的新内容，区分创建的先后顺序并为其制订计划。议程通常由几张表组成，以适应不同时间段的规划，同时为各种内容的组合保留空间。例如，内容议程可能包含以下视图。

- 季节性主题和主要活动日期的视图。
- 每月创建内容的视图。
- 每月计划在社会化渠道上发布内容的视图。
- 每周在社会化渠道上发布的内容的视图。
- 每周、每天在社会化渠道上发帖的时间安排的视图。
- 每天由内容或社会化渠道组织的社会化媒体活动的视图。
- 内容索引。

图 5-11 是一个简单的年度内容议程视图，图 5-12 展示了典型的按内容和日期组织的每周议程计划，图 5-13 展示了如何把内容议程中的各种元素联系在一起。

安排内容议程的方法没有对错之分。如果在谷歌上搜索"社会化媒体营销内容议程"，你可以从社会化媒体营销服务提供商那里找到几个免费的 Excel 模板。[9] 不同的模板提供的细节的详细程度不同，初期使用可能不太容易，但等你有了经验，找到了自己喜欢且合适议程的计划体系，里面所有的内容就很容易填制了。

如何设计、分享和访问编辑议程最终将取决于品牌的营销目标和可用资源，但是我们建议议程包含以下基本内容。

- 内容发布的日期。
- 内容的话题或标题。
- 内容的作者。
- 内容的拥有者，如内容从构思到发布再到推广过程由谁负责。
- 内容的当前状态（根据发布周期及时更新）。

根据公司的具体目标、内容团队的工作流程、计划采用的格式和平台以及将要创建的内容的数量来制定议程，但我们也可以根据其进程状况帮助公司有序安排活动，便于长期追踪。

- 内容发布的渠道：这些渠道包括自有渠道（比如博客、Facebook 账号、网站、YouTube 账号、电子邮件通信等），或者使用付费渠道和赢得渠道来扩大跟踪范围。
- 内容格式：是博文、视频、播客、信息图片，还是原始图片？为了让创建的内容传播得更广，可以考虑将其转换为其他格式。

持续的、季节性的和活动驱使的SM活动议程	Q1			Q2			Q3			Q4		
	1月	2月	3月	4月	5月	6月	7月	8月	9月	10月	11月	12月
倾听、监测、回应												
保持品牌曝光度												
提高品牌意识——付费												
鼓励客户评论												
各节节日事件分类	新年、新年计划	情人节	圣帕特里克节	复活节	母亲节、婚礼季	毕业季			开学季	万圣节	准备假日派对	圣诞节
活动项目——"驾轻就熟"												
活动项目——"光彩夺目"												
支持整合营销传播（IMC）												
及时为客户提供服务												
评论												

图 5-11 年度内容议程总结

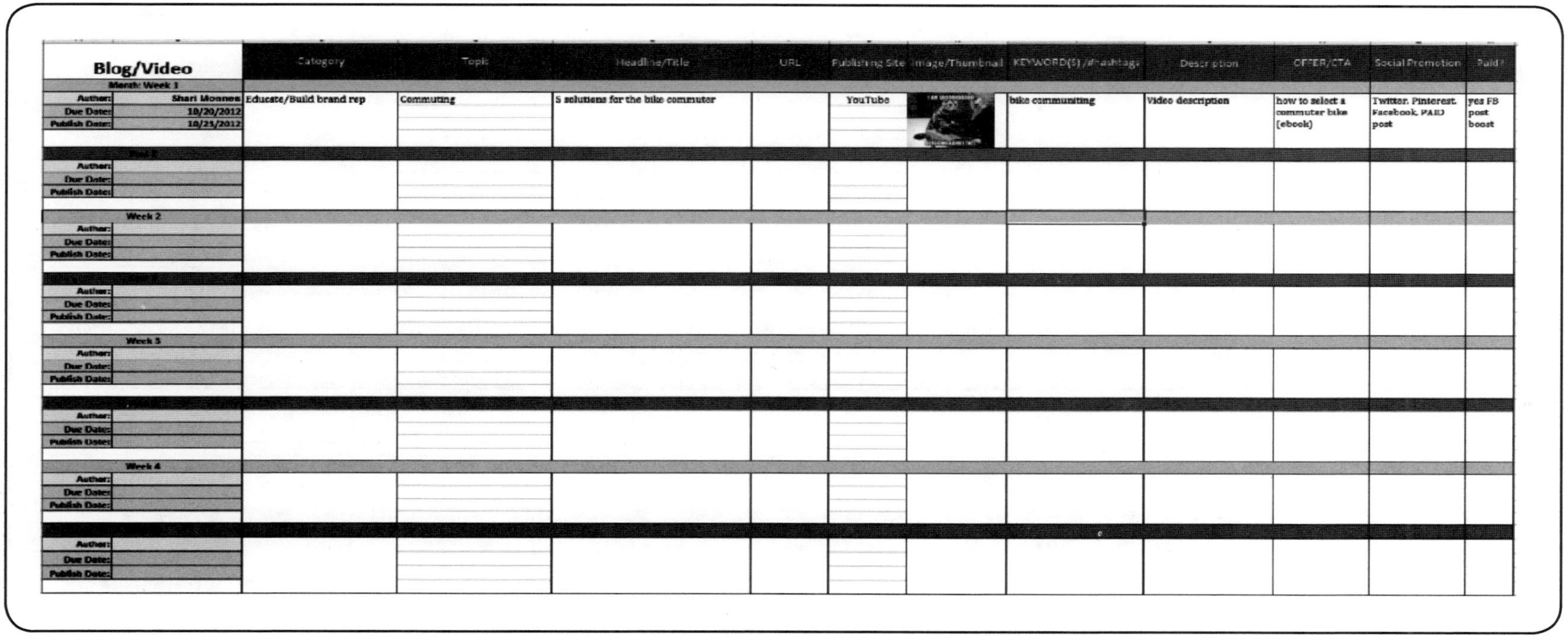

Blog/Video	Category	Topic	Headline/Title	URL	Publishing Site	Image/Thumbnail	KEYWORD(s)/#=#tag	Description	OFFER/CTA	Social Promotion	Paid
Month: Week 1 Shari Monnes Due Date: 10/20/2012 Publish Date: 10/21/2012	Educate/Build brand rep	Commuting	5 solutions for the bike commuter		YouTube		bike commuting	Video description	how to select a commuter bike (ebook)	Twitter, Pinterest, Facebook, FAB3 post	yes FB post boost
Week 2 Author: Due Date: Publish Date:											
Author: Due Date: Publish Date:											
Week 3 Author: Due Date: Publish Date:											
Author: Due Date: Publish Date:											
Week 4 Author: Due Date: Publish Date:											
Author: Due Date: Publish Date:											

图 5-12 博客和 SNS 的内容周议程

Social Community	Category	Topic	Title/Headline	URL link	Image	Facebook	Twitter	Snapchat	Pinterest	Instagram	#Hashtags
Month: Week 1 (date)											
Post 1											
Type	Promotional offer	Special offer/New helmets			paste image here	Check out these new helmets just in. Deluxe and cute! You're stylin' now! [LINK]	You gotta get one of these #coolhelmets #womens biking [shortlink URL]	Image story series	You gotta get one of these #coolhelmets #womens biking [shortlink image]	You gotta get one of these #coolhelmets #womens biking [shortlink image]	#bikehelmets #womenscycling
Date	10/20/2014										
aid boost	yes										
Post 2											
Type	Blog post	Best ways to commute to work		paste url here to blog post	(pulled from blog)	write post promoting blog article here					
Date	10/23/2014										
aid boost	no										
Post 3											
Type	Tip/value add										
Date											
aid boost											
Post 4											
Type	Blog										
Date											
aid boost	no										
Post 5											
Type											
Date											
aid boost											
Post 6											
Type	Tip/value add										
Date											
aid boost	no										
Week 2 (date)											
Post 1											
Type	Promotional offer	Special offer/New helmets			paste image here	Check out these new helmets just in. Deluxe and cute! You're stylin' now! [LINK]	You gotta get one of these #coolhelmets #womens biking [shortlink URL]	Check out these new helmets just in. Deluxe and cute! You're stylin' now! [LINK]	You gotta get one of these #coolhelmets #womens biking [shortlink image]	You gotta get one of these #coolhelmets #womens biking [shortlink URL]	#bikehelmets #womenscycling
Date	10/20/2014										
aid boost	yes										
Post 2											
Type	Blog post	Best ways to commute to work		paste url here to blog post	(pulled from blog)	write post promoting blog article here					
Date	10/23/2014										
aid boost	no										
Post 3											
Type	Tip/value add										
Date											
aid boost											
Post 4											
Type	Blog										
Date											
aid boost	no										
Post 5											
Type	Promotional offer										
Date											
aid boost	yes										
Post 6											
Type	Tip/value add										
Date											
aid boost	no										

图 5-12 (续)

第 5 章　战术计划和执行　133

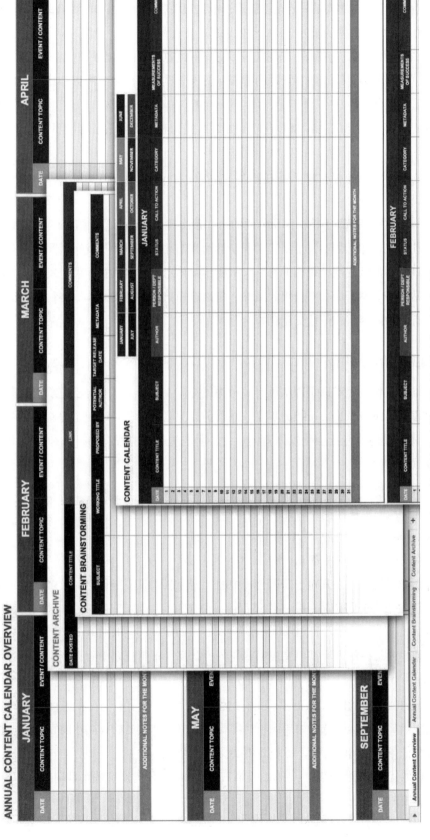

图 5-13　内容议程安排不同时间跨度便于活动开展

资料来源："Creating Your Social Media Strategy: Free Social Media Templates for Excel," SmartSheet, www.smartsheet.com/social-media-templates（accessed June 16, 2017）
© 2017 Smartsheet Inc. All rights reserved.

- 视觉效果：说到资产，重要的一点是不能忽视视觉效果对内容吸引力的影响，无论是在社会化分享潜力还是整体品牌认知方面，视觉效果都起着重要的作用。追踪内容所包含的视觉元素（比如封面图片、标志、插图、图表）可以更确保内容具有标志性并与品牌标识紧密联系。
- 话题分类：话题分类有助于内容议程的搜索，便于查看大量已创建内容的目标主题或者没有足够覆盖的话题。
- 关键词等元数据：如元描述和 SEO 标题（如果这些标题与你的头条标题不同），这些数据可以保证你的 SEO 和所创建内容的一致性。
- URL：URL 可以保存下来，便于实时更新网络内容，或者便于你在新创建的内容中链接之前的信息。
- 行动号召：行动号召有助于确保你所创建的每一条内容都与公司的营销目标相一致。

议程反映出社会化媒体计划中每个渠道的预期活动和活动频率。关于发布时间表的有效性研究表明，品牌应该每周活跃几次，每周的每一天都要传播信息，博客和视频渠道发布较少高价值的内容，社交网站的聊天帖子应相对简短。最终，应该选择符合品牌的总体战略目标，也要符合团队提供新鲜、有效的内容和进行社交互动的能力。

5.6.3 角色和工作流程

任务分配明确的工作流程有助于团队更有效地沟通交流，每个人都有自己应承担的责任。**社会化媒体工作流程**（social media workflow）是一系列前后关联的步骤，以使企业避免重复执行任务，用最少的资源有效地执行社会化媒体营销计划。固定的工作流程有助于你和整个团队的工作，具体表现在以下方面。[10]

- 了解日常工作和各个项目背后的大愿景。
- 了解每个人扮演的角色和承担的责任。
- 完成需要不同专业人员团队合作的项目。
- 根据重要性优先安排时间和资源。

工作流程可能非常复杂，尤其对于跨国公司中的大型团队来说更是如此。大多数团队虽然最多有 5 个成员，但也值得公司创建一套工作流程，以便于管理。制定一套实际可行的工作流程，应遵循以下步骤。

- 清楚你所创建的每一份内容需要完成哪些任务，以及发布到计划中的每个渠道所需的日常活动。
- 了解完成每项任务的最佳人选。
- 把任务分配给那些最佳人选，如果该项目需要团队中多个成员的技能才能完成，先确定项目中的各个任务可以同时进行，还是必须以线性方式进行。
- 根据需完成的优先顺序（如第一、第二、第三等）为各个任务规定截止日期。
- 每个人保证按时完成任务。

示例 5-2

战术不当,社会化媒体营销频频失误[11]

营销人员在社会化媒体上经常犯错误,常见的战术失误可以归为以下几大类:①用错误的账户发布信息(如在工作简历上发表个人帖子);②回复评论不当;③创建会冒犯目标受众的内容;④未先检查就发布内容;⑤引发竞争;⑥分享太多信息;⑦在不关注时事的情况下自动发推文;⑧选择一个热门话题接触受众;⑨回复恶意捣乱者。

Narasimhan M V/Shutterstock.com

◎ **微案例研究**

品牌之战:Instagram 大胜 Snapchat[12]

品牌在选择合适的渠道组合支持社会化媒体营销时必须考虑多个因素。这些渠道是品牌展望前景、与粉丝互动的地方,可以通过图像、信息和行为展现品牌形象并实现社会化媒体营销的实际目标。品牌必须考虑这些渠道用户群的人数、人口统计信息、电子邮件使用率,该渠道在内容、参与度、付费印象、社会化商务、路由自媒体等方面的功能,以及自动调度、测量指示板等实用工具。社会化媒体营销团队想要积累丰富的社会化内容经验,发布让粉丝拍掌叫好的内容,但在这之前他们必须解决时间、员工和预算限制等难题。

Snapchat 现在越来越受欢迎,很大程度上归结于其"阅后即焚"的功能。该应用的流行引起了许多品牌的注意,它们开始尝试使用 Snapchat 这一社会化渠道。Snapchat 的扩张使 Instagram 有了威胁感,所以它开发了一项新功能 Stories 进行回应,用户可以在 Stories 上分享照片和视频,这些内容可以保留 24 小时。Instagram 的渠道工具可以让社会化媒体团队更容易发布精美的内容,使内容更符合其品牌形象,同时也能保持即时帖子的真实性。当要选出最受欢迎的照片和短视频社交网络时,社会化媒体营销经理们似乎同意 Instagram 的 Stories 功能比 Snapchat 更有影响力,而且资源利用效率更高。

资源短缺真一个难题,尤其对时尚品牌而言更是如此。Pixlee 的首席执行官凯尔·王(Kyle Wong)说:"品牌在管理这些社交平台时带宽有限,所以对它们来说内容创建是困难的。大多数时尚品牌可能最多只有一个人在管理社会化媒体账户,他们把注意力集中在更新多个渠道的内容上,没有把重点放在吸引这些渠道的用户上。"

Voyagerix/Shutterstock.com

除此之外，渠道还存在其他问题吗？对于把有较高可支配收入的人群作为目标受众的品牌来说，Instagram 是赢家。Instagram 的用户基数比 Snapchat 大，用户的年龄也大得多：Instagram 上年龄在 35 岁以上的用户有 51%，而 Snapchat 只有 14%。在许多情况下，这些年龄较大的用户的可支配收入要比 Snapchat 上年轻用户的可支配收入高。Instagram 在可发现性方面也有优势，因为 Snapchat 缺乏强大的搜索功能，这使得消费者很难在 Snapchat 上找到品牌信息。

像 Ted Baker 这样的品牌已经使用 Instagram 的 Stories 功能，连续几天在上面分享情景性娱乐并和其他渠道互动。Instagram 的 Stories 不仅涉及社会化娱乐区域，也使得品牌可以在这些渠道上制定社会化商务战术。在 Stories 上，用户可以通过链接购买照片和视频中的物品，甚至有机品牌的帖子也可以贴上产品信息和电子商务网站的链接——这是品牌在没有付费的情况下推动社会化商务的一大优势。

结果

在这场竞争中，Instagram 似乎取得了胜利，但竞争背后的数字又说明了什么？由于 Instagram 推出了 Stories 功能，Snapchat 的用户增长速度大大减缓，降低了 82%。Instagram 的受众已增多，而参与率也表明 Stories 功能很受欢迎。早期的研究结果显示，Stories 每天都有成千上万的观看量。该竞争除了影响 Instagram 和 Snapchat 本身之外，对各个独立品牌有什么影响呢？一名社会化媒体策略制定人员称，同样的内容在 Instagram 上获得了 9 万多的浏览量，而在 Snapchat 上仅有 3 000。

● 批判性反思

社会化媒体营销人员和压力

社会化媒体营销人员听起来像是一份理想的工作！你大部分的工作时间都在了解其他人喜欢干什么。你在 Twitter 上发推文，在 Snapchat 上发快照，在 Pinterest 上钉感兴趣的东西，你巧妙地利用图片和诙谐的玩笑来展示自己的创造力。这一切都是品牌建立和维护成功的社会化媒体计划所需要的吗？答案是并不一定。社会化媒体被描绘为一种需要不断进食的野兽，其中"不断"的意思是每周 7 天、每天 24 小时，也就是一年 365 天都需要进食。这只野兽需要用新鲜的食材来喂养，所以当你在构思和准备时需要注意任何数字的变化。结果就是这项工作的压力倍增。

REDPIXEL.PL/Shutterstock.com

美国心理学会发布的《美国压力报告》指出，86%的美国成年人经历过社会化媒体压力。经常查看电子邮件、短信和社会化媒体账户的人经历的社会化媒体压力最多，[13] 但是不要担心——有办法可以减少社会化媒体压力！方法就是时不时地进行"数字排毒"。不幸的是，"数字排毒"对那些工作与社会化媒体相连的人来说并不是一个选择——如果你是社会化媒体营销团队的一员，那"数字排毒"就无法实行。"数字排毒"对那些不需要每天都上网工作的人会产生什么样的作用，社会化媒体营销人员可能体会不到，最多只能想象。

图 5-14　社会化媒体经理一天的生活

资料来源：Karen Uyenco, "Infographic: A Day in the Life of a Social Media Manager," Meltwater, February 9, 2016, www.meltwater.com/blog/infographic-a-day-in-the-life-of-a-social-media-manager-2/（accessed June 16, 2017）. Reproduced by kind permission of www.meltwater.com.

⊙ 本章小结

什么是社会化媒体营销战术计划？它如何帮助企业执行社会化媒体营销策略？

战术计划把社会化媒体营销策略引入到生活中，解决了为什么、涉及谁、在哪里、是什么、什么时候以及如何进行社会化媒体营销等问题。制订战术计划需要采取一些实际的步骤，包括确定正确的渠道、受众所期望的体验活动、参与规则和议程。该计划还涉及建立一套流程来创建、传播内容和会话等体验元素，将其融入我们的营销策略之中。

渠道计划是什么？如何使用？

渠道计划决定了品牌与目标受众接触的地方。在这一步，企业将对每个渠道的适用性进行评估，重点评估品牌形象、声音和语调是否符合渠道文化。每个潜在渠道的文化、指导方针和规则、功能都将影响企业能分享和应该分享的内容，影响人们相互交流的方式以及参与的时间和频率。

内容计划与体验策略有多大关系？内容计划包含哪些元素？

体验策略是社会化媒体营销人员激励目标受众在社交媒体上与品牌互动，并希望他们分享个人品牌体验的方式。这些体验可以以应用程序、游戏、品牌娱乐等多种形式进行，但大多数情况下，体验以内容的形式开展。内容计划包括把体验策略带入生活的策略决策。

什么是内容议程，在制定议程时应该考虑什么？

内容议程有助于识别未来需要创建的新内容、区分创建的先后顺序并为其制订计划。议程通常由几张表组成，以适应不同时间段的规划，同时为各种内容的组合保留空间。内容议程记录了企业中各项内容的时间安排和优先顺序，通常可分为年度、季度、月度议程，有时也可能是周议程。议程反映了企业社会化媒体计划中每个渠道的预期活动量和活动频率。

社会化媒体团队如何管理社会化媒体战术的执行任务、执行安排和执行负责人？

任务分配明确的工作流程有助于团队更有效地沟通交流，每个人都承担自己的责任。社会化媒体工作流程制定了一系列前后关联的活动步骤，以使企业避免重复执行任务，用最少的资源有效地执行社会化媒体营销计划。固定的工作流程有助于整个团队的工作，使营销人员了解日常工作和各个项目背后的大愿景，了解每个人扮演的角色和承担的责任，并且能够根据重要性优先安排时间和资源。

⊙ 关键词

战术计划（tactical plan）　　　　　　　社会化媒体战术（social media tactics）
参与（engage）　　　　　　　　　　　　渠道（channel）
渠道文化（channel culture）　　　　　　社会化媒体渠道（social media channel）
渠道计划（channel plan）　　　　　　　可发现的（discoverable）
可拓展延伸的（scalable）　　　　　　　可持续的（sustainable）

战术类型（type of tactic）　　　　　　　内容类型（content type）
内容策略（content strategy）　　　　　　内容营销协会（Content Marketing Institute）
感性的（emotional）　　　　　　　　　　理性的（rational）
被动的（passive）　　　　　　　　　　　主动的（active）
人才（talent）　　　　　　　　　　　　　品牌资产（brand assets）
源内容（source content）　　　　　　　　以受众为中心（audience-centric）
以品牌为中心（brand-centric）　　　　　保健内容（hygiene content）
中心内容（hub content）　　　　　　　　英雄内容（hero content）
创意纲要（creative briefs）　　　　　　　行动号召（call to action，CTA）
原子化（atomization）　　　　　　　　　放大（amplification）
内容议程（content calendar）　　　　　　社会化媒体工作流程（social media workflow）

⊙ 复习题

1. 什么是社会化媒体战术？
2. 为什么社会化媒体战术应该根据体验制定？说一说你觉得哪个品牌的社会化媒体体验比较吸引人。这些有效的体验有什么特征？
3. 讲一讲营销人员制定体验策略时使用的四种战术，注意其涉及的社会化媒体区域。
4. 为什么品牌要创建保健内容、中心内容和英雄内容？
5. 内容战术文档由哪些部分组成？内容战术和内容议程有什么不同？
6. 任务分配明确的工作流程有什么优点？

⊙ 练习题

1. 找一个根据体验活动制定品牌社会化媒体战术的真实例子，说一说它的目标受众和达到的效果。你可以如何调整该体验策略，将其应用到社会化媒体的其他领域？
2. 选择一个品牌，评估其渠道计划（品牌与目标受众接触的地方），就该渠道的适用性来说，你能得出什么样的结论？
3. 分析 Facebook 或 Twitter 上的品牌简介，确定它们最近使用的四种社会化媒体营销策略。
4. 想象一下，你正在为当地一家咖啡馆策划一场即将举办的活动，现在为该活动创建一份内容策略文档。
5. 对于同一家咖啡店，创建一份内容议程样本（周议程、月度议程或年度议程）。

第三部分

社会化媒体的四个区域

第6章 CHAPTER 6

社会化社区

■ 学习目标

当阅读完本章时,你将能够回答以下问题:
1. 社会化社区如何使用户进行参与和分享?
2. 品牌如何利用社会化社区进行品牌塑造和促销?
3. 品牌如何通过社会化网站自然地接触消费者?品牌粉丝展示有什么特征?
4. 什么形式的付费媒体可以在社会化社区中使用?为什么付费媒体对社会化媒体营销人员很重要?

6.1 社会化社区区域

在本章中,我们将更深入地介绍社会化社区。如图6-1所示,模型中的第一个区域就是社会化社区。我们之前讨论过,社会化媒体组合中的所有区域都是以社会化网络为基础、以技术为依托并建立在共享参与的原则之上的。

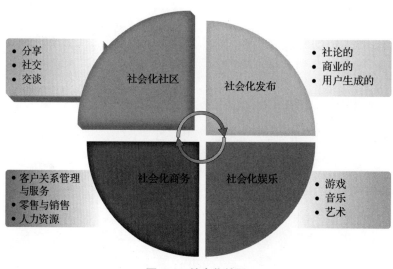

图6-1 社会化社区

按照计划，我们将设计一种途径，以此来鼓励消费者在我们经营的区域内进行参与和共享。什么能鼓励参与和共享？就是我们的体验策略。他们会在哪里参与和共享呢？在区域内。毋庸置疑，我们可以使用四个区域中的任何一个区域。但本章我们的重点在第一个区域，即社会化社区区域。我们把第一个区域当作关系区域。社会化媒体网络为社会化互动提供了途径，其专注于建立和维护关系。我们经常围绕品牌、用户或他人提供的内容进行交流和合作，交流和合作是这个区域的主要活动。品牌通过交流来支持这种参与。

社交网站是社区的传播媒介，并支持社会化参与。Facebook 在社会化网络中占据重要位置，其用户遍布全球。

> **示例 6-1**
>
> **社会化网络的世界地图**
>
> Facebook 在全球的社会化网络中占主导地位——事实上，在 119 个国家中，Facebook 是最常用的社会化媒体！如果没有 Facebook，该怎么办？如果没有 Facebook，主导的社会化网络将是 Instagram、Twitter、Odnoklassniki 和 Reddit。Instagram 在 37 个国家（包含大部分南美洲国家）很受欢迎，Twitter 在美国等 8 个国家很受欢迎，Odnoklassniki 在东欧和中东很受欢迎，Reddit 在加拿大、澳大利亚、新西兰、丹麦和挪威很受欢迎。[1]

社会化网络是社会化媒体的基础，因为每种形式的社会化媒体都以社区成员的参与为基础。对比各种社会化网络，并理解其关键维度如何影响我们在社会化社区内塑造品牌的能力，这一点仍然很有意义。我们可以看到一种趋势，用户会利用多种社会化渠道来达到特定的目的，因此上述内容对此尤其适用。我们在第 3 章中讨论过，社会化网络都包含基本的网络结构——相互连接的节点、节点成员之间的流以及通过节点关系相互连接的图示。然而，社会化网站在三个重要的维度上有所不同。

- 受众及其专业程度。
- 调节成员之间关系的社会对象。
- 开放程度。

6.1.1 受众专业化

社会化网站可以是内部的也可以是外部的，可以是一般性的也可以是专业性的。内部网站是由特定组织建立、仅限其组织成员使用的网站。**内部社会化网络**（internal social network）不同于较大的社会化网站，后者具有不同亚文化的小群体，而前者提供更动态、更具交互性的交流和合作方法。内部社会化网络像公司提供给员工的内部网。例如，日产汽车公司（Nissan）为其员工提供了一个名为 N-Square 的内部网站。在这个网站中，员工能设置自己的账号、维护博客、参与讨论并分享文件。[2] 微软使用一个名为 TownSquare 的网络，IBM 使用 BeeHive，雅虎的员工通过 Backyard 交流。相反，**外部社会化网络**（external social network）面向非网站赞助商人群开放。也就是说，有些外部社会化网络是由品牌赞助的。

社会化网络当然是社会化的，即参与一些活动，能使成员与他人建立和维持关系。然而，这些关系的本质会影响社会化网络的特征。领英是一个职业社会化网络，它强调职业经历以及与职业上的人脉保持联系的需求。它的主要好处是我们能依赖一个人的网络关系来寻找顾问、雇员、工作或其他与职业相关的资源。有些专业的社会化网络是通过行业、目的和个人职业目标聚集起来的。Care 2 是一个为那些想做社会事业的人建立的社会化网络，Focus 是一个为商业和技术专家建立的社会化网络，Den 为建筑师和设计者提供了一个社会化网络。

相较于专业关系，社会化网络更关注个人关系，但这并不意味着社会化网络的目标人群很广泛。例如，Jdate.com 是一个专门为犹太单身人群建立的约会网站。该网站的任务是实现社会化，但其目标人群仍是小众人群。部分社会化网站是根据年龄（如 ClubPenguin 和 Webkinz）、婚姻状况（如 MarriedLife）和收入（如 asmallworld.net 和 affluence.org）等特征为特定的目标人群而建立的网站。

6.1.2　社会化对象和兴趣网站

用行业术语来说，**垂直网络**（vertical network）指的是围绕对象的社会性，旨在激发社会化互动的网络。该定义体现了社会化网络的关注点独特、深入，强调一些共同的兴趣、爱好或吸引成员登录网站的特征，这也是该网站不同于其他网站的原因。这些垂直网络吸引到的流量不如普通网站，但可能有人会指出垂直网络中的成员参与度更高，因为他们有着共同的兴趣，最初也是这些共同兴趣吸引他们访问该网站。这些垂直网络有点像现实世界中的利基市场，即提供相对少量的产品给那些拥有忠实顾客的市场。

6.1.3　开放程度

社会化网络可以是封闭的、有关卡的社区，其完全由平台提供商控制。另一种极端情况是，任何参与进来的成员或开发者都可以访问这些网络。很多网站要求新成员进行注册，遵守相应的登录规范才能访问网络。对于社会化网络来说，任何人都可以访问，但是记录社区成员的身份还是挺重要的。这些信息的作用很大，可以用于社区成员管理、产品开发、网站推广及其他用途。社会化网络是如何使用成员数据的呢？这些数据是大型社会化数据集的来源，我们在第 2 章已经讨论过。社会化网络可以获得大量关于成员偏好、朋友和活动的详细数据，它们可以提示广告商，有针对性地投入大量广告。社会化网络最后可能会将这些数据授权给外部的营销人员，这些营销人员可以使用这些数据来确定潜在的顾客。目前，拥有最多数据的社会化网站 Facebook 并没有出售成员数据，但是有些人推测 Facebook 将来可能会这样做。[3]

社会化社区里的营销并不是指 Facebook 上的营销。但对于营销人员来说，Facebook 是最受欢迎的社会化网站。为什么？因为 Facebook 就是消费者所在的地方。当然还有其他的社会化网站和品牌，它们可以建立自己的线上品牌社区（OBC），但是**社会化网络疲劳**（social networking fatigue）和

社会化锁定（social lock-in）帮助 Facebook 一直保持着主导地位。人们在管理多个社区账号时，疲劳感也会增加。稳定的内容流在多个网络间流动，我们甚至会收到多条通知，这也增加了疲劳感。当用户不能从一个社会化网络把联系人和内容转换到另一个社会化网络中时，就出现了社会化锁定。

人们普遍认同的解决方案就是开发一个具有**身份可携带性**（identity portability）的系统，这样只需要一次登录和一份共享信息，只需一个账号就可以进入所有的社会化网络。这就是**开放式 ID**（Open ID）的目标，即开发一份所有参与网络都能使用的认证协议。但遗憾的是，开放式 ID 只能在启用了开放式 ID 的网站中使用，这限制了用户的可携带性。网站也可以选择用 Facebook 关联来做认证，目前这种应用方式较为广泛。

6.1.4 社会化网络活动

参与是社会化网络的重中之重。我们在媒体平台上如何与别人交流？我们在第 2 章讨论过这个问题。但对社会化社区区域来说，答案包括三部分：交际、交流和分享。

我们可以把社会化网络看作是一个交流中心；事实上，所有的社会化网络都为用户提供一个联系人列表和一个易于和别人交流的界面。然而，大多数网站提供的功能远远超过了这些，社会化网站的新标准是提供工具、微件、应用和功能，旨在鼓励**社会化分享**（social sharing）；网站为人们提供展示数字身份要素所需要的工具。这些要素包括用户或其创造的信息，如观点、照片、视频、歌曲和艺术品。他们也可能以**二手内容**（secondary content）的形式存在——我们在社会化网络上转发别人创造的有价值的内容，例如转发的推文、名人博客的链接，甚至我们在 Facebook 上"赞"过的品牌。关于分享，Facebook 总裁和 CEO 马克·扎克伯格曾经说过："人们越来越喜欢分享更多的以及不同种类的信息，而且越来越愿意公开地与更多人分享这些信息。这是一个随着时间演变而来的社会化规范。"[4]

社会化媒体赋予我们力量，如果可以，我们会通过社会化媒体与别人分享。有些用户是原创者，他们主动创建了视频、广播/音乐、故事和文章、博客，可能还会发布自己的网站。由于 YouTube 上每分钟都会有新视频发布，这些原创者都比较忙，因为其他人可能没有技术，也不想制作原创内容。于是用户很愿意将这项工作交给其他专业人士，但用户还是很热情的内容消费者，YouTube 上的视频每天的观看量达到几十亿。

请记住，分析人员估计潜水者——那些浏览帖子、观看视频的人，他们消费内容，但并没有贡献内容——占到了线上社区人群的 90%。虽然并不是每个人都能创造出在社会化网络中传播的视频和广播，但任何人都可以加入一个社会化网络，更新状态，转发来自他人的二手内容，回复社会化网络中其他人发布的内容。分享改变了这种状况，因为即使是潜水者，也可以向一个更大的社会化网络转发二手内容。从这方面来看，即使是相对被动的参与者也可以扩展自己的社会化范围。访问者可以通过 ShareThis 更容易地分享线上内容。ShareThis 的数据显示，虽然几乎 50% 的用户喜欢用邮件与别人分享有趣的内容，但大多数人还是更喜欢使用社会化媒体与朋友进行分享。[5] 如果使用 ShareThis 这样的软件在社会化网络中分享二手内容，这会大大减少分享所需的时间，内容传播的速度也会更快。这也是营销人员使用社会化媒体作为交流渠道的一个原因。这种病毒式的内容传播扩大了品牌的影响力，如果没有社会化分享，也就无法给用户留下上百万的印象。

关于社会化媒体的一项研究发现，75%的人可能会通过社会化渠道来分享内容。人们采用"社会化"方式分享内容的三个主要原因：一是他们发现这种分享方式很有趣；二是他们认为这对他人有帮助；三是他们认为可以从中找出笑料。虽然分享的内容可以以电子形式发送，但报告显示，大多数人会分享家人的照片和视频、关于家庭和朋友的新闻、搞笑的视频、新闻和博客以及优惠券和折扣。[6]

6.2 社会化社区中的营销应用

正如我们之前所讨论的，社会化社区注重关系。在社会化网络中，品牌可以通过付费、赢得和自有媒体等方法来达到营销目标，包括促销和品牌推广、客户服务、客户关系管理和营销研究。在社会化网络中，品牌可以购买付费空间做广告，使用共享科技来进一步获取广告印象的价值。它们可以在社会化社区中参与和融合品牌，推动赢得媒体和与品牌有关的口碑营销的发展。有些品牌致力于与社会化媒体用户建立更深层次的联系，它们可以赞助社会化社区或创建一种赢得媒体，也会有额外增加的奖金。有些与品牌有关的线上内容链接通过社会化媒体进行分享，这会影响搜索引擎的排名（如谷歌和雅虎）。因此，消费者不仅会受到品牌互动和所处的社会化网络中品牌的影响，还会通过搜索排名查看与品牌相关的内容。我们将在第7章介绍搜索引擎优化时详细讨论这个话题。

6.2.1 社会化存在：品牌作为关系节点

品牌必须在所选的社会化网络社区里创建一个**品牌账号**（brand profile），以便于确定其社会化存在。通过这种方式，品牌成了社会化网络里社会化图示上的一个节点，这样既可以增加品牌与顾客交流的机会，也鼓励了人们与他人互相谈论该品牌。

品牌在社会化网络中创建账号时，网络中的品牌存在就等同于其成员存在。社会化网络中品牌的存在会产生更积极的品牌态度。大家可以与品牌互动，分享信息、图片和视频，参与到双向的交流中。正如我们在第4章中所讨论的，品牌可能会作为一个公司实体、一个或多个代表品牌的人或吉祥物参与进来，无论以哪种方式，品牌都会创建一个账号，代表其形象，在互动中保持该形象。这就像一个好演员，需要"停留在角色里"。这样的话，品牌是比较人性化的。品牌人格化的定义为"向带有商标或专有名称的产品和服务注入人的属性，一般包括人的外观和个性。"[8]品牌吉祥物（也称为发言人）甚至也可以带来拟人化的效果。**品牌吉祥物**（brand mascot）是一个代表品牌独特个性的虚拟人物，它可能是有形的人物角色（如GEICO的壁虎），也可能是代表发言人的演员（如美国前进保险公司的Flo）。[9]值得注意的是，吉祥物和发言人不同，吉祥物是人们能够理解的品牌，而不是关于特定品牌的发明。

建立品牌形象可增强品牌个性，使其不同于竞争品牌，并为感知关系的建立做好准备。无论是通过创意语言（包括风格、音调、创意诉求）还是音乐，这都能有助于品牌建立自己的个性。消费者认为拟人化品牌在二元关系中发挥着积极的作用。[10] 我们可以从品牌的参与度中看到这一点。这些品牌强化了它们在社会化媒体中的个性特征。[11] 消费者也对品牌吉祥物做出了积极回应。消费者在社会化社区里与品牌进行互动时把品牌吉祥物当作人类一样对待，这被称为拟人化反应。[12]

如果品牌的形象深受大家的喜爱和信任，这可以促进**信息内化**（message internalization），即消费者将品牌信念奉为自己的信念。对于用户来说，品牌吉祥物可能是一个完美的选择。人们除了关注代言人的外部特征，还关注其个性、幽默和消费者体验。所有这些方面都可以作为社会化媒体参与的基础。[13]

设计一个好的品牌形象需要什么？品牌形象应与品牌风格保持一致。社会化媒体仍然是整合营销计划的组成部分，因此，品牌风格仍然有用。无论是从拟人化、吉祥物化还是从企业化来看，社会化渠道品牌的"声音"需要保持一致。品牌风格的社会化媒体影响很大，它能够鼓励多人创造内容，并以品牌角色与粉丝进行交流，确保品牌代表的一致性，包括品牌个性特征等指标。

示例 6-2

Travelocity 的漫游侏儒

想想 Travelocity 的漫游侏儒及其品牌形象。这个侏儒很奇特、有趣又无礼，他讲话带有口音，喜欢去不同的地方！侏儒想要鼓励人们看看世界上不同的地方，可以借助 Travelocity 来实现这个目标。关于这个侏儒有什么故事呢？他被绑架了！有一天，他在英格兰的草坪上感觉很无聊；接下来，他和绑匪一起到世界各地旅行。即使后来他获得了自由，他还是非常喜欢旅行，所以他后来就继续走上了旅行之路。
https://twitter.com/RoamingGnome-@Roaming Gnome。

Hanka Steidle/Shutterstock.com

品牌的形象和个性在所有社会化媒体交流中都很清晰明了。
Engage 的作者布莱恩·索利斯建议品牌经理从以下八个方面来构建品牌的社会化媒体形象。[14]

- 品牌的核心价值是什么？
- 品牌的支柱是什么，或说明这些价值的社会化对象是什么？
- 品牌向其消费者承诺了什么？
- 品牌的理想属性是什么？
- 什么属性与品牌相关？

- 存在什么样的机会？
- 品牌如何与公司整体的文化保持一致？
- 什么故事可以帮助品牌更彰显个性？

社会化媒体中有很多碎片化内容，人们很难听到品牌的声音。有几款应用软件可以帮助品牌分析其社会化资料，并确定优势、劣势和机会，如 Likealyzer、Fanpage Karma 和 Cscore。社会化媒体也可以帮助开发网页。

6.2.2 品牌参与和好友广告

世界上最社会化的品牌可能就存在于你的"朋友"中。很多社会化网络用户就如同朋友或品牌粉丝一样。最受欢迎的品牌有星巴克、可口可乐等。有谁不想与奥利奥饼干成为朋友呢？那可是一生的友谊！这些品牌在线上社区保持社会化存在，它们可以邀请人们进行交流和分享与品牌有关的内容。

在社会化媒体营销的早期阶段，品牌作为一种附加方式加入到社会化网络中，以便接触目标消费者。你可以在信息流中看到朋友发的帖子，也可以看到关于品牌的帖子，你可以点赞、加好友和关注。品牌只需要让用户加"品牌"为好友，这样关于品牌的信息就会出现在他们的信息流里。品牌不会为了宣传帖子和品牌而向社会化网络付费，因此社会化媒体被看作是一种免费的媒体渠道。Facebook 的用户通过发帖子能免费接触到的用户人数称为**自然到达**（organic reach）。通过社会化网络中的品牌参与，品牌可以分享有关品牌的优势和特殊交易的信息，为顾客提供关怀，通过与社区里的消费者谈话而建立关系。这些好处当然不是真正免费的，因为社会化媒体参与需要时间的投入。但相比传统广告的花费来说，品牌在社会化社区中的参与是一种能够接触消费者的低成本方式。

如果品牌可以一直吸引消费者（关系营销），鼓励消费者与品牌进行互动，并与别人分享这些互动，那么品牌就能在社会化媒体中获得价值。消费者如果与品牌进行互动，就会提高其品牌忠诚度，与品牌相关的信息也会传播得更为广泛。人们在与他人分享积极的品牌态度和品牌内容时可以产生**赢得到达**（earned reach），因为分享带来的影响来自个人，并且是个性化的品牌支持。这会增加销售量吗？会，报告显示，75% 的用户会购买在社会化媒体上所听闻的物品。我们正在谈论口碑营销的作用，我们已经在第 3 章中讨论过。但第一个问题是，品牌如何发展其网络中的朋友、跟随者、粉丝？

至少，品牌希望消费者成为其朋友，或关注、点"赞"品牌。消费者会关注品牌吗？社会化媒体管理公司 Sprout Social 的数据显示，86% 的社会化媒体用户会关注品牌。品牌和消费者间的社会化媒体关系可能是众多影响购买决定的因素之一，但社会化渠道中的积极参与和积极的品牌态度以及购买意图有关。[15] 57% 的受访者表示他们最愿意购买其关注的品牌。为什么人们会关注品牌？图 6-2 说明了主要的原因，包括对品牌产品的兴趣、找寻交易和动机的欲望。但是有 25% 的用户想要与品牌进行双向对话。换句话说，他们想要与品牌建立关系。

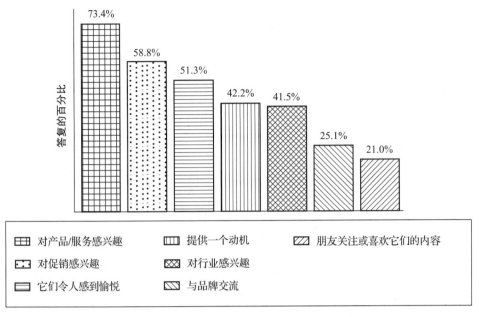

图 6-2 为什么人们愿意关注社会化媒体中的品牌

资料来源:"Turned Off: How Brands Are Annoying Customers on Social," The Q3 2016 Sprout Social Index, Sprout Social, http://sproutsocial.com/insights/data/q3-2016/（accessed June 18, 2017）.
Reproduced by kind permission of Sprout Social, Inc.

帖子的内容和类型

虽然用户可以与社会化社区中的品牌进行互动，但品牌需要慎重考虑发布的内容。社会化社区中关于品牌活动和公司生成内容（FGC）的研究显示，很多品牌把社会化媒体看作广播媒体，发布关于品牌的信息。Gallaugher 和 Ransbotham 关于社会化媒体对话管理的 3M 模式较为重要，其对将公司生成内容概念化很有用。3M 分别是扩音器（megaphone，公司的广播帖）、磁铁（magnet，邀请消费者参与的公司帖）和监测器（monitor，反映消费者对话倾听和回应的帖子）。迄今为止，研究表明大多数品牌都把社会化媒体当作扩音器，却忽视了其作为磁铁和监测器的价值。[16]研究还表明，有些关于品牌的帖子消费者参与（以点赞、分享和评论的形式）度较高，这些帖子具有互动性（提出问题），多以消费者为中心，而不是以品牌为中心（如以受众为中心与以品牌为中心做对比）。[17]例如，Facebook 上一项针对 800 个品牌的研究发现，帖子可以分为信息性的（如产品的特征和价格优惠）或说服性的（如情绪性的或博爱的）。信息性内容会降低参与度，但说服性内容可以提高帖子的参与度。[18]品牌吉祥物也可以发挥一定的作用！它们的帖子主要为品牌代言，分享或转发其他用户的内容。[19]假如帖子中没有说服性内容，但用户却发现内容值得与他人分享，那么品牌会尽可能利用这一点。[20]

品牌现今采用多媒体帖子，特别是照片和视频，以此来提高帖子的吸引力，促进消费者参与。但媒体类型和设计并非影响消费者反应的唯一因素。[21]公司生成内容的目的及其方向（以用户为中心或以品牌为中心）也很重要。²² 消费者不想看到他们所看到的帖子只是另一种形式的广告，他们想要看到与社区对话和社会化背景相关的真实内容。

当品牌将体验融入社会化媒体活动时，参与度会更高。体验融入品牌之中能够大大增加用户点赞、分享和评论的次数。²³ 这就是我们在第 4 章中一直强调要把体验纳入社会化媒体战略规划过程的原因。

品牌是如何运行的？《社会参与状况报告》(the state of social engagement report) 对 6 个社会化社区里的 85 个品牌进行了研究。报告显示，95% 的品牌都选择了常见模式，将社会化渠道作为扩音器；不到 40% 的品牌向其关注者提问题或回应关注者的评论；只有 2% 的品牌会一直回复消费者的帖子。²⁴ 这种方法不仅效果不佳，还会影响粉丝对品牌的关注。人们取消对社会化媒体上品牌的关注，主要原因就是促销信息太多（见图 6-3）。

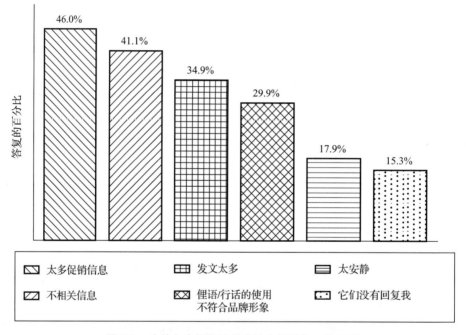

图 6-3 为什么人们取消关注社会化媒体上的品牌

资料来源："Turned Off：How Brands Are Annoying Customers on Social," The Q3 2016 Sprout Social Index, Sprout Social, http://sproutsocial.com/insights/data/q3-2016（accessed June 18, 2017）. Reproduced by kind permission of Sprout Social, Inc.

6.2.3 品牌参与

社会化网络如何鼓励成员参与和分享？它们鼓励成员进行分享，使分享过程变得更加简单。品牌通过为用户提供体验来鼓励参与，这些体验值得用户参与，并与他人进行分享。体验可能涉及四个区域中的任何一个区域，对话就围绕这些体验在社会化社区区域里产生。²⁶

这对参与而言意味着什么？对此人们的解释各不相同。这很可能是因为参与代表的事情有所不同。正如感到满意可能意味着对一系列特定领域感到满意，参与也可能意味着以各种方式参与。不过，我们仍然要重视品牌参与。社会化媒体的本质就是参与，没有参与，社会化媒体可能就如电视一般，参与就是一切的核心。

关于参与存在一个简单的认识，即消费者通过社会化渠道回应公司生成内容。虽然这可能是价值最少的参与方式，但对于品牌来说，也很难采用这种参与方式。我们对 Facebook 上主要品牌（包括汰渍、本田等）参与该品牌粉丝群的百分比进行了统计，参与率从 1% 到 7.35% 不等，平均参与率为 3.7%。[27] 正如我们之前所提及的，品牌可以在互动上做得更好，提供相关的公司生成内容。并非所有的相关因素都受品牌的控制，参与还与很多因素有关，如隐私问题、在购买前使用互联网进行搜索、使用社会化媒体进行社交和娱乐以及在社会化网络上花费的时间。[28]

参与有多种形式。从顾客的角度来看，参与展现了顾客除了购买之外的对品牌或公司的行为表现，这些表现可能受驱动因素的影响。[29] 顾客参与时是如何表现的呢？他们可能展现出积极的口碑行为，提供建议，帮助他人做决定。正如我们在第 3 章中讨论的，对于品牌来说，口碑营销很重要。人们认为口碑营销值得信赖，比广告信息更重要。一项针对 60 个品牌所做的关于口碑营销和用户生成内容影响的研究显示，口碑营销会影响品牌资产、品牌态度和购买意向，但用户生成内容只能改善品牌态度。[30]

当然，品牌包含的层次很多，既有温和型，也有传教型（evangelistic），品牌应该致力于增加低层次的粉丝，在他们身上投资，让他们成为真正的粉丝。品牌可以帮助粉丝从较低层次的参与转向更高层次的参与，借此来发展粉丝群。参与度越高，品牌在正面口碑方面的积极成果越多，消费者对品牌的认知度也越高，销售额也越高。如果品牌能够鼓励用户成为其粉丝，那么这对参与也会有好处。

1. 品牌粉丝

品牌可以有目的地培养**品牌粉丝**（brand fans）。粉丝是指对一个人或者一件事物很有热情的群体。现实中，粉丝会通过购买 T 恤或其他授权产品、加入粉丝俱乐部、观看音乐会或演出来表现他们对名人、球队和音乐家的忠诚与喜爱。在社会化网络中，展示喜爱的类似的方式可能就是简单地在 Facebook 上点赞和"加入"赞助网页。线上的一个粉丝社区就是一个**粉丝群**（fandom）。

世界上拥有最多粉丝的品牌如下：
- 可口可乐
- 红牛
- 匡威
- 三星
- 耐克
- PS 游戏机

- 星巴克
- 奥利奥
- 沃尔玛

好奇你最喜爱的品牌是如何在 Facebook、Twitter、YouTube 等主要社会化渠道上积累起粉丝的吗？访问网站（www.socialbakers.com）搜索免费的社会化数据。

对于那些想真正利用社会化网络与顾客建立关系的品牌来说，它需要参考如 Trekkers（《星际迷航》粉丝群的成员）和 HOG（哈雷戴维森的粉丝）中的粉丝社区关系。兰登书屋的 Figment 就是自有社会化社区的一个例子：其目标人群为喜欢和阅读同人小说的青少年。通过粉丝群的成员身份来定义自己身份的粉丝有 5 个关键的共同点。[31]

（1）情感性参与。对象在粉丝的情感生活中意义重大。例如，Figment 的成员可能将同人小说当作他们自我概念的一部分，把他们在社会化社区里的成员身份当作社会身份的一部分。

（2）自我身份认同。粉丝会自己找出并公开认同与其志同道合的粉丝群体。Figment 的成员称他们自身为"Figgies"，当他们在其他社会化媒体渠道上互动时也喜欢用这个词。

（3）文化竞争力。粉丝对对象及其历史和意义理解深透。"Figgies"是同人小说的爱好者，他们对受欢迎的同人小说的体裁和故事的发展了如指掌。

（4）辅助性消费。除了基本对象外，粉丝收集和消费相关的产品和体验。就 Figgies 来说，他们比较偏爱与其最喜爱的书籍、电影和名人相关的事物。Figgies 可能会穿着戏服参加同人小说会议。

（5）产出。粉丝参与到与对象相关的内容制作中。Figgies 会在 Figment 上刊登同人小说，这样其他粉丝可以在 Figment 上阅读、评论这些故事，并在上面投稿。

Figment 被认为是最成功的品牌社区之一。尽管兰登书屋包含以上五个粉丝特征，但其弱点在于，粉丝是对同人小说而非"兰登书屋"着迷。有些品牌侧重于激发用户对品牌的热情，有些品牌致力于赞助独立于粉丝热情的社区，前者获益更多。

社会化网络中活跃的品牌所聚集起来的粉丝是品牌的真粉丝，还是只是与品牌有某种关系的品牌使用者？点赞、关注都是很容易的事。粉丝点赞一个品牌很容易，而且通常在给品牌广告点赞后再给品牌点赞。这些粉丝会产生对品牌的喜爱吗？可能会，研究表明，品牌粉丝参与社区的原因在于他们已经很喜欢这个品牌，而非其他的原因。[32]

粉丝群的大小（fan base）是品牌在社区内是否成功地建立了知名度的衡量指标。但就品牌资产和持续忠诚度的建立来说，品牌需要的不仅是品牌意识和认知，还需要品牌归属感。采取社会化媒体营销的企业都知道，当顾客的品牌参与较高时，品牌和顾客间的关系也会比较密切。

我们可以把参与度看作是一个连续体。人们一方面通过网络与某个品牌建立联系，可能仅仅因为品牌的存在。例如，你依赖奥利奥这个品牌，可能是因为你小时候的经历让你怀念这个品牌，但这并不意味着你现在还会买奥利奥或参与奥利奥相关的活动。另一方面，人们可能想以更有意义的方式与品牌进行互动，甚至想同品牌一起共同努力开发新产品、呈现新服务。例如，乐高的粉丝参与度很高。拥有强大粉丝群的品牌会为粉丝的访问建立相应的渠道。吉百利、Ben & Jerry、塔巴斯科辣酱、大众汽车和绘儿乐都为热情的品牌粉丝提供了现实中的目的地，处于两者之间的是那些希望得到特价优惠和从品牌内容中获益的粉丝们。

为什么人们参与品牌呢？一个可能的原因是品牌在人们的生活中发挥着积极的作用。品牌帮助人们打造理想的自我，与线上品牌的参与也是打造理想自我的途径。换句话说，品牌是粉丝理想中自我的反映。这就是 PhaseOne Communications 在对 6 个垂直市场中 65 个品牌进行研究后发现的结果。他们发现，用户参与品牌是基于他们希望自身的社会化图示如何被认知。[33] 研究表明，对品牌认识和情感的增加会增加品牌在消费者心中的认知价值。随着消费者对品牌认识的增加，其对品牌的情感和依赖也会增加。[34] 品牌可以利用粉丝来发展新的粉丝。社会化网络上的粉丝活动也会吸引新的粉丝。[35]

参与度在购买决策中起着非常重要的作用。有一项研究具体调查了品牌的 Facebook 粉丝的价值，该研究发现，用户会在与其有社会化网络联系的产品上比在没有社会化网络联系的产品上多花费 72 美元。相对于非粉丝用户，粉丝继续使用品牌的可能性要高 28%，推荐自己关注的产品（相对于非关注产品）给朋友的可能性要高 41%。[36] 在这项研究中，粉丝表示他们和品牌紧密相连。

重要的是，有些品牌会使用社会化媒体来培养客户关系，这些品牌需要找出为粉丝提供**情感回报**（return on emotion）的方法。情感回报主要是评估品牌因粉丝给予其情感依赖而回报的粉丝价值。[37] 传统上，品牌和消费者之间的关系不是对等的，粉丝付出的努力会更多些。一项行业研究表明，品牌如果想要以社会化朋友的身份在消费者中取得成功，想要消费者对品牌产生较高的参与度和忠诚度，就必须让消费者感觉到他们的付出得到了回报，并觉得其和品牌的关系是对等的。[38] 要做到这点，品牌需要与粉丝进行社会化互动，并真诚地与粉丝进行对话。

总而言之，这种社会化媒体营销策略可以提升品牌的知名度，增加人们对品牌的喜爱度，同时也可建立赢得媒体。正如我们之前所说的，品牌应该利用社会化空间为消费者提供分享正面的品牌故事和产品信息的理由。品牌如果要鼓励这种行为，可以向消费者提供一些品牌资源，如可下载的资源、可分享的小插件和壁纸，并可以邀请消费者共同创建品牌化的内容。品牌也可以通过品牌页面发布新产品、公司新闻、比赛和促销以及工作机会，以此来为粉丝提供更多的价值。可能最重要的是，品牌应该回复粉丝的问题和帖子。品牌可以利用以下三项关键策略来鼓励消费者参与到它们的社会化社区中：对话、实时营销以及关于用户生成内容的竞赛和要求。

示例 6-3

品牌形象为参与创造存在和机会

品牌是在社会化渠道的范围内树立其形象的。这就是为什么品牌形象不是真正赢得媒体的原因,品牌形象完全在品牌的控制之下。但品牌仍可以利用不同社会化渠道的特征建立有意义的社会化存在。Zara 就是个很好的例子,它经常发帖子,而且关注时尚潮流,还为广大粉丝开发了一款名为 Lookbook 的软件,以便粉丝紧跟最新时尚风格。这款互动性软件包含照片和视频,经过了优化,适合在手机上使用。

费城采用该项策略来打造旅游业品牌和知名度。目的地营销组织(DMO)名为 Visit Philly,其核心目标在于增加到费城旅游的人数,鼓励他们在旅游期间花费更多!访问 Philly 在 Instagram、Twitter、Facebook 和 Pinterest 的账号,并将这些账号与其 www.visitphilly.com 上的赢得媒体网站联系起来。这些存在旨在将费城打造成一个旅游目的地,加深游客对城市的印象,激发他们想来费城旅游的欲望。Visit Philly 注重摄影的使用,旨在加深人们对该品牌的印象。因此,Instagram 成为其打造品牌形象的主要网络。当然,Twitter、Facebook 和 Pinterest 也可以展示品牌形象。网站上有最佳的图片集和 Philly 粉丝提供的图片。Visit Philly 在 Instagram 上得到人们的喜爱:http://instagram.com/visitphilly#。

fllphoto/Shutterstock.com

2. 对话:品牌交谈

当我们说到"品牌交谈"时,我们指的是交谈!是的,如果品牌打算与消费者展开对话,那么必须进行交谈。这种方法有效吗?显然有效。Twitter 上最受欢迎的品牌就可以说明这一点。像 Charmin、通用电气和美国职业棒球大联盟(Major League Baseball)这样的品牌在 Twitter 上的发文幽默、搞笑,常与粉丝开展多种对话,深受粉丝喜爱。塔可钟(Taco Bell)最明白交谈的作用。交谈使用社会化存在(其甚至想影响赢得媒体)将自身打造成一个时尚、有趣的朋友。虽然品牌经理担心这种资源投资可能不会增加销售量,但对于塔可钟来说,这似乎不是一个问题。据报道,在头两个月塔可钟卖出了 1 亿多份多力多滋玉米卷——你猜对了,它是通过社会化媒体进行销售的。塔可钟是怎样做到这一点的?塔可钟的社会化存在很人性化,并与用户进行交谈!这些交谈可能是在你、我或任何一个用户之间进行的,但这些对话很有趣、极具吸引力!例如,与 @menshumor 的交谈。[39]

@menshumor:今天早上我生了一个"食物婴儿"(food baby),我认为他的爸爸是 @tacobell。

@tacobell:我打算进行 DNA 测试。

3. 实时营销

什么是实时营销（RTM）？实时营销有点像社会化媒体对话。品牌发布能在某个时刻引起共鸣的帖子，不管这些帖子是有计划的还是自发的。正如我们之前讨论的，品牌能在社会化网络中引发对话。品牌可以通过实时营销利用当前事件与用户展开对话。这些信息的维持性很短。亨氏番茄酱（Heinz ketchup）利用其社会化媒体粉丝群，"逼迫"超级碗（Super Bowl）进行广告宣传——提高了参与度，同时避免了在比赛期间投放价值 500 万美元的广告植入。在比赛的前几天，亨氏使用 #SMUNDAY 展开了一场舌战，向"超级碗"请愿，希望将"超级碗"之后的星期一定为国庆假期，并指出平均有 1 600 万人在"超级碗"之后的星期一打电话请病假。实时营销的信息有时甚至比常见的 30 秒广告还要短！但由于其及时性和相关性，效果十分显著。

示例 6-4

奥利奥的推文引发了实时营销

自发的例子是什么样的？奥利奥就是一个使用实时营销的例子，可能也是第一个采用实时营销的品牌。在 2013 年"超级碗"期间，供电意外中断，导致比赛暂停。奥利奥的数字化公关反应及时，并在 Twitter 上发文并附上"你仍可在黑暗中浸泡饼干"。虽然奥利奥在广播期间没有采用付费广告，但它仍可以利用实时体验来分享其品牌信息。

Family Business/Shutterstock.com

4. 用户生成内容的竞赛和要求

品牌在提升用户参与和分享时，可以在社会化社区中产生很多形式的内容。其中最常见的就是**用户生成内容的营销活动**（user-generated content campaign，也称为 UGC 竞赛）。对品牌来说，这种营销活动为消费者在创建可分享的内容时提供了一种参与和互动的方式。线上营销人员的含义很广，包括很多常用的短语和与用户生成内容相关的首字母缩写词，也称为用户生成媒体。**用户生成媒体**（consumer-generated media，CGM）或用户生成内容能代表所有用户生成的内容。如果创建者出于自身意愿而不是受品牌激励或引导创造内容，则称用户生成内容是自然的。品牌的自然的用户生成内容在正面推广品牌时是很有价值的，表明消费者的参与度很高。例如，YouTube 上有一些表现对 iPad 的喜爱之情的视频，这就是自然的用户生成内容——苹果公司并没有邀请或者激励粉丝创建和发布该视频。

这种方法有效吗？研究表明，用户生成的社会化媒体传播会对品牌资产和品牌态度产生积极的影响。经过验证，竞赛是一种真正有效的传播方式。[40] 对比使用电影主题微型网站（它是关于电影的社会化媒体竞赛）和没有使用网站的电影票的销售量发现，将两种方法结合起来最有效。[41]

UGC 营销活动有时也称为**参与广告**（participatory advertising）。品牌会邀请用户创建内容，制定强制性的指导方针和细则，甚至可能还会给参与者提供一些精选的品牌资产，如之前电视广告的镜头等。但是品牌必须注意社会化媒体中的规则，不管这些活动在 Pinterest、Instagram 还是在 Facebook 上开展，每种社会化媒体都已经有其规则。UGC 竞赛鼓励目标受众创建和提交与活动有关的内容，然后这些内容以**画册**（gallery）的形式在社会化网络中进行分享，这样其他人可以浏览并将这些内容传递到他们的社会化网络中。

UGC 竞赛利用消费者网络让消费者参与进来并传播信息。一方面，组织和监督这个过程并推广这些竞赛需要花费一定的精力；另一方面，与专业广告商制作商业广告的高昂费用相比，这种竞赛以相对较低的成本为品牌提供了有趣的内容！根据竞赛的设计，UGC 竞赛还可以利用不同的方式让不同类型的消费者参与进来，如创造者、参与者、健谈者和收藏者。此外，它们还可以为记者提供关于品牌故事的素材。因此，这种方法最终加强了品牌的公共关系。

UGC 经常需要个人故事和照片。例如，恒适（Hanes）的营销活动"秘密颜色"，女性在 Twitter 上分享了她们内衣的颜色。这次营销活动与品牌的核心产品相契合，也与品牌的目标受众有关，因为女性选择的颜色反映了她的个性和情绪。另外一个竞赛是"创造你自己的广告"，包括菲多利、多芬和雪佛兰在内的众多品牌都使用过这种营销方法。赞助商用一些奖励，如奖金或上电视的机会，以此来扩大订阅量。

6.3 品牌社会化社区

最终，品牌可以借用像 Facebook 这样的社会化网站发展和参与社区（称为**嵌入式品牌社区**（embedded brand community））或者开发独立的线上社区（也称为**线上品牌社区**（online brand community））。不管使用何种方法，社区管理都是市场优化的重要部分。《社会参与状况报告》根据以下类型对 85 个品牌的社会化社区参与质量进行了评分：①凝聚性的社会化营销策略；②积极的社区管理；③内容、质量和叙事方法；④参与和社区关系的建立；⑤与影响者的合作；⑥更多的努力。社区的任务是获取社区成员提供的价值内容，包括教育、客户支持、娱乐、慈善、特别优惠或销售请求。社区关系建立包括快速、有效地与成员进行交流，回应他们的帖子。在这项研究中，真正有吸引力的品牌数量其实很少。事实上，在 85 个品牌中有 51 个品牌的得分不高于 50%，只有 3 个品牌的得分大于 80%，也就是 Spring、Pfizer 的 Meningitis 社区和美国电话电报公司。那么底线是什么？品牌可以通过社会化媒体参与进来，特别是能够在品牌社区中获益。品牌如果想充分从社会化社区的价值中获益，还需要做进一步的改进。

6.4 社会化网络中的付费媒体

品牌可能在整个网页上做广告，也可能在社区内进行宣传。营销人员每年在社会化网络付费广告上的投资超过320亿美元,该投资量的近70%都被Facebook收入囊中。[42]

自然品牌印象比付费印象更具影响力和可信度。简而言之,自然地注意到Facebook印象的用户受网站上活动的影响更大。[43]为什么营销人员会在社会化媒体上投资付费广告?因为算法。现今算法网站会在会员的新闻推送中提供信息,但这使得品牌信息难以传达给粉丝。过去,信息流是按照时间顺序排列的,但随着时间的推移,社会化网站开始使用算法为每位用户提供定制的新闻帖子。Facebook的算法是基于数千个变量设计的,旨在为每份提供给用户的内容给出**相关性分数**(relevancy score)。对于用户来说,这样的体验更加完整,用户可以看到更多之前互动过的品牌和喜欢的内容。马克·扎克伯格对此解释道:"我们的目标是为世界上的每位用户打造完美的个性化报纸。"[44]扎克伯格认为,虽然Facebook每天在固定时间内要推送的帖子约有1 000条,但成员每天平均阅读的帖子只有100条。

对于营销人员来说,这是一个坏消息。浏览自然帖子的用户占多少?研究表明,浏览自然帖子的用户占比可能低至2%,绝对不高于16%。[45]换句话说,对于拥有100万粉丝量的品牌来说,其每条帖子的浏览量只有2万。因此,很明显,品牌浏览量在营销方面很难达到其该有的目标,这也意味着更少的参与,即较少的点赞、评论,最后导致对话、流量和顾客量也会有所减少(见图6-4)。预计情况可能会更糟糕。Facebook对品牌提出警告:不久的将来,品牌自然浏览量可能低至零。

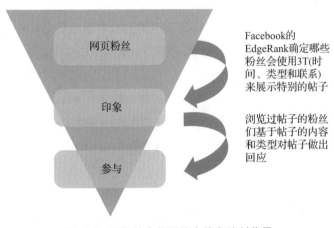

图6-4 理解社会化网络中的自然浏览量

这就是公司转向社会化网络上付费媒体的主要原因。这些广告的形式有视频、手机软件上的广告,或者是较为整合(没有侵入性的)的本土广告。我们可以使用地理细分、人口统计细分、心理统计和行为目标来定位社会化网络中的付费广告。我们是否需要记住从社会化文件中获取的会员资料数据和行为数据?社会化网络对于这些数据的使用为广告商提供了先进的定位技术。在过去几年中,Facebook的定位能力提高了不少。营销人员可以根据人口统计、兴趣、网络行为等实现他们理想用户量的目标。公司可以将客户数据库和网站访问者数据库的电子邮件地址与相应的社会化媒体用户结合起来——其也被称为**自定义受众**(custom audiences)。Facebook的目标受众群体比较类似,比较符合已知客户的特征。现今比较受欢迎的方法是使用有针对性的广告来"重新定位内容",这被称为"再营销",曾经访问过公司网站的用户可以在Facebook上浏览该公司产品的广告。除了定位以外，社会化网络还为广告商提供跟踪性和有效性的报告。我们将在第 11 章更详细地讨论这些报告的信息。

6.4.1 广告类型

展示广告（display ad）可能包括文字、图片、视频，很像传统的印刷广告和电视广告，但它们是出现在网络中的。图 6-5 为我们展示了主要社会化网络的广告选择，包括每种广告的优点和缺点、每千次印象收费（CPM）和具体的参考因素。[46]

无论这些广告是文字形式的（如报纸中的分类广告）、文字和图片混合形式的（如杂志上的平面广告）还是**富媒体**（rich media）形式的（如电视广告），数字化展示广告都有一个**响应装置**（response device），通过这个装置，浏览者可以点击广告（称为**点击进入**（click through））到达目标**着陆页**（landing page）。着陆页是指用户点击广告进入品牌网站时所看到的第一个网页。对营销人员来说，着陆页至关重要，因为其内容决定了访客是否会继续浏览这个网站。

展示广告的外观与网站类似，网站上显示的广告也被称为原生广告。据 eMarketer 估计，到 2018 年社会化网络中的原生广告的价值将超过 230 亿美元。[47] 美国互动广告局（Interactive Advertising Bureau，IAB）将原生广告定义为"与网页内容紧密结合，融入设计，并与平台行为一致的付费广告，用户对其有一种归属感"。[48] 虽然广告内容是社会化网络成员共享的自然内容，但其是以"流"的形式进行传播的。由于广告内容与社会化网络中的内容一起自然地传播，因此不会像传统广告那样中断用户体验。出于这个原因，人们认为原生广告没有那么刺激，而且更有效。例如，Facebook 上的赞助帖子、YouTube 上的精选视频以及 Twitter 上的推广推文。尽管广告设计利用技术的能力一直在增强，但当前的原生广告类型主要还是内容提要、付费搜索、小工具、促销列表、广告里的原生元素和定制。[49] 使用美国互动广告局原生广告评估框架对原生广告进行分析，可得到其五个特征。[50] 广告所投放的网络有所不同，每个特征都代表了一个连续的范围，从最和谐到最不和谐（见表 6-1）。

原生广告并不是社会化媒体甚至数字媒体所独有的。软文在平面媒体中也很常见，其将付费广告与编辑内容相结合。原生广告类似于软文，必须贴上标签，标明其内容是广告，而不是自然内容。为什么？《美国联邦贸易委员会法》（Federal Trade Commission Act）禁止使用具有欺骗性（包括歪曲或遗漏事实）、误导性的广告，规定必须在合理的情况下行事。[51] 原生广告一直致力于与广告所在的网络背景保持一致，其结果实质上是一种伪装——广告看起来并不像广告。因此，如果消费者知道这些内容是被赞助的，态度可能也不一样。出于这个原因，美国联邦贸易委员会为原生广告的使用制定一份指南。[52] 底线是什么？广告必须是透明的。如果广告设计掩盖了广告的身份，那么必须进行明确的公示。一个理性的消费者应该能够区分什么是付费广告，什么是网络内容（无论是编辑的还是自然的、用户生成的内容）。常见的公示包括"广告、赞助"等标签。研究表明，尽管有这些公示，但大多数人还是无法区分原生广告和其他网络内容。一项研究发现，即使广告进行了标记，也只有 8% 的参与者能够认出原生广告。当参与者认出广告时，他们倾向于负面地评价广告内容。[53]

社会化广告

	Facebook	Twitter	Instagram	LinkedIn	Pinterest	Snapchat	YouTube
每月活跃的用户数	18亿	3.13亿	6亿	1.06亿	1.5亿	4亿	1.5亿
每千次印象收费	7.19美元	10美元	5.68美元	27美元	基于你设定的每次点击成本	55～100 000美元	活动不同，费用不同
千禧一代的比率	41%	36%	34%	13%	67%	63%	34%
优点	• 最大的社会化网络 • 精确的定位能力	• 人们在看电视时发推文 • 广告商可以发布联合广告、组织Twitter活动	• 拥有众多千禧一代用户的大型社会化网络 • 适用于形象较佳的品牌	• 准确的信息资料可以接触和定位大量职业用户	• 用户基于主题创建帖子，进行调研阶段可以接触高质量用户	• 用户参与，一般必须采取行动，使用广告或赞助	• 用户比较熟悉视频、声音和动作的格式
缺点	• 上涨的广告成本 • 很难打破聚集群正确的广告定位	• 定位能力较差，广告位置不多	• 平均来说，相较于Facebook，每次点击成本（CPC）较高，但点击通过率（CTR）较低	• 用户登录次数不如其他的社会化网络更新	• 只能通过促销进行广告	• 进入成本较高 • 广告不可分享 • 无额外链接	• 前置性广告被认为具有侵略性 • 无法定位具体视频
选择	• 基于CPC或CPM • 新闻提要中赞助的帖子 • 正确的广告定位	• 推广的推文 • 推广的账户 • 推广的趋势	• 赞助的帖子	• 正确的广告定位 • 新闻提要要赞助更新	• 推广图钉	• 赞助故事 • 赞助挑选 • 前置式广告	• 展示广告 • 视频显示广告 • 前置式广告 • 后置式广告
最新发展	• Facebook要求Instagram允许基于用户表现购买允许基于用户在Twitter外基于搜索历史进行定位跨平台运行广告	• 允许用户在Twitter外基于搜索历史进行定位	• 添加一个蓝色的动作按钮 • 赞助帖子未增加高质量流量	• 最近发布了工具，允许在平台外进行定位	• 考虑增加"购买"按钮，这最近公开交易，这可能会增加平台的购物量	• 故事里新的广告很新，最近公开交易，可能会增加平台购物的机会	• YouTube red，新的付费播放平台，无广告 • 可跳过和不可跳过的广告

图6-5 主要社会化网络中的广告选择

表 6-1　美国互动广告局原生广告评估框架

特征	描述	和谐程度高	和谐程度低
形式	广告如何适应整体的网页设计？它在浏览者的活动流里吗	流内广告传送	流外广告传送
功能	广告是否与网站上其他类型的内容功能相同	与网站内容匹配	与网站内容不匹配
综合	广告在行为上如何与周围的内容进行匹配	监管网站行为	不监管网站行为
购买和定位	广告的投放是否对网络进行定位	定位较窄	定位很广
评价	广告设计旨在品牌推广（根据参与进行分析）或直接回应（根据对话进行分析）	品牌参与的衡量	直接回应的衡量

用社会性加强付费广告

社会化广告是线上展示广告，其整合了广告或广告定位中的用户数据，并使用户能够在广告单元内或着陆页上进行某种形式的**社会化互动**（social interaction）。在这些应用程序中，基于用户的特征和网上行为，用户数据被用于传递与接受者相关的广告信息。这些广告常常会为用户定制广告内容，甚至可以整合一些相关内容提供给目标用户。这些广告根据用户账号、图片、用户间的关系、来自应用程序的数据以及用户在社会化网络内的互动实现其个性化发展。社会化广告与其他线上的展示广告有些相像，也有回复功能，感兴趣的浏览者可以点击广告进入着陆页（可能是品牌的社会化账号页面）。个性化的社会化广告增强了广告的感知相关性、品牌态度、点击意向、广告记忆。[54] 以下是三种不同类型的社会化广告。[55]

- **社会化交互广告**（social engagement ad）包含广告创意（图片或文字），鼓励用户和品牌进行互动（例如"赞"按钮或链接。）
- **社会化情景广告**（social context ad）包括广告创意、互动工具和个性化的内容。
- **社会化原生广告**（organic social ad）是指当用户与品牌互动后（例如"赞"这个品牌），这种行为会出现在其活动流中。当人们和品牌互动后并且认为其可信度较高时，才会出现社会化原生广告。

当社会化原生广告（也称为**衍生品牌内容**（derivative branded content））被社会化交互广告或情景广告触发时，广告效果会大大提高。但局限就是，只有在社区成员与品牌社会化广告在品牌的主页上互动，或者与一些品牌应用或游戏进行互动后，社会化原生广告才会生成。如果没有人与品牌进行互动，就不会生成社会化原生广告。

付费媒体是一种有价值的传播方式，能够确保目标用户接触到品牌信息。广告可以传递消息，广告设计使得社会化网络用户能够与其进行互动，并与他们的社会化网络分享广告。因此，付费广告就像"种子"(seed)一样,能够在共享时传播更多的品牌印象。当然,营销人员也可以通过其他方式进行社会化媒体营销活动。

6.4.2 广告设计元素

虽然广告可以包括照片、视频和交互元素(如广告中的小游戏、链接和文字),但是Facebook上常见的广告包含六个要素,如图6-6所示。[56] Facebook上最受欢迎的广告类型是Page Post Link广告,Facebook上的广告最常使用的词语是你/你的、免费、现在和新的。

1. 标题——广告的主要标题,标题必须少于250个字符才能吸引用户。
2. 文本——关于产品或网站的简短描述。
3. 说明——有关品牌、产品或报价的信息。
4. 标题——指向品牌网站的网址链接。
5. 号召行动——显示用户应该点击的按钮。
6. 图像——与品牌或产品相关的有趣图片。

图 6-6　Facebook 广告设计元素

资料来源:Debra Garber,"How to Win at the Facebook Ads Game: Pros and Cons,"DLVRIT,September 2016,https://blog.dlvrit.com/2016/09/facebook-ads(accessed June 18, 2017).

这些内容通过强调消费者的观点、突出价值等自然而然地吸引了很多用户。广告应包含行动号召。最受欢迎的商品交易顾问策略(CTA)包括"了解更多""立即购物"和"注册"。商品交易顾问邀请顾客与广告进行互动,向感兴趣的客户提供品牌的着陆页,并提供衡量广告回应的方式。

● **批判性反思**

罪恶关联：Facebook Live

当消费者在社区中看到品牌信息时，有些因素可能会影响他们对品牌、品牌信息的感知及其反应。发布在品牌信息附近或周围的信息流就是其中的一个因素。例如，在"情绪传染"实验中，成千上万的Facebook用户的信息流被系统操纵，以增加或减少他们对负面或正面信息的接触。结果显示，用户的心情和情绪会受到他们看到的帖子所表达的情绪的影响。这会影响用户后来在自己的帖子中所要表达的情感。如果Facebook用户在他们的信息流中看到图形犯罪，这可能会产生什么影响？他们的情绪反应是否会转移到品牌上，影响其对品牌的态度？

这是我们现在不得不考虑的风险，Facebook Live曾经直播了团伙强奸芝加哥的一名年轻女子的事件。[57] 有40名用户在他们的信息流中看到了这个帖子，并观看了视频。可悲的是，没有一个观众向警方报告该起事件。这并不是Facebook Live第一次直播犯罪。几个月前，凶残的袭击者殴打残疾人，并使用Facebook Live直播他们的犯罪行为。

媒体研究表明，用户对信息的理解会受到网络和周围内容的影响。事实上，这是使用原生广告的部分逻辑。Facebook Live是实时流媒体。为了防止不当内容的传播，品牌需要仔细研究和考虑Facebook上广告的潜在影响。

最终，品牌可以借助付费媒体和赢得媒体在社会化媒体营销中实现最大收益。付费媒体和赢得媒体互相支持，为自有媒体增加流量。图6-7展示了付费媒体和赢得媒体如何在社会化媒体中进行品牌信息的推广。最近的研究强调了品牌参与社会化社区的重要性，因为品牌管理着多个品牌信息源之间的互动。谷歌的零关键时刻（ZMOT）研究证明，人们在购买产品之前可能会接触到关于某个品牌的大量信息，而这些信息的来源有品牌传播、社会化社区和新闻媒体中的口碑传播。广告曾经是一对多的沟通模式，但是定位和数字媒体使广告能够进行一对一的沟通。与此同时，通过社会化媒体，口碑已经从一对一的沟通转变为一对多的沟通。信息来源的互动性和相互依赖性产生了一种**回声效应**（echo verse），被定义为品牌或公司运作的整个沟通环境，其中用户相互贡献，并受到彼此行为的影响。[58]

品牌环境中的利益相关者之间存在反馈循环。当品牌在回声效应中运营时，它们应该利用个性化的社会化媒体与品牌粉丝和顾客进行交流。

6.4.3 品牌是否为社会化关系做好了准备

显然，在社会化媒体上运营的品牌以及社会化网络中的用户都会收益颇丰。在决定社会化关系是否适用于特定的品牌之前，管理者应该提出以下这些问题。

- 品牌是否准备参与进来？数字营销机构Organic的首席执行官马克·金顿（Mark Kingdon）表示，品牌必须与用户展开对话，因为用户非常希望与品牌合作，不是所有品牌都是为了参与而设立的，许多品牌只是为了向观众宣传它们的信息。[59] 一些品牌仅仅满足于单向的沟通。

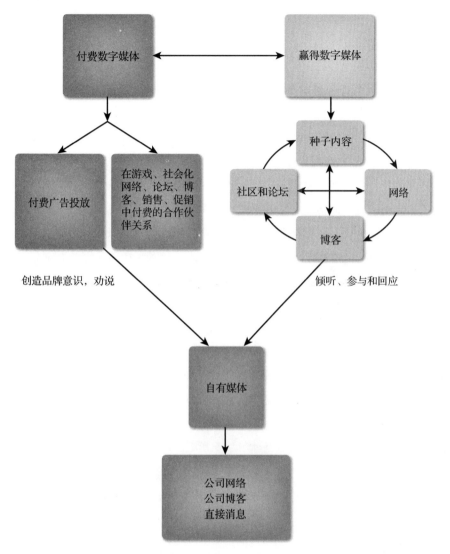

图 6-7　自有、付费和赢得媒体间的关系

- 如果传统品牌想通过社会化媒体参与进来,应该在哪里参与?品牌是否应该拥有自己专属的社会化网络空间(例如耐克的在线社区 Joga)?品牌是否可以通过使用现有网络(如 Gather 或 Facebook)与消费者进行对话?有没有适合品牌的社会化网络?例如,Purina 非常适合在 Dogster 上进行广告宣传,但它在 Glue 上的宣传效果可能不佳。
- 如何打造品牌形象来反映品牌的个性?品牌会用什么样的声音与消费者展开对话?品牌如何在网络上互动?
- 如果社会化网络上的品牌忠诚者之中存在"粉丝页面",品牌该如何利用粉丝网站更好地实现其目标?
- 如何将品牌的社会化网络整合到其他营销活动中?整合可以从简单的步骤开始,例如在其他品牌信息中加入 Facebook 图标,并利用社会化网络进行优惠券分发、竞赛管理等促销活动。

◎ **微案例研究**

蒂托的伏特加孕育了品牌社区

由于新一代的消费者特别钟爱鸡尾酒,因此伏特加一直享有盛誉。蒂托的伏特加就是个例子,蒂托的伏特加产自得克萨斯州,手工酿造,中等价位,铜壶蒸馏。不久前,蒂托仅限于主要提供工艺白酒的酒吧,现在其销售量超过了"坎特一号"(Ketel One)等主要的酒品牌。

该公司由伯特·蒂托·贝弗里奇(Bert"Tito"Beveridge)创立,随着蒂托不断参观酒吧、参加节日、分发样品,并分享他手工制作的伏特加的故事,蒂托的品牌知名度逐渐建立起来。鉴于蒂托的基础来源于一对一的沟通,它几乎完全使用社会化社区存在和参与来宣传其品牌,这也许并不令人感到奇怪。负责蒂托社会化媒体营销的两人团队使用 Sprout Social 进行社区管理,倾听不同的声音。这对团队一些决定的做出帮助非常大,例如季度鸡尾酒的口味确定。

蒂托的粉丝是 Facebook、Instagram 和 Twitter 上嵌入式品牌社区的一部分。品牌使用了酒瓶的标签和手柄 @TitosVodka 的形象,但在帖子和对粉丝的回复中清楚地显示了品牌的个性。品牌帖子旨在与蒂托的粉丝交谈、互动,在谈及相关内容时与每个网站的文化和参与规则保持一致。例如,"新开始"(Fresh Start)活动邀请了生活中那些正在寻找新方向的人参加一项名为"排在中间"(Line Down Middle)的活动。参与者在左边写下他们喜欢做的事情,在右边写出他们擅长的事情。蒂托提醒参与者,他们的未来应该是他们的激情和才能的交汇点,鼓励人们使用标签 #TitoMoment 在社会化媒体上分享这次活动。蒂托也忠于其品牌历史。Facebook 上的"遇见创始人"(Meet the Maker)活动为各行各业的工匠庆祝。[60]

蒂托声称是爱狗人士的伏特加,在 Spotify 上有品牌播放列表,播放有名的关于狗的歌,如 *Hound Dog* 和 *Who Let the Dogs Out*,这加强了品牌的影响力。粉丝通过标签 #vodkafordogpeople 发布了关于他们的宠物狗的照片,这在 Instagram 上创建了用户生成内容。唯一比狗更能激发热情的社会化对象就是婴儿。

社会化媒体活动是自然参与的最佳实践方式。蒂托在接受企业家采访时说:"对于口碑好的品牌来说,社会化媒体是一个不错的平台,因为它关乎的不仅仅是谁拥有最大的话语权。"这一想法得到了蒂托社会化媒体协调员凯蒂·格豪森(Katy Gelhausen)的回应。她表示:"我们从未看过社会化媒体可以作为另一种宣传方式……我们处于社会化网络中,因此我们的客户可以与我们交谈。"[61] 品牌粉丝对话是品牌社会化活动的秘诀。品牌承诺回应粉丝的评论,并且正在这样做!蒂托中 80% 以上的社会化媒体帖子都是对

ohrim/Shutterstock.com

粉丝邮件的回复。

结果

蒂托的销售额和市场份额证明了其使用社会化媒体营销取得了成功，参与度指标也说明了这一事实。它每次发帖平均会有 500 多次互动，品牌社区的规模也越来越大。蒂托推出社会化媒体沟通对话方式后，粉丝的参与度提高了 162%，粉丝分享品牌内容的自然印象提高了 81%。[62] 社区成员增加了 10%，其 Facebook 社区有 7 万多名成员。在 Instagram 上，蒂托的伏特加有 4 万多名粉丝，在 Twitter 上的关注量超过 5 万。

⊙ 本章小结

社会化网络社区如何让用户参与和共享？

用户围绕体验进行参与。品牌通过与其营销目标相关的体验策略为用户提供帮助。社会化媒体网络为社会化互动提供了一个框架，其专注于建立和维护品牌与用户间的关系。品牌、用户或者其他人会提供一些内容，我们经常会围绕这些内容与品牌进行交流和协作。品牌支持这种参与。

品牌如何利用社会化网络社区进行品牌推广？

品牌基于自有、赢得和付费媒体三种方式，利用社会化网络社区进行品牌宣传。品牌应该在选定的社会化网络中构建社会化存在。这不是真正的自有媒体，但它是品牌在社会化社区中的代表。品牌支持品牌粉丝之间的互动，最终可能形成嵌入式品牌社区。品牌可以通过参与对话、使用实时营销以及创造机会来鼓励用户创建内容，从而获得媒体的支持。品牌也可以创建自己的社区网络。最后，品牌还可以购买付费广告。

品牌如何通过社会化网络自然地接触消费者？品牌粉丝表现出哪些特征？

Facebook 将用户通过发帖免费涉及的人数称为自然到达。社会化网络中的品牌参与使品牌可以与社区消费者进行对话，共享有关品牌优惠和特价优惠的信息，提供客户关怀，并与用户建立关系。这些好处并非是真正免费的，因为社会化媒体的参与需要投入时间，但与传统广告的成本相比，社会化社区的参与成本较低。品牌也可能鼓励用户成为品牌的粉丝。品牌粉丝对某件事或某个人充满热情，他们会购买 T 恤或其他特许产品，加入球迷俱乐部，并涌向音乐会或体育场来表现对名人、运动队和音乐家的喜爱。在社会化网络中，类似的喜爱的表现形式可能是点击 Facebook 的"赞"按钮和"加入"赞助页面。

什么形式的付费媒体可以用于社会化社区？为什么付费媒体对社会化媒体营销人员很重要？

品牌可以在整个网页中植入广告，也可以选择在社会化社区内做广告。公司逐渐意识到自然到达和广告印象的局限性，于是逐渐转向社会化网络中的付费媒体。付费媒体的形式可能有视频广告、移动应用程序中的广告等，付费广告采取原生广告的形式，可能会更加自然（侵扰性更小）。社会化网络中的付费广告可以使用地理位置和人口统计数据、心理学和行为来进行定位。社会化网络使用成员资料数据和行为数据为广告商提供先进的定位技术。营销人员可以根据人口统计数据、兴趣、网络行为等来获取消费者的信息。

⊙ 关键词

内部社会化网络（internal social network）	外部社会化网络（external social network）
垂直网络（vertical network）	社会化网络疲劳（social networking fatigue）
社会化锁定（social lock-in）	身份可携带性（identity portability）
开放式 ID（Open ID）	社会化分享（social sharing）
二手内容（secondary content）	品牌账号（brand profile）
品牌吉祥物（brand mascot）	信息内化（message internalization）
自然到达（organic reach）	赢得到达（earned reach）
品牌粉丝（brand fans）	粉丝群（fandom）
粉丝群的大小（fan base）	情感回报（return on emotion）
用户生成内容的营销活动（user-generated content campaign）	画册（gallery）
	参与广告（participatory advertising）
用户生成媒体（consumer-generated media，CGM）	嵌入式品牌社区（embedded brand community）
	线上品牌社区（online brand community）
相关性分数（relevancy score）	自定义受众（custom audiences）
相似的受众群体（lookalike audience）	展示广告（display ad）
富媒体（rich media）	响应工具（response device）
点击进入（click through）	着陆页（landing page）
社会化互动（social interaction）	社会化交互广告（social engagement ad）
社会化情景广告（social context ad）	社会化原生广告（organic social ad）
回声效应（echo verse）	

⊙ 复习题

1. 什么社会活动是社区参与的重中之重？
2. 品牌如何在社区中创造身份？
3. 社会化媒体中的社会化网络有哪些类型？
4. 社会化广告的特点是什么？社会化广告的效果如何？
5. 品牌如何在社区中与消费者进行互动？

6. 什么是赢得媒体？品牌如何利用社会化网络活动来获取赢得媒体？
7. 品牌粉丝的特点是什么？

⊙ 练习题

1. 讨论：社会化网络应该掌握我们的社会化数据吗？当我们在网站和网络周围留下数字化足迹时，社会化网络收集和使用我们留下的信息是否侵犯了我们的隐私权？
2. 讨论：如果你社会化网络上的一位朋友在一天或一周中分享了多个品牌广告，这是否会改变你对该朋友的印象？你会觉得你的隐私被侵犯了吗？
3. 讨论：Facebook 上的朋友是否和真正的朋友一样？Facebook 上的粉丝是真粉丝吗？请解释。
4. 分析 Facebook 上的品牌账号。思考 Gallaugher 和 Ransbotham 的 3M 模型。品牌是否会使用社会化媒体发布帖子？这些帖子的参与程度如何？
5. 采访三位热衷于某种兴趣的人，记录他们在该爱好上所花的时间和资源。尽管他们对不同的爱好充满热情，但你观察到了哪些相似的或共同的模式呢？他们是否对社区有兴趣？你看到他们的行为中有表现出粉丝的五个特征吗？

第 7 章 CHAPTER 7

社会化发布

■ 学习目标

当阅读完本章时,你将能够回答以下问题:
1. 社会化发布有哪些渠道?
2. 通过社会化渠道发布的内容的原创者是谁?什么样的内容才可以发布?
3. 发布内容要具备什么特征才能够增强其质量和价值?市场营销人员怎么更好地计划和组织社会化发布战略?
4. 社会化发布在社会化媒体营销中的作用是什么?社会化媒体营销人员如何利用搜索引擎优化和社会化媒体优化来实现营销目标?
5. 如何推广社会化内容?社会化新闻和社会化书签网站在内容推广中起什么作用?

7.1 社会化发布区域

本章的焦点转移至社会化媒体的第二个区域,即社会化发布区域,如图7-1所示。**社会化发布**(social publishing)指通过社会化发布网站生产和发布传播内容。**内容**(content)是社会化团体中的价值单位,类似于经济体系中的美元。用户参与社会化互动一般都是为了发布内容。社会化网络通过提供所发布内容的数字位置来帮助用户提高传播影响力,同时鼓励其他用户参与和共享。社会化发布能够使内容原创者将他们所创作的作品(用户生成的内容)展现给世界,并分享给其他用户,这个过程不会像传统发布模式那样给用户交流制造障碍。随着社会化媒体的发展,社会化发布生态系统也随之发展。个人用户类型从业余人员到专业人员。像杂志和报纸这样的传统媒体组织也利用社会化发布来推销它们的产品,并把用户受众吸引到自家的媒体网站上。不同组织利用社会化发布向其利益相关者传播信息。当然,社会化发布同样也是品牌努力进行内容营销的一个重要渠道。品牌重视社会化发布,因为它有极强的信息传播能力和吸引用户的能力,同时还能通过同伴分享、捕捉受众反馈、识别潜在客户和优化搜索引擎等来扩大用户受众群体。

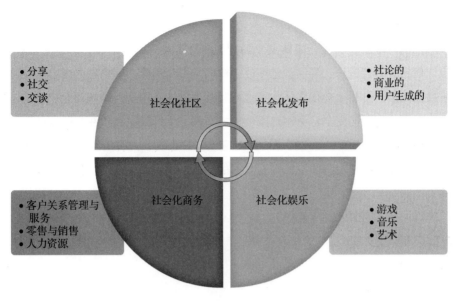

图 7-1 社会化发布区域

社会化发布的渠道包括博客、媒体共享网站、社会化网站、社会化书签和新闻网站等。其中，博客是定期更新内容的网站。媒体共享网站包括视频共享网站（如 YouTube、Vimeo 和 Ustream）、照片共享网站（如 Flickr 和 Instagram）、音频共享网站（如 Podcast Alley）以及文档和演示共享网站（如 Scribd 和 SlideShare）。社会化网站越来越多地利用多媒体技术，例如 Snapchat 用户就可以分享照片和视频。你可以看出来，一些支持社会化内容发布的社会化网站都能够促进社会化社区的关系，对于 Facebook 来说尤其如此。作为一种社会化实用工具，它提供社会化媒体所有四个区域的功能。决定社会化发布质量的不是社会化网站，而是其发布的内容，这些内容能够促进其他用户参与内容讨论和发表意见。

在本章中，你将学习到一些创建和发布内容的基本原则，了解营销人员如何设计内容来优化搜索引擎和社会化媒体，以及如何通过撰写社会化媒体新闻稿、发微博、编辑社会化新闻和书签网站来推广社会化内容。

7.2 内容的发布

内容营销已经成为市场营销的核心环节。美国内容营销协会称，**内容营销**（content marketing）是一种"战略营销方法，它专注于创造和分配有价值的、相关的、一致的内容来吸引和保留明确的目标受众，最终推动和激发客户的购买行动"。[1]内容营销强调品牌应该发布吸引用户的高价值内容。品牌可以在自有、付费或社会化媒体渠道发布内容，但是无论如何，社会化媒体中发布或分享的内容都是为了推动用户群体参与、交流和壮大。

7.2.1 内容的类型

在线发布的内容和通过社会化媒体共享的内容有许多类型，包括研究、指导、意见、散文、诗歌、小说、信息、时装照片、建议、艺术或上周朋友聚会的照片等。这些内容可能是原创的也有可能是拼接而成的。一些社会化媒体内容也具备其他的发布用途，例如商业广播、娱乐电影或新闻故事。这些内容有可能完全是由用户原创和发布的。尽管我们经常在某些网站上看到"二手内容"，但是在理想情况下，社会化媒体内容不应该仅仅是线下内容的线上展示。请注意社会化发布的内容与社会化社区中用户共享的内容之间的区别，如评论、照片、公告和社会化社区中其他共享的帖子等。

这些内容以如下不同的形式出现。

- 博客推送和专题文章。
- 新闻。
- 白皮书、案例研究和电子书。
- 时事通信。
- 视频（预先录制和直播）。
- 在线研讨会和演讲。
- 播客。
- 照片。
- 信息图片。

内容可以以其中任何一种形式出现。不断发展的技术增加了现有的内容表现形式。例如，虚拟现实应用已经衍生出了"沉浸式视频"，也被称为360度视频。在多种形式的虚拟现实中，沉浸式视频是最容易制作、发布并且拥有最低的体验成本的视频形式之一。《纽约时报》《经济学人》《美国国家地理》等杂志和其他出版商已经将虚拟现实融入其社会化媒体发布的内容中。[2]

内容越来越趋向于多层次化，除了内容主体之外，其他的附加应用或者拓展服务也逐渐流行起来。例如，《旅游与休闲》杂志发布了一篇关于时尚解决方案的文章，以探讨旅行服装难题。同时，它的在线网站也发布了这篇文章，但却附上了其他社会化功能，包括360度视频、评论选项、分享链接、书签选项和一个叫作 *Pack and Play* 的小游戏。最初的内容是通过传统报刊传达给用户的，现在逐渐发展为通过在线杂志分享给用户。但只有内容具有交互性、参与性和共享性时，我们才能称内容具有社会化属性。还要注意的是，具有社会化属性的内容能给用户带来更多的价值。最初的发布者通过网站上的分享装置和网站黏度（使网站对在线广告商更具吸引力）来吸引更多的读者。读者可以更好地利用文章中的信息，因为他们可以分享给他人或者存储起来以供以后参考，或者玩玩在线小游戏来放松心情。

图 7-2 提供了用于社会化发布的最流行的内容品牌类型、关于最佳使用渠道的关键信息和将内容生产进行外包的难度等级。

内容类型	描述	定义	益处	适用对象	外包成本	难点	提示
博客	大多数内容营销人员认为博客是他们内容营销的基石；公司博客允许发表主观观点	在线评论、建议、标语、清单等的在线收集器	排名搜索、思想领导、社区建设、订阅量增长	公司网站	低至中	容易上手，但是比较难维护	将关键词和讲故事紧密联系起来，写吸引人的标题，搭配让人感兴趣的图片
文章	为读者撰写客观性的文章	有益的、能提供信息的文字	排名搜索、思想领导	公司网站、访客回复	低至中（依据文章长度来计算）	低	征求学科专家的意见，解决常见问题，附上有趣的图片
信息图表	大多数人喜欢数据和故事的视觉化表现	数据、列表、想法和故事的视觉化表现	有极大的分享潜力，在较小的空间里交流分享信息	博客、Pinterest、幻灯片共享	高	高，需要有设计经验	发布带有信息图表的安全帖子；保持简单化，并将代码嵌入信息图表
视频	视频已成为内容营销的主导形式	类型包括指南、动画、纪录片、演示等	高度参与和转换，吸引移动用户	YouTube、Vimeo、博客	通常较高	制作要求从低到高	使视频保持有趣和人性化，确保音频的质量较高，搜索引擎优化并发布完整部分文字
播客	目前较流行，但仍未被充分利用	一种音频程序，像无线电一样	吸引移动用户	博客、iTunes和其他播客网络	中至高	有时间限制	制定一个固定的时间表，语音技能招聘，投资高质量的录音设备
个案研究	强大的销售支持工具	客户成功的真实故事，通常是文本形式	信誉助推器	网站、博客	中	有时间限制	包含指定信息，进行访谈，使用其他格式（如播客和视频）

图 7-2 社会化发布内容的形式、渠道和执行

内容类型	描述	定义	益处	适用对象	外包成本	难点	提示
电子书	用途广泛，功能强大，可在长时间内提供多种服务	大量使用图形的多页文档	思想领导	提供关键页面，需要登录（要填写表格）	高	有时间和研究限制	要提取关键信息，例如提取某项研究或者某个行业领袖的经验信息
白皮书	适合复杂类型的产品	有高教育性的内容	思想领导	提供关键页面，需要登录（要填写表格）	高	有时间和研究限制	预先计划提取关键信息并重新使用，例如提取某项研究或者某个行业领袖的信息
电子简讯	及时通过电子邮件向客户发送内容	有内容信息和链接的邮件	培养潜在客户	适用于所有设备和可接受电子邮件的用户	中	简单，通常基于现有内容	提升内容质量，保持内容简洁
问答比赛	受欢迎，尤其受年轻人欢迎	有趣、互动的测试和评估等	高参与度	博客、社会化媒体	中	参与要求较高	使用简单的格式，例如多项选择、分数/结论、高度视觉化
社会化媒体的视觉内容	为吸引社会化媒体用户而创建或选择的插图、照片或拼贴画	带有字幕、引文和/或标题的图像	被活跃的社会化媒体用户高频次共享	Pinterest、Facebook、Instagram	低	低	根据社会化渠道定不同格式，设计吸引眼球的内容，尝试不同的写作风格

图 7-2（续）

资料来源：based in part on information reported in Barry Feldman, "Types of Branded Content," Feldman Creative, February 5, 2016, http://feldmancreative.com/2016/02/types-of-branded-content（accessed June 20, 2017）. Reproduced by kind permission of Barry Feldman.

7.2.2 内容传播渠道

内容传播需要用户。为了吸引用户,发布者需要制定分销渠道策略。内容将在哪里发布?人们不仅在数字化领域阅读内容,社会化媒体在推广内容时也会吸引用户。本章会回顾一些典型的渠道类型。请记住,不同形式的内容适合在不同的渠道发布推广。

1. 博客

博客于 1994 年以一种简单的、按时间倒序发布的在线日志的形式开始流行,并逐渐发展成个人和企业都广泛使用的发布媒体。迄今为止,存在数以亿计的博客,博客显然成了人们的内容发布渠道。同样,博客的形式也发展了许多:曾经人们简单地通过文字来分享意见、活动和经验,如今许多博客都选择用多媒体来表达各种信息。当博客里面带有视频时,则被称为 vblog。博客大体上是一种自有媒体,由博主来管理网页和博客的内容。此外,一些社会化媒体以博客的方式运营,但那些不能归入自有媒体的范畴。例如,汤博乐博客的博主可能是博客业余爱好者、兼职写手、企业博主或者自媒体博主。许多有影响力的人都是博主。要了解更多关于博客的历史,请阅读 Hubspot 公司(一家专门从事集客营销和销售软件的公司)撰写的博客文章《博客历史的简要时间轴》。[3]

博客为博主们提供了许多机会,他们可以表达意见、分享专业知识、销售线上广告来获得收益,并吸引客户前来咨询。同时,博客还为组织机构提供了机会,例如让某些组织机构成为某项话题的意见领袖、吸引用户到该机构的商业网站浏览或者建立其他公司网站的超链接提升品牌知名度等。[4] 例如,一个名为希瑟·阿姆斯特朗(Heather Armstrong)的女性博主利用自己的博客 Dooce 把自己塑造成为一个能够为读者提供女性生活视角的有创造力的作家。[5] 另外一个例子是一个名为大卫·阿玛诺(David Armano)的博主通过自己的博客 Logic + Emotion 将自己塑造成为一名视觉思考者和交互设计师。[6] 博客也许是人们进行创意表达的渠道,但同时也蕴藏着商机!

在世界范围内影响力排名很靠前的博主通过发布在线广告、联合营销、品牌赞助和代言每月赚取数十万美元。事实上,皮特·凯什摩尔(Pete Cashmore)作为 Mashable 博客的创始人,是世界上收入最高的博客作者之一,收入估计为每月 60 万美元。该博客是由凯什摩尔 19 岁时在苏格兰创建的。[7] 另一个非常受欢迎的博客是 Dogshaming,它通过收集读者投稿的内容来发布一些好玩的宠物狗图片从而积攒人气。

2. 多媒体共享网站

像博客一样，多媒体共享网站允许个人和组织在线发布内容。博客属于自有媒体范畴，而多媒体共享网站属于口碑型媒体，它不受个人或组织的直接控制。Instagram、Pinterest 和 YouTube 都是多媒体共享网站。通常，选择使用哪个媒体共享网站取决于要发布的内容类型，内容的风格应该符合网站的特点。比如，有些多媒体网站的风格偏正式、严肃，有些却古怪、另类。

示例 7-1

"福特社会化"连接了自己的社会化发布渠道

福特公司面向全球用户创建了公司的媒体中心，即"福特社会化"。其中，视频内容在其 YouTube 频道上共享，照片在 Flickr 和 Instagram 上共享，事件新闻和其他的公司相关内容在 Scribd 上共享，同时还在 Twitter 上共享实时新闻。将在第 9 章提到的评论也是一种内容形式，同样也可以通过媒体共享网站发布。像 Pinterest 和 Instagram 等媒体共享网站则可以在鼓励用户参与的同时带动销售。

访问 http://social.ford.com。

Chuck Wagner/Shutterstock.com

7.2.3 内容生产者：什么才是"真实的"

内容有很多形式，有时甚至很难将其归类。在线内容尤其如此，真实的内容与虚假的内容之间的界限变得越来越模糊。例如，人们经常和朋友分享 YouTube 上特别惊奇或激烈的广告，但在很多情况下，这些视频并不是由产品公司创作的（抱歉让你失望了）。事实上，网络世界中虚假和夸张的消息（有时候被称为**城市传奇**（urban legends））的扩散速度非常快，而一些专业网站除了核实或驳斥这些信息之外，什么也不做。其中，Snopes.com 网站就是一个非常有名的例子。

当我们试图查找内容的来源或者作者时，这种模糊的界限同样存在。之前，我们很容易以消息内容区分新闻、社论或商业新闻等。例如，新闻报道以客观公正的方式报道事实。而**社论**（editorial message）则是将意见和解读连同事实信息一起发布。最典型的例子是报纸的社论版面，作家可以在上面提出批评政府、公司或政治家的论点。这部分文章被清晰地标记为社论。与此相反，一些商业信息内容，如广告，明显是为了说服读者或观众改变其态度或行为；广告投放者在把信息投放进社会化媒体之前通常要支付一定的费用。所以，如果一份传统的报纸上出现了关于环境立法或对允许捕鲸的政府实施制裁等长达半页的说辞，很显然，这半页的内容是由某个组织赞助并支付了费用的。

对于新闻和教育类内容而言，传统的新闻机构会聘请记者去研究、验证之后再撰写可信的、客观的报道。然后，这些新闻会通过报纸、时事通信、杂志和广播电视节目等传达给付费观众。传统媒体把控内容信息和传播渠道，但仍遵循公认的行业准则和规范。同样，传统的娱乐公司或生产商也依据这些规范创造并传播自己的内容。过去，广播网络管理着自有电台上播放的电影和节目，并且商业内容信息和非商业内容信息的转换界线也非常明显，通常在播到商业信息时，广播会发出这样的公告，即"接下来播放一条来自我们赞助商的信息"，或者直接告知"以下是广告内容"。

但是现在，这种界线变得越来越模糊。因此，对消费者来说，他们可能并不清楚通过社会化媒体（各种形式的媒体）发布和共享的消息的真实性与可信性。例如，今天的新闻报道既包括对调查结果的客观叙述，也包括一些对已发生新闻的主观叙述和解读。**新闻解读**（interpretive journalism）这一行为模糊了编辑信息与真实新闻之间的界线，因为它超越了真实事件发生的背景、基本事实等给出了另外的结果推测。我们在第6章介绍了原生广告的发展，它其实也模糊了社会化媒体中普通发布内容和商业付费发布内容的界线。

虽然传统媒体传播的内容信息仍然具有价值，但随着消费者越来越多地转向其他渠道来获取新闻和娱乐，传统媒体资源面临着一定的发展困难。人们不再需要通过订阅当地的报纸来获取可信的新闻。相反，他们可以在智能手机上阅读电子邮件、Twitter文章、博客和社会化网站的更新。一些数据表明，超过60%的成年人从社会化媒体上获取新闻资讯。[8]这种巨大的转变迫使世界范围内的许多传统媒体供应商倒闭，因为它们没有找到新的方法来盈利。一些主流报纸，例如《旧金山纪事报》等已经关闭，而其他传统媒体与网络公司进行了合并，例如美国老牌周刊类杂志《新闻周刊》被《每日野兽》新闻网站收购。另一些传统媒体寻求其他的出路，它们试图将纸版信息（一些新媒体用户喜欢将其称为"废纸"）转移到线上移动端供用户阅读。例如《美食家》就发展出了第一本线上手机杂志。由于订阅和广告收入下降，它暂停了传统业务，转而把文章分享至用户手机上。但是，不同于传统的单向信息传输模式，线上内容允许社会化用户在应用程序内互相交流、共享信息和玩游戏。

除了商业信息和非商业信息之间的界线外，现如今我们还见证了用户原创内容（UGC）的爆炸式增长。正如我们所看到的，这些内容是新兴社会化媒体的生命线。在很多情况下，人们进行原创并发布内容是出于个人原因，他们并不求获得经济回报。例如，一位自豪的父亲拍摄了儿子高中毕业时的视频并与家人分享；一位满怀期待的年轻母亲记述了她怀孕和生孩子的故事；一对退休夫妇记录保存了他们每年一起旅行的照片等。

那么这些用户原创内容有什么新的发展吗？从某种意义上说，几乎没有！自古以来，人们就写故事、画肖像、写日记，以及最近人们热衷于拍摄家庭事件的照片和视频等。可以说，比较新的发展要属社会化媒体价值链的变化了。人们可以将这些内容分享至极远距离之外的其他用户。今天，他们在Flickr上发布的照片，或者在YouTube上分享的昨晚喧嚣派对的视频，都可以被其他用户看到。这些内容信息主要是在社会化社区（区域1）的大环境内共享的，但它同时也属于社会化发布区域的内容。

就内容本身而言，用户原创内容一般被认为是真实的信息，因为它被认为代表了创作者的观点。原创内容的主题实际上可以是任何内容，包括与品牌相关的内容。品牌和消费者都可以从用户原创内容中受益；它可以促进消费者的购买意识、购买欲望和购买选择。当用户搜索某产品或某品牌的具体信息时，这个用户可能就会阅读到与此相关的其他用户的原创内容。而且，由于社会化媒体的力量，这些内容可能会影响消费者的想法，甚至改变公司的营销活动。在**文化共同创造**（cultural co-creation）这个短语中，共同创造（生产者和消费者之间）意味着文化的传递和反馈。事实上，正是由于用户原创内容对品牌形象的影响，才引导营销人员判定品牌当下是否与消费者之间存在文化传递和反馈。实际上，一些品牌已经接受了文化共同创造的理念，它们找到了让消费者参与的方法。例如"分享你的故事"活动的流行就是品牌共同创造的体现。

7.2.4　内在动机与外在动机以及内容真实性

区分用户原创内容是用户主动发布的还是被一些组织机构邀请发布的有助于我们鉴定这些用户原创内容到底属于自主型分享内容还是驱动型分享内容。**自主型分享内容**（organic content）指用户从心底想发布和分享的内容，并且人们倾向于认为自主型分享内容是真实可信的。在社会化媒体的早期发展阶段，大多数内容就是由普通人（用户）贡献的自主型分享内容。现在这种"众包"模式已经被品牌利用来完成更加复杂的任务，从而从"众包"内容中获益。**消费者共建内容**（consumer-solicited content，CSC）指消费者被邀请发布但未获得相应报酬的**民众广告**（citizen advertising），这实际上是消费者参与营销内容创造的另一种方式，有时营销人员将这类广告称为参与式广告；品牌会征集消费者的意见，制定强制性的指令和规范，同时可能允许他们在发布意见和内容信息时使用品牌标志以及以前的广告。此外，**驱动型分享内容**（incentivized content）指的是用户在外部刺激（例如，赢得比赛的机会、得到免费的商品，甚至直接赚取现金）下发布的内容。在这些情况下，消费者发布的内容信息实际上是对商家行动号召的响应。行动号召指的是在营销活动中商家对消费者的直接请求。其实，你可以在电视广告中看到类似的营销手段。例如，在电视购物广告中，主持人提醒观众"请立即打电话，我们的工作人员已经准备好了丰厚的奖品！"，这就叫行动号召。在社会化媒体营销中，行动号召能够确保人们参与到社会化媒体活动中来。也许最著名的例子就是由多力多滋公司和百事公司赞助的"超级碗"大赛，这场比赛给最终被采纳的广告提案的创作者提供100万美元和线上展示广告的机会。最后，一个昵称为"时间机器"的创作者只花费了300美元就赢得了这两项大奖。这种营销方法使多力多滋公司的广告影响力倍增，前十名用户提交参赛的广告作品都极具创意和影响力。这个营销案例令人印象非常深刻，只要人们回想起来就会知道多力多滋公司的广告是由参与者参加比赛时自制的并且成本很低。

赞助内容（sponsored content）是指付费内容。内容创作者会通过这些内容而得到一定的报酬，品牌在进行营销活动时也可以积极寻找有名的博主、电视制作人和艺术家等有影响力的人参与其中。例如，PayPerPost公司为了让一些博主发布其产品信息，通常会向这些博主支付一定的广告费。而这些博主就可以被称为**代言博主**（spokesbloggers）。这些博主还可以通过其他方式来支持公司的产品，例如出席或举办相关活动。这一现象在时尚界尤为普遍，像全球著名时尚博主艾米·宋（Aimee Song）在粉丝用户群体中的声誉就非常高。用户通常都希望博主发布的博客（以及社会化媒体空间中其他形式的内容）内容为独立的、非赞助的和非商业性的，因此美国联邦贸易委员会（Federal Trade Commission，FTC）发布了创作社会化媒体内容的明确规范。该规范的目的是通过确保赞助透明化来保护公众在社会化媒体领域免受隐形广告的困扰。这就是本章的批判性反思话题。

伪造内容（counterfeit conversations）指组织机构借用真实消费者的口吻发布的内容。例如，据说因为之前太多顾客在福来鸡（Chick-Fil-A，美国的一家炸鸡连锁店）的Facebook主页抱怨投诉，于是福来鸡在Facebook上创建了一个傀儡账号。对此，一个昵称为Abby Farle的女孩在Facebook上回应了众多顾客的投诉并为福来鸡维护声誉。但是后来，这个女孩的账户被发现是伪造的，因为有人注意到了这个女孩的个人主页的图片是一张股票照片。[9] 另外一个例子是关于塔吉特服装品牌。当塔吉特服装品牌宣布其品牌旗下的童装将不再区分为女装或男装时，顾客们蜂拥而至，在其Facebook账号下面抱怨、批评。这时一个名为Mike Melgaard的Facebook用户却为塔吉特品牌辩护。他创建了一个冒牌的Facebook账户，并以AskForHelp为昵称伪装成塔吉特品牌的顾客服务账号。这个账号用了一张带有牛眼睛的图片作为主页照片，然后开始肆意地用讽刺挖苦的言语来回复那些前来抱怨投诉的客户。在这个假冒账户被关闭之前，它大概存在了16个小时并评论了大约50个帖子。[10] 由此可见，品牌欺诈、假冒官方品牌的个人用户诈骗者都是日益严重的问题，无论是对那些声誉受损的品牌，还是对那些可能成为骗局受害者的消费者来说都是如此。

7.3 开发有效的品牌内容

根据美国内容营销协会的数据，89%的B2B品牌和83%的B2C品牌会使用社会化发布和内容营销。[11] 品牌内容使组织机构能够开发出更具战略性和精心设计的信息，并通过社会化渠道传播，从而通过高口碑传播获得用户的关注、参与以及提高自己的声誉。为了实现有效营销，品牌必须开发出符合其战略和品牌形象以及对目标用户有价值的内容。表7-1表明了B2B和B2C企业的营销人员在利用社会化发布时想要达成的目标。表7-2则给出了B2B和B2C企业营销人员使用的内容类型。

任何媒体中内容的价值都不相等。有些是垃圾信息，有些是重要信息，有些非常有趣，有些鼓舞人心，而有些只是为了娱乐观众（如美国真人秀节目《与卡戴珊姐妹同行》）。如图7-3所示，我们可以根据**内容价值阶梯**（content value ladder）来衡量内容的独创性和价值。[12] 让我们仔细看看这个阶梯的分类。

表 7-1　B2B 和 B2C 企业营销人员使用社会化发布所追求的营销目标　　　　（%）

营销目标	B2B	B2C
品牌意识	79	74
用户参与度	71	71
营销拓展	80	66
顾客黏性/忠诚度	56	63
销售额	62	53
通过增长订阅来增加用户受众	52	50
客户宣传/培养品牌倡导者	42	46
潜在客户培养	66	45
向上销售/交叉销售	38	30
节约成本	16	22
其他	2	3

资料来源：Content Marketing Institute，*B2C Content Marketing: 2017 Benchmarks, Budgets, and Trends.*

表 7-2　B2B 和 B2C 企业营销人员在使用社会化发布策略时所发布的内容类型　　　（%）

内容类型	B2B	B2C
社会化媒体内容	83	85
博客	80	75
电子邮件	77	75
电子书/白皮书	65	35
预先制作的视频	60	60
带信息的图片	58	48
网络会议	58	31
在线展示	42	31
插图/照片	39	45
交互式工具	28	31
电子杂志	17	15
移动手机 App	14	21
播客	12	10
内容集线器	10	10
现场直播	10	16
虚拟会议	8	6

资料来源：Content Marketing Institute，*B2C Content Marketing：2017 Benchmarks, Budgets, and Trends.*

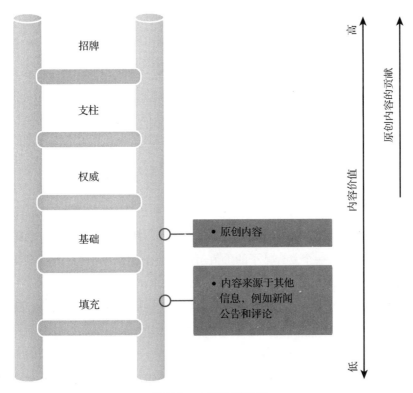

图 7-3　内容价值阶梯

- 内容价值阶梯的最低等级是最不重要的内容类型,即填充内容。**填充内容**(filler content)指从其他信息来源中获取并简单加工的内容。ArticlesBase.com 网站是一个免费的在线文章库。该网站收集那些作者为了扩大其在线工作范围而上传的文章。其他用户可以免费使用这个网站上的文章。他们只需要搜索感兴趣的话题,复制和粘贴文章到他们自己的文档,同时标注出原作者即可。填充内容也可以有其他的信息来源(例如博客和媒体共享网站上的帖子),也可以从例如公共新闻专线和美联社报道中寻找信息内容。
- 除了填充内容以外,阶梯中的其他内容都是**原创内容**(original content)。原创内容指的是由原作者发布的内容。但由于这些内容通常不具有权威性,所以其还无法作为相关领域的资讯参考。
- 如果原创内容的发布者是该领域的权威专家,那么这些内容可被称为**权威内容**(authority-building content)。一些品牌作为本领域的专家和思想领袖,通过发布带有反向链接的内容来建立和维持企业声誉。
- 如果信息内容的来源为原创内容提供了坚实的基础,那么这些基础内容就被称为**支柱内容**(pillar content)。一般来说,支柱内容由能够持续吸引用户的内容组成。内容产生的影响随着时间的推移呈指数增长,因为不断有用户通过发布、引用和转发来分享这些内容。在此情况下,这些帖子被称为**复合帖子**(compounding posts)。[13]

- **招牌内容**（flagship content）指的是原创的、具有权威性的内容，并且还是对未来相关领域发展具有影响力和借鉴性的内容。换句话说，招牌内容是有助于定义某种现象或塑造人们在很长一段时间内对事物的思考方式的开创性内容。这些内容创造了未来几年的吸引力。因此，招牌内容也被称为**常青内容**（evergreen content）。

在第 5 章中，我们讨论了开发包含各种质量层次的内容（高质量内容或普通质量内容）的意义和价值。其实第 5 章所讨论的与本章的内容价值阶梯相似，两者都认识到品牌必须提供一些高价值的内容来吸引受众，但只开发高价值的内容是不现实的。如果这样做，可能会导致平台内容不够丰富从而打断营销节奏。也就是说，开发高价值的、原创的内容是值得的。HubSpot 研究中心分析了 15 000 多家公司的数千篇博客文章。[14] 结果表明，只有 1/10 的帖子是复合帖子，但这些帖子吸引到的用户占整个博客流量的 38%。其他帖子的活跃周期都不长，一般在吸引一定的阅读量后迅速沉下去。据悉，一个复合帖子的价值超过六个普通帖子，并且更能够吸引阅读、激发后续阅读并鼓励销售。

高价值内容有什么特点呢？这个问题的答案取决于其所属的行业类别和针对的目标受众，但普通的高价值内容有一些共同点。例如，有些高价值内容使用的都是高质量素材，有些高价值内容则在素材内容种类上具有多样性并且极具代表性。表 7-3 给出了五种常见的内容类型。[15] 每种类型都可满足受众的需要，并提供受众所需的信息。尽管指引类和清单类的内容在各种社会化媒体中都很受欢迎，但还是要记住内容应该有益于人们的交流。品牌在 Instagram 上发布的内容的风格、语气、长度以及描述标签可能和品牌博客的内容不同。品牌根据所投放的社会化渠道不同对同一内容做出不同的修改，这有助于更多地收集目标受众的意见和看法。

表 7-3 支柱内容的类型

类　　型	描　　述	相关例子
指引类内容	这种类型的内容最流行，它整合发布在不同网站（例如 Digg 和 StumbleUpon）的内容提出建议、意见或者操作方法	如何用电锅制作布朗尼
定义类内容	这种类型的内容通常会给出定义。这种内容虽然非常直截了当，但它对于读者来说是非常有效的	如蒂姆·奥莱利的文章《什么是互联网 2.0 时代》
术语类内容	这种类型的内容会提供与某些主题相关的一系列定义和信息导览	如文学类术语表
观点类内容	这种类型的内容会提供与报纸社论类似的关于某些主题的观点，所提供的观点通常比较深刻	对于"媒体是否具有社会化性"的讨论
清单类内容	这种类型的内容通常以提纲或者清单的形式出现，有的比较幽默，有的比较实用，并且便于读者阅读和消费	10 个重要的 USB 驱动技巧

资料来源：based on Starak,"How to Write Great Blog Content——The Pillar Article".

内容还可以根据不同的功能（抽象性或实战性）、主题广度（宽或窄）和主题讨论的时效性（长或短）进行分类。广泛且基础的话题是广大受众所感兴趣的。实战性内容通过解释重要信息、提供指导意见或建议来帮助受众。长时效性话题拥有居高不下的讨论度和讨论时限，而普通内容有可能很有意思，但是一旦受众感到无趣便会立即丧失讨论度。利基受众则对更加专业的话题感兴趣，而相对较小的受众规模则产生较少的内容阅读量、喜欢和分享量。短时效性的内容对时间比较敏感。换句话说，总有一天再也不会有人讨论这些内容。这些内容可能和当下发生的事件有关（新闻报道）或者与有时效限制的公告新闻有关。短时效性内容一般为填充内容或原创（但内容价值较低）内容。Hubspot研究中心发现，大多数复合帖子都更具话题广泛度、实战性和高时效性。

这些原则是否适用于各种内容的推广？比如原创内容、品牌内容、赞助内容（例如品牌会赞助有名的内容制作者来制作内容）或与品牌相关的用户原创内容。对于营销人员来说，内容应该对目标受众有一定的价值，目标受众接触到这些内容之后有想继续了解或者想分享品牌的意愿。接下来让我们来看看一些成功应用社会化发布策略的品牌的具体例子。

Velocity Partners 公司利用社会化发布策略来吸引并接触客户。基于 B2B 营销策略，Velocity Partners 公司希望能够向潜在客户传播企业文化，同时把维持与客户之间的良好关系的特点和准则制成了电子书《B2B 营销宣言》（*the B2B Marketing Manifesto*）并在其网站上发布。用户可以下载这本电子书（一旦用户留下基本联系信息，企业就会将其归入可持续接触的用户范围），也可以在网站上发表评论，还可以把链接分享至 Twitter、Facebook 和其他社会化网站。钢泰科技公司（Indium Corporation）是一家提供制作电子产品的材料的公司。你可能会想，这样一个公司使用社会化发布策略可以做什么呢？但事实是，这家公司在营销过程中的确使用了社会化发布策略。该公司创建了一个名为从一个工程师到另一个工程师（From One Engineer to Another）的博客账号，为目标客户提供指导建议和培训。另外一个例子是 French Connection 时尚公司，该公司为了和消费者更亲近，在 YouTube 上建立了一个频道，名为 YouTique，制作发布能为用户提供时尚建议的短片。Lauren Luke 开始是在英国纽卡斯尔做兼职化妆品销售员，后来她开了一个 YouTube 频道，在上面发布化妆教学视频来帮助她销售更多的产品。这些视频有数以百万计的点击量，使她一跃成为这个行业的红人。仅仅 5 年之后，她就有了自己的化妆品品牌和系列书籍。

你注意到上述示例中普遍的运营模式了吗？无论 B2B 还是 B2C 市场，线上内容都具有极高的价值并且与品牌的推广非常相关。品牌发布线上内容并不仅仅是为了销售产品，更多的是为了吸引用户主动将内容分享给他人。而用户愿意将内容分享给他人归根结底是因为这些内容足够好并且与用户的互动和相关度足够高。

这就让我们明白了社会化发布过程中关于创造高价值内容的最后一点。请记住，我们希望我们所创作的内容能够被观看，但我们也希望内容能够刺激受众参与和分享到自己的社会化网络。因此在创建内容时，我们要问自己创建出来的内容是否有趣，是否足以激励用户参与和共享。

7.4 合理分布内容及提高内容质量

如果高价值内容不能吸引到目标用户，那么企业也不能实现营销目标。这意味着，社会化媒体发布人员不仅需要依靠搜索引擎和少数粉丝来推动有机到达，还需要合理分布内容及提高内容质量。根据美国内容营销协会和市场营销人员的研究，营销人员平均使用六种社会化媒体渠道来发布内容。[16] 他们也会在社会化网站上投放付费广告来向目标用户传达信息。所以，要给用户留下好印象，就要发布并推广相关内容。表 7-4 展示了营销人员所使用的不同的发布渠道。表 7-5 则展示了营销人员提高内容质量的不同方式。

表 7-4　B2B 和 B2C 企业营销人员所使用的社会化发布渠道　（%）

发布渠道	B2B	B2C
Facebook	76	89
领英	89	66
Twitter	77	73
YouTube	59	65
谷歌	35	37
Instagram	26	47
SlideShare	26	10
Pinterest	30	39
Medium	6	5
Snapchat	3	11
汤博乐	2	8

资料来源：Content Marketing Institute，*B2C Content Marketing：2017 Benchmarks，Budgets，and Trends*.

表 7-5　B2B 和 B2C 企业营销人员为了使发布的社会化内容更活跃所选择的付费促销方式

（%）

对于社会化内容的付费促销方式	B2B	B2C
社会化推广	84	89
搜索引擎营销	67	76
传统的在线横幅广告	55	60
本地广告	41	50
内容发现工具	18	29
不使用任何方式	8	7
印刷或其他线下促销	58	68

资料来源：Content Marketing Institute，*B2C Content Marketing：2017 Benchmarks，Budgets，and Trends*.

对于营销人员来说，社会化发布有两个目标：①增加对品牌信息的曝光；②使用内容为品牌自有媒体导入流量。社会化发布过程类似于我们看到的传统广告活动的媒体策划过程。**媒体规划**（media planning）是指社会化广告内容的传播渠道，如利用收音机或制作广告牌将创意内容传播给目标用户。媒体规划人员根据目标用户吸引率、信息曝光量和广告预期收入制定广告投放策略。社会化发布和媒体规划的不同之处在于：在社会化发布区域，内容的曝光量不仅依赖于广告（一般指静态多媒体广告），还依赖于搜索引擎、其他网站和社会化媒体社区中的链接点击量和分享量。换言之，传统媒体规划利用付费媒体实现市场营销目标，而社会化发布依赖于自有媒体和口碑实现营销目标。

正如传统媒体的规划需要深思熟虑一样，品牌在制定社会化发布策略时也需要充分考虑其中的复杂性。营销人员不仅需要开发内容，还需要制定营销策略，例如通过提升搜索引擎排名以及利用社会化网络共享来最大限度地传播内容。事实上，适合组织机构使用的站内、站外优化策略有两种（这两种策略可以分开使用也可以同时使用）。表 7-6 对这两种策略进行了总结。

表 7-6 媒体优化矩阵

优化类型	站内优化	站外优化
搜索引擎优化	优化站内内容的价值、标签、关键词、标题和 URL 网址	在站外发布相关内容；添加对原始网站的超链接 创建链接轮（linkwheel）结构
社会化媒体优化	为站内内容添加分享和订阅链接，从而增加转载量和曝光量	推广社会化新闻和社会化书签网站 借助微博头条 创造社会化媒体新闻点

搜索引擎优化（search engine optimization，SEO）是一个提升网站内容、优化网站特点以及提高网站内容契合度从而提升所发布内容在搜索引擎上的排名的过程。只要用户在搜索引擎进行搜索查询，营销人员开发的内容在搜索引擎的排名就可以慢慢靠前。SEO 是为了提高内容在搜索引擎上的显著性，而**社会化媒体优化**（social media optimization，SMO）是为了使营销人员发布的内容在社会化社区中更多地被用户阅读和共享。[17] 如果这些内容本身就极具价值且引人注目，其他网站就会进行转载，其他用户也会进行分享、收藏、关注或者以此为话题标签来说出自己与品牌之间的故事。

上述这些活动都会增加营销内容的可信度——社会化发布的目标。社会化媒体优化不仅能增加营销内容的曝光量，还能依靠内容的转载量提升内容的搜索排名，搜索引擎优化则是为了提升内容的搜索排名，两者可以结合起来增加营销的有效性。因为优化过程对于任何组织机构来说都非常重要，所以一个全新的职业出现了，即优化专家。他们的工作就是帮助所属组织机构的营销内容在当今信息爆炸的市场中仍然保持有效传播和吸引用户。接下来，我们将进一步讨论社会化发布区域的各个层级。

7.4.1 层级一：社会化发布与搜索引擎优化

层级一关注的是品牌增加在线内容曝光率的不同方式和在其他网站上发布相关内容从而吸引用户的方式。这种对于品牌内容的交叉推广是通过自有媒体和其他社会化媒体分享网站（口碑媒体）实现的。

那么，企业如何以相对较低的成本利用不同的社会化发布元素来增加品牌的曝光量呢？我们可以参考 SOS（SellOurStuff）品牌的案例。这个品牌是 eBay 上的奢侈品中间商。为了提升品牌的专业性，SOS 会发布品牌文章来向用户介绍"7 种奢侈品鉴别的方法"。这是一篇宣传文章，不仅能向用户介绍 SOS 公司旗下待拍卖的产品，还能鼓励用户参与此次拍卖。

这篇文章的内容很好，但只有在达到一定曝光量的情况下才能够帮助 SOS 公司实现营销目标。首先，SOS 公司会把这篇文章发布在官网（SOS-SellOurStuff.com）上，然后在这篇文章的末尾附上 SOS 公司官方博客的超链接。下一步，SOS 公司会把文章中出现的图片上传至 Flickr 并同样插入博客链接，或者把文章重点内容制作成幻灯片投放至 Prezi 网站（到这里，你应该猜到了，还是会加上博客链接的）。最后，SOS 公司会为顶级客户发放成就等级徽章，用户可以将这些徽章分享至自己的个人社会化主页，代表自己拥有"鉴赏奢侈品的慧眼"。也就是说，SOS 公司已经将这些用户视为懂一点奢侈品鉴赏和零售行情的人了。SOS 徽章同样也带有超链接，用户点击超链接就可以跳转至 SOS 官方网站。从这个例子中我们可以看到，SOS 发布的任何内容都可以被用户分享和推广至不同的网站，最终可以增加 SOS 官方网站的浏览量。所以，在多个平台发布信息可以增加内容的"可见机会"（opportunities to see，OTS），还能增加目标网站的访问量和浏览量。

© iStock.com/manley099

由此看来，品牌可以利用搜索引擎优化来提高搜索引擎排名。这对品牌推广至关重要——根据用户的日常经验，大部分人使用搜索引擎之后都选择阅读最先出现的结果。搜索引擎优化是一个非常复杂的技术过程，就像猫捉老鼠一样。比如，谷歌会使用一种秘密算法来决定哪些网站排名靠前。但是谷歌会不定期改变这种算法，如果搜索引擎优化专家想要始终使公司搜索引擎排名靠前的话，就需要反复测试从而弄清网站排名的基础规律，从而进行网站优化。

消费者喜欢使用搜索引擎。搜索引擎上的搜索排名非常重要，因为这可以为排名靠前的公司网站增加相对较多的访问量和阅读量——对于社会化媒体来说，访问量和阅读量就是它们发展的生命线。没有访问量就等于没有利益收入，没有利益收入，网站就无法继续维持下去。因此，那些拥有高访问量的网站就会有非常高价值的内容，主要体现在以下两方面。

（1）网站的访问量越多，网站赞助商就有可能从**转换**（conversion）中获得更多的收益（例如，一个访问网站的用户最终产生了购买行为，那么这个用户就从一位单纯的访问者变为了消费者）。

（2）网站吸引的用户越多，可以获得的广告收益就越多（假设网站出售了广告位）。

搜索引擎优化是搜索引擎营销使用的关键方法。**搜索引擎营销**（search engine marketing，SEM）指的是一种在线营销形式，通过增加网站链接在搜索引擎中的排名，包括自动排名和付费排名，从而进行网站推广。顺便说一下，如今有数百种搜索引擎，一些未将搜索功能作为主要功能的网站也具有搜索引擎功能，如人们也可以在 YouTube 和 Facebook 上进行搜索。

当用户进入**搜索引擎结果页面**（search engine results page，SERP）时，搜索引擎就会搜索出最佳结果并把结果以列表形式呈献给用户。结果列表中既包括自动排名生成的链接结果,也包含付费广告生成的链接结果。自动排名生成的结果,即搜索引擎通过排名公式(之前提到的秘密算法)计算后所呈现的网址链接,而付费广告指相关网站通过付费的方式使自己的链接出现在搜索结果页面。

1. 用户如何使用搜索结果

比如,你梦想拥有一款高级定制的爱马仕手袋。很多名人和时尚达人都拥有这款手袋,但是这款手袋是限量款,并且价格极高,一个手袋可以抵你一年的学费。当这款手袋在实体店被"抢光"时,你有可能在网上找到一个别人用过的二手同款手袋。这时,你可能会访问雅虎网站,然后输入"爱马仕手袋"进行查询,搜索结果列表中就会有品牌网站付费发布的链接。在这种情况下,这些链接中可能就会出现像 DesignerPurseOutlets.com 和 Bluefly.com 这样的电子零售商网站,因为这些网站已经通过付费的方式在搜索结果页面中占据了靠前的位置。另外,还可能出现像 eBay 和 The Purse Blog 的网站链接,而这些则属于自动生成链接,原因是这些网站的内容与用户本身搜索内容的相关度高。除了上述提到的链接外,还可能会出现其他品牌手袋的链接。这是为什么呢?因为搜索引擎的秘密算法在对结果进行排名时默认这类内容与用户的搜索内容相关(之后我们会对这一点进行深度探讨)。这时,你在对搜索结果进行筛选的时候,恰巧觉得其他品牌的手袋也很好看,你有可能点进其他品牌的链接(也有可能进行购买,如果不购买只是点击进去也可以增加该品牌网站链接的访问量,有助于该网站增加广告收益)。

如你所见,对于品牌或网站来说,在搜索列表中占据比较靠前的位置是非常重要的。只有这样,消费者才会更大概率地点击链接。尽管企业可以通过付费方式在搜索引擎中占据靠前的位置,但是相比之下,根据用户搜索和内容相关度生成的靠前的排名才更合适。其中一个原因是,这样生成的排名,企业不需要支付点击费,另外,自动生成的结果可以为网站带来更多的阅读量和访问量,因为大家都认为自动生成的结果往往更可信、更具有参考价值。

一般而言,搜索结果页面中最靠前的几个链接最吸引用户的眼球,搜索结果排名越靠后,所得到的点击量就越少,很少有人会点击前 10 条之后的链接。但是即便如此,搜索引擎依然会为用户提供大量的搜索结果(即使大部分搜索结果用户都不会点击)。比如,如果你搜索爱马仕手袋的话,相关链接就会出现 190 万条之多。

我们知道用户在查看搜索结果列表时倾向于查看列表的前面部分而不是整个列表(我们之中几乎没有人会真的阅读到第 190 万个相关链接,不管我们多么希望拥有这款爱马仕手袋)。不过,了解用户可能点击阅读哪些链接对营销人员进行站内营销是有帮助的。研究人员使用**眼动追踪研究**(eye-tracking studies)来了解用户的习惯。这项研究最开始面对的研究对象是传统广告,研究人员历时多年借用精密仪器追踪并记录调查用户在观看电视广告或者线上广告时的眼球运动轨迹。

借助该方法可以清楚地发现,大多数搜索引擎用户只查看搜索结果中的一部分。一般用户在查看搜索结果页面时,他们的眼睛会扫过搜索结果的顶部,返回到屏幕的左边,然后向下看到屏幕下方显示的最后一条结果。在多数情况下，用户只会阅读前三条搜索结果，他们有可能不再继续阅读或者选择继续阅读。搜索引擎网站把前三条搜索结果所占的版面空间称为**黄金三角区**（golden triangle）。[18] 因此，对于企业营销内容而言，只有出现在搜索结果的第一页靠前的位置才具有真正的价值。如果能排在前三位，所产生的营销效果就会更大。目前，这种模式仍然很普遍，但近期的眼动追踪研究表明，现在人们在阅读搜索结果时会采用垂直扫描方法，他们的眼动轨迹形成了一个细长的"F"型。[19] 这种观看模式的变化是由于搜索引擎结果页面的布局变化和移动设备上搜索引擎结果页面的变化。但是无论用户采用何种阅读模式，通常来说根据内容相关度排名较高的搜索结果拥有最高的点击量。那么，企业如何提升网站链接在搜索引擎结果页面的排名呢？对于许多组织机构来说，这是一个关乎百万美元成本的问题！当然，这也正是搜索引擎优化的核心问题。

2. 搜索引擎的工作原理

搜索列表是搜索引擎使用索引数据和算法公式生成的，不同的链接在搜索结果页面有不同的排名。搜索引擎使用网络爬虫程序（web crawlers，英语中有时被称为 spiders 和 bots）从不同网页上自动获取信息并最终汇总成搜索引擎结果页面的不同条目。这个程序之所以被称为"爬虫"，是因为它们可以在不同网站中穿梭搜索、追踪网址、收集数据，直到获得所有信息。在爬虫程序获得所有信息之后，搜索引擎根据信息所带的标签对其进行分类。**索引数据**（indexed data）包括从网站内容中获取的标签和关键词。当用户进入搜索引擎进行搜索时，该程序就会用算法公式挑选出与搜索问题最相关的网站链接，然后对这些链接进行排名再呈现在用户面前。

3. 站内优化

可以看出，对于营销人员来说，为了提高搜索引擎排名而进行内容优化是一项重要的营销任务。那么，营销人员如何进行内容优化呢？通常，他们采用以下两种关键方法中的其中一种：①站内优化；②站外优化。这是因为爬虫程序在不同网站中进行检索时，除了依据站内标签还会根据站外指标（比如其他网站在进行数据整理时所插入的链接）来处理数据。

在进行站内优化时，程序员会根据搜索引擎爬虫程序和索引页面的偏好设置有选择性地优化网站特征——通过被称为**站内指标**（on-site indicators）。简单来说，这意味着程序员需要优化网站的不同变量，使爬虫程序在进行信息搜索时能够按网站开发者设想的那样将自家网站编进搜索结果索引之中。站内的不同变量一般包括标签、标题、URL 地址和内容关键词。

网站内容的关键词能够指引爬虫程序的搜索，并且决定该网站能否出现在结果页面。因此，选择正确的关键词对于确保网站出现在相关搜索中是至关重要的。一旦选择了关键词，你就可以把它们放入爬虫程序涉及的搜索范围之中，包括网站的标签、标题、URL 网址和正文内容。

比如，如果你经营的网站出售复古漫画书，为了确保一个想要购买 1942 年出版的《神奇女侠 5》原始副本的买家顺利访问你的网上商店，你就需要用以这些标签来对你的网站进行编码。

（1）**元标签**（meta-tag）：嵌入网页中的代码。元标签对于网站访问者来说是可见的，但访问者只能通过查看页面的源代码才能看到其元标签。元关键字应包括三个或四个目标关键词。元描述应该包括两个或三个描述网页内容的句子，并且该描述通常与搜索引擎结果列表一同呈现。那么，如上面的例子，这家复古漫画书店的标签应该包括"神奇女侠""冒险漫画""超级英雄"和"复古"等。

（2）**标题标签**（title tag）：定义页面标题的 HTML 标签。标题一般出现在浏览器的标题栏、搜索引擎结果页面和用户订阅界面。标题标签应不超过 12 个单词，但至少有两个关键词。例如，在上面的例子中，标题标签可设置成"漫画直接销售""稀有漫画""复古漫画书"以及"冒险漫画"等。

（3）**抬头标签**（heading tag）：用于标记和描述内容并带有关键字的 HTML 标签。抬头标签有 H1、H2、H3 等不同等级。在网页中，主标题（用关键字命名的标题）一般为代码，这样才可被爬虫程序识别。例如，页面中的第一个标题会被命名为"\<h1\> 标题 1\</h1\>"，其中关键词可能包括"超级英雄""神奇女侠""复古""漫画"等。

（4）**标题**（title）：标题是页面内容的主要指标，标题应该包括关键字。通常，优化文章标题可能有些困难，因为优化网站中文章的标题和优化新闻标题有很大的不同。传统的文章标题大部分是间接的，一般的传统标题都能够有效吸引观众但不向观众透漏故事剧情。例如，某纸质杂志上出现了一篇关于复古漫画书的高质量复制品盛行的主题文章，这篇文章的标题可能为《复古漫画的复制品和真品有区别》。标题优化之后可能变为《明智购物：5 个确保复古收藏漫画是真品的秘诀》。经过标题优化后，可以确保搜索引擎捕捉到关键字。对网站文章标题的优化和其他标题优化的另一个不同之处在于：文章标题需要更具有字面意义且更直白。爬虫程序非常智能，但是它无法理解标题中的隐喻或双关语。例如，如果你将商店中的标题命名为《你可以体验神奇女侠的冒险》或《赝品漫画书会让超级英雄变弱》，这样只会减少店铺的访问量。

（5）**URL**：网址。如果要优化 URL，就需要使用静态网站，并在网站中添加文章标题或关键字。静态的 URL 网址不会改变，也不包括会随时间改变的动态脚本。静态网址更利于用户在一段时间之后再返回查找原内容。

一般来说，网站编辑者在构思内容时脑海里首先就会有一个故事或话题。例如，SOS 的经营者知道写关于爆款奢侈品的故事会吸引很多 eBay 上的用户来阅读。在撰写文章的过程中，内容可以帮助发布者确定关键词，但是关键词不能唯一依靠文章内容来确定，因为关键词还应该包含流行的搜索词汇。在写故事之前，第一步是研究关键字，这将有助于确保爬虫程序顺利检索到你的网站数据。因此，如果你想撰写的"故事"是《借用 SOS 平台出售你的二手奢侈品》，这时你可能还想添加一些更宽泛的关键词，比如"寄售"等，这样就可以确保 SOS 网站出现在用户的搜索结果页面之中。

那么，如何生成有效的关键词列表呢？答案就是借助**关键词研究**（keyword research）！研究关键词能帮助网站经营者设计站点页面和网页内容，从而成功优化搜索引擎。对于网站经营者来说，进行关键词研究之前需要弄清以下问题。

- 你文章的主题是什么？什么词汇和短语最能描述这篇文章？
- 你的竞争对手都使用哪些关键词？可以通过分析他们的文章标题、元标签和内容信息来找到答案。
- 像 Google AdWords Keyword Tool 和 The Free Keyword Tool 这样的**关键词生成器**（keyword generator）都推荐使用什么样的关键词？
- 你选择的关键词有哪些衍生词汇？例如，在编辑手袋商品的网页时，SOS 可能会挑选"手袋""钱包""手包""女士手提包"这样的词汇来作为衍生词汇。在设立关键词时，借助 Google Suggest 可以帮你找到更多你可能都没有想到的衍生词。
- 与你可能使用的其他关键词相比，你选定的关键词能带来多少搜索量？依据搜索量，仍然使用选定的关键词是否值得？你可以借助谷歌的新产品——谷歌趋势来查看用户对这些关键词的兴趣程度。谷歌的这款新工具可以提供关键词的被搜索频率以及在何处进行搜索的。

另外，负责搜索引擎优化的营销人员可能会使用**长尾关键词**（long tail keywords）。这个术语指多词组搜索查询，比一般关键词更具针对性，因为它们可以更准确地描述出搜索者想要查找的内容。例如，与爱马仕手袋相关的长尾关键词可能包括"寻找一个很新的爱马仕铂金包""识别赝品铂金包"和"设计师手袋的最佳交易"。因为长尾关键词一般贴合实际的搜索查询，所以使用长尾关键词更有助于营销人员优化网站。

4. 站外优化

爬虫程序在检索数据和输出搜索结果页面时不仅会参考站内指标，同时也会参考站外指标，以此来确定网站内容的价值。而这些站外指标包括其他网站对于本网站的转载量、外部网站的可信度、链接类型和链接文本（也称为锚文本）。因此，搜索引擎优化不能只关注优化网站的内部特征，如网站标题和元标签等，同样也要关注站外优化，努力将自己的网站链接嵌入其他高质量的网站之中。

链接（links）是进行社会化发布的基石。越多信息链接至你的网站内容，你在搜索引擎查询中的排名可能越高。实际上，有两种建立链接的方法。第一种方法是在其他站点（品牌网站和社会化媒体频道）发布相关内容和超链接，这类站点通常由营销人员控制，所以营销人员只需要把所开发的内容和链接放进那些吸引点击量的外部网站中。第二种方法是鼓励其他独立网站放置品牌的网站超链接。营销人员可以通过**联署网络营销**（affiliate marketing）来达到这一目的，我们将在社会化发布的第二层级中探讨这个问题。

建立网站内容的附属链接是社会化发布第一个层级的延伸，其中，品牌通过在其他站点或者社会化媒体平台发布相关内容的超链接来增加品牌内容的阅读量。这其实是在前面的例子中 SOS 品牌所采用的方法。除了发布相关内容的超链接之外，营销人员还战略性地将这些外部链接拼凑成**链接轮**（linkwheel）。链接轮可以增加主网站的点击量和阅读次数。它就像一个辐射状交通系统，以品牌主网站为中心、其余外部网站为枢纽向中心品牌网站导入流量，同时外部网站之间也可以互相导入流量。

图 7-4 显示了 SOS 品牌的链接轮。链接轮系统可以确保一旦用户来到网站并点击链接，就可以进入另一个外部网站并不断循环。当外部网站中有新内容被开发出来时，这个网站就可以作为新的中心网站和其他外部网站组成新的链接轮。在链接轮中，中心网站在外部网站发布赞助性内容，如果用户是通过外部网站进入中心网站的话，这时产生的就是**反向链接**（backlink）或者**反向追踪**（trackback）。中心网站被访问的次数就可以因用户的不断点击而上升，通常称为**链接权重**（link juice）。此外，中心网站为了进行推广而使用的新网站的搜索排名也可以因此而上升。如果链接轮做得好，搜索引擎查询结果页面可能出现很多同一个公司的网站链接。

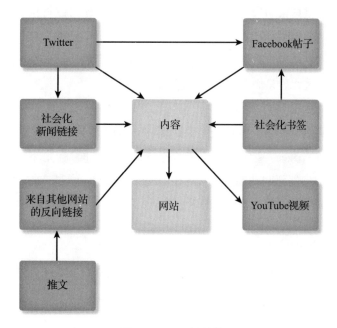

图 7-4　SOS 链接轮

有些营销人员在使用链接轮和搜索引擎优化技巧时能够把握很好的度，但也有企业把握不好。你看过《荒野大嫖客》或者其他美国西部影片吗？就像影片中戴白帽子的牛仔是英雄，戴黑帽子的是恶棍一样，在搜索引擎优化领域，社会化媒体从业者把 SEO 营销商分为三类，即白色营销商、灰色营销商和黑色营销商。[20]

（1）**白色营销商**（white hats）根据规则行事，努力提高自身内容质量，最大限度地利用关键词和标签，然后在信誉良好的外部网站上创建超链接。他们通常会制作能使每个页面都相互链接的网络地图，从而更易于爬虫程序进行检索。

（2）**灰色营销商**（grey hats）在遵守网络规则方面更为灵活，例如他们会根据关键词密度（keyword density，指关键词在中心网站被使用的次数）来选择关键词。

（3）**填充**（stuffing）指在网站的内容和标签中插入大量的关键词。灰色营销商会把自己的内容复制进其他网站，和其他网站形成**链接交换**（link exchanges），链接交换通常指不同的网站都同意将对方的链接插入自己的网站之中。此外，灰色经销商还会使用**三方链接**（three-way linking）来确保其各个网站能够按顺序彼此链接起来。付费链接通常被认为是违反道德规范的链接，并且应该被划分为免费媒体而非付费媒体领域。

（4）**黑色营销商**（black hats）在搜索引擎优化领域通过使用不道德的策略来操纵网络系统。例如，在使用链接轮时，外部网站越多，中心网站能获得的流量就越多，而搜索引擎中的排名部分取决于外部网站的数量。黑色营销商就趁机钻空子，利用相同的锚文本创建很多外部网站。这种方法成本相对较低并且作用比较明显。他们还会利用如汤博乐和WordPress这样带有社会化媒体属性的程序来创造数以千计的外部链接，同时利用用户订阅来增加外部内容的曝光量和搜索引擎排名。尤其是对于小型搜索引擎来说，一个黑色营销商链接轮可以将自己的网站链接推至搜索排名的前列。像谷歌这样的大型搜索引擎就会通过改变爬虫程序标准和索引算法来对抗黑色营销商。如果谷歌在结果列表中发现数百条结果链接都指向同一个网站，那么谷歌就会自动降低这些链接的排名，并且默认这背后是黑色营销商在操作。

黑色营销商还会把关键词的颜色设置成和网页背景颜色一致，并且把关键词隐藏在文本的空白处，以此来增加关键词密度。他们会将关键词和**混淆词**（cloaking，指误导搜索引擎的词汇）**放进门户页面**（gateway pages，指真实访问者要进入的网站页面）。此外，他们还利用**链接工厂**（link farm）——为了增加外部网站数量而聚集在一起的链接群。通过这些手段，最终黑色营销商所开发的网站链接在用户上网的过程中会经常刷屏。

7.4.2 层级二：社会化媒体优化

正如搜索引擎优化是为了提升网站的曝光率（通过各种链接）和搜索引擎排名一样，社会化媒体优化是为了提升品牌内容被分享和推广的可能性。从本质上讲，社会化媒体优化通过各种和品牌内容相关的链接，并借助社会化网络的影响力来提升用户对品牌的支持力度。这些和品牌内容相关的链接通常意味着用户在社会化发布区域对品牌的认可和推荐。品牌在区域一中与用户建立联系并给用户留下了良好的品牌印象，然后在区域二中通过口碑传播增强品牌的影响力。有影响力的帖子一般都是由各个博主和评论者发布、转载的。

搜索引擎优化和社会化媒体优化有什么区别？两者有相同的目标，即为了支持品牌的营销影响力同时让目标受众能够发现并消费品牌内容。但是搜索引擎优化更多的是寻找方法来确保自身网站能够被搜索引擎检索到并且维持靠前的排名，而社会化媒体优化则是为了提升品牌内容的共享。

换句话说，搜索引擎优化侧重于搜索引擎（因为即使在这个社会化世界中，互联网用户在网上查找信息时还是非常依赖搜索引擎），社会化媒体优化侧重于社会化社区。搜索引擎优化的对象是机器，而社会化媒体优化的对象是人。对于营销人员来说，搜索引擎优化十分重要，因为它能够提高网站在搜索引擎上的排名。爬虫程序偏好检索那些高质量的链接，所以搜索引擎优化可以促进社会化媒体上的链接更多地出现在搜索结果中。

正如我们所看到的，在大多数线上社会化社区中，分享行为已经非常普遍。内容可以通过社会化网络、博客、微博、社会化书签网站和**聚合网站**（aggregator）进行分享和传播。人们也可以通过邮件来互相分享链接。因此，品牌内容拥有巨大的影响潜力。这是因为当人们与他人在网络上共享内容时，其中一部分人会消耗其中的内容，而另一部分人还会继续分享内容给其他人，等等。

那么我们如何优化社会化媒体呢？与搜索引擎优化一样，社会化媒体优化同样可以分为站内优化和站外优化两种方法。

1. 站内优化

社会化媒体优化其实就是鼓励那些接触品牌内容的用户主动进行分享、推广和推荐。要做到这一点，品牌应该开发有价值的、有趣的、充满娱乐性的并且被用户认可的内容。这就回到了开发高质量内容的重要性这一话题，在本章的后面部分，你会学到更多关于开发高质量社会化媒体内容的知识。除了开发优质的内容之外，我们还可以优化标题（正如在搜索引擎优化中所做的一样）和其他网站特征来鼓励用户的认可与分享。无论是网站内容的高质量，还是高相关性，都能使网站在搜索引擎结果列表中获得更好的排名。

让我们再以 SOS 为例来说明这个过程。SOS 是奢侈品线上经销商。假设官方博客中一篇关于时尚小贴士的博客被一个名为 Reese Blutstein 的时尚博主转载，并且还附上了 SOS 的网站链接。作为一个非常有影响力的时尚博主，Reese 的博客受到许多人的关注。对于 SOS 来说，Reese 的博客风格非常适合为 SOS 做宣传。她专注于极简风格，以意想不到的方式设计古典风格的作品。不久之前，其他数百个时尚博主也跟着转载了 SOS 的帖子。因为每个博客都拥有自己的链接轮来导入流量，所以 SOS 可以通过其他博客用户对于自家帖子的大量转载而扩大原帖子的影响力。例如，博客用户 Reese 在 Instagram、Facebook 和 Twitter 上都有自己的账号。

SOS 在帖子转载数量上获得了很大的优势，但是转载数量能否代表高质量呢？其实搜索引擎更偏好检索行业内部的转载。由于 SOS 是一个奢侈品经销商，索引算法就会将来自其他时尚网站的转载视为高质量的转载。搜索引擎会一直默认这个规则，除非那些有非常多读者的权威网站，例如 CNN.com 等对其进行了转载，那么这些也会被视为高质量转载。如果 CNN.com 发布了一篇关于妈妈们在追求时尚的时候仍然非常关注省钱的问题的文章，可能会附上 SOS 的链接并向用户推荐 SOS 是一个省钱利器。那么 CNN.com 的转载行为就可以大大增加 SOS 在搜索引擎中的链接权重。

（1）标题。社会化媒体优化的目标是吸引用户访问我们的内容。那么用户如何在一开始就认定这个网站值得浏览呢？最有可能的决定因素就是标题。当网站使用了一个吸引人的标题时，就可以提高用户对内容的兴趣。社会化媒体专家把那些能够吸引用户的巧妙标题称作**诱饵链接**（linkbaiting）。

我们继续使用"钓鱼"这个比喻，然后研究一下怎么能让诱饵链接变得更有效。我们用"鱼钩"来增加用户点击内容或者分享内容的可能性,而这些"鱼钩"通常被称为帮助用户锁定信息的卖点。例如,博客用户在考虑发布一篇《营销人员建立诱饵链接的终极指南》的博客文章之前,可能只是简单地将其命名为《建立诱饵链接的准则》。[21] 但是当他加上例如"终极""营销人员""诱饵链接"等定语和关键词之后,可能就会大大提升这篇推文的点击率。

- **资源型卖点**(resource hook)是社会化网站中的常见类型,它指的是旨在帮助目标读者解决问题的内容。例如,减肥栏目可能会发布题为《5种容易燃烧卡路里的方法》的文章。
- **争议型卖点**(contrary hook)会驳斥一些已经被大众接受的观点。这类对于大众常识的挑战可以刺激人们阅读内容。例如,减肥栏目可能会发表一篇名为《用巧克力减肥》的文章,以此来吸引那些并不相信巧克力可以减肥的用户的兴趣。
- **幽默型卖点**(humor hook)指带有娱乐性的内容。例如,一个关于节食的好玩的帖子可能会用《肥胖臭鼬不吃咸肉三明治》这样特别的标题来吸引用户眼球。
- **减免型卖点**(giveaway hook)会包含一些免费赠送的信息。换言之,就是把促销活动在特定的时间段嵌入内容之中,从而激励用户的某种特定行为。例如,减肥栏目的文章可能会采用《节省50美元,做对你有好处的事!》这样的标题。
- **研究型卖点**(research hook)会谈论用户都感兴趣并且关注的内容的研究结果。例如,减肥栏目的文章可能会采用《66%的美国人超重,但你不会超重》这样的文章标题。

标题不能给内容增加价值,但它却能影响人们是否查看内容并在其社会化网络共享内容。在起标题时最好的做法是:使用相对较短的标题(10个字以内);涵盖像"如何"或"为什么"这样的关键词;强调观众的观点等。

(2)分享工具。如果网站具有便捷的分享功能,用户就可以更容易接触到品牌内容。**分享工具**(share tools)指网站上显示为可点击图标的**插件**(plug-ins),用户浏览之后点击图标就可以将该页面分享至许多社会化网络、社会化新闻和社会化书签网站。插件是第三方应用程序,指插入到主网站的附加功能。在这种情况下,插件的附件功能是为了让用户轻松将网站的内容共享至外部网站。许多社会化媒体网站都拥有自己的特定插件(例如,Facebook有"点赞"插件;Twitter有"点击将此转发至自己的Twitter"插件;Digg有"智能Digg"按钮插件)或者多重分享工具(例如转发和书签插件)。

社会化媒体和网络社区有密切联系,因此在社区中保持互惠性非常重要。记住你孩提时代学到的金科玉律:"像别人对待你一样对待别人。"对那些转发并推广你的内容的用户应该心存感激。当有其他用户标注你的链接时,你也应该标注他的链接。这通常是博主之间的一种沟通方式,重要的是,它同样给品牌提供了一种用来确认为品牌网站带来流量的博主的方法,这样便于品牌报答博主的善意。

(3)用户订阅反馈。信息发布者可以借助用户订阅反馈快速地将新的聚合内容发送给订阅用户。品牌网站可以借助用户订阅反馈来增强内容分发的便利性,使得用户可以轻松"消费"最新的更新内容,因为这些最新内容会直接传达至用户的订阅阅读器或电子邮件。

2. 站外优化

社会化媒体领域充斥着成千上万的信息,例如每天都有数以百万计的推文、博客、文章以及其他内容在网上发布。用户可能会迷失在这些信息里从而无法判断真正有价值的信息。这就是为什么社会化媒体营销人员必须要优化社会化发布内容。营销人员可以通过以下三种站外策略来优化社会化媒体发布内容。第一,发布社会化媒体新闻稿来宣传内容;第二,使用微博来鼓励用户分享内容;第三,在社会化新闻和书签网站上推广内容。

(1)社会化媒体新闻稿。新闻稿是公共关系学专家在新闻媒体上发布的公告,以便让大众了解公司的最新发展情况。对于社会化媒体营销人员来说,发布新闻稿也是重要的营销工具,但是**社会化媒体新闻发布稿**(social media press release)的结构与普通内容有所不同,它除了本身的新闻内容之外,还应该要有一个优化的标题、吸引眼球的关键字和标签、可以连至品牌主网站的超链接、用户订阅反馈功能、分享功能和可被分享的多媒体信息。当一篇社会化媒体新闻稿被分享出去的时候,这些新闻内容就具有了社会化性。图7-5提供了一个社会化媒体新闻稿的模板。

图7-5 社会化媒体新闻稿模板

组织机构可以在例如 PRWeb 和 Pressit 这样的社会化新闻网站上发布社会化媒体新闻稿。此外，组织机构还可以利用自身的企业博客来发布新闻稿，这样有利于搜索引擎的检索。

（2）微博。用户在博客上分享的是故事，在微博上分享的是头条。这可能就是微博把自己定义为一个实时信息分享平台的原因之一。微博发布对用户有提示功能，可以提升用户对头条信息的关注程度，同时还可以插入有价值的链接，为品牌网站导入流量，以此来提升品牌的可信度和声誉。品牌可以在微博发布自己的链接，但如果品牌想要进一步鼓励用户转发自己的内容链接，就要进行一定的社会化媒体优化。例如，提升发布内容的价值或提供某种奖励活动以鼓励用户转发等。

（3）社会化新闻网站和社会化书签网站。你最近在 Digg 上阅读过近期的时事新闻吗？或者为了做一些研究而把一些在线网站添加至书签吗？Digg 和 Reddit 是两个主流社会化新闻社区，在这里用户可以分享和传播社会化新闻。Diigo 则是一个社会化书签网站。社会化书签网站可以让用户在网上保存书签，之后再上网就可以重新阅读书签网站上的内容。而社会化书签网站之所以具有社会化性，是因为用户可以将其分享给那些同样对链接内容感兴趣的人。社会化新闻网站和社会化书签网站十分相似，但前者更关注于内容传播，而后者更关注于组织和归纳内容。

社会化新闻网站和社会化书签网站起着不可估量的作用，因为它们将大量信息过滤成个人可以管理的信息组。这个过程其实很简单，就像一个值得信赖的朋友在亲自参观了十个滑雪胜地之后向你推荐了其中三个你肯定会喜欢的地方。虽然你仍然需要在三者中考量一下，但总比在原来的十个之中挑选要好吧，所以你对于朋友的推荐其实是十分感激的。这时，想象一下，如果你另外的五个朋友给了你同样的建议，你会更加开心！

社会化新闻网站是指允许用户提交新闻故事、文章和包括视频和图片在内的多媒体文件的社会化社区。在社区内，所有的内容都能被其他用户和公众共享。如果一些内容得到了许多用户的支持，那么这些内容就会走红。社会化书签社区与社会化新闻社区相似，因为用户可以彼此共享来自互联网的材料。在社会化书签社区中，用户社会化网络的规模和影响力决定了内容的最终传播效果。使用社会化新闻网站的用户把信息推广放在优先地位，而那些使用社会化书签网站的人则把链接的管理和收藏放在首要位置。用户利用社会化书签在社会化书签网站上收藏链接从而有效管理线上资源，使信息更易于被分类、检索和访问。

两种社区都坚持媒体民主化的原则。用户自己决定社区中传播内容的信息类型和信息价值。用户同时还拥有内容编辑的身份，他们决定哪些内容应该发布至网站的哪些板块。这个过程就涵盖了第 1 章讨论的群体视角的智慧，即个人用户在内容发布过程中可以进行互相推荐和给出意见。然后，网站再利用算法过滤内容并衡量故事受欢迎的程度。算法包括内容所获得的支持数量（可以从内容的讨论程度来看）。网站的过滤过程可以保证个体用户都能够对内容进行发声，但是用户发声过程中产生的影响力有大有小。最活跃和最受尊敬的用户以及有影响力的人或者行业领袖对于内容的看法比其他用户的影响力大。

虽然那些看似有超高热度和支持度的内容背后可能是受投票系统的操纵（如现实生活中的投票造假行为），但网站的算法还是会尽力通过**投票活动**（voting campaigns）来降低这种造假的可能性，投票活动中会有激励措施来鼓励用户参与投票。此外，一些社会化新闻网站（大约超过100家）会设有编辑人员专门审查新闻故事，并且为那些讨论度和价值都极高的新闻设置专门的讨论板块（而社会化书签网站不会这么做），例如 Buzzfeed 和 Reddit 网站。

（4）设计社会化新闻活动。选出要进行社会化新闻活动的社区有一定的难度，因为社会化新闻网站和社会化书签网站的种类繁多。根据社会化新闻活动的目的和所要吸引的目标受众，可以选择那些主流网站或者那些吸引小部分热情参与者的小众网站。同时，活动负责人还需要考量网站的质量和用户参与情况，因为那些不活跃或者影响度不大的网站并不会给活动带来很多的流量和支持。在评估目标网站是否适合活动推广时，需要考虑网站的以下特性。

- 该网站的关注重点是什么（是综合新闻还是主题新闻）？
- 网站中有多少活跃用户？该网站如何吸引流量？
- 网站中的高级用户有多活跃？
- 网站中发布的内容平均有多少评论？
- 在网站上获得头条需要多少投票数？
- 网站首页更新的是否是最新新闻？新闻的更新频率怎么样？
- 网站是否存在对品牌赞助内容的限制？
- 其他人（比如博主）如何评价此网站？

正如新闻工作者从专职宣传品牌故事的公关专家那里获得内容信息一样，那些有影响力的社会化新闻用户也有可能接收到品牌内容信息。这些有影响力的社会化用户所推荐的内容往往被认为具有高价值，因为他们所推荐的内容不带有任何偏见并且属于第三方对品牌内容的支持。这种通过品牌内容来拉拢有影响力的社会化用户的做法基本上还是遵循传统的公共关系模型，即将内容信息首先推荐给有影响力的社会化用户，然后经由这些人的推荐再传播给普通用户。其中成功的关键是确保内容与目标人群有密切关系。

就像大多数人不喜欢只在朋友需要帮助时才收到他的信息一样，那些有影响力的社会化媒体用户也不会每次都积极回应品牌营销人员。作为现实生活中优秀的营销人员，他们深知在和这些社会化用户打交道时必须处理好关系，这样才便于让他们帮忙为品牌打广告。详细来说，营销人员需要好好向这些用户介绍自己及品牌本身，承认这些用户的影响力及其对线上社区做出的贡献，并夸赞这些用户的专业知识和判断，然后再向他们推荐高质量的品牌内容或者能够吸引这些用户注意力的其他内容。注意，在推荐品牌内容时不要简单地只发送品牌社会化媒体新闻稿。相反，营销人员可以更多地鼓励这些用户用自己的推荐模式来推广品牌内容。

◎ **微案例研究**

社会化发布：GoPro 战略的核心

GoPro 是一家以便携式相机而闻名的相机公司。该相机非常适合记录用户的生活体验过程，无论用户是在享受滑雪或是在上班。事实上，这就是创造世界上第一架 Gopro 相机背后的动机。GoPro 创始人尼克·伍德曼（Nick Woodman）以前对于无法记录他在澳大利亚旅行和冲浪的生活而感到沮丧，因为所需的专业设备过于昂贵并且使用方法很复杂。今天，GoPro 公司在其整合战略中加入了营销传播学的几个要素，并且都是以"个人英雄主义"为主题。GoPro 的名字和它的"英雄"口号，都在鼓励顾客相信他们可以像职业摄影师一样记录下自己的个人生活。

社会化媒体营销，尤其是社会化发布营销，是 GoPro 的营销传播的一个主要板块。[22] 它使用 GoPro 设备创建原创内容，给有影响力的社会化用户提供赞助，鼓励他们使用 GoPro 设备发布原创内容。当然这些内容需要是照片和视频。同时，GoPro 还保持着技术进步，它是第一个创建 360 度全景视频的品牌之一。经由它发布的最吸引人的视频之一就是使用搭载六个镜头的摄像机所拍摄到的塔希提岛的海浪。这个视频获得了 16 万次的观看量和超过 14 万次的分享量。实际上，GoPro 的摄像头旨在记录社会化媒体用户以当事人的视角拍摄的视频。为什么？其实就是反映真实性。

为了鼓励用户发布原创内容，GoPro 还开展了 GoPro 奖励活动。参与用户需要将他们的照片和视频提交至 GoPro 的网页。如果他们的内容被选中，就可以赢得奖品。除了物质奖励，获奖者也可以同数百万 GoPro 粉丝一起分享自己的产品使用心得。为了展示相机的专业功能，GoPro 还从"特色摄影师"中挑选内容，解读这些摄影师拍出来的图片并向用户描述图片的各种参数，同时还给 GoPro 的普通用户提供拍摄建议和小贴士。

iStock.com/Wetframes

用户原创内容通过 Facebook、Instagram、YouTube 和 Periscope 发布，并且在 Twitter 上进行传播。GoPro 的 Facebook 社区有 1 000 多万名会员，并且平均每月增长 8 万名新粉丝。这些粉丝群体也具有多样性，例如 Facebook 粉丝中只有 35% 在美国，YouTube 频道拥有超过 400 万名粉丝。GOPro 现在已经拥有一套成熟的社会化发布策略，包括发布原创内容、品牌内容、影响力内容以及推广通过社会化渠道发布的用户原创内容等来确保粉丝和追随者能够接触新鲜、真实的内容。

结果与结论

GoPro 的社会化发布策略令人印象深刻，但这种策略行之有效吗？是的！GoPro 在每个社会化媒体上都有数以百万计的粉丝，并且以每月数千名的涨幅增加。根据社会化参与、社会化影响力和粉丝人数综合得出的总排名，GoPro 是 Instagram 上排名第一的电子品牌，在 Twitter 上排名第六。[23] 就用户个人发布的内容而言，所有社会化媒体上和 GoPro 相关的视频和照片通常能获得成千上万的点赞与分享。

● 批判性反思

社会化发布营销中的广告行为披露

正如我们所看到的,在社会化媒体四个区域中的任何一个区域制定营销策略时,社会化媒体营销人员都可以借助有影响力的社会化媒体用户来进行宣传推广从而使品牌受益。在社会化发布区域,品牌可以赞助那些有影响力的社会化媒体用户来发布和品牌相关的高价值原创内容。然后,品牌就可以借助这些用户对内容的传播并从中受益,接触到这些用户的粉丝群体,以及在这些具有亲和力、权威性、可信性和真实性的用户的推荐下说服粉丝了解品牌信息。因为现在的品牌在社会化媒体营销中普遍赞助那些有影响力的社会化用户进行宣传推广,所以美国联邦贸易委员会制定了适当的披露准则。美国联邦贸易委员会现在已经开始保护消费者免受欺骗性广告行为的影响,其新发布的准则指明了在何种情况下有影响力的社会化用户对品牌的推广属于欺骗性行为。如果某个用户和广告商之间存在消费者不期望看到的联系,并且影响消费者对于品牌本身的评价,那么这种广告推荐行为应该被披露。但是这种披露并非法律强制要求。用户接受品牌的赞助或者其他用户对这种广告推荐行为的披露都应该保持清楚明了。隐瞒消费者"披露"并不是真正的披露行为。美国联邦贸易委员会在其在线指南中重申了这一点,即针对如何正确有效地披露在线广告推荐行为指出:"明确指出哪里有广告推荐行为,并且告知消费者,让消费者有知情权。"[24]

作为社会化媒体用户,我们需要这种保护吗?当然需要!假如华纳兄弟娱乐公司为了推广品牌,给那些有影响力的社会化用户赞助费让其帮助宣传,那么美国联邦贸易委员会就可以指控华纳兄弟娱乐公司没有向消费者披露这种广告推荐行为。具体来说,就是投入数千美元的资金给YouTube上很红的博主,使其发布宣传关于该公司的一款视频游戏的内容。[25] 广告商和博主之间的交易通常包括以下一些要求。博主在投放视频之前首先要经过华纳兄弟娱乐公司的预先批准,并且制作出来的视频的版权属于华纳兄弟娱乐公司。博主制作的视频必须包含要推广的游戏内容,包括关于游戏的积极消息,排除游戏中的任何错误或小故障,同时包括口头呼吁用户参与游戏试玩,鼓励用户访问游戏网站等。博主在社会化媒体上推广广告内容时至少需要发布一条动态。

这些公司对博主的要求其实并不违法,反而是博主在制作视频时把赞助公司的信息放置在视频中的折叠区域(即需要用户手动点击"显示更多"才能看到的区域)会引起双方的争端。例如,一位博主在制作的视频中写道:"华纳兄弟娱乐公司赞助的这部视频。"随后又这样写道:"这是目前为止我最喜欢的赞助游戏之一,所以非常感谢能得到免费试玩的机会。"这位博主就没有提到其实是华纳兄弟娱乐公司提供了几千美元的赞助费用来推广这款游戏。美国联邦贸易委员会在声明中说:"消费者有权知道博主在发布内容时是出于自己真心的评论和推荐,还是收了赞助商的广告费而推荐。像华纳兄弟娱乐公司这样的公司应该在在线广告活动中保证消费者的知情权。"为了帮助品牌和博主在合理的范围内进行广告推荐,美国联邦贸易委员会为其提供了一些指南,包括社会化媒体欺骗性广告的特点和如何进行有效披露的建议。[26]

⊙ 本章小结

社会化发布的渠道是什么?

社会发布的渠道包括博客、媒体共享网站、微共享网站、社会化书签网站、社会化新闻网站以及具有社会化性的自有媒体网站。

社会化渠道上的内容由谁发布?什么内容才可以发布?

任何人都可以在社会化渠道上发布内容。内容可以为社论、商务或用户生成内容。内容通常以不同的形式出现,如博客文章、专题文章、微博帖子、新闻稿、白皮书、案例研究、电子书、时事通信、视频、网络研讨会、演示、播客和照片等。

具有什么特征可以提高发布内容的质量和价值?营销人员在制定社会化发布策略时如何进行规划和组织?

如图7-3所示,我们可以根据内容的原创性和含金量对其进行划分。内容的原创性和含金量越高,读者就越能感知到内容的质量和价值。质量和价值一般的内容属于填充内容,也指从别处引用的内容。原创内容比填充内容所含的价值更高,但是也有价值高低之分,例如从普通原创内容到招牌内容。

社会化发布在社会化媒体营销中的作用是什么?社会化媒体营销人员如何利用搜索引擎优化和社会化媒体优化来实现营销目标?

营销人员通过社会化发布来发布品牌内容。社会化媒体营销也被称为内容营销,这种方法有助于将消费者引导至品牌网站。由于消费者普遍利用搜索引擎在线查找信息,因此对于营销人员来说,利用搜索引擎优化来提高搜索引擎排名是一项重要的营销任务。营销人员在发布内容时,一定要遵守搜索引擎优化策略来发布内容,同时增加自家网站在其他网站的超链接数量(社会化媒体中的一种推荐形式,也是社会化媒体优化的目标)。

如何推广社会化内容?社会化新闻网站和社会化书签网站在内容推广中起什么作用?

社会化内容可以通过社会化媒体新闻网站、微博帖子和社会化书签网站来推广。新闻稿和微博帖子都鼓励对内容感兴趣的人分享链接从而增加原帖的曝光率。社会化新闻网站提供分享链接的不同方式从而增加内容的排名和促进内容传播。社会化书签网站也为用户提供不同的链接分享方式以及赋予用户对内容进行打分评级的权利。

⊙ 关键词

联署网络营销(affiliate marketing) 聚合网站(aggregator)
权威内容(authority-building content) 黑色营销商(black hats)
行动号召(call to action) 混淆词(cloaking)
复合帖子(compounding posts) 消费者共建内容(consumer-solicited content)

内容营销（content marketing） 内容价值阶梯（content value ladder）
争议型卖点（contrary hook） 转换（conversion）
伪造内容（counterfeit conversations） 民众广告（citizen advertising）
文化共同创造（cultural co-creation） 常青内容（evergreen content）
招牌内容（flagship content） 填充内容（filler content）
减免型卖点（giveaway hook） 黄金三角区（golden triangle）
灰色营销商（grey hats） 抬头标签（heading tag）
幽默型卖点（humor hook） 沉浸式视频（immersive video）
索引数据（indexed data） 驱动型分享内容（incentivized content）
新闻解读（interpretive journalism） 关键词研究（keyword research）
关键词生成器（keyword generator） 诱饵链接（linkbaiting）
链接交换（link exchange） 链接工厂（link farm）
链接权重（link quantity） 长尾关键词（long tail keywords）
媒体规划（media planning） 元标签（meta-tag）
站外指标（off-site indicators） 站内指标（on-site indicators）
自主型分享内容（organic content） 自动生成链接（organic listings）
原创内容（original content） 可见机会（opportunities to see）
支柱内容（pillar content） 研究型卖点（research hook）
资源型卖点（resource hook） 搜索引擎营销（search engine marketing）
搜索引擎优化（search engine optimization） 搜索引擎结果页面（search engine results page）
社会化媒体优化（social media optimization） 社会化媒体新闻发布稿（social media press release）
社会化发布（social publishing） 赞助内容（sponsored content）
标题标签（title tag） 网络爬虫程序（web crawlers）
白色营销商（white hats）

⊙ 复习题

1. 什么是社会化发布？什么样的内容可以在社会化网站上发布？
2. 社会化发布如何运用 SEO 和 SMO 两种策略来实现营销目标？
3. 如何对网站进行搜索引擎优化？
4. 为什么在搜索引擎结果列表中排名前三很重要？
5. 解释链接轮的概念。
6. 在进行搜索引擎优化时使用不同类型的标签会影响搜索引擎排名结果吗？
7. 社会化媒体优化对搜索引擎优化有什么影响？二者有何联系？

8. 解释链接诱饵的重要性及其五种类型。
9. 社会化新闻网站和社会化书签网站有什么区别？

⊙ 练习题

1. 访问你喜欢的网站。

   （1）浏览网站，分析其是否使用了 SEO 和 SMO 策略。想想怎样才能进一步优化网站，将网站截图打印出来并在课堂上进行讨论。

   （2）选出你认为符合此网站标签的关键词。

   （3）运用关键词进行搜索查询，此网站是否出现在搜索引擎结果排名的第一页？或者排名前三？如果是，你认为这个网站是怎么做到的。

   （4）当你在查看搜索结果页面时，留意付费结果和自动结果，这二者有什么区别？当你日常检索信息时，对于出现的付费结果和自动结果，你通常会选择点击哪一个链接？

2. 访问博客或 WordPress 并注册一个免费账号，填写完个人资料后设计博客界面。

   （1）现在来发布你的第一篇博文（可以自己拟定主题或者根据复习题来选择主题）。

   （2）使用本章提到的策略来优化自己的博客。

   （3）运用你的社会化足迹来创建自己的社会化媒体链接轮。

   （4）尝试推广传播自己的内容，借助自己的社会化网络中有影响力的社会化用户的力量来推广自己的内容。

3. 注册社会化书签网站和社会化新闻网站账号。完成注册后，填写个人资料并将自己的数字化足迹添加至社会化媒体平台。

4. 访问你刚加入的社会化书签网站，在上面查找一个你感兴趣的话题。在该话题下挑选出 10 条被其他用户收藏过的链接，根据链接诱饵（卖点）类型对这些链接标题进行分类，然后分析这些标题所使用的链接诱饵与链接收藏人数有何关系，并解释。

5. 浏览如下所列的谷歌免费搜索引擎优化工具。在这几个工具中随机输入搜索词，看看这些工具能够提供什么样的关键词、趋势分布和标语。

   （1）Google Suggest。

   （2）Google Keywords。

   （3）Google Trends。

6. 阅读美国联邦贸易委员会 www.ftc.gov/os/2009/10/091005revisedendorsementguides.pdf 网站中 *Guides Concerning the Use of Endorsements and Testimonials for Advertising* 这篇文章。阅读完文章之后，思考作为社会化媒体用户在提及或者推荐某品牌时应该注意哪些事项。

CHAPTER 8 | 第 8 章

社会化娱乐

■ 学习目标

当阅读完本章时，你将能够回答以下问题：
1. 什么是社会化娱乐？什么是品牌娱乐？社会化娱乐与社会化发布的内容营销有什么不同？
2. 社会化媒体营销人员如何利用社会化娱乐达到品牌目标？为什么社会化娱乐是让受众参与的有效方法？
3. 社会化游戏和玩家细分的特点是什么？营销人员如何有效利用社会化游戏？替代现实游戏与其他社会化游戏有什么不同？
4. 品牌如何将原创数字视频用于社会化娱乐？
5. 营销人员如何利用社会化音乐、视频和电视、名人来共享品牌信息？

8.1 社会化娱乐区域

你玩过《刑事案件》（Criminal Case）这款游戏吗？感觉沉迷于《宠物拯救传奇》（Pet Rescue Saga）？也许你可以在 Spotify 上找到你喜欢的音乐，在 Telfie 上观看并谈论你最喜欢的电视节目。社会化媒体的第三个区域是社会化娱乐。**社会化娱乐**（social entertainment）区域通过社会化媒体体验和分享事件、表演和活动，为观众提供快乐和享受（见图 8-1）。在这个区域内，用户可以体验娱乐，并与其他人一起分享体验。社会化发布和社会化娱乐区域之间的区别在于定位：前者是知识共享，后者是娱乐共享。广义而言，社会化娱乐包含数字化媒体和社会化媒体，而娱乐行业一直很强调这两种媒体。可以说社会化娱乐渠道是数字化的、参与的和共享的。因此，社会化娱乐包括社会化游戏、具有社交功能的视频游戏、替代现实游戏、社会化音乐以及社会化电视和视频。

营销人员可以通过多种方式利用社会化娱乐的各个方面，还可利用从低品牌展示到高品牌展示的连续过程。品牌展示水平会影响执行的简易性和复杂性，其中低品牌展示只需要相对较少的时间、精力和金钱，而高品牌展示则需要大量的品牌投资。对于付费媒体来说，营销人员可以在

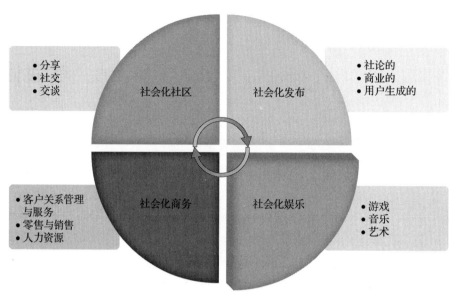

图 8-1 社会化娱乐区域

娱乐活动的源头和周围购买广告空间。通过这种方式，营销人员可以通过现有的社会化娱乐渠道来接触用户群体。社会化娱乐渠道内的品牌展示（也称为产品投放）可以进行整合。品牌可以在社会化渠道中赞助娱乐内容。最后，品牌可以通过创建品牌内容（如游戏、音乐和视频）来创建社会化娱乐的自有渠道。这个过程可称为**品牌娱乐**（branded entertainment）。我们将专注于社会化品牌娱乐，但请记住，品牌娱乐也存在于传统媒体中。

品牌娱乐是内容营销的一部分。社会化发布策略利用目标受众所需的相关重要信息，内容营销是社会化发布策略的基础，正如我们在第 7 章中讨论的那样。但是，对于品牌娱乐来说，其内容旨在吸引消费者的注意力，并通过娱乐观众使其在很长一段时间内保持这种注意力（至少与标准的 30 秒广告相比）。相较而言，社会化品牌娱乐更进一步，即鼓励观众在其社会化网络中与内容进行互动，分享该内容以及与内容的互动体验。正如在其他社会化媒体环境中一样，有影响力的人也可以发挥作用。[1]

这需要我们区分社会化发布和社会化娱乐。两者都在一定程度上（但不是完全）利用内容营销的原则。正如广告与宣传和/或娱乐活动的目标有关，内容营销也是如此。社会化发布的内容营销着重于告知，而社会化娱乐的内容营销着重于娱乐。请记住，社会化发布与传统媒体最为相像，因为任何人（无论是品牌、新闻机构还是个人）都可以通过在线渠道发布内容。这些渠道可能是共享媒体网站或博客等自有媒体。在社会化发布的内容中，主要目标是通过信息来表达视点角色（POV）。对于品牌来说，视点角色对于建立声誉、鼓励正面口碑和分享相关信息至关重要。社会化娱乐与娱乐业最类似，即为观众提供可娱乐、消遣和逃避的机会。在营销环境中，品牌通过构建社会化娱乐场所或利用流行的社会化娱乐场所来增加价值，进而吸引受众。社会化发布和社会化娱乐内容都可以通过社会化渠道（如 YouTube）发布。虽然有些渠道可能专注于特定的区域，但大多数社会化网站都具有跨区域功能，例如 YouTube。同样，由于在社会化媒体四个区域服务能力的深度和广度有所不同，Facebook 将其自身定义为一种**社会化设施**（social utility）。

8.1.1 社会化娱乐游戏

娱乐可以在一定程度上被认为是游戏，品牌把娱乐视为一种渠道（无论是通过付费媒体还是自有媒体），将其带入消费者的游戏领域。[2] 个人自愿积极参与娱乐媒体，就像参与其他愉快的活动一样——他们会玩游戏！对于个人来说，游戏和参与的动机包括权力、身份、幻想和轻松。游戏的这四个方面都体现在社会化娱乐活动中。以"游戏即权力"为基础的社会化娱乐为参与者提供了一项具有竞争力的任务。以身份为动机的游戏会提供很多好处，因为娱乐的形式能够自我表达、展现亲和力、发现兴趣，并提供一种归属感。在很大程度上，社会化音乐和电影被认为与受到身份动机驱动的游戏用户的关系最为密切。以幻想为动机的游戏鼓励参与者参与创造性的、富有想象力的体验。以轻松为动机的游戏提供乐趣，较为简单，目标不在于挑战自己，而是放松自己。游戏的这四个方面在社会化娱乐的所有组成部分中都很容易识别。只要能够理解消费者为什么参与社会化娱乐活动，作为营销人员，就能找到方法为那些与品牌信息和营销目标一致的目标受众提供价值。

8.1.2 社会化娱乐和营销目标

为什么品牌会转向社会化娱乐？社会化娱乐可以了解用户何时在何地消磨时间，以便能够频繁地与用户分享品牌信息。更重要的是，传统广告有时被认为有些烦人，但人们发现将品牌与娱乐进行整合能产生价值。Sprout Social 的社会化指数报告发现，在千禧一代中，38% 的人关注社会化媒体上的品牌，旨在获取娱乐消息。[3] 爱德曼国际公关（Edelman）品牌参与社会化娱乐时代调查发现，34% 的用户和 52% 的 18～34 岁的用户能够认识到在线品牌娱乐的价值。[4] 正是由于这种价值观念，人们才寻求社会化娱乐，并选择参与其中。所有形式的社会化娱乐，无论是否品牌化，都为品牌提供了更身临其境和更持久的体验。在本章中，我们将探讨品牌如何使用社会化游戏、社会化音乐、视频和电视，以达到品牌的目标。我们的内容按照其类型进行了分类，但做了进一步组织，旨在反映从低（利用现有的社会化娱乐渠道）到高（创建原创、品牌化的社会化娱乐内容）的持续的品牌存在。

8.2 社会化游戏

社会化游戏构成了社会化娱乐中最大的活跃区域。社会化游戏的核心是游戏，但重要的是，它们是社会化的——也就是说，社会化游戏是数字化的、互动的，可以在网络上进行共享。社会化游戏的背景是以目标为导向的活动，并在玩家社区之间定义了参与规则和在线连接。根据国际社会化游戏协会（International Social Games Association）的统计，约有 7.5 亿人玩社会化游戏。社会化游戏越来越受欢迎，智能手机也受到大家的青睐；用户在移动设备上玩社会化游戏的比例达84%。预计到2020年，全球社会化游戏收入将超过20亿美元。[5]

游戏社会化可以促进社会化媒体社会化，即社区中的参与和分享。玩家和其他人分享自己的游戏时，游戏就是社会化的。这意味着从定义上来说社会化游戏是多玩家游戏。如果玩家之间有交流，或者有工具可以分享活动和成就，或者有办法鼓励其他人参与到游戏中，那么这会增加游戏的社会化成分。因此，我们把**社会化游戏**（social game）定义为一种多玩家的、有竞争性的、以目标为导向的活动，具有确定的参与规则以及线上联系，从而能够在玩家社区之间进行对话。大多数社会化游戏包括以下几个关键因素。

- 排行榜：游戏竞赛中的领先者列表。
- 成就徽章：用来展示游戏水平并分享给整个社区的标志。
- 朋友（伙伴）：可以一起玩游戏的联系人列表，游戏中可交流。

吸引严肃玩家的特征——玩家在专门社区里的竞争感和沉浸感——可以通过增加社会化元素而增强。以前有人认为游戏只是青少年挤在堆着比萨饼盒子的房间中浪费时间的行为，但现在他们发现休闲的社会化游戏可以打发无聊的时光，可以在线与朋友进行交流，非常便捷、简单。

8.2.1 玩家细分市场

我们曾经根据游戏在玩家生活中的重要程度来对玩家进行分类。玩家可以分为**休闲玩家**（casual gamer）和**硬核玩家**（hardcore gamer），用户在游戏社区内玩的游戏可以反映出这两种类别。**休闲玩家**玩的是**休闲游戏**（casual games），硬核玩家玩的是**硬核游戏**（core games）。休闲游戏的主要特点是入门门槛很低，每一局用时很短、易于学习，并且联网就能玩。例如，如果有人想玩《宠物拯救传奇》，只需要上网就可以开始进行宝石匹配，想玩多久都可以。大多数休闲社会化游戏都可以在手机软件上玩，最受欢迎的游戏并不固定。据eMarketer估计，80%的人都在手机上安装了游戏。[6]一项关于人们在手机上花费时间的研究表明，人们在手机上花费的时间排行第二的就是游戏（排名第一的是交流和社会化网络），游戏时间平均每月为537分钟。

相反，像《使命召唤：幽灵》这样的硬核游戏则需要投入更多的时间。硬核游戏每一局的时间更长（从90分钟到几个小时），玩家非常投入，而且如果想要继续玩下去的话需要不断提高技术。他们在线就可以玩，也可能有特定的硬件和软件要求。硬核游戏玩家非常重视游戏中的现实主义和游戏活动中的挑战；而休闲游戏玩家更重视使用的容易程度和即刻的满足感。尽管休闲游戏玩家和硬核游戏玩家重视的点各有道理，但是社会化游戏并不太强调两者的区别，因此这也促进了一种新混合型玩家（兼顾两种游戏）的产生。

玩游戏并不像我们想的那样，仅仅局限于男性青少年。收益理论游戏实验室（Gains Theory Gaming Lab）的联合总监杰森·阿莱尔（Jason Allaire）表示："我们对游戏玩家的印象不能太过刻板，游戏玩家可以是你的祖父母、老板，甚至是你的教授。"[7]我们来看看玩家的人口特征。[8]令人吃惊的是，现今65%的美国家庭玩电脑和电子游戏。游戏玩家的性别不仅仅是男性——至少在休闲社会化游戏方面是这样。游戏类型会存在性别差异，女性玩家偏爱益智和小型游戏。年龄在 50 岁及以上的女性玩家的数量快速增长，预计还会进一步增加，因为年长者越来越认识到游戏在社会化娱乐体验中的价值。从历史上看，休闲玩家通常是老年人和女性，而硬核玩家通常是年轻的男性。表 8-1 总结了社会化游戏和硬核游戏之间的差异。

表 8-1 社会化游戏和硬核游戏的区别

休闲/社会化游戏	√ 短小的快餐式游戏，主要为 2D 环境 √ 主要在网页、社会化网站和手机或平板上玩 √ 玩家主要为女性 √ 1.46 亿美国玩家 √ 制作成本较低，较为碎片化
硬核游戏	√ 沉浸式或现实型游戏，需要投入大量的时间，主要为 3D 环境 √ 主要在控制台或个人电脑上玩，配备有较好硬件的手机或平台的数量在增加 √ 玩家主要为男性 √ 1.19 亿美国玩家 √ 制作成本较高，分散程度较低

资料来源：*IAB Games Advertising Report*，2015，Interactive Advertising Bureau，www.iab.com/wp-content/uploads/2015/09/IAB-Games-PSR-Update_0913.pdf（accessed March 18，2017）.

每天活跃的玩家有数百万，最受欢迎的社会化游戏每天都有 1 000 万的玩家。尽管如此，大多数社会化游戏的普及率还是相对较低（玩游戏的社会化媒体用户的比例）。Zynga、King 和美国艺电公司（Electronic Arts）创作的游戏效果最好，其游戏的社会化媒体用户比例达到 15% 左右。[9] 各款游戏玩家的贡献比例有所不同，但游戏整体表现出高度的黏性。提示一下，黏性描述了媒体吸引并留住受众的能力。在这种情况下，黏性是衡量每天和每月吸引游戏玩家的比例。换句话说，游戏的黏性越大，玩家玩的次数越多。

据估计，黏性最高的游戏是 *MyVegas Slots*（84%）、*Word with Friends*（54%）和《糖果粉碎传奇》（*Candy Crush*，61%）。[10] 游戏设计师将黏性融入设计：每款游戏都设有强制循环，玩家每次玩完都会产生回应，这会让玩家想要继续循环该步骤。[11] 当我们感到快乐时，大脑会产生一种叫作多巴胺的物质。常见的易上瘾的事物包括性、尼古丁和赌博，它们都会刺激多巴胺的产生。该过程被认为可以解释游戏作为在线活动盛行的原因，以及社会化群体中玩社会化游戏（无论是移动的还是静止的游戏）的人数的增加。相较于硬核游戏玩家，休闲游戏玩家每周在游戏上花的时间较少，但即使在这种情况下，据 eMarketer 估计，34% 的玩家每周玩游戏的时间仍超过 4 个小时，8% 的玩家玩游戏的时间约为 3 个小时，17% 的玩家玩游戏的时间约为 2 个小时，9% 的玩家玩游戏的时间约为 1 小时。例如，每月玩 Zynga 开发的 *Words with Friends* 的玩家人数超过 4 370 万人，每月玩游戏的时间平均为 6 小时，平均有 113 场比赛，每场比赛持续时间约为 3 分钟。这是很长的游戏时间，因此品牌与潜在客户互动的机会有很多。[12]

然而，游戏不仅仅需要时间的投入，还需要高度的集中和积极的参与。游戏不同于许多其他形式的媒体消费，玩家在玩游戏的时候无法处理多个任务，或者说无法同时使用多种形式的媒体。当玩家专注于打怪兽或获得农田时，他们不会去发短信、聊天或使用遥控器频繁换台。玩家注意力的高度集中是游戏为营销人员带来的好处之一。由于其他媒体渠道会同时使用多个媒体设备（称为媒体多任务处理），导致对其注意力不集中，而游戏需要高度集中的注意力。游戏满足所有可行的市场细分标准。

- 市场是潜在的、可接触的、可衡量的。
- 玩游戏的人群范围更广，因此游戏现在被认为是能够接触女性和年长消费者以及年轻男性的工具。
- 玩家花费充足的、集中的时间在游戏上，能够获得非常有价值的广告印象。

8.2.2 如何对社会化游戏进行分类

游戏设计建立在多个层面上，其中包含平台、模式、场景和类型。[13] 事实上，任何平台都可以支持社会化游戏环境。如果游戏可供多个玩家运行，可以进行线上连接，以供玩家们进行交流和分享，那么它就是社会化的。下面我们来进一步来看看用来描述游戏的几个维度。

1. 游戏平台

游戏平台（game platform）指的是游戏运行的硬件系统。游戏平台包括**游戏机**（game consoles，游戏机是用来播放视频游戏的互动电子设备，如索尼的 PlayStation、微软的 Xbox 和任天堂的 Wii）、电脑（包括网络游戏以及要求玩家在电脑硬盘上安装的软件）和便携式设备（包括智能手机或专为游戏设计的设备，如索尼的 PSP 或任天堂的 DS）。[14] 然而，我们要明白社会化游戏往往可以在多个平台运行：玩家通常更喜欢在两个或两个以上的平台上玩游戏，因此营销人员可以通过多个途径接触玩家。

2. 模式和场景

模式（mode）指的是体验游戏世界的方式，包括玩家活动是否高度结构化、游戏是单玩家的还是多玩家的、游戏是否要求和其他玩家之间的实际距离很近（或者虚拟距离很近）以及游戏是实时的还是回合制的。[15] **场景**（milieu）描述了游戏的可视属性，如科幻、幻想、恐怖和复古。

3. 类型

游戏的类型指的是玩游戏的方法。较为受欢迎的游戏类型包括模拟、策略、动作和角色扮演。无论是休闲游戏、硬核游戏还是社会化游戏，这几种游戏类型在游戏市场中都比较常见。

（1）**模拟游戏**（simulation games）试图尽可能准确地描述现实世界的情况，它包括几种子类型，如赛车模拟器、飞行模拟器和让玩家模拟环境发展的"模拟"游戏。在社会化游戏中，模拟游戏有《开心农场》《宠物度假村》和《梦幻渔场》。玩家认为现在的模拟游戏中的创新点大多可以追溯到模拟游戏的先锋之作《模拟城市》(Sim City)。

（2）**动作游戏**（action games）包括两个主要的子类型：第一人称射击游戏（first-person shooter，FPS，在该游戏中，你和你的虚拟化身所看到的是一样的）和第三人称视角游戏。如果给定玩家识别虚拟化身的程度，那么这些子类型在游戏情景方面差别很小。这些虚拟化身如同假肢一样，连接着玩家和环境。动作游戏是**行动性的**（performative），玩家选择一个动作，游戏就会执行。这些动作的主题可能是战争、体育和赌博等。社会化动作游戏有《梦幻足球》(Epic Goal，一种现场足球游戏)、《彩弹天堂》(Paradise Paintball，第一人称射击社会化游戏)和《德州扑克》(Texas Hold'Em，一种社会化赌博游戏)。

（3）**角色扮演游戏**（role-playing games，RPGS）指的是游戏玩家扮演角色去完成某个使命，这类游戏经常是在幻想的环境中进行的。最著名的角色扮演游戏可能是从桌面游戏《龙与地下城》发展起来的。玩家扮演游戏故事中的一个角色，完成各项任务并收集分数和物品，努力达成预定目标。**大型多人在线角色扮演游戏**（massive multi-player online role-playing games，MMORPG）是一种真正具有社会化成分的角色扮演游戏。多年来，《魔兽世界》(World of Warcraft)是大型多人在线角色扮演游戏中规模最大的一款游戏，拥有数百万的付费玩家。然而，近些年来，随着各种免费游戏的兴起以及《英雄联盟》的流行，导致曾经风靡一时的《魔兽世界》受欢迎的程度有所下降。

（4）**策略游戏**（strategy games）指的是玩家需要具备专业知识来组织和衡量游戏系统中各种因素变量的游戏。这些游戏可能需要把来自游戏之外的二手资源（包括以前玩游戏的经验）放入游戏情景中。在本章的后面部分，我们将讨论一种可以用于市场营销活动的游戏形式——替代现实游戏。虽然这些游戏由于其复杂性而与其他社会化游戏不同，但它们也是一种策略游戏，需要解决难题、系统化评估新信息、做出选择才能继续进行游戏。**益智游戏**（puzzle games）是一种常见的社会化游戏，也是一种策略游戏。社会化策略游戏包括《亚瑟王国》《贵族重生》、KDice、Word Cube 和 Lexulous。

当然，各种类型之间的界限是模糊的，它们可能被归类为模拟、动作或者角色扮演游戏，但你仍可以有策略地玩其他游戏。

8.2.3 基于游戏的营销活动

品牌可以通过多种方式利用社会化游戏开展营销活动，并且它们应该这样做！游戏提供了受众明确、到达范围广、参与度高且干扰少的促销方法，以及与品牌粉丝互动的方法。

据《全球游戏市场报告》(Global Games Market Report)估计，到 2019 年全球游戏收入将达到 1 180 亿美元，其中手机游戏为 525 亿美元。[16] 虽然有些用户愿意支付 2 美元从 iTunes 上下载《愤怒的小鸟》(Angry Birds)或购买游戏升级，但事实上，只有 5% 的社会化玩家会花钱玩游戏。全球 97%（5 亿多用户）会选择玩免费游戏，使用社会化货币系统解锁游戏里的特征、等级和虚拟商品。这种社会化货币以游戏信用的形式存在，玩家可以通过浏览广告和插播视频、在游戏环境中完成与潜在用户的接触来提高游戏信用。广告收入只占这些收入的一部分，游戏制作商还通过在游戏中出售虚拟商品、游戏装备或会员费来获取利润。当涉及社会化游戏营销时，品牌有多种选择。品牌可以在现有的游戏中推广品牌信息。在这种情况下，品牌可以通过展示广告、产品植入、游戏赞助以及将品牌植入游戏等方式在游戏里及其周边植入广告。此外，品牌还可以进一步开发自己的**广告游戏**（advergame），传递品牌信息。下面我们依次阐述这些营销方法。

1. 游戏周边和游戏内广告

游戏周边广告（around-game advertising）会在游戏加载、游戏关卡或回合的间歇，或整个游戏期间显示，但其作为一种植入，位置总在游戏环境之上或之下。**游戏内广告**（in-game advertising）指的是在其他公司开发和销售的游戏里的推广。在社会化游戏（在线和移动的）中投放的广告与其他在线广告相比，点击率、完成率和参与率更高。[17] 游戏内广告的费用各不相同，但起始价约为每千次展示 35 美元。游戏周边广告的价格要低得多（通常起始价在每千次展示 2 美元左右），但其效果也不太好。营销人员可以从四种常用的游戏周边和游戏内广告中进行选择。[18]

（1）**展示广告**（display ad）作为广告牌、电影海报、店面（取决于游戏的内容）集成到游戏环境中，或者仅仅作为游戏屏幕内的广告空间。展示广告可以是静态的，也可以是动态的，包含文字、图片或者富媒体（如视频）。富媒体广告可以是前置式的（在游戏开始前）、居间式的（在游戏中间）或者后置式的（在游戏的结尾处），其中居间式是最常见的。

（2）**静态广告**（static ad）指的是强制编码到游戏里并保证所有玩家都能看到的广告。

（3）**游戏广告**（game ad，有时称为迷你游戏）指的是推出品牌迷你游戏的广告。换句话说，广告是游戏中的游戏。游戏广告很短，所以不会打断玩家的游戏体验，但互动可以增强玩家的品牌参与度。这在游戏行业算是相对较新的发展，但早期对其有效性的研究暗示了这一结果。[19]

（4）**动态广告**（dynamic ad）是可变的，基于特定的标准而变化。这一技术是由诸如 MediaSpike 和 Massive（微软旗下的公司）这样的社会化网络来管理的，这些公司提供插入技术以便在不同的游戏中植入广告。网络与游戏发布者签订合同，在其游戏中植入广告。社会化网络通过将不同发行者的游戏结合在一起，为广告商创造了很多游戏内媒体组合的机会。社会化网络与游戏发布者一起有策略地植入广告，将广告位销售给广告商，在社会化网络中提供游戏内广告并为该过程提供账号管理服务。

动态广告非常有价值，因为其可控程度高且可以进行实时测量。另外，动态广告可以在众多游戏中建立广告网络，还可以将众多游戏、平台和类型都整合到广告网络中。Massive 公司进行了一系列关于动态游戏内广告影响的研究，发现在游戏中使用动态广告后，企业的品牌熟悉度、品牌评分、购买意向、广告回忆和广告评分等都显著高于控制组。这项研究调查了 1 000 多名来自北美的玩家，研究内容包括汽车、快消品和快餐等多个品类的广告测试。[20]

游戏内广告通常与**价值交换优惠**（value-exchange offers）有关，这些优惠被认为是玩家之间的货币形式。玩家可以通过与游戏内广告进行互动，获取优惠。这些优惠可以用于购买虚拟商品（玩家可以在游戏中使用或者送给朋友）、游戏币（用于升级游戏等级）或代码（用于解锁奖励和有限访问的玩家体验）。如果玩家采取某些行动，如在游戏里与品牌互动、进行购物、点赞 Facebook 上的品牌、观看商业广告，或填写问卷，那么他们就会获得诸如虚拟商品、货币或代码这样的奖励。价值交换优惠是**交易广告**（transactional advertising）的一种形式。借助品牌提供给玩家的虚拟物品，这些技术可以得到进一步增强。该技术是产品植入、直接反应广告和促销的一部分。当虚拟商品被打上品牌时，这是一个双赢的结果。玩家实际上更喜欢品牌化的虚拟商品。AdNectar 的一项研究发现，当玩家在游戏里可以在有品牌和无品牌的虚拟物品之间进行选择时，大部分玩家会选择有品牌的虚拟物品。[21]

美国艺电公司是最成功的社会化和手机游戏开发商之一。该公司为想在艺电游戏中植入广告的营销人员确定了四种类型的广告：①流量驱动；②探究；③商店标签；④媒体集成。所有这些都是交易游戏内广告的形式。流量驱动促使玩家访问品牌的 Facebook 网页以换取免费的虚拟商品。例如，在美国艺电公司的《模拟人生》中，玩家可以通过访问 Facebook 页面下载多芬美发 Spa 虚拟物品。探究涉及玩家与品牌进行交互时游戏内的多项任务。丰田公司为玩家设置了任务集成系统，旨在获得虚拟普锐斯。商店标签是游戏内的所有虚拟商店，完全专注于为品牌服务。媒体集成要求玩家观看短视频广告以解锁虚拟商品。美国艺电公司的游戏中使用过一种或多种战术的品牌包括唐恩都乐（Dunkin Donuts）和温迪国际快餐（Wendy's）。

◎ 微案例研究

汉堡王采用带有愤怒的皇堡标签的社会化游戏来完善公关

汉堡王与 Gamewheel 合作开发社会化游戏，以便与其"愤怒的皇堡"活动相结合。[22] 该活动需要将流量引入汉堡王餐厅，并试吃愤怒的皇堡，这种汉堡是用火辣的墨西哥胡椒做成的。社会化游戏旨在强化产品信息并鼓励消费者参观餐厅和购买汉堡。游戏的原理很简单，但容易令人上瘾：玩家在 20 秒内收集 20 个 jalapeños，以解锁可在汉堡王餐厅兑换的折扣券。该游戏为终端用户提供了一种可以在线上和线下与行业巨头一起互动的新颖方式。这款游戏不仅增加了线上应用的互动，还可以直接增加商店的销售额。

iStock.com/ThomasVogel

结果

游戏是否成功？绝对很成功——在短短两个月内，玩家就参加了 100 多万场比赛。玩家赢得了很多优惠券。游戏是否也推动了餐厅的流量？确实如此。兑换的游戏优惠券超过 10 万张，这表明游戏不仅获得了品牌参与，还增加了销售量。

如果说上述说法没有足够的证据，请继续阅读社会化游戏广告带来的可衡量的收益。

- 社会化游戏中的广告平均在线点击率为 3.8%，手机平均点击率为 3.2%，而平均在线广告收入不到 0.2%，Facebook 赞助广告的平均收益率为 0.3%～3.2%。[23]
- 投放社会化游戏中的富媒体广告的平均在线点击率为 11.5%，手机平均点击率为 10.0%，而在线富媒体广告的平均点击率仅为 3.3%。[24]
- 你会观看线上植入的视频广告吗？很多人都不会观看。线上广告的视频观看率低于 58%，但社会化游戏中的视频广告的观看率为 89%。
- 价值交换广告（那些为你提供与游戏相关商品的广告）的比率？这些网上游戏的开放时间为 100%，移动游戏的开放时间为 91.4%。90% 的玩家表示，他们在与激励因素互动时会更积极关注品牌信息，与品牌互动后品牌喜爱度会提升。

用户在社会化游戏环境中接触激励广告或视频后，品牌网站的访问率高出 161%，互动后去商店购买该品牌的可能性高出 36%。[25]

2. 产品植入

产品植入（product placement）指的是将一个有品牌标识的物品植入电视节目、电影或游戏等娱乐项目中。被赞助的广告强制编码进游戏环境中，一般需要花费 35 万～75 万美元，价格取决于植入广告的类型和游戏的受欢迎程度。植入过程非常简单，只需要将品牌显示在屏幕上，或者将其大量地融入故事和情景中。[26]

屏幕植入（screen placements）指的是将品牌整合到可视场景中，这是最常见的品牌植入形式。这种广告植入非常简单，如在画面中加入苏打的品牌或在游戏里人物的衣服上标上品牌。例如，在国际足联（FIFA）游戏里，运动员可能会穿阿迪达斯的鞋子。

脚本植入（script placements）更进一步：以文字形式提及品牌名字并将其融入情节中。在日本版的《合金装备》（*Metal Gear Solid*）中：和平行者（Peace Walker）可以喝激浪饮料、吃立体脆、向自身喷洒 Axe 以恢复或增加体力。玩家表示，现实的产品植入会加强游戏的现实感，使得游戏更加有趣。

3. 品牌整合

游戏内的沉浸式广告（in-game immersive advertising）机会包括交互式商品植入、游戏内的品牌体验以及游戏与品牌的整合。在电影产业中，这被称为**情节植入**（plot placement）。情节植入包括将品牌大量地整合到故事中。品牌在将品牌信息整合到社会化游戏中时，需极其谨慎。对品牌整合有效性的研究表明，品牌回忆和认知是积极的，但对品牌和游戏的态度可能会有所不同。[27] 玩家喜欢符合游戏情节的现实性品牌整合，他们似乎也认识到并赞赏品牌赞助可以为玩家提供免费游戏。[28] 然而，当品牌整合被认为没有价值时，玩家的态度就不积极。[29]

● **批判性反思**

社会化游戏广告对儿童而言有风险

在营销方面，儿童是比较脆弱的目标市场。他们可能缺乏媒体素养技能，不知道什么是或不是广告，可能更容易受到说服性话语的影响。社会化游戏和相关广告越来越受欢迎，欧盟委员会（European Commission）决定进行一次调查。这项研究涉及范围较广，包括 8 个国家的重点实验对象和访谈、流行的社会化游戏的内容分析以及关于社会化游戏广告相对影响的实验。这份题为《社会化媒体、在线游戏和移动应用程序营销活动对儿童行为的影响研究》的报告发现，前 25 名最受欢迎的社会化游戏都包含某种形式的广告（内容关联广告和/或游戏中的产品植入）。[30] 此外，广告还会潜意识地影响儿童的行为（没有儿童意识），并激发其在应用内购买该品牌的欲望。大家通常认为父母是保护儿童免受广告操纵的第一道防线。但该研究发现，虽然大多数家长知道游戏中含有广告，但他们并不认为广告会给孩子带来风险。父母是对的吗？游戏中的广告的风险也许比父母想象得更大。想一下由佳得乐（Gatorade）赞助的社会化广告游戏 *Bolt*。

虽然大家都知道佳得乐可以在像马拉松或职业比赛这样的极端情况下为运动员补充水分，但对于我们大多数人来说，水是更好的选择。佳得乐明白青少年运动员是其主要目标受众之一，但这些青少年在运动后更倾向于选择水，因为他们相信水可以提供他们所需的水分。于是佳得乐将其品牌和反水信息整合到其社会化广告游戏中！[31] Rock Live 公司开发的广告游戏 *Bolt* 借用了牙买加运动员尤塞恩·博尔特（Usain Bolt，佳得乐赞助的一位运动员）的名字。品牌整合解释说，佳得乐帮助博尔特（已经被认定为世界上跑得最快的男人）有更好的表现，但水是敌人，影响了其表现。在游戏中，玩家可以控制 Bolt 角色在游戏过程中移动的速度。佳得乐会帮助玩家以更快的时间和更高的分数完成游戏，而水会影响玩家完成游戏的时间。该游戏下载量超过 200 万次，玩的次数高达 8 700 万，并吸引了 400 万新的在线粉丝。总体而言，游戏中出现了 820 次品牌印象，强化了佳得乐在增强运动表现方面比水好的信息。游戏整合获得了美国互动广告局（Interactive Advertising Bureau）MIXX 奖项的铜奖。73% 的年龄为 13～24 岁的球员是佳得乐主要的目标受众。佳得乐的游戏内广告成功传递了误导性信息，即水是青少年的敌人。这个案例研究的视频和其他获奖者一起发布在美国互动广告局 MIXX 网站上，但不久之后因受到营养学博主和新闻记者的强烈谴责后就将其删除了。

4. 广告游戏

随着广告游戏的普及，游戏本身成了一种品牌化的娱乐方式。品牌通过设计游戏来反映其市场定位。因此，广告游戏成为品牌宣传的渠道。广告游戏基本只存在于线上而不在硬媒介中，因为品牌想用低成本的方式把游戏传播给广大受众。同样，同硬核游戏相比，广告游戏可能更随意，因为硬核游戏的制作和推广成本更高。如果广告游戏中包含朋友列表、聊天经验和结果分享以及徽章等社会化组件，则称之为社会化广告游戏。例如，全球休闲餐厅品牌 Chipotle 制作了一款叫作 *Scarecrow* 的社会化广告游戏。该游戏赢得了戛纳广告节全场最高奖（Grand Prix）和两个金狮奖（Gold Lions），这可能是最具声望的创意奖。该游戏除了很好地融合了 Chipotle 的市场营销宣传平台的其他元素之外，还包括一个元素，即可以激活商店访问和销售。在游戏中获得平均分或高分数的玩家可以在 Chipotle 当地商店兑换优惠券。

社会化广告游戏不仅适用于 B2C 营销人员。IBM 为城市管理者和规划者制作了 *CityOne* 社会化广告游戏。玩家的任务是解决城市在银行、零售、能源和水技术领域最为紧迫的问题。[32] 该游戏的基本目标是向城市规划人员介绍新技术，并研究他们在解决共同的城市问题时可能做出的选择的后果。自游戏发布以来，已有来自 100 多个国家的数千人玩了这款游戏。甲骨文（Oracle）在 Facebook 上使用微型广告游戏向技术专家推广其云服务和活动。这款名为 *Cloud Stacker* 的游戏生动形象地展示了如何轻松地使用甲骨文云服务，并以邀请用户注册甲骨文活动结束。平均来说，玩家玩过两次游戏，与甲骨文广告相比，微型广告游戏的点击率增加了 85%。[33]

产业和学术研究支持使用社会化游戏进行品牌塑造。尽管这种方法是否会取得成功取决于很多因素，但研究表明，相较于不使用社会化游戏的品牌，与社会化游戏相关联的品牌更加令人难忘，被人们谈及得更多、更受欢迎。[34]

尽管如此，仍不能保证社会化广告游戏的有效性。社会化设计不是影响玩家体验的唯一维度，其他影响因素包括战术、感觉和情感。[35] 战术设计通过引发和激起反应的智力挑战来影响玩家体验。感觉性设计与五种感官（视觉、听觉、味觉、嗅觉和触觉）有关，其目的是通过视觉和电影元素、声音和语言影响感官体验。情感设计会影响玩家的情绪体验。所有这些维度都有可能影响玩家对与游戏相关的品牌的态度。品牌的角色是游戏的核心，品牌的分类和形象与游戏故事的背景一致，这些维度在制作游戏时的运用程度会影响游戏的乐趣、品牌记忆回忆、对品牌的态度以及未来的游戏意图。[36]

当品牌与游戏故事一致的时候，品牌回忆是最佳的。然而，当品牌被视为游戏赞助商而不是游戏故事的中心元素时，玩家倾向于报告游戏乐趣，对品牌的态度也会更好。有效性也可能受到参与者个人因素的影响。[37] 底线是什么？社会化广告游戏可以实现有价值的品牌目标，但需要更多的研究来了解玩家对其他设计维度的反应。

视频游戏制作者 Ya Ya 媒体的简·陈（Jane Chen）对广告游戏的潜力表示："它是少数能够在一天中有效地接触到目标受众的广告媒体之一，包括难以到达受众的工作时间……最有效的广告游戏可以帮助品牌更深入地了解购买渠道，并为合格的购买者服务，还可以激励消费者访问零售网点或直接在线购买。游戏的自然交互性为品牌与其客户之间提供了完美的刺激和实时交流渠道。"[38]

8.2.4 底线：为什么社会化游戏对营销人员有用

对于营销人员来说，社会化游戏可能极为重要。随着游戏作为一种消费者活动越来越受欢迎，我们希望看到更多这样的活动——你应该也是这样想的！玩家在玩游戏时常常处于一种乐于接受的情绪中，所以这时候品牌投入会带来更积极的品牌态度。另外，这种途径花费不多，品牌还可以独家占有（如果赞助商是游戏环境中唯一的广告商），同时还有指标来衡量游戏在吸引玩家方面的效果。游戏广告是为数不多的不受广告拦截软件影响的数字化广告形式之一。

当然，就像其他广告媒体一样，游戏也有一些缺点需要品牌加以注意。其中一点就是**游戏混乱**（game clutter），比如普遍存在的广告混乱问题，这意味着有很多游戏来竞争吸引玩家的注意力。仅仅 Facebook 上就有几百款社会化游戏，如果考虑到大量通过游戏网络（如 Pogo.com）、游戏机和软件提供的游戏储备，游戏的数目还会成倍增长。然而，不同于广告混乱，由于玩游戏要花费时间，这个问题也变得更加复杂。你可以选择浏览或不浏览网站上弹出来的广告，然后继续浏览网页，但是如果你选择玩游戏，你就需要花时间学习游戏的规则并掌握它的技巧。即使是狂热的游戏迷，一天的时间也就只有那么多。另一个问题就是游戏内广告的可用游戏库存。虽然现在有大量的游戏主题和游戏类型，但是用来做展示广告、产品植入和品牌整合的空间是有限的。

除了成本低和易定位外，游戏还有一些极其吸引营销人员的关键特征，总结如下。

（1）玩家对游戏内的广告内容持开放态度。这并不是指他们是"广告成瘾者"，他们只是尊重事实，现实生活中也有很多活动（无论好坏）带有营销信息。

（2）品牌与成功的游戏结合会获益。当玩家喜爱某款游戏时，一些积极的感受会影响他们在游戏里的整个情绪。我们把这种现象叫作**移情效应**（transference effect），赞助活动时也会出现这样的情况。品牌经常试图与运动会或演唱会（如奥运会或蕾哈娜的演唱会）联系起来，以获得这样做的剩余利益。

品牌不仅可以从与游戏结合中获益，还可以通过明星代言获得类似的效果。目标受众喜欢的名人也能创造出移情效应，这也是公司会在影星身上花费几百万美元的原因，它们希望明星喜欢这个品牌这件事会带动这个明星的粉丝也喜欢这个品牌。当目标市场的成员把代言人的信仰当成自己的信仰时，就产生了**内化**（internalization）。在游戏情景中，游戏故事和背景中的角色可以作为品牌代言人。

意义迁移模型（meaning transfer model）认为，消费者会将意义和代言人联系起来，然后把这种意义迁移到品牌上。[39] 消费者首先会将意义与某个产品或品牌的代言人联系起来。因此，在消费者的脑海中，赋予代言人的意义就与品牌联系起来了。对于游戏广告商来说，意义迁移模型意味着角色的特征可以被迁移到角色在游戏中使用的品牌上，这也是游戏内产品植入的一部分。成功使用角色代言人的关键因素和选择名人代言人的关键因素很相似。角色代言人应该具有品牌需要的一系列特征。

（3）玩家识别出其游戏中角色使用的品牌，可以提高品牌的参与度。玩家可能对他们的角色很投入，因为他们会花几周、几个月甚至几年的时间来建立自己的角色身份，并构建能使这个角色在游戏中发挥最高水平的特征。PRG 类型的名称"角色扮演"就暗示了玩家对他们角色的投入。品牌使用沉浸式技术，如让玩家在赛车游戏中选择自己的赛车品牌，这样玩家就可以在游戏体验中积极地与品牌进行互动。这种"连接"会产生更高水平的品牌识别。

（4）在游戏故事中宣传品牌是以一种低调的方式来分享品牌的核心信息。从很多方面来看，游戏与看电影所带来的沉浸感是相近的。游戏同电影一样，能够跨越阶层和文化障碍。但是，与电影和文学作品相比，游戏提供的不仅仅是故事，它还可以让玩家真实地参与到故事当中。当玩家成为演员时，他们就不太可能会思考为什么屏幕上的广告信息对他们来说并不适用（心理学家将这个过程称为反驳）。**叙事传递理论**（narrative transportation theory）解释了如何通过想象中的互动来建立积极的品牌态度。根据该理论，通过故事所产生的精神刺激能够让玩家沉迷于故事中。一旦玩家沉迷于故事情节，他们就不会关注植入游戏中的广告。玩家不会反驳这些信息，所以他们更可能基于故事带来的正面感受来形成对品牌的态度。

（5）对于大多数使用游戏广告网络的游戏内广告来说，目标定位是可能的。在游戏/玩家契合度的有效到达方面，社会化游戏是很有价值的，但是广告网络可以动态地定制产品植入，这样可以在地理位置和其他细分变量的基础上植入不同的广告。

（6）营销人员可以衡量游戏的促销价值。对于游戏广告和广告游戏来说，游戏环境为广告创造的印象价值比传统媒介广告投放更高，原因包括曝光的频率、与品牌信息互动的潜力以及平台的娱乐价值。数以百万的广告印象通过玩游戏的方式在几周内被传递出去，每个印象只要25美分的成本。除了低成本外，同其他的媒体相比，游戏中存在的广告混乱也较少。但更为重要的是，营销人员清楚地知道游戏在传递广告印象方面的效果。与其他形式的广告不同，游戏广告赞助商可以查出谁看到了这些信息，在某些情况下甚至可以把这些情况与其产品销售联系起来。我们将在第 10 章更详细地讨论营销结果衡量的问题。

8.3 替代现实游戏：一种跨媒体游戏类型

到目前为止，我们在本章主要探讨了社会化游戏。但是除了《黑手党战争》和《魔兽世界》的玩家外，还有一些人正在接触一种新的游戏类型，这种游戏让玩家更为沉迷——它生动地阐释了数字媒体惊人的潜力，我们称之为**替代现实游戏**（alternate reality game，ARG）。Unfiction.com 是 ARG 社区的一个主要网站，其将替代现实游戏定义为"一种使用多种传递和沟通媒体（包含电视、广播、报纸、网络、电子邮件、SMS、电话、语音信箱和邮政服务）的跨媒体交互式类型"。[41] 替代现实游戏仍然是社会化游戏，一群玩家通过竞争和合作来解决复杂的问题。这类游戏和其他策略类游戏基本一致，但玩家玩起来很着迷。赞助商制作替代现实游戏，其基本类似于一款广告游戏。另外，由于替代现实游戏包含两种或多种媒体，因此它也是一种**跨媒体社会化游戏**（transmedia social game）。

8.3.1 ARG 的营销价值

李维斯、麦当劳、九寸钉乐队（Nine Inch Nails）和奥迪都使用过替代现实游戏来进行营销。事实上，到目前为止，在参与方面最成功的替代现实游戏都是品牌赞助的。大多数替代现实游戏都与娱乐活动有关，如电影、书籍和视频游戏（是的，用游戏来发展游戏）。例如，电影《黑暗骑士》(*The Dark Knight*) 就是用替代现实游戏《为什么如此严肃》(*Why So Serious*) 来宣传的。这款游戏受到来自 75 个国家 1 100 万玩家的喜爱。以故事为导向的产品自然会使用基于故事的宣传手段来进行推广，但是其他品牌也可以从替代现实游戏中获益。如同其他形式的社会化游戏，使用替代现实游戏进行推广的关键在于保证游戏和品牌间的高度匹配。

2001 年，电影《人工智能》(*Artificial Intelligence*) 就是用微软团队制作的替代现实游戏——《野兽》(*The Beast*) 进行宣传的。该游戏被设定在电影中事件发生之后的 50 年，即 2142 年。这款游戏提供了三个线索。

- 在电影《人工智能》积分中隐藏的线索。
- 在电影预告片中邀请玩家拨打一个电话号码，进而通过电子邮件获得一条线索。
- 制片人寄给技术和媒体的一张宣传海报包含了另一条线索。

替代现实游戏盛行的部分原因是线上和线下的传播资金，可以用于构建错综复杂的多媒体渠道故事、角色和线索。例如，奥迪用来推广其 A3 车型的替代现实游戏《盗窃艺术》(*Art of the Heist*)，相关的花销大约为 500 万美元。[42] 和电视广告花费相比，替代现实游戏的成本很低，但其仍需要投入很多资源，因此需要品牌赞助商。然而，这笔投资可以获得很丰厚的回报，例如，奥迪宣称在 25～35 岁的高收入男性目标消费者中，有 50 万人参与到《盗窃艺术》这个替代现实游戏中，他们在大量植入游戏线索的网站和页面平均停留了 4～10 分钟。[43] 奥迪网站的点击量在游戏期间增加了 140%，其中大部分来自游戏网站。通过这款游戏，奥迪零售商获得了 1 万个高质量的潜在客户，增加了 3 500 次试驾。[44]

虽然替代现实游戏可以从赞助商的雄厚财力中获益，但很多游戏却无法识别出其背后的赞助商是谁。玩家可能会一直玩到谜底揭晓（或者在游戏社区中不小心暴露了赞助商）才知道品牌赞助商是谁。这种类型的品牌替代现实游戏被称为**暗室 ARG**（dark play ARG），这也是品牌使用**黑箱营销**（dark marketing）的方式，黑箱营销指的是把赞助商隐藏起来的宣传方式。有些人认为品牌是否应该告诉玩家其在 ARG（或其他黑箱营销）里扮演的角色属于道德问题，但是到目前为止，品牌和玩家似乎都认为游戏最好保留单纯的娱乐空间。到最后，玩家会对品牌有一种感激之情，从而转变成了积极的品牌态度和潜在的品牌知晓度，因为参与者在成功解开谜团前会花几天、几周甚至几个月的时间在游戏上。表 8-2 总结了 ARG 策略的优缺点。这些内容可能听起来有些复杂，那我们来看看 ARG 的特征和词汇。

表 8-2　使用 ARG 作为社会化娱乐品牌推广渠道的优缺点

优　　点	缺　　点
到达范围广，除了活跃的玩家外，潜伏者和观望者也可以看到这些消息	ARG 从最初的设想到计划和执行需要大量的投入。由于故事情节可能会根据玩家的回应而有所改变，因此 ARG 需要游戏架构师进行持续的监控和投入直到游戏结束，甚至游戏结束后（在玩家进行简短报告后）

(续)

优　点	缺　点
游戏吸引了媒体的关注，从而带来了公共形式的赢得媒体	由于游戏可能不会像架构师最初设想的那样发展，所以会存在风险。由于粉丝会驱动情节的发展，所以游戏可能不会像赞助者预想的那样发展
与传统媒体相比，曝光时间更长	核心品牌的忠诚者可能会讨厌对游戏感兴趣的新人加入
ARG 是具有较高参与度的信息，游戏会把游戏爱好者（玩家、潜伏者和观望者）带到故事中并鼓励他们在游戏中寻找新的信息	ARG 吸引的目标受众的数量可能不如大众媒体
玩家喜欢品牌赞助的 ARG，因为它们不会用品牌信息入侵人们的空间	

8.3.2　ARG 的特征

ARG 始于编写好的情境，但是过段时间，玩家通过发现线索、与他人分享信息，并通过游戏的反馈来改变游戏的结构和情节，从而参与到游戏中。在 ARG 中，玩家不仅在社区分享提示、线索和成就，他们也会帮助指引游戏背后的故事发展。事实上，这就是有时候 ARG 被称为**沉浸式小说**（immersive fiction）的原因。对于品牌 ARG 来说，营销人员拥有独一无二的机会与受众分享品牌故事。

游戏会利用多种形式的媒体，并使用多种游戏元素，每种游戏都是为特定的媒体平台专门定制的。ARG 还可能使用网站（故事网站和社会化网站）、电话、邮件、户外标识、T 恤、电视、广播等方式揭露故事线索、构建场景和聚集玩家。

ARG 与社会化媒体进行了完美结合，因为要想独自解开游戏中的谜团几乎是不可能的。在玩家中，"**集体侦探**"（collective detective）是指需要一个团队才能解开的谜团。来自全世界的玩家都参与到游戏中，因此在线交流是游戏的重要组成部分。很多 ARG 使用了其他媒体渠道，如现场活动、电视、广播，但是社会化媒体为玩家集体交流提供了平台。ARG 的一些基本特征如下所示。

- ARG 基于虚构的故事。游戏作者（也称为**木偶大师**（puppet masters））想象并制作了游戏角色、事件、地点和情节。
- ARG 是策略/益智游戏。故事围绕谜团展开，邀请玩家在更多的故事情节被揭露之前发现线索。
- 由于 ARG 是跨媒体的社会化游戏，它会在多个平台上提供线索。平台包括从电视和报纸这样的传统媒体，到隐藏在电影预告片或者音乐会 T 恤上的信息。
- 故事和故事角色都是虚构的，但游戏空间却不是虚构的。玩家是真实的人，线索是实时显示的。因此，现实世界本身就是一种媒体。这一特征产生了 ARG 的"TINAG"信条——这不是一个游戏（This is not a game）！游戏中使用的电话号码、网站和地址都是真实有效的。如果你遇到 ARG 迷，请注意：他/她不会认为 ARG 是游戏（虽然它就是游戏）。
- 玩家通过合作解开所提供线索的意义，但是他们也会争取成为首个解开谜团的人。玩家的地理位置较为分散，遍布世界各地。

- 故事会逐步展开，但不会线性展开。故事展开的速度会受到玩家找到线索并分享给其他玩家群体的影响。
- ARG 是随机的，故事可能不会像最开始设想的那样发展。因为玩家会与游戏进行互动，而玩家的回应可能会决定故事的下一幕，故事是流动的、不可预测的。
- 玩家依赖于网络和社会化社区，作为交流中心，如论坛。
- 玩家分享信息和希望浏览者关注故事的欲望揭示了 ARG 的病毒性本质。

8.3.3 ARG 的词汇

ARG 拥有自己的行话——理解这些行话是融入 ARG 文化的第一步。Unfiction.com 网站是 ARG 粉丝聚集的主要中心，该网站总结了 ARG 玩家的基本词汇。[45]

- **木偶大师**（puppet masters）：故事及其情景和谜团的作者、架构师和管理者。
- **幕**（curtain）：分隔木偶大师和玩家之间的不可见的帷幕。
- **兔子洞**（rabbit hole）：启动游戏的线索或网站。
- **集体侦探**（collective detective）：地理位置上分散的玩家组成的团队共同努力完善故事的合作理念。
- **潜伏者**（lurkers）和**观望者**（rubberneckers）：潜伏者会关注这个游戏但不会积极地参与其中，而观望者会参与到论坛中但不会积极地玩游戏。这就像品牌赞助比赛时常用的标语："你不必为了赢而比赛"。从品牌的角度来看，潜伏者和观望者与活跃的玩家对 ARG 的成功同样重要。据 Unfiction.com 估计，游戏潜伏者和活跃玩家的比例从 5∶1 到 20∶1 不等，这取决于游戏。
- **密写**（steganography）：在媒介中隐藏信息的技术，这些信息对于用户来说是不可察觉的。
- **指引**（trail）：游戏的参考指标，如相关网站、谜团、游戏内的角色以及其他信息。对于进入游戏较晚的新玩家和试图把叙述片段整合起来的老玩家来说，指引都至关重要。

8.3.4 评估品牌赞助的 ARG 的有效性

我们该如何评估 ARG 作为品牌宣传工具的有效性呢？ARG 有效性评估方法与在其他社会化媒体中使用的方法类似，关注网站的访问量和参与度，我们将在第 11 章详细讨论这个问题。最常用的 ARG 评估指标包括：

- 活跃玩家的数量。
- 潜伏者和观望者的数量。
- 来自推广活动或特定游戏事件的玩家的注册比例。
- 玩家产生消息的数量。
- 和 ARG 相连的网站的访问量。
- 论坛帖子的数量（如 Unfiction.com）。
- 平均游戏时间。

- 通过 ARG 宣传所带来的媒体印象。

8.4 原创数字视频和品牌视频

游戏不是唯一的社会化娱乐选项。社会化媒体用户也会通过社会化渠道浏览相关视频。与其他社会化娱乐形式一样，社会化视频和电影的营销也遵循从低到高的品牌存在原则，营销手段从视频周边和视频内广告到产品植入和品牌整合，再到原创品牌视频内容。

产品植入使品牌能够吸引视频频道（如 YouTube、Instagram、Snapchat）上受欢迎的影响力受众群体。这些影响者不仅拥有相对较多的粉丝，而且他们的粉丝也拥有良好的影响力。正如我们在第 3 章所讨论的那样，有影响力的人的观点比其他信息来源更可信，因为人们认为他们的观点真实、透明和可信。尽管如此，这对品牌和影响者来说也是一个挑战。作为独立的个体，影响者拥有他们的粉丝基础。当视频内容由品牌赞助时，粉丝可能会质疑影响者的品牌相关内容的有效性。美国联邦贸易委员会要求社会媒体影响者向人们公开品牌交易。

据 YouTube 统计，超过 70% 的人经常上网观看并参与 YouTube 上的游戏、生活方式、社区和文化内容。[46] 在这些类别中都有影响者，但是游戏的作用至关重要，影响着品牌的大部分赞助商。全球粉丝量最多的前 100 个 YouTube 频道中有 20 多个与游戏相关。游戏中最受欢迎的视频类型包括 Walkthroughs（帮助玩家提高技能）、Let's Play（游戏玩家的视频报道以及评论）、Reactions（对游戏体验的情绪反应）、Reviews（产品评论）和 Challenges（创造者完成挑战的视频）。谷歌关于观众对"Let's Play"态度的调查显示，观众认为 YouTube 的创作者的反应和评论对这些视频的娱乐价值至关重要。柯南·奥布莱恩（Conan O'Brien）的《白纸玩家》（*Clueless Gamer*）系列游戏就是很好的例子。他可能不会玩游戏，但他的评论、观察和反应为故事增加了价值，带来了很多欢笑。谁是最受欢迎的 Let's Play 创作者？答案就是菲利克斯·阿尔维德·乌尔夫·谢尔贝格（PewDiePie），现在他的铁粉人数超过了加拿大总人口数，这使他成为社会化娱乐社区中的强大影响者，也是 YouTube 上的最高收入者，年收入超过 1 200 万美元。根据谷歌趋势，YouTube 上 PewDiePie 的搜索量可与埃米纳姆（Eminem）和凯蒂·佩里（Katy Perry）比拟。他甚至在动画片《南方公园》（*South Park*）中有过一次客串。竞争性游戏也称为**电子竞技**（eSports），在游戏类别中发展得最快。继职业运动队文化后，电子竞技也拥有标志性的球员、球迷、队服和季后赛等。

分析 YouTube 上排名前 200 的影响者频道的品牌赞助内容（3 700 条个人内容视频，包括产品植入、开箱视频、评论等）发现，近 60% 的品牌赞助视频都是借助了游戏渠道。[47] 图 8-2 说明了品牌赞助内容在 YouTube 类别中的分布情况。该研究还发现，25% 的游戏频道的赞助内容是由与游戏无关的行业品牌发布的。例如，玩具盒子（BarkBox）提供狗狗零食和按月订购的玩具服务，其与 YouTuber 和 UberHaxorNova 合作制作了一部以 UberHaxorNova 的柯基、Ein 和玩具盒子为特色的视频。品牌植入让玩具盒子能够访问 300 万玩家订阅者，并且该视频的浏览量超过了 40 万。在更简单的产品植入中，Smosh Games 在其 Let's Play 视频中吃了 NatureBox 的小吃。由于 Smosh Games 的用户接近 700 万人，覆盖面相对较小，浏览量仅达 50 万，点赞量仅为 1.2 万。

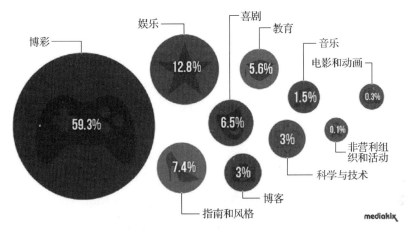

图 8-2　品牌赞助内容中排名较高的 YouTube 类型

资料来源："Case Study: Advertising on YouTube with Top Influencers & Gaming Channels," MediaKix，May 27，2016，http://mediakix.com/2016/05/advertising-on-youtube-case-study-influencers-sponsored（accessed June 20，2017）.

示例 8-1

Dream Weaver：Casper 床垫设计独特，改善睡眠体验

Casper 是一家床垫公司，其口号为"睡在箱子里"。该床垫品牌花费数年的时间教导消费者如何选择床垫，以满足其个性化需求和睡眠习惯，Casper 在与其他床垫品牌竞争时，声称自己科学地设计了一款完美的床垫。该品牌寻求一个崇高的目标——成为睡眠界的耐克！该公司承诺为人们提供最好的睡眠，还出售狗狗睡的床，这样宠物的主人在它们睡觉时可以放松。随着 Casper 的粉丝遍布美国、加拿大、英国以及欧盟，它正利用社会化娱乐来分享其最佳睡眠的承诺。

该公司的社会化娱乐举措包括三种策略：①一个名为 Insomnobot 3000 的机器人，当人们无法入睡时，可以给它发信息；②通过播客发布一系列原创睡前故事；③名为《在你的梦里》（In Your Dreams）原创脱口秀节目。在节目中，主持人接听聆听者的电话，然后分析他们梦境的意义。[48] 社会化娱乐方法的互动率很高，同时强化了 Casper 的理念，即睡眠是一种重要的生活方式，影响着我们生活的方方面面，从生活、工作到整体的健康，没有使用关于睡眠统计和影响健康的无聊又乏味的帖子。谁不想在失眠时与朋友交谈或睡前听听故事呢？根据 Casper 在社会化娱乐领域的经验策略，参与是相关的且可完全共享的。

Yuganov Konstantin/Shutterstock.com

品牌可以制作自己的原创数字视频内容。故事中品牌以娱乐的形式向观众传递价值时，品牌的吸引力没有广告那么大。原创品牌电影有时是电影系列的一部分。视频可能很长，但很多都不到30分钟，相较于传统电视节目，视频的吸引力更大。这些视频会在YouTube和Hulu等视频流社会化网站上播放。例如，全球酒店品牌万豪（Marriott）在原创电影上投入巨资，《两个行李员》系列原创电影（在YouTube上播放）展示了其在洛杉矶、迪拜和韩国的JW万豪酒店品牌。每个故事都是以酒店内部及其周围作为背景的。最新的故事情节围绕韩国的一对新婚夫妇，以吸引新人在万豪酒店举办豪华的亚洲浪漫婚礼。每部电影的制作费用为20万美元，每集都有几百万的浏览量，超过80%的观众观看了全部剧情。为了增加受众群体，万豪在各种社会化网络上投放了该系列的付费广告。该公司以故事为主题，用特别旅行套餐以吸引电影迷。[49]

Kimberly-Clark制作了*Carmilla*系列产品，为年轻女性观众提供U by Kotex卫生用品。虽然万豪的《两个行李员》系列突出了酒店特色，但*Carmilla*的品牌整合体现得更加微妙。这个故事是根据以吸血鬼为中心的中篇小说改编的，很容易被错认为是在CW网络上播放的电视剧。这些剧集很短——最长约五分钟——让它们成为使用YouTube应用的移动消费者的理想选择。这个系列受到了热烈欢迎！关于该系列数百万的浏览量和正面的粉丝口碑传播坚定了Kimberly-Clark在多个季节更新该系列的决心。制作整季*Carmilla*的费用为50万～100万美元，约占有线电视平均剧集成本的1/4。根据对观众的一项调查，31%的人声称他们购买U by Kotex品牌是因为该节目，93%的人认为品牌影响了该系列节目。[50]

8.5 社会化电视

ClickZ将**社会化电视**（social TV）定义为"在观看电视或与电视相关的内容时支持交流和社会化互动的技术"。[51]社会化视频和社会化电视都关注视频内容的社会对象，但传播渠道和社会化互动有所不同。社会化视频通过社会化频道播放，这有助于促进观众互动和分享。通过社会化电视，观众间的互动和交流通常发生在独立于视频广播频道的社会化网站上。

对于利用社会化电视进行社会化媒体营销来说，设计不仅需要满足营销目标，还必须具有参与性和可操作性。之所以这样说，是因为我们相信迄今为止大多数关于社会化电视的例子都是利用社会化社区。他们围绕节目的社会化对象或角色进行对话。在这方面，他们属于区域1——社会化社区。然而，由于社会化媒体与社会化娱乐联系密切，我们将在此讨论这一领域。我们也认识到，技术的发展有助于娱乐节目真正社会化。

首先，社会化电视意味着技术通过社会化媒体增强了观看视频节目的体验。鉴于媒体多任务处理的盛行，这也是值得期待的。你确实已经做到了！这意味着在与一个或多个其他媒体互动时使用一种媒体。随着手机、平板电脑的覆盖率和使用不断增加，消费者在设备上消耗的时间必然与在其他常用的媒体（如电视）上消耗的时间有重叠。电视特别强大，因为它是建立在剧场之上的，曾经看电视是一种共享体验，但现在可能不是了。不过，如果我们与其他人进行分享，那么我们会看到和听到更多的信息。从《行尸走肉》(The Walking Dead)等节目的 Twitter 社区发展中可以清楚看出这一点。

这是纯粹的社会化媒体，但营销人员可以利用这种力量。如何利用呢？今天的广告商通常会通过评估节目和品牌之间的亲和力，并考虑电视广告活动对赢得媒体的影响，将社会化媒体纳入电视购买和规划中。对于营销人员来说，目标可能是最大限度地提高赢得媒体对活动的影响。品牌可以通过节目特征来确定节目，例如真实的竞赛节目、名人云集的颁奖典礼和情节曲折的电视剧，这些节目定期在广告时段进行社会化媒体对话。除了参与节目社会化媒体对话的人之外，还有一些人倾向于在节目中讨论品牌广告。在最近的一项研究中，尼尔森分析了这两种人群——关于电视和品牌推文的用户之间的重合部分，以了解社会化电视观众对品牌的价值。该研究有一些有趣的发现。

首先，社会化品牌大使，即那些发布关于电视和品牌的人群的数量很大。这项研究发现，平均一个月内，64%的人在发关于品牌的推文时也会发关于电视的。因此，如果品牌希望吸引那些会分享其品牌信息的人，那么最好从与社会化电视作者联系入手。其次，这项研究发现，在所有品牌推文中，同时发布品牌和电视推文的用户占比非常大。64% 发关于品牌和电视推文的用户发送了 78% 的品牌推文。最后，研究发现，发关于电视和品牌推文的用户的数量是那些只发布关于品牌推文的用户数量的 3 倍。[52]

社会化电视数据还可以支持营销人员追踪活动效果。在近期的现实约会节目中对家庭品牌进行了完全整合后，尼尔森通过衡量电视节目中的品牌相关对话来分析该活动的有效性。对该节目放映前 70 天内发送的品牌相关的推文数量与 70 天计划期间的发送数量进行了比较，发现在节目播出过程中与品牌相关的推文增加了 84%。相比之下，与节目播出前相比，未接触该节目的人群在节目期间发布的关于该品牌的推文减少了 21%。[53]

营销人员还需要更多地了解社会化电视对品牌交流可能产生的影响。虽然尼尔森的研究表明品牌可以利用社会化电视作为参与的手段，但让人分心的内容（观看演出、使用多种设备以及在线与其他人交谈）也有可能影响广告信息处理，从而影响电视的作用。[54]

8.6 社会化音乐

营销人员可以将社会化游戏用于游戏内广告、集成植入或品牌游戏，这同样适用于**社会化音乐**(social music)。近年来，随着社会化流媒体音乐提供商（如潘多拉、声田和 Shazam）的出现，这类社会化娱乐发展得很快。围绕社会化娱乐空间的广告与真正利用社会化娱乐用于社会化媒体营销之间存在差异。从技术上讲，社会化娱乐中和周边广告是数字广告，无论是在线还是移动广告。即使该网站是社会化网站，它本身也不是社会化的。尽管如此，我们还是简要介绍以下内容。

8.6.1 网络内广告

社会化音乐主要基于提供流媒体声音的云服务。虽然播客网站长期提供流媒体音频，但我们将播客归类为主要用于社会化发布的媒体共享网站。iTunes、Google Play 和亚马逊音乐都是音乐零售商，它们可能基于云存储和流媒体传输。尽管这些提供商具有一些社会化功能，如评级和排名，但我们认为这些更符合社会化商务。当我们建议营销人员考虑使用社会化音乐进行推广时，我们是指什么？品牌在社会化音乐网站上包含多种类型的广告，如音频广告、展示广告、广告牌广告（听众不活跃时出现的屏幕保护程序）以及主页接管（确保所有网站访问者都可以看到广告）。与社会化音乐相结合的广告形式更多，包括品牌播放列表和微型网站在社会化音乐工具中的使用。

为什么营销人员应将社会化音乐网站视为广告媒介？与游戏一样，这些社会化网站提供了定位和覆盖功能。广告商可以根据用户的年龄、性别、首选音乐类型和位置进行定位。广告印象花费是根据每千人成本收取的。社会化音乐带来的好处是可以由网站提供产品（在撰写本文时由潘多拉和声田提供）。如上所述，仅在社会化媒体空间发布广告不是社会化媒体营销，这可以接触到受众，但不是真正的参与。

8.6.2 沉浸式品牌

想要拥有更完整选择的品牌，需要找到品牌本身能够为目标受众所珍视的内容增加价值的方式。最近的例子包括品牌播放列表、以艺术家或音乐风格为目标市场价值的品牌微型网站，这让品牌能够真正利用所讨论的社会化社区。关键在于品牌想提升人们已经热衷的音乐价值。这与赞助营销一直的做法没有什么不同，除了现在我们在社会化媒体社区的做法。可口可乐的 Placelists 活动就是个很好的例子。Placelists 是声田旗下的一款社会化音乐应用程序。访问 www.coca-cola.com/placelists，就可以亲自体验。这个概念是基于现有的音乐和地点。你有没有喜爱的地方？有没有一种声音总能让你回到那个地方？这就是我们对吉普赛国王（Gypsy Kings）的感受。无论她在哪里，无论她在做什么，如果她听到吉普赛国王的一首歌，她都会被带到欧洲，坐在咖啡厅里看着经过的人们。这正是可口可乐 Placelists 想要做的，甚至更多！你想知道阿根廷人现在在听什么吗？Placelists 也可以做到，让你觉得你是这个体验的一部分。这就是可口可乐声田应用。该应用程序也使用民俗分类法——人们将歌曲标记为地理记忆。你担心你最喜欢的地区没有 Placelist 吗？不用担心！可口可乐在 30 个地方设置了该款应用程序，启动了该活动，每个地点播放 40 首歌曲。可口可乐希望世界上每一个地方都有自己的 Placelist。重要的是，作为一项社会化媒体活动，你和其他人可以影响 Placelists。

另一个例子呢？宝马显然是数字、品牌内容发展的领导者，它也试图通过音乐激励粉丝。为了提高人们对宝马 320i 的认识，宝马在声田上创建了一款品牌应用程序，该应用程序能够根据标志性的美国公路旅行创建音乐集。每次公路旅行都会为该位置生成一个自定义播放列表。你最喜欢的公路旅行是什么？最受欢迎的是沿美国一号公路观看太平洋海岸。当然，品牌永远触手可及，播放列表也是可共享的。

这些都是声田的例子，潘多拉在这方面也做得很好！丰田创建了 Toyota Sessions，这是一个以新兴艺术家为特色的自定义网站。在这方面，丰田已经与潘多拉的文化保持了一致，为有价值的艺术家提供了一个发现引擎。

那些认识到人们对音乐的热情的品牌正在投入更多，匡威搭建了几个免费提供给艺术家的录音室。该计划被称为 Converse Rubber Tracks。该网站提供免费的音频剪辑，并鼓励访问者在自己的社会化媒体内容中使用剪辑（但请记住在共享时使用 #rubbertracks 标签）。[55] 这些示例表明，品牌可以真正与有激情的粉丝进行互动，并提供有意义的东西。据我们所知，没有一个品牌在开发品牌音乐的过程中完全采用了社会化音乐。但是这个领域是新的，还在发展中……我们将看到！

⊙ 本章小结

社会化媒体营销人员如何利用社会化媒体来满足品牌目标？社会化娱乐的类型有哪些？为什么社会化娱乐活动是吸引目标受众的有效方法？

社会化娱乐为营销人员提供了机会，可以接触受欢迎的内容以及想花时间的人。营销人员将营销信息与社会化娱乐相结合，可以确保目标受众花更多时间处理品牌信息。社会化娱乐包括社会化游戏、社会化音乐和社会化电视。

什么是品牌娱乐？它与社会化发布使用的内容营销有何区别？

品牌娱乐是由品牌而不是第三方制作的娱乐内容。原创数字视频是一种不断增长的形式。万豪酒店制作的《两个行李员》系列就是一个例子。这是一种内容营销。虽然社会化发布策略主要侧重于为少数人提供机会内容，但社会化媒体营销人员也在社会化发布中使用内容营销。同样，用户可以利用社会化发布（发布用户生成的内容）。

社会化游戏和玩家细分的特点是什么？营销人员如何有效使用社会化游戏？替代现实游戏与其他社会化游戏有什么不同？

社会化游戏是一种多玩家、竞争性、目标集中的活动，在玩家社区中有明确的规则和在线连接。大多数社会化游戏都包含一些关键要素，例如排行榜、成就徽章或好友列表等，以便玩家与其他玩家比较他们的进步。传统上，玩家分为休闲玩家或硬核玩家，具体取决于他们玩游戏的时间以及游戏对他们的重要程度。随着更多"主流"玩家的加入，这种界线变得有些模糊。今天，除了年轻的男性玩家外，游戏玩家中还有很多女性和老年人。

品牌可以选择在现有的游戏中宣传其信息。在这些情况下，品牌可以通过展示广告、产品植入和游戏赞助在游戏中和周边做广告以及将品牌整合到游戏中。此外，品牌可以迈出更大的一步，制作自己的定制广告游戏，提供更加专注和广泛的品牌信息。

当游戏和品牌努力产生了更积极的品牌态度时，玩家更多的是愿意接受。另外，由于大多数游戏吸引了各种不同的玩家，因此可以精确地定位用户。而且，使用这种媒体的成本相对较低，可以使用单一品牌（赞助商是游戏环境中的唯一广告商），并且可用指标来衡量游戏吸引玩家的效果。

ARG 是一种社会化游戏，从脚本方案入手。然而，当玩家通过发现线索、与他人分享信息以及根据他们的反应改变游戏的结构和情节时，玩家参与了游戏网络，游戏也就有所改变。游戏通过多种形式的媒体展开，并利用多种类型的游戏元素，每种元素都针对特定的媒体平台。ARG可能会利用网站（故事网站和社会化网站）、电话、电子邮件、户外标牌、T恤、电视、广播剧等，以揭示故事线索、组合场景，并联合玩家。ARG最适合那些希望吸引愿意投入时间参与此类活动的用户的品牌。

品牌如何利用社会化音乐、社会化电视和社会化名人进行品牌信息传播？

品牌通过为粉丝制作内容、参与围绕社会化电视的对话内容以及与社会化名人建立关系来增加价值。品牌并不是这些活动的焦点，但它们通过理解粉丝参与各种社会化娱乐的原因来增加价值。

⊙ 关键词

社会化娱乐（social entertainment）　　　品牌娱乐（branded entertainment）
社会化游戏（social game）　　　　　　　休闲玩家（casual gamer）
硬核玩家（hardcore gamer）　　　　　　 休闲游戏（casual games）
硬核游戏（core games）　　　　　　　　 游戏平台（game platform）
游戏机（game consoles）　　　　　　　　场景（milieu）
模拟游戏（simulation games）　　　　　　动作游戏（action games）
第一人称射击游戏（first-person shooter，FPS）　行动性的（performative）
角色扮演游戏（role-playing games，RPGS）　大型多人在线角色扮演游戏（massive multi-player
策略游戏（strategy games）　　　　　　　　　online role-playing games，MMORPG）
益智游戏（puzzle games）　　　　　　　　广告游戏（advergame）
游戏周边广告（around-game advertising）　游戏内广告（in-game advertising）
展示广告（display ad）　　　　　　　　　静态广告（static ad）
游戏广告（game ad）　　　　　　　　　　动态广告（dynamic ad）
价值交换优惠（value-exchange offers）　　交易广告（transactional advertising）
产品植入（product placement）　　　　　　情节植入（plot placement）
脚本植入（script placements）　　　　　　游戏内的沉浸式广告（in-game immersive
屏幕植入（screen placements）　　　　　　　　advertising）
意义迁移模型（meaning transfer model）　内化（internalization）
迁移效应（transference effect）　　　　　反驳（counter arguing）
叙事传递理论（narrative transportation theory）　替代现实游戏（alternate reality games，ARG）
跨媒体社会化游戏（transmedia social games）　暗室ARG（dark play ARG）
黑箱营销（dark marketing）　　　　　　　沉浸式小说（immersive fiction）
集体侦探（collective detective）　　　　　木偶大师（puppet masters）

电子竞技（eSports）　　　　　　　　　　社会化电视（social TV）
社会化音乐（social music）

⊙ 复习题

1. 什么是社会化娱乐？社会化娱乐的类型有哪些？
2. 休闲玩家与硬核玩家有什么不同？社会化游戏玩家是休闲玩家、休闲和硬核玩家的结合体，还是全新的玩家群体？
3. 游戏的四大类型是什么？每种类型提供一个例子。每种类型都有哪些显著特征？
4. 什么使游戏变得社会化？解释社会化游戏的特点。
5. 解释前置式、后置式和居间式游戏广告的区别。
6. 什么是广告游戏？我们如何区分广告游戏与其他社会化游戏？
7. 品牌整合和沉浸式游戏广告与社会化游戏中的其他形式的品牌有何不同？
8. 为什么对视频影响者的品牌赞助如此有效？
9. 使用原创品牌视频内容进行营销而非其他内容广告的优势是什么？
10. 什么是社会化音乐？
11. 娱乐品牌如何利用社会化电视？

⊙ 练习题

1. 社会化游戏中的品牌优惠是否符合伦理标准？选择一方并与同学讨论这个问题。然后发表你的意见。
2. 选择一个社会化游戏。在与游戏互动时，记录你的体验。尤其要注意广告和品牌组件以及你对它们的反应。你的体验如何影响你对品牌的态度？
3. 选择你认识的观看 YouTube 视频的三个人，访问他们是否注意到他们最喜欢的名人和渠道的赞助。他们是否对品牌优惠做出了回应？撰写一篇他们观看 YouTube 视频的品牌体验及其对品牌感知的博客。
4. 访问 Unfiction.com 或 argn.com，看看 ARG 现在在玩什么。探索当前的一款游戏，看看其是否与一个品牌相关联（或者它是一款暗室 ARG，品牌尚未确定）？列出一些非娱乐品牌，可以使用 ARG 来讲述它们的故事，并让其品牌粉丝沉浸于故事中。

第9章 CHAPTER 9

社会化商务

■ 学习目标

当阅读完本章时,你将能够回答以下问题:
1. 社会化商务与电子商务的关系是什么?怎么利用移动设备和软件应用来促进社会化商务的发展?
2. 消费者在消费决策过程中如何使用社会化购物软件?营销人员在满足社会化购物者的需求时应使用哪些社会化商务元素?
3. 评级和评论如何为消费者和营销人员提供价值?
4. 影响消费者社会化购物的心理因素是什么?

9.1 社会化商务区域

你上一次去购物是什么时候?昨天?上个周末?是网上购物还是去的商场?是独自一人去,还是和别人一起去的呢?购物在本质上是一种社会活动,和同伴一起购物会感到更开心,即使同伴和自己的购物眼光不同。在营销人员眼中,购物同伴被认为是**买友**(purchasing pals),他们能帮助我们分析不同的购买选择并帮助我们做出购买决定。如果我们单独去购物没有买友陪同,我们可能就会向其他伙伴,例如销售员或者其他购物者咨询意见。购物可以是多人一起进行的活动,它可以加强我们与他人的关系,同时也可以降低自己做出不明智购物决策的风险。这可能就是实体购物比网上购物更具可信度的原因。对于那些没有买友陪同就不愿意出门逛街情愿自己穿着睡衣在家网购的消费者来说,电子商务就可以为他们提供另一个解决方法,即**社会化商务**(social commerce)。

社会化商务是电子商务(指通过互联网买卖产品和服务的活动)的一个分支,它利用社会化媒体应用程序,让不同在线购物者在购物体验期间进行互动和合作,在做出购买决策的过程中互相帮助。[1]社会化商务包括社会化购物、社会化市场以及允许不同购物者在做出购买决定时进行互相交流和分享的社会化渠道。因此,社会化商务让买家和卖家都能够积极参与网络市场,以及网络社区中的产品和服务的销售与购买行动。[2]本章涵盖的社会化商务包含商品的评级和评价、与购物相关的应用程序(例如移动聊天室)、社会化市场、社会化网络驱动的销售和团购(见图9-1)。

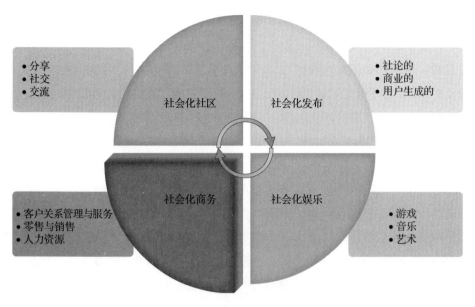

图9-1 社会化商务区域

从历史数据来看，网购消费者在购买决策过程中严重依赖互联网信息来源，如果消费者不是很信任产品的话，就会转向实体商店进行购买。

尽管如此，仍然有许多客户选择网上购物。从市场份额来看，选择网上购物的人比到实体店购物的人更多。[3] 对市场份额的研究还发现，44%的智能手机用户会在自己的移动设备上购物。电子商务营销人员估计，91%的互联网用户会进行网上购物。这些用户被定义为：无论最终是否做出网上购物的决定，都会通过移动设备在网上浏览、咨询和比较要购买的产品信息的互联网用户。[4] 此外，在这些用户中，88.5%的人会使用智能手机进行网上购物。网上购物能给消费者带来很多好处，比如网上购物更为容易、高效、方便、选择性更多并且能为消费者节约成本。当社会化媒体渠道和社会化软件应用与电子商务的发展联系起来时，社会化商务就出现了。虽然大多数消费者使用台式电脑或笔记本电脑进行网上购物，但现在有越来越多的消费者也在使用移动设备进行网上购物，从而推动了社会化商务的快速发展。

在电子商务的用户来源中，社会化媒体用户仍然占据较少的份额，在美国，大约只有1.2%的社会化媒体用户会进行网上购物，其中大部分来自Facebook。大部分用户是在搜索引擎上搜索想要的产品或者电子邮件广告之后再在网上购物。[5] 然而，在南亚，大约30%的网上销售是通过社会化网络（如Facebook和Instagram）进行的，并且80%的购物者使用社会化媒体来搜寻产品和联系卖家。[6]

社会化购物（social shopping）指消费者在消费活动中与他人互动，例如通过社会化媒体给他人提供意见、建议和经验，积极参与并影响消费者的购买决定过程。[7] 换句话说，社会化购物指消费者在做出购买决策时使用社会化媒体的行为。相反，社会化商务指通过对社会化媒体的商业利用来吸引顾客。

社会化媒体价值链和第 1 章提到的社会化社区的特征都能够在社会化商务中找到相似点。用户和品牌可以在像 Facebook、Instagram 和 Pinterest 这样的社会化网站渠道中互相分享信息、经验和体验福利。像 EtSy 和 eBay 这样的社会化市场以及 Wanelo 这样的社会化购物中心同样属于社会化商务的渠道。电子商务网站也可以通过为用户提供分享评论功能来实现社会化商务。在社会化商务的不同渠道中，用户参与商品的口碑传播并影响其他用户的购买决策。同样，在不同渠道之中都存在影响力较大的个人用户。无论用户在搜索产品评论、查看推荐列表或使用语音命令购物时，社会化软件（包含精密算法、移动应用和爬虫程序）都会将其他用户的个人体验呈现出来让用户参与到社会化商务中来。人们通常使用能够联网的设备参与社会化商务。目前大多数网上购物是通过台式电脑或笔记本电脑进行的，但是通过手机端进行社会化商务的人数正在迅速增长。人们使用移动社会化媒体可以很容易地进行移动商务行为。此外，人们还可以使用其他设备进行社会化购物，例如那些有语音命令功能的设备，如亚马逊的 ECHO 或谷歌的 Home。

社会化商务能让消费者在不用考虑地点或时间的情况下从头到尾都在线上分享产品信息，发布购物体验和评价，咨询他人的意见，在做出购物决定之前与朋友、家人和同事沟通。只要消费者使用社会化商务工具在线浏览产品信息，比如将自己最喜爱的产品的链接添加到书签、把产品摘要发送到自己的邮箱或者订阅其他用户最喜爱的产品列表等，这些消费者就是在进行社会化购物。社会化购物能为用户的购物体验增加更多的实用性和可靠性，因为它降低了用户自己线上购物时做出错误选择的风险。[8] 借助社会化购物工具，消费者可以得到更优惠的价格，做出更好的选择，并且在做出购买决定之前和朋友一起商量。借助在线技术的便利性和其他社会化用户提供的购物建议，用户可以更好地进行社会化购物。

9.2 社会化商务：社会化购物体验

在 12 月中旬某个寒冷的日子里，David 正在 Facebook 上看朋友们的最新动态。突然一个关于 1-800-Flowers 的广告出现在他手机屏幕的另一边，这个广告推荐将鲜花作为圣诞礼物，并展示了许多用户对此花店的好评。David 突然想起自己还没有给得克萨斯州的祖母送圣诞礼物，顿时吓了一跳。他发现现在自己没有时间去商场里给祖母买礼物了，于是他点击广告进入了 1-800-Flowers 的 Facebook 主页。在主页，他看到了"给主页点赞或者转发推荐朋友购买就可立打八折"的促销活动。David 点击"立即购买"按钮进入了该鲜花店的商铺界面，在这个界面中，David 可以浏览不同的花卉和其价格。由于他不确定这

Tsyhun/Shutterstock.com

个鲜花店是否有广告中说的那么好，于是他首先访问了该花店的留言墙。这个留言墙记录了过去许多消费者的意见，David 可以阅读所有的好评和差评以及商家的回复。David 选择了三种中意的花卉产品，然后使用 Facebook 的发件箱问两个姐姐哪种比较好看。两个姐姐十分钟之内就回复了他（和往常一样，她们的眼光一致，选择了同一种）。根据两位姐姐的意见，David 相信他给祖母买到了非常好的礼物。他点击 Facebook 的购买按钮完成了这项交易，但这时他发现自己上课要迟到了。他通过 Facebook 跟 1-800-Flowers 的聊天机器人确定了订单。这个机器人的名字叫 GWYN，GWYN 还给 David 提供了一些其他的礼物准备建议并且接下了 David 的订单。这时，David 的社会化购物足迹就被记录进他的主页当中了，显示为"David 今天在 1-800-Flowers 购买了节日礼物"和"David 点赞了 1-800-Flowers"。一旦鲜花被送达，David 就能知道祖母有多喜欢自己买的礼物，那时候 David 就可以去鲜花店的留言墙上发布自己的评论了。就像 David 这样的社会化购物模式一样，其他消费者也有可能在看到关于品牌和/或社会化广告时就参与到社会化购物中来。图 9-2 说明了 David 的行为是如何映射到普通消费者的决策过程中（在此过程中全程都在使用社会化媒体）的。

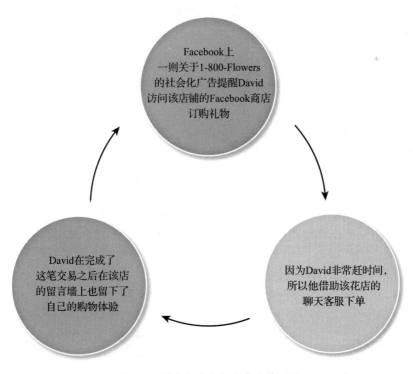

图 9-2　社会化商务与客户决策过程

我们都知道有些人只是单纯地喜欢购物这项活动，然而有些人（例如 David）是必须要其他人拉着他进商场才可能进行购物的人。购物是我们获取所需产品和服务的方式，但了解购物的社会化动机也很重要。人们进行购物可能出于实用性（功能性或有形性）或享乐性（愉悦性或无形性）原因。[9]

购物者的动机会影响其对购物环境的看法。例如，想要快速定位和购买产品的人可能觉得嘈杂的音乐、鲜艳的色彩或复杂的商铺布局会分散自己的注意力，而喜欢在商场随便逛逛的人就会享受这样的环境。[10] 虽然我们还不知道如何在社会化购物体验中呈现不同的购物环境，但我们仍然可以注意到消费者的动机在其社会化购物中的作用。享乐性购物动机包括感受社会化体验（社会化场所就是一个社会化群体的聚集地）、与志同道合的人分享共同的兴趣、他人期待自己留言评论时感受到自己的重要性以及海淘商品时的兴奋感等。[11] 毕竟人类从祖先开始就已经扮演"猎人"的角色了。

当然，消费者也有实用性动机。在电子商务中，购物者只需点击鼠标就可以寻找到想要的商品的替代品以及丰富的价格信息，同时还极具便利性和选择性。社会化商务则进一步使购物者能够在他们的社会化圈内询问他人的意见和建议，而这也有可能促使消费者做出更加合理、有效的决策。社会化商务还具备电子商务所不具备的另一个好处，即社会化商务具备人们和买友进行购物时所获得的社会化性体验。例如，David 相信自己在 1-800-Flowers 留言墙上看到的评论和两位姐姐给的建议（尽管他在购买新游戏机之前还会咨询其他伙伴）。和 1-800-Flowers 的礼物建议员 GWYN（"当你需要礼物时"的缩写）交流之后，David 才通过手机上的 Facebook Messenger 应用程序进行了购买。

就在几年前，零售商们还在争先恐后地思考如何在网上展示他们商店的产品，并担心电子商务对传统商业模式的影响。现在，随着消费者在网上更多地想进行社会化购物，这些零售商所面临的处境又再次改变了。

社会化商务和购物过程

总体来看，网上购物仍然属于购物。当然，虽然消费者定位和购买产品的方式可能不一样，但有经验的营销人员始终明白，消费者的基本购物目标（例如，获得所需的产品或服务、与他人建立联系、刺激我们的感官等）和以前的目标基本一致。

此外，根据消费者购物决策制定的不同阶段分解其购物过程对于营销人员来说非常有帮助。尽管消费者的消费决策有时候非常简化，但是在制定重要的购物决策时大体上需要五个步骤。

- 问题识别。
- 信息搜寻。
- 替代品评估。
- 购买。
- 购买后评估。

我们可能本以为购物是一个非常"容易"和"明显"的快速决策过程（就像直接把东西扔进购物车一样），但是看到这些细分的购物阶段之后，就会明白购物过程其实更为复杂。从积极的一面来看，目前许多社会化媒体应用程序都在帮助消费者完成购物决策过程。表 9-1 总结了消费者决策过程中的不同阶段，并对那些已经改变了我们的购物方式（但并没有改变我们的购物目的）

表 9-1 消费者在购买决策过程中的各个阶段所使用的社会化商务工具

决策阶段	社会化商务工具
问题识别	社会化网站上的社会化广告 朋友圈中好友分享的信息 例如 Pinterest 这样的网站上的精选图像和产品列表 定位导向型的促销（例如 Yelp 上的促销活动） 参与式商务活动（例如 Kickstarter 公司举行的商务活动）
信息搜寻	社会化渠道（例如品牌留言墙上的意见、其他消费者的体验帖子）上的评论（影响消费者印象的评论） 社会化网络（例如领英和 Facebook）内部的查询和回答 在网站（例如，Yelp、Zagat、Citysearch）上发布的评级和评论 贴在图片上的产品和价格信息 社会化网络中的社会化搜索查询 愿望清单，礼品登记册 会话商务（聊天机器人服务）等
替代品评估	条码扫描/价格比较 他人推荐、产品推荐书、代理商推荐和大众点评工具（"大众点评"应用程序，测评类视频，如手机测评直播，亚马逊等零售网站上的热门产品清单等） 评级与评论 他人转发等
购买	在社会化网站内部（例如 Facebook Buy、InstaShop、Snapchat Deeplinks）购物 在社会化商城（例如 Wanelo）购物 在点对点市场（例如 Etsy）购物 在团购网站（例如 LivingSocial、Groupon）购物 会话商务（聊天机器人服务）等
购买后评估	在社会化网站上发表的评论 在社会化网站上查看关于品牌的评论 评论网站和零售商网站的评级或评论 博客上的评论和产品体验等

的社会化媒体和社会化商务工具进行了说明。因此，社会化商务是电子商务的一部分，它利用社会化媒体来帮助买卖双方之间互相交流。这听起来好像很简单，但社会化媒体的内容非常复杂和广泛，社会化媒体可以影响电子商务上述五个步骤中的任意一个。例如，用户在看到其他用户的评论、专业博主的推荐内容或者广告商发布的广告转而在社会化媒体中搜寻某项产品的信息时，就进入了购物决策过程的第一个阶段——**问题识别**（problem recognition）。最近的一项研究发现，81%的消费者购买了他们在社会化媒体上看到的被人分享过的东西，但不到 2% 的人是受传统广告的影响才进行购买。[12] 一些 SNS 网站已经将网络定位成一种发现工具。例如 Pinterest 就是如此。Millward Brown 研究公司通过对 Pinterest 用户进行研究发现，96% 的 Pinterest 用户在网站上收集信息并且进行在线购物。[13] 在这项研究中，近一半的调查对象使用 Pinterest 来筹备和自己生活（例如与结婚、买房子或生孩子有关的重大活动）相关的产品。Pinterest 的商业主管 Michael

Yamartino 解释说:"Pinterest 是一个发现平台,就像谷歌一样。对于品牌而言,品牌需要重新定位自家网站上的产品内容并发布整个产品目录,以便这些发现平台(例如谷歌)在顾客进行信息搜索时能够检索到自家品牌产品。"[14] 消费者在问题识别阶段也可以加入参与式商务活动。**参与式商务**(participatory commerce)属于社会化商务的一部分,指人们和产品设计师一起参与产品创新的设计、选择和/或投资过程。像 Threadless 和 Kickstarter 这样的网站就有助于促成潜在客户和产品设计师之间的合作。

示例 9-1

Betabrand 公司对参与式商务的开发

在线服装公司 Betabrand 把该公司旗下所有制造、销售产品的设计和选择通过众包的形式给第三方。任何用户对该公司的产品有想法的话,都可以在该公司的网站上发表意见。一旦某位用户提交了自己的意见和设计,公司内部就会对其进行投票然后提出改进建议。想知道 Betabrand 公司依靠这种模式是否成功设计出过产品?瑜伽裤就是!瑜伽裤就是此公司设计出的一款比较成功的产品。瑜伽裤既时尚又舒服,并且可以在工作的时候穿。

iStock.com/Dragonimages

接着用户进入了第二阶段——信息搜寻阶段(驱动消费者进行社会化商务和社会化购物行为的主要阶段)。我们早些时候注意到,即使是打算在实体店购买东西,消费者也倾向于在进行实际购买之前在网上搜索相关信息。在一本由谷歌赞助的书中,吉姆·莱辛斯基(Jim Lecinski)解释了这个过程并提炼出一个术语,即 ZMOT(zero moment of truth),称为零关键时刻。[15] 这个概念是基于另外两个零售商(尤其指消费包装产品行业的零售商)深谙的相关概念而建立的,即 FMOT 和 SMOT。FMOT(first moment of truth)意思为印象时刻,指消费者在货架前对某产品产生印象的时刻;SMOT(second moment of truth)意思为体验时刻,指消费者使用产品后感受到满意或不满意的时刻。ZMOT 强调,消费者在做出购买决定之前可能会因为在网上浏览了几分钟的产品信息从而影响自己的购买决定。这些信息的类型和数量根据地区分布与产品种类而有所不同。但平均而言,消费者在购买之前会阅读超过 10 个来源的信息。这些来源可能是用户所关注品牌的媒体内容、以广告形式呈现的付费媒体内容或用户在社会化媒体频道上发布的口碑内容。消费者通过社会化媒体可获得多种信息来源,但是对消费者而言最具影响力的信息是其他消费者的评论和评级。精明的品牌会在这一部分投入不少精力,培养更多积极的口碑和其他形式的印象评价内容。借助这些积极的评价内容,促进产品的线上传播和推广。

ZMOT 信息，例如 Pinterest 上最受欢迎产品排行榜或者 Yelp 点评网上最好吃的比萨店推荐榜等信息有可能具有社会化性也有可能不具有社会化性。这些信息中尤其是**评论**（reviews）和**评级**（ratings）信息，会影响消费者购买过程中的多个阶段。评论是关于某种产品所包含细节的评估。评级则是指由用户打出的分数，反映出用户对商品属性的评价程度，如质量、满意度和流行度等。虽然不同研究的测算标准不同，但研究一致表明，绝大多数线上购物者在购买东西前会在网上搜寻全球范围内的产品信息。[16]

为什么消费者的评论和评级有这么高的价值？来自其他消费者的产品评论和评级对自身其实是一种**启发**（heuristic）：消费者通过阅读他人的评论达到心理上的赞同，之后再做出购买决定。举例来说，这个周末你去听音乐会，想选择剧场附近的一家餐厅，你可能会搜索该地区附近所有的餐厅，然后选择评分最高的那家。这时选择继续阅读这家餐厅的消费者评论可以为那些想要更深层次了解该餐厅的顾客提供更详细的信息。因此，一条好的消费评论应该包括产品信息（如属性和规格）、对产品的整体印象、正面或负面的判断、好处和弊端、使用该产品的经验教训以及最后的使用建议等。[17] 好的消费评论可以为其他消费者提供足够的信息来判断产品，并判断适不适合购买。

虽然人们搜索信息时使用的渠道各不相同，但大多数都是从搜索引擎开始，从而发现各种在线内容，其中包括社会化渠道中用户生成的内容和品牌生成的内容。像谷歌这样的搜索引擎是用户进行在线信息搜索的一个通用的起点，但是也会有用户通过 Facebook、YouTube、TripAdvisor 和其他渠道搜索信息。事实上，研究表明，亚马逊（并非谷歌）才是用户在线信息搜索的第一来源。超过 50% 的互联网用户使用亚马逊搜索在线产品信息！[18] 当然消费者并不总是在网上购物，但是有许多消费者存在**反展厅行为**（webrooming），即在网上搜索查询购买信息之后去实体商店完成购买行为。可以通过以下统计数据来看看消费者是如何参考其他用户的评级和评论的。[19]

- 95% 的消费者在做出购买决定之前先要看一下别人的评论。
- 2/3 的消费者在购买之前会阅读 1～10 篇评论。
- 70% 使用移动设备（带有评论的应用程序）的购物者更容易做出购买决定。
- 82% 的消费者将产品差评视作对产品真实性的参考依据。
- 60% 的消费者在实体商店购物时通过智能手机查找信息。

换句话说，消费者的这种行为并不是无意为之。他们积极地研究评论来改进自己的购买决策。消费者研究网上的产品信息对于自己最终购买产品而言是非常有意义的，这样可以节省时间、增加其购买时的信心，并降低最终购买的错误率和不合适率，同时，还能为消费者带来更多、更好、更可靠的信息。除了在决策过程中提前阅读、参考他人的评论和意见外，消费者还可以将其他消费者的评级和评论作为购买前的验证参考。这一行为被称作**购买决策检验**（verification）。[20] 没错，现在买家在购买过程中早早地就在网上寻找产品信息，然后去实体商店验证产品是否真如评论所描述的那样。也有许多消费者在购买产品之后发布评论和产品描述。因为用户评论非常重要，所以许多商家鼓励消费者在收到产品之后在留言墙上尽快留下自己的好评。

消费者平时通过朋友、家人的经验建议分享以及社会化媒体中和其他用户的交流,可以提高自己表达购物想法的能力。普通消费者每周和别人交谈时会提到特定品牌超过60次。[21]试想一下当这些交流通过社会化网络分享时,用户对品牌或者产品的印象的分享传播会达到怎样的一个频次? 事实上,当人们使用社会化媒体进行交流时,这个数字可能会增加。宾夕法尼亚州立大学的一项研究发现,Twitter上20%的帖子都是为了向其他用户询问或提供产品信息。[22]

用户比较简单或者详细地提供自己的建议和推荐,Facebook有一个"点赞"按钮(现在许多网页上都有这种按钮),人们点击这个按钮就表示推荐此项内容或者产品。当用户点击它时,则表示该用户公开表示自己推荐此页面的内容。同时,其他用户可以看到这项内容被点赞的总数量,而你的粉丝也可以看到你点赞过的痕迹。

信息搜寻会影响消费者的**替代品评估阶段**(alternative evaluation stage),消费者称在阅读完相关评论、比较价格和查看过往交易以及参考他人意见之后会对不同产品和不同商家做出比较与评估。虽然消费者随时都可以看到其他人的评论和评级,但是真正的建议和推荐还是自己社会化圈里的朋友给出的。这些推荐和建议比其他消费者的评论和评级更有影响力,因为这些推荐和建议都是他人在自己进行了产品购买和使用之后才做出的。事实上,哈里斯互动民意机构的调查发现,71%的受访者表示家人和朋友的建议对他们的购买决定有很大的影响。[23]相比信任陌生人的评论,我们更信任来自我们认识的人的建议;调查中90%的人表示他们信任自己的网络圈内其他用户的推荐。[24]

什么因素会影响评论和评级的可信度与真实度呢? 普遍包含以下几个因素:发布评价的来源(用户或产品专家)、评论量、效益(积极或消极)。[25]当产品收到大量的评论和评级时,消费者会倾向于参考一些典型的评论(比如带图说明的评论)。事实上,评论量比负面评论更能影响销售额。[26]当评论量较少时,人们更倾向于参考专业博主的测评和意见,然后再花时间去对比自己与测评博主的相似性和购物环境,从而逐渐增加对测评的相信度。[27]在决策过程中,人们知道评论和自己的实际情况存在**确认偏差**(confirmation bias)。那些更注重产品能为消费者提供何种利益的评论比注重产品属性的评论更受消费者喜欢。[28]

即使有25%的网上购物者表明他们并不相信所有的评论都是真实的或值得信赖的,但是消费者还是会阅读评论内容并衡量自身的购物环境。[29]比起电视、杂志、广播或网络广告提供的信息以及销售人员和代言人的推荐信息,消费者更加相信社会化媒体中其他用户推荐的信息。其实对于消费者来说,唯一可信的来源是朋友或家人的建议。[30]就那些有影响力的用户所发出的测评来说,这些用户对品牌态度和消费者的影响远远大于品牌内容本身。[31]那么那些名气不是很大的博主的测评对消费者购买决策有影响吗? 答案是有,有1/3的消费者说他们更可能购买一个名气不怎么高的博主所推荐的产品而不是影响力特别大的博主推荐的产品。[32]

当消费者最终进入购买界面时,其平均已经接触了十个信息源,其中大约一半来自社会化媒体。社会化媒体用户在决策过程中的每个阶段都会依赖社会化商务,但最终购买阶段对其依赖较少。这可能会促使营销人员改善用户的社会化购物体验以及提升新技术,如在社会化应用程序中使用聊天机器人来提升会话商务的有效性。

在产品的体验时刻，消费者开始使用产品。这时产品必须和品牌广告中所承诺的相一致。消费者进入这个时刻就标志着消费者决策过程中**购买后评估阶段**（post-purchase evaluation）的开始。消费者在使用产品后评估体验的满意度，然后再撰写评论并发表以供他人参考。弗雷斯特研究公司指出，在产品体验阶段，社会化媒体用户可以直接向社会化媒体上的品牌官方账户提问题并发表评论。社会化媒体是消费者向公司客服代表咨询的首选沟通渠道。其他沟通渠道包括公司网站、电子邮件、电话或去实体店咨询。因此品牌在社会化媒体上会格外注意并通常会及时回复客户因想要咨询而发布的帖子。来自 SearchEngineLand 网站的 Marcus Miller 将这一阶段称为倡导时刻（TMOT）。[33] 为什么呢？因为这个时刻对于能否笼络消费者的心使其成为品牌的忠实客户非常关键。如果品牌能快速回复并解决客户的提问，就更能增加消费者对品牌的忠诚度和信任度。[34] 大多数社会化媒体用户期望品牌能在 4 小时内回复他们，42% 的人期望在 1 小时内得到回复。品牌的快速应对和效率可以将客户的抱怨转化为赞美。遗憾的是，大多数品牌都没有做到这一点。尽管要求品牌回应问题的客户帖子占据了将近一半，但其中只有不到 15% 的帖子得到了品牌的回应。那些得到了品牌回复的人，等待的平均时长超过 8 小时。在社会化媒体领域，自己所发起的会话得不到对方回应，像是对自己的一种侮辱。因此，36% 被忽视的顾客说他们会试图继续质疑品牌让其感到羞愧，29% 的人转而购买其他品牌的产品，14% 的人表示得不到回应之后发布了负面评论。得不到回应的消费者增多对品牌客户忠诚度大有影响。

1. 社会化商务的营销价值

无论营销人员是否参与到社会化商务中，他们都会受到社会化商务活动的影响。这是因为在**声誉经济**（reputation economy）中，消费者有自己的意见和发布评论的平台。我们可以看到，随着社会化渠道、社会化社区、社会化软件和各种数字设备使用的增加，内容创新度也在不断增加。不管一个品牌的营销是否活跃，品牌生成的内容都可以被消费者通过在线搜索检索到。例如，一项关于 Yelp 评论的研究调查了 4 000 多家在其网站上有评论的小企业。在这 4 000 多家企业中，没有一家在 Yelp 上投放广告。但对它们来说比较幸运的是，它们仍然可以盈利。研究表明，在 Yelp 上出现了跟企业产品相关的用户评论的企业每年的收入平均增加 8 000 美元，而那些直接入驻 Yelp 网站的品牌每年的收入平均能够上涨 23 000 美元。[35] 另一项研究发现，对于私人餐厅来说，在 Yelp 上的评级每增加一级，餐厅的营业额每年就可增长 5%～9%。[36]

消费者对产品的评价和意见会影响其他消费者的购物选择，但是产品评价并不是影响产品营销过程的唯一因素。更多的在线留言评论通过带动更多的新客户从而增加商家的销售额。此外，那些发布产品评论的用户往往比不发布评论的用户更喜欢购物、更喜欢在网上花时间。虽然那些发布产品评论的用户只占总体消费者用户的 1/4，但他们所贡献的在线销售额却占了 1/3。[37] 消费者更愿意买那些评价更高的产品。[38] 对于电子零售商来说，这意味着增加产品评级和评论功能更有助于促进产品销售。同时，评级和评论还可以增强网站的有机搜索流量。原理是，用户在进行评论时会重复提及产品描述中的关键词（标签）。以下是关于一家宠物用品零售商 Petco 的例子。这个商家发现与之前投放广告相比，在网站上呈现顾客的评论可以吸引高达 5 倍的访问量。那些浏览 Petco 畅销产品的用户中，超过 49% 的用户都进行了购买，同时商家还会收到比平时高出 63% 的订单量。[39]

评论也可以增加网站的客户黏性，因为客户在阅读评论时将在零售网站停留更长的时间。同时，评论也可以促进线下促销策略的有效性。例如，Rubbermaid（美国家庭用品品牌）把网站上的用户评论添加至有独立插件的内容之中，以此将优惠券的利用率提高了 10%。[40] 最后，用户评论也可以成为企业市场研究的数据来源。一些企业认为用户的在线评论数据比用户分组调查数据更有价值。商家可以了解到消费者是否更喜欢竞争对手的品牌，消费者对于品牌正面或者负面的媒体新闻做何反应，用户对于品牌最新动态的了解程度以及哪些顾客是品牌真诚的支持者、哪些专门给品牌打差评。在第 10 章中，我们将重点讨论营销人员如何利用社会化媒体内容来了解消费者的想法。

2. 利用社会化用户评论和评级的最佳实践

商家必须时刻谨记用户普遍会阅读他人的在线评论，因为他们想知道其他使用过产品的用户有什么想法。如果用户不相信产品评论的真实性，他们就不会购买产品。一般来说，消费者都会信任社会化媒体上的评论，品牌也应该对得起消费者的那份信任。但现在越来越多的评论被质疑造假。这又是为什么呢？因为当中存在欺骗行为。保守估计，现在有多达 30% 的在线评论都是造假的。这些造假的评论大多是与产品使用无关的信息或者是别人刷单的评论。这些评论可能是营销人员（针对他们自己的产品或竞争品牌）发布的，也可能是没有实际购买产品的用户发布的。研究人员估计，大约只有 1.5% 的消费者会发布合格的评论。[41] 美国市场营销研究学会关于品牌透明度（品牌在社会化媒体中应该保持真实性）的研究做了以下报告。[42]

- 25% 的顾客认为他们看到的评论是假的。
- 21% 的顾客认为其他用户是收到佣金之后再给好评的。
- 81% 的顾客觉得很难区分真实的用户评论和广告评论。

亚马逊已经采取措施来保证其客户评论系统（有数百万消费者依赖此系统做出明智的购买决策，并规避那些不合格的产品）的完整性和真实性。有案例表明，亚马逊甚至会起诉那些收到佣金后给好评的用户。ReviewMeta 在对亚马逊上 32 000 个产品类别的 6 500 万篇评论进行研究后发现，相比正常用户评论，那些受雇发布评论的用户很少给出一星的评价，并且给出批评性建议的评价数量也少于正常用户评论的 1/4。那些受雇评论的用户平均给数百种产品好评，而这些产品通常质量一般。对于此现象，亚马逊更新了其社会化社区守则并且明令禁止虚假评论。[43]

除了增加评论之外，营销人员还应该采取哪些措施呢？为了取得更好的营销效果，营销人员应该开发具有以下特征的社会化商务方法。

- **真实性**：接受来自消费者自发的口碑评价，不管是正面还是负面的评价。

- 透明性：如果品牌激励过和邀请过用户给好评，那么承认这一行为。
- 倡导性：鼓励消费者评价品牌网站上的建议。
- 参与性：鼓励消费者发布与品牌相关的信息。
- 互惠性：认可消费者提供的意见的价值。
- 传播性：让用户更容易在博客和社会化网络平台上分享评论。
- 可持续性：消费者的线上评价之所以如此有影响力，是因为这些评价可以永久存在。如果消费者通过电话告诉朋友自己比较满意的品牌体验，那么这次经验讲述就无法被检索或追踪。

这对营销人员来说意味着什么呢？首先，为了确保品牌和产品在社会化评论领域的良好形象，营销人员必须保证产品质量和服务的高标准。因为消费者很容易就可以把自己的产品体验（无论好坏）告诉周围的人并传播出去。所以对于营销人员来说，首先保证自己的产品质量才能获得更多的好评。那些产品质量不过关的品牌或企业在社会化领域会收到很多的差评。其次，品牌必须真诚地接受而不是回避消费者的评论和意见，网络世界也没什么地方可躲藏的。相反，企业或者品牌可以通过积极地跟用户沟通和解释来进行口碑营销，同时促进双方之间的对话和交流。为了收获更多有价值的好评，以下是品牌可以采取的五种行动。

- 让人们更加了解品牌的产品和服务。
- 识别出那些最有可能分享意见的客户。
- 提供更容易共享信息的工具。
- 研究客户意见如何、在何处、何时被分享。
- 倾听和回应支持者、批评者和中立客户的意见。

换句话说，营销人员应该通过向消费者介绍品牌理念、为消费者提供表达对品牌的意见的平台、回复消费者对品牌做出的评价等来鼓励双方的对话。品牌可以鼓励客户发表评价，提高客户参与度从而进行更好的口碑传播。上述五个特点中，营销人员最应该做到也是最重要的是第五点——倾听。对于评论中所涉及的关于产品特性、服务质量以及产品改进等信息，商家应格外注意倾听。

3. 为什么所有的电子零售商都不在网站上提供评论和评级

除忽略了消费者评论的价值和影响力外，营销人员和广告商之所以不把消费者评论显示在网站上的原因还有担心一些给差评的顾客把网站的评论区当成诋毁品牌形象的场所。有谚语说道：负面口碑传播所带来的损失往往比正面口碑传播所带来的效益更大。因此，一些商家在开发评论功能时非常谨慎。但是从各个网站上的负面评论与正面评论的比例来看，商家可以对负面评论不那么谨慎和恐惧。Bazaarvoice 是美国一家为电子零售商提供客户评论和评级服务的公司，据该公司统计，80% 的用户给出的都是好评。[44]

事实上，零售商应该欢迎消费者给出负面评论，因为它们可以从中获益。从消费者的角度来看，他们希望看到负面评论，因为这样能够帮助他们准确地评估购买产品时所面临的风险程度，以及最大限度地降低购买商品时的产品感知错误及经济损失风险。另外，负面评论也可以提升评论区的可信度。消费者也常常认为积极的评价未必真实，哪怕产品可能就是很好。最后，负面评论能给零售商提供有价值的信息，促进商家改进产品、扩大销售量或者终止销售等。

9.3 社会化商务策略

社会化商务策略的第一个层级就是利用并鼓励用户原创内容，同时利用社会化分享和其他购物功能促进消费者共享原创内容。要做到这一点，营销人员可以通过提供使用户进行内容创新和分享更为便捷的工具以及激励用户的信息分享行为这两种方式。简单来说，网络零售商可以在自家网站上添加分享工具。使用这些工具可以让消费者在 Twitter 上发布与产品相关的推文，把产品图片上传至 Pinterest，或者将产品信息收藏到 Wanola。其他参与度更高的工具网站能够让用户利用智能手机（装载像 VideoGenie 这样的视频软件）创作**社会化视频评价**（social video testimonials）或者在站内展示板块"分享故事"。电子商务营销人员估计，94%的主要线上零售商都在网站上添加了这样的社会化分享工具。[45]

为了激励消费者购买、提高消费者的品牌忠诚度和推广品牌，线上零售商还可以发布其他基于用户行为特色的活动，例如发布愿望清单、礼物清单和为消费者提供相似性建议等（例如，"购买该商品的人还购买了……"）。

以下是营销人员为了促进社会化商务共享以及提高销售额可能选择的方式。

- **分享工具**（share tools）：可以把零售商网站销售的产品便利地共享给社会化网络的社会化软件插件。目前零售商所使用的最流行的插件是 Pinterest。这种共享其实是一种推荐，因为用户社会化图谱中的其他人可以把这种主动分享看作是信息发布者对产品的认可和推荐。
- **推荐**（recommendation）：网站上为产品提供即时认可和支持的简单按钮。最常见的推荐指示有 Facebook 上的"点赞"按钮和谷歌的"+！"按钮。
- **评论和评级**（reviews and ratings）：具有撰写发布和评定等级功能的线上评论和评级。
- **评价**（testimonials）：一种能让用户分享更多关于其个人经历和故事的推荐评价，有可能是视频形式。
- **用户展示模块**（user galleries）：用户可以分享自己的创作、购物清单和愿望清单的模拟展示区。这种方式有时被称为**策划性购物**（user-curated shopping），并且可以在销售网站内部或者外部社区（例如 Wanelo）中进行。
- **选择清单**（pick lists）：帮助消费者分享他们想要购买的物品的清单，通常以愿望清单的形式呈现。
- **流行度过滤**（popularity filters）：通过最受欢迎、浏览次数最多、最受喜爱或者评论最多等指标为消费者过滤不同商品。
- **用户论坛**（user forums）：不同消费者在线交流产品信息，并且互相帮助解决相关问题。

示例 9-2

HauteLook 网站：服装社会化商务体验

诺德斯特龙百货旗下的 Hautelook 网站运用社会化商务来分享内容，并吸引终端用户购买服装服饰和其他奢侈品。一般来说，消费者在购物时通常会经历两个步骤：首先花费精力寻找高价值商品，然后同他人分享自己找到的信息以验证自己的时尚品位。成为 Hautelook 网站的会员就意味着在限时销售期间更有机会购买到打折的名牌奢侈品。

在购物决策过程的每个阶段吸引消费者注意力的同时，该网站还专注于为消费者创造独特的社会化购物体验。例如，消费者点击 Hautelook 在线商店的"与朋友分享"板块时，就可以直接进入特定商品的销售页面，Hautelook 还可以记录下会员顾客分享自己购买产品的痕迹。这种购物体验也可以被看作消费者在购买产品获得商家积分奖励之后，将自己的"分数"与朋友、家人分享，以此来激励那些还没有做出购买决定的顾客尽快购买。这其实是充分利用社会化认同的力量来激励他人购买。社会化认同有助于增加购买欲望和肯定他人的购买决策。例如，当消费者在 SNS 中分享自己的购买足迹时就相当于在对其他人进行推荐。只要消费者将购买足迹分享至自己的朋友圈并吸引朋友来购买，他和那位朋友在以后买东西时就可以获得 20 美元的优惠。同时，商家利用限时销售能够增加消费者购物时的紧迫感，同时还能让商品本身显得更珍贵、更有价值。

此外，Hautelook 在 Facebook 和 Twitter 上还投放付费广告来吸引新顾客和新会员。广告包括精心设计的标题、产品的缩略图和购买链接。但是现在 Hautelook 更有策略地选择不提供产品的初始缩略图信息、定价信息和购买链接，而是要消费者自己点击链接才能获得产品信息。这种让用户自己点击链接的方法能够让 HauteLook 更加准确地知道消费者对产品的期待或者好奇的原始数据，同时在未来的顾客分析中进行更好的定位。

iStock.com/Rawpixel Ltd

Hautelook 的社会化商务营销还包括社会化媒体监控，以提醒公司的社会化媒体团队在消费者发帖询问时能够快速地响应和回复消费者。该系统还让公司能够使用社会化媒体渠道为客户提供关怀并且和客户建立更好的联系。

社会化商务推广和合作

除了利用在线工具和跨平台合作利用用户原创内容之外，营销人员还可以利用社会化平台（例如 Facebook 和 Twitter 等）提供的社会化交易伙伴和购物车来进行促销活动以促进销售。当然，最有效的提高零售商网站流量的方式是真正地将网站的购物功能社会化。一些大胆的零售商正在进行这样的网站改造（最值得注意的是李维斯品牌），但到目前为止，全面的实施还没有获得预期的效果。亚马逊可能是世界上最友好的社会化购物零售商，但是亚马逊仍然没有为消费者提供同步、共享的在线购物体验。

另外一种提高销量的形式就是在社会化网站上添加购物平台。Facebook 就使用了这种方式，在品牌的社会化主页添加了购物按钮。除 Facebook 之外，用户同样可以在 Pinterest、Instagram 和 Snapchat 等社会化网站上购买东西。但是相比之下，Facebook 在这方面成功得多，有 86% 的零售商将 Facebook 视为用来推销特定产品的最重要的社会化网站。Shopify（一家总部位于加拿大渥太华的电子商务公司）报告称，通过 Facebook 访问公司网上商店的访客占到了 2/3，并且这些访客平均贡献了价值 55 美元的订单。通过 Pinterest 进入公司网上商店的顾客平均贡献价值 58 美元的订单，但是访客量却不如通过 Facebook。其实，零售商选择和不同的社会化网站进行合作也取决于自身经营产品的类型。例如，Pinterest 能给 Shopify 网上购物店的古董和收藏品销售贡献 74% 的社会化商务订单。[46]

营销人员还可以与其他社会化网站进行合作，从而创造更多的**社会化购物入口**（social shopping portals）。例如，Wanelo 软件支持用户在网上分享自己想要的、需要的和喜欢的产品，同时这些产品附带零售商网站的链接，用户点击这些链接就可以实现从浏览到购买的转换。Wanelo 将自己定位为一个数字购物中心，用户在上面可以发布喜爱的商品，并与朋友分享和评论。用户把自己喜欢的产品链接到特定的零售商网站，这样就可以实现从单纯的社会化网站浏览到在零售商网站购物的转化。可以说这是一个被描述为社会化网络的多重零售系统，用户只需点击"购买"按钮就可以直接进入网站购买。

● 批判性反思

社会化商务欺诈的受害者：消费者和品牌都面临着风险

社会化媒体已经成为网络犯罪等相关活动的滋生地。在社会化媒体中有着来自世界各地的欺诈者，他们利用这些免费、便捷的平台在全球范围进行非法活动。[47]他们最常见的策略之一是将自己伪装成社会化媒体上的一个合法品牌，然后欺骗客户，同时破坏真正的品牌的声誉，并引起人们对于品牌的负面情绪。一项关于社会化媒体品牌欺诈程度的研究分析了 Twitter、Facebook、YouTube 和 Instagram 上的近 5 000 个品牌。这项研究发现，近 20% 的社会化媒体品牌简介是伪造的，这些虚假账户被用来提供假冒产品和服务，搜集用户的个人识别信息（PII），使用户感染恶意软件以及恶意攻击品牌等。[48]还有一些虚假账户只为了谋取广告收入。然而一些更贪婪的虚假账户则利用品牌形象来欺骗访客进入垃圾网站。这些网站向访客发送垃圾广告，或把广告软件安装到顾客的电脑上。值得一提的是，这项研究发现，超过2/3的欺诈账户都对消费者进行了广告欺诈。

这项研究解释说："欺诈者欺诈那些试图与品牌接触和交流的客户。他们利用虚假的客户服务账户、虚假的优惠，以及更多方式来锁定被欺诈目标。有些人是出于政治缘由创造欺诈账户攻击诋毁一个品牌的形象。但是大多数情况下，他们密切模仿品牌，玩弄公司或者公司客户。这些虚假账户会降低品牌价值，给顾客造成负面体验。"社会化媒体欺诈者利用网络中的"诱饵"来攻击用户，其中包括看起来很合法并且很诱人的内容。虚假账户往往与真正的公司账户非常接近，新手用户很难区分真假，因为这些虚假账户经常与官方账户有着同样的外观和官方标志。

Sam72/Shutterstock.com

为什么社会化商务购物者这么容易受到欺诈呢？有几个可能的原因。在社会化商务中，几乎任何人都可以成为在线卖家，因为他们不必在网站上投资或向在线市场付费。借助网络社会化媒体的匿名性，非真实的卖家或骗子更容易欺诈无辜的购物者。同时，用户也倾向于信任在线评论和推荐，即使他们不知道提供评论的人是谁。社会化商务欺诈者利用信任诉求来伪造评论和名人代言。此外，虚假账户还可以购买大量粉丝伪造账户的真实性和官方性。

总而言之，电子零售商可以采取更为综合的方法，包括社会化活动、促销活动和提供社会化购物机会来吸引消费者用户。营销人员也可以通过多种方式利用社会化商务来提升产品的影响力，最简单的方法是在网站上提供共享工具来鼓励用户进行社会化共享。这些分享工具可以增加顾客对品牌的建议及推荐。除此之外，营销人员还可以为消费者搭建一个用来发表评论和评级的空间，或者组织相关活动来鼓励品牌粉丝开发自己的原创购物清单。这样通过各种社会化活动和分享活动，在线销售额可以大大提升。

9.4 影响力心理学

那些想要赢得顾客青睐的社会化媒体营销人员发现，更多地了解**影响心理学**（psychology of influence）可以帮助自己更好地了解顾客的心理——有时候一些因素多多少少能改变用户在说服性信息前的态度或行为。尤其是一些社会化购物工具更是把用户的**认知偏差**（cognitive bias）利用到了极致。认知偏差是指大脑在处理信息时所采取的"**捷径**"(shortcuts)。不同于计算机每天都在处理数据并产生相同的结果（当它们工作时），人类并不是那么理性。即便两个人接收到相同的信息，根据其个人经验、性别和文化偏见等，他们也会对信息进行完全不同的理解。例如，我们对颜色的感知在一定程度上会受社会背景的影响。北美地区的人可能会把一个穿着白色礼服的女人比喻成"纯洁的新娘"，而亚洲某些地区的人可能会认为穿白色礼服的女人要去参加葬礼，因为在东方文化中白色代表死亡。

当我们做出购买决策时，认知偏差非常重要，因为它会影响我们可能关注的内容以及对商品的解读。尽管如今消费者在做出购买决策时获得的信息比以往任何时候都多，但他们也面临着**有限理性**（bounded rationality）的问题。有限理性捕捉到了我们人类所面临的困境，即当我们有能力进行选择时，却被自己的认知能力所限制。[49] 作为消费者，我们通常会进行信息搜寻和替代品评估来满足自己的产品需求。然而，在充斥着大量搜索引擎和社会化媒体的世界里，我们可进行的信息搜索是无限的。成千上万的在线零售商发布过产品信息，网络上也有数以百万计的产品评论，以及无数的网络"朋友"推荐过产品，因此在线商务**信息过载**（information overload）导致用户有太多的信息需要处理。

当消费者面临的复杂性超出自己的管控范围时，有限理性便开始影响消费者的思考了。为了适应信息过载，消费者往往喜爱那些不需要考虑太多就能做出选择的最优决策。在那时消费者就会倾向于**最低限度满足**（satisfice），这意味着花费了足够多的努力做出一个可以接受但不一定是最好的决定。这种简化选择过程的捷径被称为"启发法"，它适用于大多数人的购物选择经验，例如"购买熟悉的品牌"和"越贵的东西质量一定越好"等。

使用启发法来简化决策过程有时也被称为**薄片撷取**（thinslicing）。在此过程中，消费者剥离出足够的信息来做出购物选择。[50] 当消费者忽略大部分可用信息时，他们会抽离出一些重要的线索并根据自己特有的经验法则做出决定。

目前关于影响心理学的研究确定了六个影响消费者决策过程的主要因素。[51] 现在让我们对其进行回顾，并看看消费者在使用社会化购物应用程序和工具时是如何利用"启发法"的。

9.4.1　社会认同因素

一般来说，人们通过观察周围的人在类似情况下的选择而做出决定。当很多人都选择同一个选项（例如服装风格或餐馆）时，我们把这种流行性选择称为社会选择，即经过"社会认同"的正确选择。营销人员可以通过多种方式利用社会认同。例如，将品牌定义为"首选品牌""市场领导品牌"等，这些都带有社会认同的指向性。在社会化商务应用中，一些工具可以使购物者看到与产品相关的社会认同信息。当越来越多的人开始追赶潮流时，**羊群效应**（herding effect）就会发生。[52] 人们追逐潮流的行为就被称为从众行为。[53]

虽然在每一个时代，都有一些人"只听从自己内心的想法"，但是大多数人还是倾向于遵循社会对自己行动的期望（当然，还是有自己的风格和想法，而不是完完全全和社会期望一致）。

从众（conformity）指的是人们信念或行为上的改变，是人们在真实情况或想象中面对群体压力时的反应。为了使社会正常运转，每个社会成员都要遵守社会规范或者非正式的行为规则。没有这些规则，社会就会陷入混乱。想象一下，如果像"红灯停"这样一个简单的标准人们都不遵守的话，社会就会混乱不堪。

尽管我们不曾注意，但是我们每天都遵循许多的社会行为准则。我们消费时也会受到许多隐性规则的影响。除了适当的着装和其他个人行为规范之外，我们还在遵循其他的社会规则，例如，赠送礼物的规则（我们期待从爱的人那里得到生日礼物，如果未得到的话自己就会感到不安）、性别角色规则（通常在第一次约会时男性会买单）和个人卫生规则（朋友都会希望对方能经常洗澡）。

我们不会始终模仿别人的行为，那么为什么我们都倾向于遵守同样的社会行为准则呢？以下是一些常见的原因总结。[54]

- **文化压力**（cultural pressures）：不同的文化背景中人们的从众程度不同。20 世纪 60 年代，美国"自行其是"的口号就反映出一种从从众走向个人主义的趋势。相比之下，日本社会则强调集体幸福和群体忠诚度高于个人需求。
- **对异常行为的恐惧**（fear of deviance）：个人可能会觉得，集体会采取措施惩罚那些异常行为。有些情况在生活中很常见：行为"异常"的人在校园或者公司中更容易被孤立，因为他们会被认为"不合群"。
- **集体承诺**（commitment）：人们对于一个集体的贡献越多，就会越重视自己在集体中的价值，并且动机越符合团体的意愿。例如，摇滚歌手的歌迷和电视剧演员的粉丝可以做出他们的偶像所要求的任何事情。根据**最小兴趣原则**（principle of least interest），双方中付出最少努力的人往往更有力量和主动权，因为他们并不在乎这段关系是否可以维持下去。[55] 其实，在你约会时也可以牢牢记住这一点。
- **群体一致性**（group unanimity）、规模性和专业性：群体成员会随着群体力量的增强而变得更服从。通常情况下，抵制很多人的要求往往比抵制少数人的要求更难，尤其是群体中那些有着"暴民心态"的成员。
- **人际影响的易感性**（susceptibility to interpersonal influence）：个人需要别人对其做出高度评价。不受这一点影响的消费者往往被称为角色放松型顾客，这类顾客通常年纪较大、富有，并且有很强的自信心。斯巴鲁曾经创建过一个沟通策略来吸引这种类型的消费者。例如，在其中一则广告中，一位男士宣称："我想要一辆车……不要和我讨论木镶板或者这辆车是否能够帮我赢得邻居的尊重。我根本不在乎，因为他们只是我的邻居，而不是我要讨好的对象。"[56]

在表 9-2 中，我们可以看到之前所介绍的一些社会化购物工具都会在社会认同方面影响消费者的决定。我们与他人分享的任何内容都包括社会认同因素。例如，当你选择一个在线愿望清单然后与你的朋友进行在线分享时，你已经对这些商品赋予了社会认同因素，即向朋友证明这些商品都非常值得拥有。此外，客户评价一直都是证明商品是否是正确选择的非常重要的社会认同标准。像 VideoGenie 这样的社会化工具使客户可以用他们的手机或网络摄像头录制视频片段来分享他们的故事。以前，客户评价只能靠名人代言或者口碑传播。但是现在，用户可以分享书面的故事评论或者用视频来向其他用户进行推荐。

表 9-2 社会化购物工具和影响力来源

社会化购物工具	社会认同	权威	稀缺	吸引力	一致性	互惠性
"询问社会化圈里的朋友"				*	*	
品牌服务管家					*	*
交易目录			*			
交易反馈			*	*		*
产品过滤	*					
团购			*			*
购物清单				*		
好友建议		*		*	*	
推荐产品		*	*	*		*
评论	*	*			*	
分享工具				*		
同步购物				*		
门店				*		
产品评价		*				
用户论坛	*	*				*
用户展示模块	*			*		*
地理位置推广			*		*	

9.4.2 权威

　　影响心理学中影响消费者决策的第二个因素是**权威**（authority）。权威是指借助某领域专家的观点或者推荐影响消费者决策。无论消费者何时何地接触到专业人士的推荐和建议，无论这些专家是否真正使用过该产品，消费者都比较倾向于遵循专家的意见。通过直接遵循专家的建议，消费者可以节省更多时间和精力。例如，在止痛药广告中，"10 个医生中有 9 个推荐此款药品"这句广告语就利用了权威。因为对于顾客来说，医生肯定是对药品使用最具权威的发言人，广告语仅仅是复述了医生的建议就可以达到很好的推荐效果。

如果一些出于某种功能需求使用过产品的人向旁人打广告做推荐的话，这时权威也会发挥作用。例如，如果米亚·哈姆（Mia Hamm）或者佩顿·曼宁（Peyton Manning）推荐佳得乐饮料产品作为运动后有效补水饮品的话，效果肯定会很好。因为这两位都是运动员，他们应该知道哪种产品是最好的，他们给出的建议可能没有基于营养学领域的标准，但是蕴含着他们的个人经验。在社会化媒体领域，权威可以以多种方式被激活，其中包括推荐系统、用户评论（来自专家以及体验过产品的其他客户）、认证服务和用户论坛。

虽然普通消费者用户对品牌或者产品进行推荐不会获得相应的报酬，但是向他人推荐之后可以增加自己在他人心中的经验权威性。一些专家和评论者，无论是书评家、影评人、医生还是律师，都在特定的产品领域拥有一定的权威。那些实际使用过产品的普通消费者用户也有一定的话语权威性。换言之，人们对产品的体验经历是权威的来源。

9.4.3 吸引力

吸引力（affinity），有时被称为"喜爱"，意味着人们倾向于跟随和模仿那些他们觉得有吸引力的人。如果我们"喜爱"某人，我们更有可能对他们的请求说"是"，或者把他们的意见和行为内化为自己的行为。这就是为什么广告要在使用代言人来获得权威性的同时也想方设法地利用吸引力因素。例如，在推荐佳得乐的运动型补水饮料时，佩顿·曼宁可以作为运动领域的权威专家来影响消费者购买。但是当他代言天美时（Timex）手表时，他所发挥的就不是权威性影响因素而是吸引力影响因素了。在社会化媒体中，吸引力影响因素无处不在，因为社会化购物与社会化关系紧密联系在一起。有些工具（例如"询问社会化圈里的朋友"）将吸引力作为影响力的来源，它们能够帮助顾客从朋友那里获得实时推荐和交易反馈（朋友分享购物经历的地方）。同时，顾客还可以从朋友的购物新鲜事、购物清单、推荐产品、分享工具和同步购物工具中发现更多的购物机会。

9.4.4 稀缺性

从人类本能来看，自己越得不到的东西越是想要得到，这其实就是**稀缺性原则**（principle of scarcity）在施加影响。当我们察觉到某种东西很稀缺时，我们就会加倍努力去获取它，即使这意味着我们必须为此付出额外的精力和财力。利用稀缺性原则进行产品促销的营销活动可能会强调产品购买时间的紧迫性、产品的限量供应。在社会化商务中，利用稀缺性原则的场景包括交易反馈、附有特别优惠的新闻提要、团购工具、推荐产品和交易目录等。

9.4.5 互惠性

互惠性原则（rule of reciprocity）指的是无论我们是否寻求帮助，我们都有一种强烈的想要偿还人情和恩惠的内在冲动。互惠是一种跨文化的、普遍的行为规范。我们回报善意，部分原因是我们认为这是公平和正确的事情（我们与他人的社会联系），部分原因是保持互惠关系对维持良好的社会化运作很重要。互惠性原则也会影响我们的日常交际。例如，一般情况下你不会给别人送生日礼物，但是有一次你给别人送了生日礼物，有可能就是别人之前给你送了生日礼物所以你想回馈别人。营销人员利用互惠性原则，鼓励消费者选择特定的品牌，并随时间推移保持对品牌的忠诚度。要做到这一点，营销人员关键是要对目标消费者做出表达善意的行为，例如送一些小礼物或表扬鼓励消费者等，那么目标消费者就会给予积极的回应。

互惠性原则也是样品促销背后的基本原则。在样品促销中，营销人员为消费者提供免费试用产品。通过免费试用，消费者可以体验到产品的相对优势，同时它也让消费者有一种收到礼物的感觉。因此，那些做了样品促销的产品的销量远远高于没有做样品促销的产品的销量。一些聪明的零售商选择向其顶级客户发送生日卡和假日卡。其实像贺卡一样简单的东西也可以被看作是一种应该得到回报的善意举动。在社会化商务中，一些工具就体现品牌利用了互惠性原则，例如交易反馈、团购、推荐产品和用户论坛等。

9.4.6　一致性

通常来说，人们都会努力与他们的信念、态度以及过去的行为保持一致。当我们的行为、态度和过去不一致时，我们会感觉到**认知失调**（cognitive dissonance）。认知失调是指当我们知道自己的态度、行为相互矛盾时的心理不适的状态。例如，某人之前一直认为赌博是一种错误行为或浪费行为，但某天被吸引到了一个在线赌博网站。为了避免这种不适的状态，人们会通过改变自己的态度或者行为来保持一致性。因此，在上述情境中，赌徒可能会认为，他或她将房子作为赌注只是出于"好奇心"，而不承认是由于赌博所带来的刺激。保持一致性的需求是一个非常普遍的影响因素，它可以被各种态度或行为所激活。营销人员会借助图像广告、免费试用期、自动续借和会员优惠等手段来激活消费者的一致性需求从而刺激消费。包含一致性影响因素的社会化购物工具有询问社会化圈里的朋友、社会化游戏、商品清单、分享工具、购物工具、评论、用户论坛和用户展示模块等。

◎ **微案例研究**

MantraBand 品牌利用用户原创评论来带动销售

当艾塞尔·古纳尔还是一名商学院的学生时，她就设计了自己的第一个手镯。对于有创意的人和那些手工原创珠宝商来说，珠宝制作是一个非常受欢迎的业余爱好选择。而艾塞尔把珠宝设计作为业余爱好并不是为了盈利，用她的话来说，她只是"在日常生活中寻找一件自己可以用心投入去做的事情"。[57] 基于这种心态，她将自己设计出的第一只手镯命名为"活在当下"。几年之后，这个简单的概念成为一家成功的网络公司的基础。MantraBand 品牌利用 Shopify 将品牌的 Facebook 主页商务化。有了 Shopify，人们可以直接在 Facebook 主页购买产品。之后，这个品牌的社会化商务功能进一步延伸至 Yotpo（一个允许用户在上面发布原创内容的社会化商务应用）。这些用户原创内容同样可以分享至MantraBand 的 Facebook 主页和 Instagram Stories以及Pinterest 上的 Rich Pins 板块，以这种方式来为 MaltaBrand 进行广告推广。该品牌通过对 Instagram、Facebook 和 Twitter 上的用户原创内容进行搜集与分析，从而在这些社会化渠道上更好地给予消费者反馈。艾塞尔还把 MaltaBand 与客户的开放式对话分享到社会化商务应用上，以此来强调品牌和用户之间的信任。

iStock.com/m-gucci

结果和反馈

这种营销方式结果如何？MantraBand 通过这样的营销方式获得了将近 36 000 个 5 星评论。该品牌还通过应用程序提供的优惠券来激励顾客再一次购买，事实证明这一方式非常有效。你也可以登录该品牌的 Facebook 主页（www.facebook.com/mantrabands）查看其用户在品牌主页的活跃程度，到时你会发现除了成千上万的评论之外，用户还互相分享了数百张产品照片来进行交流。

9.5 社会化商务的好处

到目前为止，我们已经讨论了营销人员运用社会化商务策略的几种方式。但是，社会化商务到底给营销人员带来了什么好处呢？

（1）营销人员借助社会化商务为网站和门店增加流量、将浏览者转换成买家、增加订单的平均价值以及将投资变现。

（2）解决了社会化媒体投资回报率（ROI）的困境。ROI 是衡量投资创造价值的一个指标，我们将在第 10 章深入探讨这个概念。有些人批评社会化媒体缺乏这种问责制，但把销售与社会化媒体联系起来就有利于消除这种批评。

（3）社会化商务应用有利于提供更多与产品相关的用户行为数据。

（4）社会化购物应用可以增强客户体验，使其体验更多的网上购物乐趣和功能，这意味着更容易保持客户忠诚度和客户生命周期价值。

（5）通过社会化购物，用户更容易分享自己对品牌的印象。这样一来，品牌在便捷的口碑传播工具的帮助下可以收获更多的推荐价值。

（6）社会化商务有利于品牌紧跟竞争步伐，并在电子商务领域发展出自己的特色。

⊙ 本章小结

社会化商务与电子商务的关系是什么？移动设备和软件应用如何影响社会化商务的发展？

社会化商务是电子商务（即通过互联网买卖产品和服务）的一个子集。社会化商务利用社会化媒体和社会化媒体应用程序使在线购物者在购物体验期间进行互动和合作，并在购物过程中协调零售商和顾客之间的关系。作为社会化媒体营销的最后一个区域，社会化商务包括在线评级和评论、应用软件、大量的购物相关应用程序、交易网站、交易聚合网站以及社会化购物商场和门店。虽然目前大多数网上购物是通过台式电脑或笔记本电脑进行的，但是在社会化商务中使用移动设备的人数正在大量增长。越来越多的消费者选择在网上购物，市场份额研究表明，44%的智能手机用户使用自己的设备进行过网购。

社会化购物者在消费决策过程中如何使用社会化媒体？营销人员应该使用哪些社会化商务元素来满足他们的需求？

社会化媒体用户在决策过程的每一个阶段都会依赖社会化商务。社会化商务是电子商务的一部分，它利用社会化媒体来促进买卖双方之间的交流过程。电子商务中消费者的五个决策阶段都会受到社会化媒体的影响。表9-1展示了在消费者决策过程的不同阶段起主要影响的社会化购物应用程序。由于社会化媒体用户在购买阶段肯定会依赖社会化商务，因此这会促进营销人员改善社会化购物体验和新技术，如在社会化应用程序中使用聊天机器人来提升会话商务质量。

评级和评论如何为消费者与电子零售商提供价值？

评级和评分值作为评论者给出的分数，可以代表某种东西的综合质量。评级和评分可以反映用户体验到的产品质量、满意度、产品的受欢迎程度以及其他因素。评论则指用户对产品的详细描述和评估。在对产品进行评分之后，用户添加额外的评论内容来证明自己打分的可信度。在其他消费者购买过程中的信息搜寻和评估阶段，评级和评论都作为产品研究的来源，并作为消费者在购买前核实决策的工具。对于零售商来说，积极的评论可以吸引新的顾客以增加销售量。此外，喜欢写评论的消费者往往比不喜欢写评论的消费者更喜欢购物，他们会花费更多的时间在网络上。但所有的消费者更愿意为高评分的产品买单。最后，评级和评论还可以增加网站的有机搜索流量。

描述影响消费者社会化购物的心理因素。

关于影响心理学的研究确定了六个影响消费者社会化购物的主要因素，了解这些可以帮助我们确定在购物决策过程的不同阶段会受到何种因素的影响，同时对于营销人员来说，了解这些也可以更好地制定营销策略。这六个影响因素分别为：社会认同、权威、吸引力、稀缺性、一致性和互惠性。当我们查阅其他人购买了什么产品时，社会认同就在影响着我们的购物决策；当我们受到专家建议和其他购买过产品的消费者的建议影响时，权威影响因素就在发挥作用。专家可以来自不同领域，例如书评家、影评人、医生或者律师，他们都在各自的领域中拥有一定的权威，同样，实际使用过产品的普通消费者也有一定的权威。吸引力，有时被称为"喜爱"，意味着人们倾向于跟随和模仿那些他们觉得有吸引力的人。在社会化媒体中，吸引力因素无处不在，因为社会化购物和用户的社会化图谱（朋友圈）紧密相连。稀缺性因素则指人们在不能拥有某件东西时就越想拥有它。在社会化商务中，包含稀缺性影响因素的场景包括交易反馈、新闻提要、团购工具、推荐产品和交易目录。互惠性原则指无论我们是否寻求帮助，我们都有一种强烈的想要偿还人情和恩惠的内在冲动。在社会化商务中，一些工具可以被看作是品牌为用户提供帮助或善意的表现，例如交易反馈、团购、推荐产品和用户论坛。最后一个影响力因素为一致性因素。通常来说，人们都会努力与他们的信念、态度以及过去的行为保持一致。包含一致性影响因素的社会化购物工具有询问社会化圈里的朋友、社会化游戏、商品清单、分享工具、评论、用户论坛和用户展示模块等。

⊙ 关键词

吸引力（affinity）
权威（authority）
认知偏差（cognitive bias）
集体承诺（commitment）
从众（conformity）
文化压力（cultural pressures）
群体一致性（group unanimity）
启发（heuristic）
参与式商务（participatory commerce）
流行度过滤（popularity filters）
最小兴趣原则（principle of least interest）
问题识别（problem recognition）
买友（purchasing pals）
推荐（recommendation）
评论（reviews）
最低限度满足（satisfice）
捷径（shortcuts）
社会性网络服务（social networking services）
社会化购物入口（social shopping portals）
人际影响的易感性（susceptibility to interpersonal influence）
用户展示模块（user galleries）

替代品评估阶段（alternative evaluation stage）
有限理性（bounded rationality）
认知失调（cognitive dissonance）
确认偏差（confirmation bias）
会话商务（conversational commerce）
对异常行为的恐惧（fear of deviance）
羊群效应（herding effect）
信息过载（information overload）
选择清单（pick lists）
购买后评估阶段（post-purchase evaluation）
稀缺性原则（principle of scarcity）
影响心理学（psychology of influence）
评级（ratings）
声誉经济（reputation economy）
互惠性原则（rule of reciprocity）
分享工具（share tools）
社会化商务（social commerce）
社会化购物（social shopping）
社会化视频评价（social video testimonials）
薄片撷取（thinslicing）
用户论坛（user forums）
反展厅行为（webrooming）

⊙ 复习题

1. 解释买友的概念。你的线下买友和线上买友都是自己的朋友和家人吗？线下买友和线上买友是同一群人吗？
2. 社会化商务和电子商务有什么关系？未来在没有社会化应用的情况下，电子商务还能存在吗？如果可以，为什么？如果不可以，请给出理由。
3. 对于企业来说，使用社会化购物应用程序的好处是什么？
4. 社会化购物与社会化商务的区别是什么？
5. 用户评论与用户推荐有什么不同？对于评论网站来说，为什么用户的评级那么重要？
6. 解释在社会化购物中有限理性的概念。
7. 决策过程中的哪个阶段最易受到社会化商务的影响？请解释。
8. 什么是"薄片撷取"？
9. 解释社会化商务应用中的六个影响力因素。

⊙ 练习题

1. 在 Wanelo 中搜索你最喜欢的品牌。你能买到你所找到的产品吗？搜索页面是否包含推荐工具？你知道怎么将商品添加到购物车并结账吗？在你看来，这个网站应该怎么做才能更高效？
2. 专家的评论和顾客的评论哪个更具影响力？为什么？
3. 查看本章列出的社会化购物应用，访问带有这些应用的网站。社会化购物应用为客户提供了许多便利功能，如增强顾客之间的组织性、比较不同商品之间的价格、降低购买风险和获取产品信息等，同时它们也使顾客的购物体验更加有趣。根据应用程序提供的实用性或者趣味性，对这些社会化应用软件进行分类。对于购物者来说，社会化购物的哪一方面最重要？
4. 你对那些虚假评论有何感想？你信任这些评论吗？你怎么看出来哪些是虚假评论呢？
5. 有其他的影响因素比本章所提到的影响因素更能影响消费者的社会化商务行为吗？如果你认为有，请说明。对于营销人员来说，他们如何利用社会化媒体营销中的影响力工具？

第四部分

社会化媒体数据管理和测量

第10章 CHAPTER 10

社会化媒体分析

■ 学习目标

当阅读完本章时,你将能够回答以下问题:

1. 企业如何利用社会化媒体数据和研究资料为市场决策提供信息?社会化媒体研究的主要方法是什么?
2. 在社会化媒体研究过程中,如何收集、处理和分析由社会化倾听和监测产生的社会化媒体剩余数据?
3. 社会化媒体研究中常见的误差和偏差有哪些?
4. 品牌如何建立社会化智能系统?
5. 社会化媒体社区中的网络志研究是什么?

10.1 社会化媒体在研究中的作用

为了制定符合目标的社会化媒体营销策略,营销人员需要了解企业的目标受众,了解他们的个性和消费经历、购物动机和担忧、品牌忠诚度和媒体使用情况等因素,同时也要了解企业所处的市场环境。此外,他们可能需要倾听消费者的投诉内容,识别出潜在的公关危机,做好应对准备。营销活动结束后,他们还需要评估其有效性。为什么营销人员要了解这么多东西呢?因为作为市场营销人员,他们做的每一个决定都基于其对目标受众和市场环境的了解程度。从产品功效到品牌形象,再到营销活动中的创意策略,最后把信息投放到媒体上,整个过程都是根据已知信息进行决策的。营销人员如果了解自己所处的竞争环境,就可以做出更好的决策。战略制定的关键在于要有敏锐的市场洞察力,充分了解市场竞争情况。营销人员通常通过研究市场状况、竞争情况和消费者现状来获取信息并进行市场营销决策。

市场营销人员进行决策时有几种不同的市场营销研究方案可以选择。在这里,我们可以选择二手数据研究和原始数据研究这两种方案。**二手数据研究**(secondary research)是研究已经收集好并且可以使用的信息,这些信息可以是企业内部信息、公开发布的信息或者从商业调查机构获取的信息。二手数据还可能包括市场背景、行业现状、竞争对手信息和品牌历史情况。与之相反，**原始数据研究**（primary research）是根据当前的研究目的收集信息进行研究。原始数据可以帮助营销人员了解消费者情况，包括他们的心态、支出模式和媒体消费模式，以及对信息诉求和优惠的响应程度。我们通过探究性的定性方法（包括观察法、焦点小组座谈、深度访谈等）和实验性方法（包括模拟分析和市场测试等）进行原始数据研究。以前，由于技术有限，有些数据和信息难以收集或者根本收集不到，而现在社会化媒体提供了新的数据来源，方便了信息的收集。社会化媒体扩大了消费者表达观点的渠道，所以营销人员更加重视利用用户在上面发布的内容信息。用户通过文字、音频、视频发表个人观点、经历和事件等内容，并且在多个不同的社会化媒体社区进行分享，围绕这些内容的对话由此展开。随着对话次数的增多、质量的提高和形式的多样化，社会化媒体信息对营销人员来说变得更加有用和重要。可以说，社交网络上分享的每条内容都是数据。正如我们在第2章中讨论的，**剩余数据**（residual data）的收集与分析有助于营销人员提供良好的客户服务和服务补救措施（社会化客户服务解决方案），帮助营销人员制定市场营销策略，评估过去的营销活动是否有效满足了市场营销目标。此外，这些社会化数据还可以与其他来源的数据相结合，从而构建更强大的数据集。

在本章中，我们将讨论社会化媒体研究的发展领域，讨论社会化媒体营销人员如何利用社会化内容，将其作为有价值的营销信息来源。**社会化媒体研究**（social media research）把科学营销研究原则应用于社会化媒体数据的收集和分析过程中，从而产生有效、可靠的结果。[1] "社会化媒体研究"一词囊括了所有利用社会化媒体数据的研究。市场营销人员最普遍的做法是在社会化媒体渠道中进行数据挖掘，随后对这些自然产生的数据进行分析。除了数据挖掘以外，我们还可以在社会化媒体渠道和社区中进行访谈、焦点小组座谈、调查和实验来收集原始研究所需的数据。在本章中，我们不打算详细讨论市场研究的基础（这下你可以松口气了吧）。但是，我们会重点讲解社会化媒体研究的基本流程以及使用的一些工具。运用这些工具可以帮助企业进一步了解客户需求以及客户如何接触其产品。

公司在战略上可以通过社会化倾听和社会化监测来利用这些社会化数据。社会化倾听和社会化监测两者密切相关。其中，**社会化监测**（social monitoring）指在社会化媒体网站上追踪特定词汇或短语的过程。当社会化媒体提到某件事情并且需要公司做出回应时，公司可以通过监测立即得知。此时，监测就起到触发器的作用。**社会化倾听**（social listening）也可以识别和收集社会化媒体网站上共享的信息，收集的数据经过分析后能为营销人员进行战略性营销决策提供信息。虽然这两项活动都是挖掘社会化数据，但两者仍存在差别，监测是被动地收集数据，而倾听是主动地收集数据。Networked Insights 的 CEO 丹·尼利（Dan Neely）在指出两者的区别时说："监测看到的是树木，而倾听看到了森林。"[2]

社会化监测和社会化倾听优先应用在哪些地方？弗雷斯特对《全球企业社会化倾听》（*Global Enterprise Social Listening*）的研究表明，社会化倾听的应用范围很广，包括品牌监测、衡量特定营销活动的有效性、了解客户、提供客户服务、集思广益策划未来的营销活动、识别可能导致公关危机的风险、收集竞争情报以及为新产品开发或产品改进确定思路。[3]

10.1.1 社会化客户关怀

用户提及品牌的情况可以用来确定客户对服务的满意程度。在此情况下，营销人员参与客户关系管理战略制定的关键就是倾听社会化媒体中的对话。例如，客户会发帖宣泄自己对某公司"服务不作为"的不满情绪，客户服务团队就可以通过监测社会化媒体来发现这些帖子。J.D. Powers 的一项研究发现，67% 的社会化媒体用户在公司的社会化媒体渠道上寻求公司的帮助。[4] 其中，84% 的人期望得到回应，并且最好是在 24 小时以内。[5] 如果公司能快速接到投诉，那么它就能迅速做出回应，这样才有机会挽回客户关系。相反，如果任由客户关系破裂，那么公司就会失去这个客户。留住客户，品牌获得的不仅是消费者，还有他们的心，因为这些顾客可能会更有价值、更忠诚。有些公司在社会化媒体上为客户提供服务满足其需求，客户会因此在这些公司多消费 20%～40%。这些客户也有可能成为品牌的拥护者：如果消费者在社会化媒体上寻求公司的帮助并且得到了快速、有效的回应，那么他们之中有 71% 的人愿意向他人推荐该公司，而那些没有得到任何回应的消费者中只有 19% 的人愿意这样做。[6]

尽管倾听客户的心声有益于企业发展，同时客户也期望得到关怀，但是客户关怀这一方面还是许多企业的薄弱环节。《新芽社会化指数》（*Sprout Social Index*）报告发现，在社会化媒体上，每 10 个寻求客户关怀的顾客中只有一个人会得到回应。[7] 该研究调查了在社会化媒体上获得最多客户关怀请求的行业、请求得到处理的比例以及平均回应时间，具体结果如表 10-1 所示。其中突出的行业有哪些？从表 10-1 可以看出，各行业在社会化倾听并给予客户关怀方面都有很大的改进空间。

表 10-1 各行业客户关怀的品牌指数和消费者指数

行业	平均回应率（%）	平均回应时间（小时）	需回应的平均帖子量（%）	每条帖子的平均回复数	品牌回应参与度排名	客户回应参与度排名
汽车	11	12.6	37	16	#12	#16
银行/金融	14	9.6	31	17	#3	#8
消费品	16	14.5	37	122	#5	#5
教育	8	9.1	34	21	#13	#7
政府	9	10.7	38	16	#14	#2
医疗保健	11	11.7	41	17	#11	#10
网络/科技	12	11.8	35	32	#6	#13
市场营销/广告	12	12.4	35	366	#10	#14
媒体/娱乐	7	10.0	37	55	#16	#11
公益行业	9	11.0	36	19	#15	#9
专业服务	10	9.8	32	25	#7	#3
房地产	11	11.5	43	20	#8	#1
零售	19	9.8	42	18	#2	#4
旅游	16	10.7	38	11	#4	#12
公用事业	17	8.2	36	13	#1	#6

资料来源：Sprout Social, The Q2 2017 Sprout Social Index, HYPERLINK "http://sproutsocial.com/insights/data/q4-2016/" \t "_blank" http://sproutsocial.com/insights/data/q2-2017（accessed July 21, 2017）. Reproduced by kind permission of Sprout Social, Inc.

幸运的是,有些品牌在客户关怀方面做得比其他品牌好!哪些品牌对客户发布的帖子回应度最高?社会化媒体分析工具 SocialBakers 监测品牌在客户关怀方面的表现,并且给出了一份世界各地不同行业表现名列前茅的品牌清单。对社会化媒体中 65% 及以上的请求做出回应的公司荣获"社会奉献企业"的称号。从这一方面来讲,Halo BCA 公司在世界上排名遥遥领先,平均回应时间为 2 分钟,英国时装零售商 ASOS 平均为 9 分钟,亚马逊助手则是 48 分钟。[8] 其他品牌详见 www.socially-devoted.com。

10.1.2 市场研究

社会化媒体研究可以为市场战略制定人员的决策提供信息,这些信息可能包括新产品开发思路、目标受众现状以及新营销活动想法。例如,卡卡圈坊(Krispy Kreme)通过监测社会化对话来确定新产品(比如甜甜圈寿司),并在向全球推广之前在社会化媒体上测试顾客对新产品的兴趣。[9] 智能社会化软件 Infegy 通过社会化倾听洞察消费者的内心世界,引导银行业发展。调查结果表明,男性关注利率和银行费用,女性则更担心预算问题,她们想要提高理财能力。鉴于此,银行营销可以对症下药,不必再那么枯燥乏味了。Infegy 还发现人们喜欢以幽默的方式转移自己对资金的担忧,就像这条推文说道:"我希望我的银行账户能像洗衣篮一样满得那么快。"[10] 公关危机出现的明显标志就是社会化媒体上品牌被提到的频率增多,所以社会化倾听能让营销人员警觉到公关危机的迫近,同时它也可以用来评估公关危机的影响。此外,社会化倾听还可以追踪竞争对手在社会化媒体上被提及的情况,并将其与自身品牌进行对比,这样做可以让营销经理了解自身品牌的市场地位。

10.1.3 营销活动评估

社会化媒体研究可以反映出客户获知营销活动等品牌传播活动的方式是否有效。H&M 一直用名人进行营销活动。社会化情报机构 Brandwatch 利用社会化倾听评估了 H&M 明星代言人的相对有效性,结果发现大卫·贝克汉姆和碧昂斯获得的回应程度不同,从中获得了一些启发。总的来说,贝克汉姆在社会化媒体上引起的品牌讨论量比较多,而碧昂斯引发的品牌讨论中有更多评论包含购买意向(例如,我一定要去买那个包!)。也就是说,贝克汉姆提高了 H&M 的品牌知名度,而碧昂丝可能增加了 H&M 的销量。[11]

10.2 社会化媒体倾听:研究过程

观察性研究(observational research)包括记录行为或行为的残留证据。研究人员在线下已经做了很多年研究:他们会观察人们在商店的购物行为,或者根据人们聚会后扔下的糖果包装袋的数量和种类来判断人们吃了什么。虽然这种剩余数据在网络上大量存在,但并不是所有的数据都可以获得,有一些数据受隐私保护(但大部分数据是公开的)。社会化倾听工具可以获取任何在社会化媒体空间公开的内容。也就是说，营销人员可以利用用户在社会化媒体四个区域内分享的内容，其中包括社交网络和论坛中的对话、博客帖子和评论、产品评论、Instagram 上分享的照片、YouTube 上发布的视频、社会化书签和评论以及微博帖子。这些内容在帮助营销人员洞察细分市场、进行需求分析和收集客户资料方面卓有成效。在网络讨论的大背景下，社会化媒体上关于品牌的对话（包括影响力印象）透露了客户的品牌意识、对品牌的态度以及品牌的竞争优势等信息。公司在收集和分析这些社会化数据时可以根据需求采取不同的方式。最后，我们在讨论不同程度的社会化媒体倾听之前，先回顾一下其基本过程。

10.2.1　社会化媒体倾听和监测概述

实际上，社会化媒体监测和倾听通过"聆听"来监测社会化媒体渠道中的对话和内容。在软件的帮助下，通过在博客、社交网络和论坛等社交场所系统搜索找到关键词，然后收集数据和相关变量，比如**配置指标**（profile indicators）。研究人员可以通过细心搜索并选择合适的关键词和相关的社会群体来洞察客户决策、品牌认知和竞争对手的想法等内容。企业可以自动监测、抓取网络上的内容，就像搜索引擎机器人一样，根据既定的标准收集对话信息（该过程称为**抓取**（scraping）），然后建立数据库。分析人员可以根据该数据库衡量对话数量、对话来源和包含的情感。至此，分析人员获得了定量和定性数据。

社会化媒体监测可以解释谁在什么时候说了什么以及说了多少次等问题，因此该过程主要回答以下四个基本问题。

- 检索词在社会化媒体网络上出现了多少次？
- 何时搜索到该检索词？
- 在何地检索到该检索词？
- 谁提及了该检索词？

收集到的数据内容对营销人员非常有用。积极的评论可以作为客户体验愉快的证明，用于零售和促销活动中；关于竞争对手的评论可以作为竞争情报使用；志同道合的朋友之间的对话和联系对于企业确定目标受众和进行品牌定位十分有效。按以下方法使用，监测的效果更佳：分析人员根据监测结果建立详细的数据库，再将数据库中成千上万的评论整合在一起，从中构思出更多新想法。如果系统设计良好，这些数据可以与来自其他渠道的数据合并使用。例如，一个使用 SocialStudio 的品牌可以将社会化监测产生的数据与从销售部门收集的数据合并使用。

与许多传统的定量（如采用数量值方式）调查研究不同，监测收集的大部分数据都是定性的。典型的数据类型包括逐字记录信息（人们用英语或其他语言实际发表的评论）以及其他识别性信息，比如帖子发布的时间和地点。品牌还可以分析包含图像和视频的多媒体帖子。

在收集数据之前，需要具体说明正式采用的**研究设计方案**（research design）。研究设计明确制订了收集和利用数据的计划，以便获得精确的所需信息，检验假设是否正确。制订研究设计计划时需要决定所采取的研究方法（探索性、描述性或实验性）、使用的抽样计划、数据收集程序以及数据分析方法。如果研究人员想推广研究发现，使其适用于更多的人群（如品牌的多数顾客或所有顾客），那么这个计划过程会让他们信心倍增。当我们运用科学方法来收集社会化媒体研究的数据时，我们也要制订研究设计计划，以最大限度地提高研究的信度和效度。除了使用能够收集和删除相关内容的软件来系统地收集数据之外，我们特别关注可能导致结果偏差和误差的来源。我们在决定研究设计方案和制定数据收集协议时也关注误差和偏差来源。接下来，我们将讨论具体的分析方法，例如文本挖掘、情感分析和内容分析。

10.2.2 情感分析

情感（sentiment）是指人们对某一事物（如品牌或政治候选人）的想法或感觉（尤其是感觉）。**情感分析**（sentiment analysis）侧重情感而非理智，但仍可以捕捉人们对某事的观点。从这一方面来说，我们可以大胆假设，如果人们在社交空间谈论的就是企业所需的内容信息，那么收集和分析这些情感数据就可以替代消费者态度调查了。

营销人员如何利用情感分析？他们可以通过分析产品评论来了解产品的优缺点和人们期望的产品特征。营销人员还可以分析提及公司的新闻，了解社会对公司产品质量、服务质量、性能和价值方面的看法。客户也可以系统地利用评论的情感分析，帮助其决定是否购买该产品。

情感分析是态度研究的核心部分，有时被称为**意见挖掘**（opinion mining）。在社会化媒体对话的背景之下，该过程非常基础的一步就是通过分析社会化媒体中的对话内容来确定作者的态度。当我们利用社会化媒体研究评估公众对某一品牌的态度时，我们实际上是在确定相关对话是积极的还是消极的。某些情绪与特定的词有强烈的联系。人们可能会选择一些相关的情感词语来表达自己当时特殊的情绪。研究人员根据这些词语创建**单词短语词典**（word-phrase dictionary，有时被称为库），用于数据编码，然后通过程序扫描文本来确定其中是否出现词典中的单词。收集的数据一旦保留下来用于进一步分析，研究人员就可以根据词典中的单词和短语对其进行分类。因此，词典中的单词和短语也可以作为**文本分类器**（text classifiers）。虽然听起来十分简单，但这并不意味着分析情感很容易，因为人工编码费时费力，用文本挖掘软件进行分析的过程也很复杂。

接下来我们看一下佳能 PowerShot A540 的案例。产品评论网站 Epinions 上有一篇评论文章提到："佳能 PowerShot A540 光圈很好，分辨率很棒。"情感分析可以从句子中提取出人们感兴趣的实体内容，识别出佳能 PowerShot A540 产品以及光圈和分辨率这两个相关维度，然后提取每个维度的情感：光圈的情感是"好"，而分辨率是"棒"。当然，这一步的编码过程可能由文本挖掘软件执行完成。许多用户会对产品进行评价或者发表评论，我们可以从中获取个人情感并将其存储在数据库中用于进一步的分析和报告。最后，让我们再回顾一下情感分析的步骤（见表 10-2）。[12]

表 10-2　情感分析步骤

第一步	抓取和清理数据。首先，使用网络爬虫收集数据。通过简单的应用程序访问指定网站，之后收集并存储网页上的内容。这些程序类型相同，都是搜索引擎用来对网页进行分类的工具。根据单词短语词典，爬虫只选择与词典相匹配的内容。以上过程就称为抓取或者网页抓取。在进行下一步之前，需要对收集的数据进行清理，删除其中不必要的格式。然后，利用文本分类器（根据词典确定）过滤数据中所有无关的内容
第二步	提取感兴趣的实体内容，即从过滤后的数据集中提取相关的帖子。请记住，博客文章不仅仅包含研究感兴趣的品牌信息，可能还包含其他品牌的信息。之后，根据相应的规则标记出感兴趣的实体内容，对数据进行再次过滤，以便进一步缩小数据集
第三步	提取情感。至此，研究人员可以开始使用情感指标提取其中的情感。情感指标指那些表示积极或消极情感的词或线索。但问题是作为指标，这些词或线索与品牌提及的关联度必须达到什么程度？答案是关系紧密时，正确率最高。这就是 Twitter 上的情感分析比博客上的情感分析更准确的原因之一。每条内容的数据量越小，消息所传达的意图就越容易解释。**情感词典**（sentiment dictionary）规定了用于分析的情感指标和规则。例如，如果"高"这个词与"价格"一词接近，那么我们可以认为这种情感是负面的。从一定程度上说，这些规则用于句子结构模式处理。例如，否定词"不""不是"或"从不"能完全改变句子的意思，所以为了正确提取出预想的情感，研究人员需要设定程序进行分析
第四步	最后，对原始情感数据进行汇总，制作一份情感总结

资料来源：Richard N. Landers, Robert C. Brusso, Katelyn J. Cavanaugh, and Andrew B. Collmus, "A Primer on Theory-Driven Web Scraping: Automatic Extraction of Big Data from the Internet for Use in Psychological Research," *Psychological Methods*, 21：4（2016），475-492.

然而，和所有的技术手段一样，情感分析也会有难题。

首要问题是自动化工具测量情感的准确性。对于大多数想要使用社会化媒体监测和研究的品牌来说，社会化媒体上大量的对话会造成信息过载的问题。该问题的解决方案是使用自动化系统，但这些系统在词义编码方面仍难以做到完全准确。综合使用人工分析、关键词含义和自然语言处理系统准确度最高，这往往是情感分析的最佳选择。

文化和语言方面的细微差别以及不同的语境都是文本编码的障碍，这会导致难以区分其传达的是消极情绪、积极情绪还是中立态度。考虑以下例子：假如我们想知道观众对电影《大厨》（chef）的态度，我们可以在网上搜索关于该电影的评论。但是机器可以精确地对这些评论进行编码吗？比如"饥饿"这个词可能会被认为是一个负面词汇，但因为这个电影是讲述餐饮行业的，含有"饥饿"的评论可能就是正面的评价。人们可以理解这个评论的正面性，但软件程序并不能。语法上的细微差异使得挖掘软件难以实现精确分析，正如"一块充满罪恶的巧克力蛋糕"可能被编译为负面的，但实际上这种描述是正面的。

一词多义，所以情感词典的确定也是一项挑战，它最终会影响到正确单词的提取。以美国 Ionis 制药公司面临的情况为例进行说明。这家市值数十亿美元的生物技术公司原名为 ISIS 制药公司（股票名为 ISIS），后来改名为 Ionis 制药公司。一方面是因为原名容易产生负面联想；另一方面是因为原名造成相关数据提取困难，给品牌的社会化媒体研究带来了挑战。

为了更好地利用数据，保证数据分类的准确性也是一大问题。我们很难判断评论者属于哪部分人、位于哪个地区（即他们所代表的细分市场是什么）。虽然我们可以通过 URL、IP 地址或使用的语言来识别对话来源，但是这些方法都各有不足。URL 和 IP 地址并不总是有效的（例如，Facebook 的用户遍布世界各地，仅凭 URL 和 IP 地址难以判断）。同样，将语言作为识别指标也有很多不足之处。

10.2.3 内容分析

情感分析是**文本挖掘**（text mining）的一种形式：从相关来源收集和分析文本数据。情感分析采用自下而上的方法从文本中提取模式。然后，编码人员对各个模式进行解释并且识别文本中的情感指标，重点在于根据提取规则利用软件操作数据。

内容分析（content analysis）是一种用于识别定性数据集中的概念和主题的分析方法，与情感分析相反，它采用自上而下的方法将理论或经验证据应用于编码过程。例如，研究人员可能会通过对某段时间内播放的大量广告进行抽样，并对男演员和女演员所扮演的角色职业进行比较，来验证电视广告强化了人们对性别角色的传统态度这一假设。

情感分析和内容分析都可以包含定量分析，但其目的是让研究人员能够对与研究问题相关的内容进行推断。由于内容分析研究内容所传递的含义，所以可以作为信息来源的内容有很多，可能来自书籍、散文、访谈、报纸标题和文章、演讲、广告等。这些内容通常是文本形式，但也可能包含多媒体形式。对于社会化媒体研究人员来说，大部分内容来源于网上发布的社交对话和用户生成的内容。通常来说，分析的主要单位是词语。然而，随着图像和视频在社会化媒体上的流行，研究人员也需要在社会化媒体视觉实验室（Visual Social Media Lab）对这些多媒体内容进行分析。

为了进行内容分析，研究人员可以先按单词、词义、短语、句子和主题等层次对文本进行编码或分门别类地管理，然后再进一步解释。分析人员可以通过**代码**（code）和标签对每条信息进行分类和赋值，以确定评论所反映的主题。表 10-3 总结了研究人员使用的主要编码类别并进行了举例说明。[13]

表 10-3 内容分析的编码类别

编码类型	目 的
语境编码	提供评论来源信息
评论者观点编码	获取评论中普遍的观点
过程编码	表明评论在营销活动过程中发表的时间
关系编码	表明社会化社区中的关系
事件编码	指出数据中的独特事件
活动编码	识别需要品牌做出回应的评论

10.3 注意！研究误差与偏差

当我们看到研究结果的时候，很容易就会对"那里"发生了什么下结论。但事实上，我们应该保持小心谨慎，因为研究结果可能还有其他不同的解释。大量存在的误差和偏差可能会使结果变得复杂。每项研究都会存在一些无法准确判断的误差，所以研究人员的目标就是将误差降到最低，使研究能够尽可能地接近事实。

下面，我们简单回顾一下社会化媒体研究中特别危险的几种错误。市场研究人员应该对那些可能影响研究结果可靠性和有效性的偏差保持警惕。研究的每一个阶段都可能存在误差，我们要把重点放在尽量减少涵盖误差、抽样误差、计量误差和无反应偏差这几种错误上面。**解释误差**（interpretation error）也是社会化研究面临的问题，但这个问题我们将在分析部分再做介绍。

10.3.1 涵盖误差和抽样误差

在确定所需的研究信息和研究方法之后，我们必须做的第一项决策是确定抽样总体，再进行数据收集。如果使用调查研究或访谈收集第一手资料，我们应该确认研究所针对的目标群体，即我们想把研究结果推广给哪些人或者哪些家庭。这就是我们所说的确定**总体**（population）。确定总体之所以重要，是因为我们希望从中挑选出有代表性的人物参与研究。如果我们研究的是总体而不是其中一个子集（样本），那么这种研究被称为**普查**（census，就像美国政府每10年进行一次人口普查一样）。然后定义**抽样框架**（sample frame，一份近似于总体的可用列表），从中抽取样本来代表总体。

遗憾的是，在社会化媒体研究中，虽然我们很想确保抽取的内容具有代表性，但要从确定的总体中分辨出特定的代表性人物通常不太可能。我们也不可能每天搜遍整个互联网查看每条提到品牌的信息来进行普查。因此，我们可以把总体的范围确定为目标受众所属的社会化社区，然后根据所选的社会化社区和网站的描述信息（包括用户人口统计、目的、地点和活动）创建一个抽样框架。换句话说，我们不是先确定目标消费者总体，然后制定抽样框架来抽取可以代表总体的样本，而是先根据目标消费者所在的社会化社区确定总体。

样本是指我们从框架中提取出来用于数据分析的单元内容。在这里，抽样计划还应包括相关内容说明和内容提取时间。例如，假设我们想了解我们的新视频游戏产品与其他类似游戏产品的价格对比情况，我们就可以把总体限定为游戏网站（如GamesForum和Gaming Bay）的成员。抽样框架规定抽样时长为四周，包括视频游戏发布的前两个星期和后两个星期，对象是在这两个论坛上所有发布内容的成员。

我们需要解决的第一个潜在错误来源是**涵盖误差**（coverage error）。当抽样框架没能涵盖研究总体的所有成员时就会发生涵盖误差。简单来说，涵盖误差反映了我们使用的抽样框架和总体之间的差距。对于社会化媒体研究，研究人员必须问问自己："收集数据时应该（或可以）包含哪些社会化媒体平台和网站？"。因为我们需要获取公开发表的评论，所以涵盖的范围往往会受限。例如，Twitter 上的推文大部分都是公开的，所以研究人员在进行社会化媒体研究时常常把 Twitter 纳入其中，但其实 Twitter 在社会化媒体用户总体中所占的比例比较小。当游戏玩家首选 GamersTalk 论坛讨论游戏时，我们就没有理由再使用 Twitter 来研究核心玩家了。研究人员负责确定社交平台来获取评论并分析其表达的情感，所以他们知道社会化媒体研究是否存在涵盖误差风险。[14] 研究结果表明，营销人员从社会化媒体监测中获得的结论取决于他们"倾听"的地方。社会化媒体研究往往从单个社会化媒体平台挖掘数据或者从多个地方挖掘然后把数据整合在一起，这两种方法都存在涵盖误差风险，可能会导致错误或者误导性结果。**抽样**（sampling）指的是研究人员从抽样框架中选取特定案例纳入研究的过程。在大多数情况下，受资金和人力资源限制，研究人员无法进行普查，所以研究中经常使用抽样方法。这对于社会化媒体来说尤其如此，因为它包含许多平台、成千上万的网站、数百万的页面和个人资料以及无数的个人内容，所以基本不可能进行普查。精心设计的抽样计划有助于确保抽样获得的一小部分数据能够像总体普查那样准确地描绘出真实情况。但问题是，真实情况是什么样的？**抽样误差**（sampling error）产生的原因是研究人员仅从抽样框架的某一子集而不是从总体中收集数据。抽样误差往往会增加研究结果误差发生的可能性。在上述的游戏案例中，如果只抽取 50 多岁的女性玩家，那么这会导致巨大的抽样误差。

在调查研究中，抽样误差与获取样本的方式有关，即使用概率方法还是非概率方法抽样，我们在这两种方法的指导下收集社会化媒体研究的数据。除了样本获取方式以外，还有两种情况会引起抽样误差：回音效应和参与效应。**参与效应**（participation effect）是指当只有一小部分人参与或者小部分人参与频率很高时，与研究相关的对话数量就会快速假性增多，即实际的对话量小于表面看到的对话量。

回音效应（echo effect）又叫作**网络回音**（online echo），指的是社会化媒体空间中重复出现的对话。网络回音之所以存在，是因为喜欢在网络上分享的人往往会在多个社区分享相同的内容，而其他人看到分享的内容后也会分享。在 Twitter 上，这种分享被称为转发。在社会化媒体上分享他人的内容很常见，也很受鼓励。但问题是，在一项研究中，这些转发的帖子该怎么算呢？

除此之外，还有其他形式的不相关内容可能会导致抽样误差。垃圾邮件在社会化社区中越来越普遍，但这些信息并不代表真实的对话，所以我们不应该将其收录在数据集中。此外，一些营销人员会付费让博客作者和其他社会化媒体中有影响力的人讨论自己的品牌。这些付费产生的品牌提及信息也在抽样过程中被收集，但是它们同样不能反映真实的对话。更复杂的是，有些用户会围绕这些付费信息进行讨论，从而产生自然真实的对话。程序预先设定好的对话机器人会自动转发这些含有特定关键词的信息，由此造成一些内容重复。

研究人员应该如何处理数据收集中遇到的这些问题？这里的解决方案并不像设定条件排除重复内容那样简单。如果一条评论被其他人分享，那么说明用户觉得这条信息值得传递下去，纵使不能表达原有的想法，其转发分享的行为也增加了该信息和情感的曝光度。我们在进行研究之前必须协商一致，确定好如何处理不同类型的提及信息和重复内容。

10.3.2 无反应偏差

由于参与效应的存在，社会化媒体研究中可能会出现无反应偏差。在调查研究中，**无反应偏差**（nonresponse error）是指那些未被纳入最终样本的单位与已纳入样本的单位之间存在显著差异，最终导致有偏估计。如果存在相关差异，那么基于已纳入单位得出的结论可能无法准确反映出总体的利益。例如，愿意接受 30 分钟电话调查的人可能与那些不愿意接受电话调查的人不同，这就可能导致无反应偏差，从而歪曲了调查结果。

在社会化媒体研究中，既然我们可以在抽样框架指定的网站上抽取所有用户公开发布的内容，那为什么还要担心无反应偏差呢？原因在于我们根据顾客所在的社区确定了总体，但我们最终感兴趣的不是网站而是人们的态度和行为。我们确定的社会化媒体区域只是我们接触调查对象的中介。然而，并非所有的社区成员都会积极参与，参与程度也并非完全相同。有些人仅浏览内容，有些人虽然参与但只潜水，而有些人在社会化区域根本不活跃。这意味着有些品牌用户可能没有被纳入社会化媒体分析中。

我们不可能系统或者详尽地搜索所有社会化内容，记住这一点很重要。因此，这些样本可能无法代表发布相关内容的网站。从研究角度来看，这种搜索方式产生的样本类似于**便利样本**（convenience sample）。我们可以从中得到启发，但很难将其推广应用到更多的人群中。虽然网络上有大量可分析的内容，但我们必须记住，许多人仍在线下讨论品牌和消费者需求——据估计，市场营销人员可能感兴趣的口头对话有 90% 是在线下发生的。[15]

消费者在社会化渠道中的对话和在线下的对话内容可能会有很大差异！某项研究对十大产品类别中 700 个品牌的线上和线下对话进行了为期 3 年的调查，发现线上对话很大部分集中于媒体、娱乐产品、科技产品和服务以及汽车等话题。[16] 相比之下，线下对话倾向于饮料、食品餐饮、汽车和技术等话题，但没有哪个具体领域在讨论中占主导地位。表 10-4 展示了线上和线下讨论的百分比。

此外，人们分享的内容因社交网站而异。虽然那些在 Twitter 上发推文的人比那些在 YouTube 上分享观后感的人影响力要大，但我们还是可以把这两个网站都包含在抽样框架中。不同的社交网站所占的抽样比例应当不同，这个问题在数据收集之后必须得到解决，可以通过加权方法进行处理。**抽样权重**（sampling weights）属于调整因素，可以对样本中不同情况下的抽选概率差异进行调节。例如，只有不到 14% 的互联网用户使用 Twitter，但是在社会化媒体监测中，Twitter 产生的内容高达 60%。因此，为了更准确地呈现互联网用户的特点，我们抽取的推文量可能会比其他类型的帖子少。如果没有进行加权处理，数据会因为我们选择收集的网站呈偏态分布。

表 10-4　线下对话和线上对话比例

	线下和线上口头对话的类别分布（%）	
	线下	线上
美容产品	5	1
饮料	13	3
汽车	10	17
儿童用品	2	0
服饰	7	3
百货商店	5	4
金融服务	4	2
食品餐饮	12	4
医疗产品和服务	3	1
家居设计和装修	1	1
家用产品	2	0
传媒娱乐	9	32
运动和爱好	3	8
科技产品和商店	13	17
通信	9	7
旅游服务	3	1

在一项针对 700 个最热门品牌的线上和线下对话的研究中，研究人员发现人们谈论的话题有很大的差异。在线下，话题涉及多个产品类别，但是没有一个类别占主导地位。在线上，情况却不相同，1/3 的对话涉及传媒娱乐品牌，汽车和技术也占 1/3，而关于其他产品类别的讨论很少

资料来源：Mitchell Lovett, Renana Peres, and Ron Shachar, "On Brands and Word of Mouth," *Journal of Marketing Research*, 2013（August）, 50（4）, 427-444.

● **批判性反思**

挖掘社交对话是否合乎道德

社会化媒体研究是研究人员讨论的热点问题。当直接观察对象是人类时，人们制定了完善的道德方针来指导其研究过程。但是在社会化媒体研究中，大部分数据都是公开的，研究缺乏道德准则的约束。

当研究人员以人类为对象进行研究时，他们会在**知情同意**（informed consent）政策的指导下进行操作。参与者应知晓研究内容及其益处和影响，他们有权退出或继续参与。社会化媒体监测类似于挖掘数据，其中挖掘的不仅仅是观点、故事、照片和视频，还包括消费者留下的行为足迹。利用公共的社会化媒体帖子进行研究的研究人员表示，发帖者本可以选择保护自己的帖子不被采用，但他们并没有这么做，以此来证明自己没有按知情同意政策操作的行为是合理的。这一观点把责任全推给了在社会化媒体上公开发布内容的用户，即这些用户放弃了自己的权利并默认研究人员使用他们的数据进行后续研究。然而，美国国家科学基金会（National Science

Foundation）和欧洲民意与市场研究协会（ESOMAR）等组织提醒道，当个人能在大批数据中被识别出来时，可能存在潜在的危害风险，值得特别关注。换句话说，在这种情况下，个人无意中就成了研究的记录对象。

丹麦研究人员使用数据抓取软件从社交网站 OkCupid 收集数据时就是这么做的。他们在开放科学框架（Open Science Framework——一个鼓励开放式科学研究和合作的网站）上发布了结果数据库，里面有近 70 000 名 OkCupid 用户的在线资料，其中包括用户的姓名、政治倾向、药物使用情况和亲密的性行为细节。[17] 网络评论员、OkCupid 用户、网站的运营商、学者和其他数据情报专家对研究人员公开用户信息这一行为进行了抨击。在一条现在很有名的公开推文中，首席研究员说，由于"数据已经公开"，所以没必要再对数据进行匿名化处理。显然，在抓取和挖掘社会化媒体数据时，即使数据是公开的，也存在潜在的伦理道德问题。

那么，研究人员该如何在有效获取有价值的数据和有效保护个人隐私之间取得平衡呢？对于学术研究人员来说，特别是当研究由国家科学基金等政府机构资助时，他们应经过大学的机构审查委员会（IRB）的初步审查，在研究开始之前就识别出潜在的风险和解决方案。然而，在研究给人类被试带来的危害风险上，无论是在数据挖掘还是传统研究中，不同的机构审查委员会解释各不相同。例如，哈佛大学的研究人员开展了一项 Facebook 个人资料研究，经机构审查委员会批准后获取了可识别数据。康奈尔大学的研究人员进行的一项关于 Facebook 用户的情感操纵研究也获得了机构审查委员会的批准。[18] 然而，商业研究不在机构审查委员会审查的范围内。

一位博主在为社会化媒体研究人员制定道德指导方针上迈出了第一步，他根据 ESOMAR 在物理领域制定的收集观察数据（或无源数据）准则提出了以下指导方针。[19]

- 如果内容是在一个完全公开的领域发布的（如不需要注册或者其他任何门槛就可以查看数据），那么研究人员就可以使用。
- 如果内容发布在封闭式社区中，只有社区里的成员可以查看，那么研究人员应该表明身份，然后请求合作。研究人员在社会化社区进行互动时，不应该伪装自己的身份。
- 评估待收集的数据是否包含个人识别信息和（或）敏感信息。如果包含，研究人员应遵守相关政策采取措施保护个人利益免受影响。处理可识别出个人身份的数据时应向用户征求知情同意书，或者至少需要用户默认同意。
- 在报告分享数据和分析结果之前，所有的数据都应该进行匿名处理。
- 采取措施确保研究人员的研究行为或研究用途不会造成危害。

10.4 社会化智能

企业可以进一步倾听社会化媒体中的各种趣闻，系统把握全局。在成熟阶段早期，许多企业基本上只听用户在网络空间里说了什么。分析人员想追踪公众对品牌的评论情况时就会任意收集一些内容进行分析。例如，他们可能会制作一份列表，列出 Facebook 上粉丝的评论或者公司博客上的评论。有时，他们可能会用 Google Alerts、Twitter Search 和 Blog Pulse 等工具进行搜索，了解其品牌在帖子中被提及的次数。社会化媒体管理平台 Simplify360 的联合创始人兼首席营销官迪普·谢尔臣（Deep Sherchan）批评这种做法时说："简单的搜索不是倾听，而且他们的这种做法好像有点随心所欲。"[20] 除了谷歌之外，社会化网络上还有许多其他社交对话的搜索工具，下面列出了一些操作简单且免费的顶级社会化媒体倾听工具：

- TweetDeck
- BackType
- Twitter Search
- Hootsuite
- HowSociable
- Topsy
- Google Alerts
- Google Trends
- Social Mention

小试牛刀：访问 Twitter，在上面搜索"星巴克"这个词。你搜到了多少条结果？过去一个小时里提到星巴克的内容可能都有好几百条。对于星巴克这样的品牌来说，社会化媒体倾听是一项挑战。因为有太多的对话要进行监测，实际操作起来可能需要数百名员工，而且估计他们要不停喝拿铁提神才能实时追踪绵绵不绝的评论。此外，访问数据并将其转化为可使用、可操作的数据也是一项挑战。事实上，数据有许多潜在的用途，其中一些会在第11章进一步讨论。虽然挑战重重，但社会化监测有利于企业评估客户服务和进行风险管理。

社会化倾听对于收集产品意见、评估品牌声誉、了解市场态度和看法卓有成效，能为营销组合决策提供信息。如果企业投资建立社会化智能系统来分类、存储和管理用于预测分析和建模的社会化数据，那么社会化监测的价值就更大了，这也许还能解释一项针对市场营销主管的研究结果。虽然许多高管表示他们使用了社会化倾听，但他们之中仍有39%的人认为这些数据不具有可操作性。[21] 数据收集和分析结果应该有借鉴意义，能够帮助企业组织开展提升品牌业绩的营销活动。社会化智能系统就能够帮助企业做到这一点。弗雷斯特研究公司将**社会化智能**（social intelligence）定义为"捕捉、管理和分析社会化数据，使其具体化，并将洞察力应用于业务目标"。[22]

SAS 将**预测分析**（predictive analytics）定义为"根据历史数据，利用数据、统计算法和机器学习技术来确定未来结果产生的可能性"。[23] 我们不仅想了解用户对品牌的评论，还想从中准确预测出未来发生的事情。

社会化数据（结合其他相关数据）的预测分析可以帮助企业做哪些类型的决策？答案是可能的决策类型有好几种。[24] 聚类分析可以识别符合复杂标准的细分市场，包括对有影响力的人的身份识别。倾向模型可以用于预测客户参与、购买和向他人推荐的可能性，对于优先确定发展前景、估计吸引客户的最优投资方案以及忠诚计划价值非常有用。过滤模型可以用于产品推荐、个性化广告制定以及优惠券等特殊优惠的发放。以上就是不同的预测模型可以帮助企业做的决策类型，这就是为什么大数据对于营销人员来说如此重要。

10.4.1 社会化智能模型

Brandwatch 把社会化情报系统的概念分为四层：社会化倾听、数据管理、数据分析以及分配。[25] 社会化倾听提供数据，是社会化智能的基础。在数据管理阶段，可以根据具体的营销活动或产品线对数据进行分类和整理。模型设定的规则还可以自动标记出重要的数据，例如购买意图或投诉意见，并且它可以把相关的警告信息直接发送给相应的人或部门，方便其做出回应。之后，数据还可以用于高级分析和预测建模。最后，分配层负责将数据转换成容易理解的信息，并将其发送给适当的部门，或者将其合并到其他有需要的数据中。分配工具通常包括面板和命令中心。**社会化媒体指挥中心**（social media command center）是对与品牌营销目标相关的社会化数据进行视觉监测的枢纽中心。该中心的监测点关注的是特定的数据，比如有影响力的人和客户投诉提到的品牌信息。例如，沃尔玛电子实验室（Walmart e-Labs）收购了社会化媒体倾听服务应用程序 Kosmix，并将该应用的功能完全融入指挥中心。

企业也可以与企业社会情报供应商合作，这样就不必在内部开发这些资源了。重要的是，**企业社会化倾听**（enterprise social listening）的主要供应商能够从互联网上获取全球数据，然后将这些数据与其他重要数据资源整合起来进行多渠道分析。它们还能提供操作简单的仪表板，帮助企业解释数据并根据结果制定策略。弗雷斯特研究公司根据一些标准对几家顶级供应商进行了评估，这些标准包括数据的质量和范围、数据处理能力、仪表板功能、支持服务能力、分析能力、报告能力、留住客户能力和市场份额。[26] 获得高分的前几家公司包括 Brandwatch、Synthesio、NetBase、Sprinklr、Crimson Hexagon、Clarabridge、Networked Insights、Salesforce 和 Cision。

10.4.2 社会化倾听分析深度研究

SocialStudio 系统是客户关系管理在线供应商 Salesforce 的一部分，企业可以通过它来跟踪、监测和回应客户评论。该系统从 Twitter、Facebook、YouTube、博客、新闻网站等处获取超过 6.5 亿条的信息，能够实时指导企业决策。

由于评论中会出现相关主题，所以该系统能让品牌经理了解人们对品牌活动的看法，了解谁在说什么以及为什么等。我们可以在文字云和情感分析中查看以上结果。分析人员不仅可以从品牌活动和公司中获取信息，还可以查看竞争对手及其活动。由此可见，根据社会化媒体评论简单生成的文字云能为营销经理提供真知灼见。

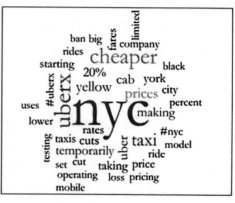

接下来，以 Uber 和纽约市的出租车行业为例进

行说明。Uber是拼车服务，人们打开智能手机上的Uber应用程序，他们可以在上面发布请求搭车的信息。距离发布该信息的乘客最近的司机有15秒时间考虑是否接受请求。司机会收取一定费用，但不是现金交易，乘客在Uber应用程序上使用信用卡来支付费用。所有人都可以提供乘车服务，这意味着Uber司机与地铁附近的出租车司机存在竞争关系。

在乘车需求旺盛的地区（比如纽约），Uber可能想对自身（以及独立司机）和纽约市出租车的竞争情况进行评估。该评估分析不仅揭示了城市出租车票价这个社会性话题，还展现了当前交通行业中相关事件的势头。我们可以对评论进行评估，然后决定是否选择采取相应的行动。

该分析相当于一次快照，拍下营销活动在社会上的反应。我们可以把社会化媒体上的感兴趣的话题、主题、倡导者等与特定的社会化渠道分开，并以此与竞争者进行比较。不仅如此，我们还可以通过分段来实现比较分析。

通过SocialStudio，我们可以准确分析某一产品、广告或服务如何与对手竞争，在行业中求生存。对于Uber来说，我们可以关注对话量迅速飙升的时间，无论是由营销活动产生的还是由负面反馈造成的，全都包含在内。我们还可以评估人们正在使用哪些社会化工具。更重要的是，我们可以进行实时评估。这些数据为我们提供了情报信息，让我们可以了解客户对品牌的感受，从国家和语言层面进行宏观把握，从最有影响力的人进行微观研究，从而展望企业前景。

优选轿车（UberX）进行社会化倾听，获取消费者信息
人们在谈论什么？在哪里谈论？为什么谈论

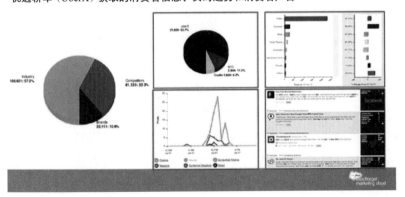

优选轿车（UberX）获取的消费者信息、实时趋势和消费者声音

优选轿车（UberX）总结了增强针对性营销活动的见解

SocialStudio 可以轻而易举地把最好的对话分离开来，以了解人们在说什么，同时确保我们搜索时所用的术语相同，来优化搜索引擎以及驱动网站流量。这些图表相互关联，所以我们很容易看到其中的问题、抱怨或者每个主题产生的社会化渠道。我们也可以看到谁对话题造成了影响，从热门话题标签开始一直追踪到产生影响的人。情感分析有助于确定我们的社区对公司、营销活动或产品情感的突然变化（好的或者坏的）。我们可以根据影响力和情感对对话进行排序，也可以根据行动采取的快速程度将其分为服务案例、投诉、销售机会或一般性问题等类别。

社会化媒体营销人员的梦想是什么？想象一个即时营销的世界，你知道目标受众是谁，从性别到地理位置再到特定的年龄群体，各个人群的兴趣相互交融，所以你的内容、促销或参与方法都与此息息相关。轻轻点击按钮，SocialStudio 就能为你提供这些方面的细节，它可以展示每位受众对公司或品牌的感受和谈论的内容。Twitter 上 18～25 岁的人群比 46～55 岁的人群更活跃是吗？流行的标签有哪些，为什么？无论问题是什么，知道总比不知道好。

10.5　社会化媒体主要研究

在本章中，我们介绍了两种利用人们在社会化渠道中互动时留下的剩余数据进行营销研究的方法。这些数据来源很有价值，能为营销人员提供有用的信息，便于他们洞察消费者的意见、互动情况和行为举止。重要的是，对于那些选择挖掘社交网络的企业来说，跟踪这些二手数据很容易，耗费的成本也低。然而，利用剩余数据并不是营销人员进行社会化媒体研究的唯一途径。企业也可以在社会化空间收集原始数据，可行的方法包括使用消费者日记、访谈和焦点小组座谈、调查和实验——这些都在社会化媒体渠道中进行。

例如，全球定性研究公司 Firefly MB 做了一项全球研究，调查了消费者对社会化媒体和社会化媒体营销的看法。[27] 该公司通过留言板、Facebook、Twitter 和 Craig 名单从 15 个国家招募了研究参与人员。Firefly 的研究设计包括在博客上与消费者进行一对一的异步访谈，在 Facebook 群组里进行焦点小组座谈，以及在专有在线社区 IDEABlog 中采用混合式研究，让参与者进行多天的论坛讨论。该公司撰写了《社会化媒体中爱的语言》（*The Language of Love in Social Media*）报告，毫不意外，该报告宣传了 Firefly 调查方法的好处。Firefly 表示，虽然参与者被问及具体的话题，但在社会化渠道中进行该项研究其实益处良多。

- 参与者在经常参与的社区中会感到比较舒适，因此当他们在设定的社区中进行群组调查时就会产生一种信任感和友爱感。在传统研究中，鼓励参与者表达内心的想法困难重重，而在社会化媒体背景下人们却很愿意分享。
- 传统的市场研究有时会因为依赖所谓的专业调查对象而受到批评，而 Firefly 采用的方法恰好可以过滤掉这部分人。
- 社会化研究更加容易接触小众群体。招募参与者往往是一项挑战，但社会化媒体中有许多专业社区和团体，这使得寻找具有特定特征的参与者更加简单。

Twitter 聊天已经被用来代替传统的焦点小组座谈。[28] Twitter 聊天焦点小组座谈支持不同地域的参与者在里面输入信息进行交流。然而，研究人员应该意识到，Twitter 聊天对话的速度很快，再加上多个实时对话同时发生，这使得数据收集的挑战性特别大。

民族志研究（ethnographic approaches）也是可行的研究方法，在数字化环境中执行这种方法则称为网络志。当市场营销人员想要了解"真实"的消费者如何使用其产品时，他们可以进行实地调研，即拜访消费者的住所和办公室，观察他们的日常生活。例如，一组研究人员想要了解十几岁的女孩对美容护肤产品的真实想法，于是赞助举办了一系列的通宵派对，然后他们派（女性）员工全程参与，记录下女孩们谈论化妆品、护肤等类似话题时的内容。现在，一些社会科学家采用这些方法对网络社区进行细致研究。[29] **网络志**（netnography）是一种采用民族志研究技术来研究通过计算机媒介传播的社区的研究方法。和监测一样，这种方法也使用在线论坛（如聊天室、留言板和社交网络群聊）提供的信息来研究相关市场的态度和行为。两者的主要区别在于研究方式不同。在监测中，数据是被动收集的，网络爬虫通过搜索抽样框架指定的网站来收集相关内容并将其保存到数据库中。

网络志是一种低调的研究方法，其主要好处是不受研究过程的影响，能够观察到可靠信息。其实，许多营销人员简单地探索相关在线社区就是一种非正式、非系统的网络志研究方法。然而，为了尽量减少网络志的局限性，研究人员在评估时应该保持小心谨慎，尽可能用三角验证方法来确定研究发现。

如何使用网络志？一位研究人员建议采取以下步骤。[30]

- 确定可以提供与研究问题相关信息的在线场所。
- 选择的在线社区应有以下特点：关注某一特定主题或细分市场，有很高的"流量"，有发帖相对较多的活跃用户，有内容详细的帖子。
- 了解这个群组的文化，包括它的特点、行为和语言。
- 选择分析材料，将材料分为社会类或信息类，判断其是否符合主题。
- 对待分析的对话所涉及的参与者进行分类。
- 坚持写日志，观察与反思数据收集和分析过程。
- 表明研究人员的身份和意图，直截了当告诉在线社区中的用户你参与的目的。
- 对话语内容分析完毕后进行"成员核查"，确保对成员的态度和行为的解释准确无误。

◎ **微案例研究**

大众爆出柴油门丑闻，品牌形象尽毁

众所周知，大众是汽车行业里的强势品牌。然而，柴油门丑闻爆出后，大众大不如前。2015年9月，美国环境保护署（Environmental Protection Agency）发现，美国销售的许多大众汽车都装有特殊的软件，可以在排放测试中错误地提高柴油发动机的性能。随后，大众承认欺骗了消费者。[31] 该公司面临的诸多问题包括公众的看法及其对品牌形象和资产存在的潜在危害。

社会化倾听和情感分析可以作为早期预警检测系统，提前检测潜在危机，同时也可以用于评估品牌形象的受损程度和公众对企业补救努力的反应。当柴油门丑闻占领新闻版面时，研究人员可以采取社会化倾听策略来研究危机对品牌的影响。

iStock.com/Smeel Photography

大众对品牌受损程度进行了初步估计，结果令人沮丧。市场研究公司YouGov推出的品牌指数项目每天都追踪消费者的看法，它发现大众承认欺骗消费者后，其在美国的情感评分从10分降至−2分，跌至6年来的最低点。在德国，负面影响更为明显，大众的得分从20分降至−8.32分。[32]

丑闻爆发后的两周内，200多万条关于大众的推文在Twitter上被分享和传播。Twitter上一名有影响力的人使用了#柴油门这个标签，之后随着危机的传播，其他用户也逐渐使用这个标签。毫不奇怪，在此期间，对大众Twitter上的相关情感分析显示负面情绪有所上升。据估计，其市场情感从整体得分+17%转至−7%。

Twitter、汤博乐、Facebook、Instagram、YouTube、博客和新闻论坛等社交媒体平台也都传播了这一丑闻。一项专门针对大众的分析显示，丑闻主要源于新闻报道，但真正推动负面消息传播的是社交网站上的转发分享。这表明大众应该通过社交媒体直接向公众道歉，并做补救努力。

结果

大众可以通过社会化倾听和情感分析来衡量品牌受损程度，结果表明，其情感评分从17%下降到了−7%。幸运的是，随着时间的推移大众的情感评分开始慢慢回升，这表明大众向公众道歉和为弥补做出的努力影响了公众的情感变化。

◎ **本章小结**

企业如何利用社会化媒体数据和研究资料为市场决策提供信息？社会化媒体研究的主要方法是什么？

企业利用社会化媒体研究来回答传统营销研究的问题，其优势在于社会化媒体渠道中有大量

的数据可以使用。品牌利用这些数据来指导客户服务的社会化计划，指导决定营销组合的营销研究以及评估活动的有效性。大多数社会化媒体研究采用社会化媒体倾听或监测的形式，但也可以在社会化社区中进行调查、焦点小组座谈和访谈。

在社会化媒体研究过程中，如何收集、处理和分析社会化倾听和监测中的社会化媒体剩余数据？

社会化媒体监测利用软件系统地搜索其在博客、社交网络和论坛等社交场所找到的关键词。研究人员谨慎挑选合适的关键词和相关社区进行搜索，以此来洞察客户决策、品牌认知和竞争对手的想法等内容。获取这些数据后对其进行关键字分析和自然语言加工处理，再对其中的内容进行人工分析。

情感分析是一种类似的方法，它强调人们对某一事物（如品牌或政治候选人）的想法或感觉。内容分析确定概念和主题在数据集中的流行程度，它使用自上而下的方法，将理论或经验证据应用到编码过程中。分析人员通过代码对收集的信息进行分类，这样就可以确定用户评论所反映的主题。

社会化媒体研究中常见的误差和偏差有哪些？

社会化媒体研究容易出现涵盖误差、抽样误差和无反应偏差。当样本未能涵盖研究总体的所有组成部分时，就会出现涵盖误差。抽样误差是由于只从抽样框架的一部分而不是从总体中收集数据造成的。无反应偏差是由于那些没有参与的人与参与对象之间存在潜在差异造成的。

品牌如何建立社会化智能系统？

社会化智能系统能够捕捉、管理和分析社会化数据，使其具体化，并将洞察力应用于业务目标。Brandwatch 把社会化情报系统的概念分为四层：社会化倾听、数据管理、数据分析以及分配。品牌可以在内部建立社会化智能系统，也可以和提供社会化媒体倾听服务的供应商合作。

社会化媒体社区中的网络志研究是什么？

品牌不进行社会化媒体倾听也可以进行社会化媒体研究，最有用的方法之一是采用网络志研究方法。研究人员可以通过这种方法把自己融入社会群体中观察行为，最终得出与社区文化有关的结论。

⊙ 关键词

二手数据研究（secondary research）　　原始数据研究（primary research）
剩余数据（residual data）　　社会化媒体研究（social media research）
社会化监测（social monitoring）　　社会化倾听（social listening）
观察性研究（observational research）　　配置指标（profile indicators）
抓取（scraping）　　研究设计方案（research design）
情感（sentiment）　　情感分析（sentiment analysis）
意见挖掘（opinion mining）　　单词短语词典（word-phrase dictionary）
文本分类器（text classifiers）　　情感词典（sentiment dictionary）
文本挖掘（text mining）　　内容分析（content analysis）

代码（code）
总体（population）
抽样框架（sample frame）
抽样（sampling）
参与效应（participation effect）
网络回音（online echo）
便利样本（convenience sample）
知情同意（informed consent）
预测分析（predictive analytics）
企业社会化倾听（enterprise social listening）
网络志（netnography）

解释误差（interpretation error）
普查（census）
涵盖误差（coverage error）
抽样误差（sampling error）
回音效应（echo effect）
无反应偏差（nonresponse error）
抽样权重（sampling weights）
社会化智能（social intelligence）
社会化媒体指挥中心（social media command center）
民族志研究（ethnographic approaches）

⊙ 复习题

1. 什么是社会化媒体研究？
2. 为什么社会化媒体研究对营销人员价值重大？营销人员如何利用社会化媒体研究结果？
3. 社会化媒体研究的数据来源是什么？
4. 社会化媒体研究中常见的误差来源是什么？
5. 解释情感分析的步骤。
6. 研究人员应该在什么时候进行内容分析和情感分析？
7. 社会化智能系统的组成部分有哪些？
8. 研究人员如何使用网络志？

⊙ 练习题

1. 访问 Social Mention 网站（www.socialmention.com），对你感兴趣的品牌进行分析。你同意分析结果吗？浏览 Social Mention 网站上的信息并从中获取数据。你是否应该关注分析中产生的涵盖误差或抽样误差？
2. 在 YouTube 上找出 5 个提到同一个品牌的视频。这 5 个视频中至少应该包含一个企业制作的视频，其他视频则可能是由用户制作上传的。观看视频并阅读相关评论，然后对你找到的材料进行内容分析。从中可以发现什么？
3. 访问 www.brandwatch.com/case-studies，观看关于社会化智能的视频。你能从中得到什么启示？

第 11 章

社会化媒体指标

■ 学习目标

当阅读完本章时,你将能够回答以下问题:
1. 指标在社会化媒体营销计划中的作用是什么?指标应如何根据组织的决策水平而变化?
2. 营销漏斗、客户旅程及参与度如何指导营销目标以及选择合适的关键绩效指标?
3. DATA 测量方法的步骤是什么?指标的三种类型是什么?
4. 如何计算社会化媒体投资回报率?
5. 如何用 A/B 测试评估社会化媒体策略的成本和价值?
6. 如何追踪社会化媒体结果?

不要只是把数字加起来

在你去市场总监办公室的路上发生了一件有趣的事。

因为你从广告测试结果和网络行为数据中得到了一些可以开阔眼界、改变游戏规则的洞见,所以你满怀欣喜地交给管理层一份报告,但是报告边缘变成了棕色,并且黏上了一种黏稠的、带有明显恶臭的东西。

市场总监见此立刻脸色大变。企业通信副总监也流露出了"哦,你要倒霉了"的表情,广告部副总监推了一下直销经理,然后低声说:"这个人马上就要倒霉了。"

市场总监指了指(但没有用手碰):

- comScore 的一份流量报告
- Hitwise 的一份流量报告
- Compete.com 的一个表格
- Atlas 的一份横幅广告报告
- Omniture 的一份流量报告
- 谷歌分析的一份流量报告

"这一点都不好笑,"她毫无幽默感地说,"就算你把全世界的经济学家都叫来,让他们排好队,他们面对的方向都会不一样。这些数字到底是怎么回事?网站的访问人数究竟是 3 250 万还是 4 400 万?"

当你第一次陷入这个麻烦时,你跳到白板上,然后兴高采烈地解释这一切,比如:

- 删除临时文件
- 阻止临时文件
- 多机器浏览
- 多浏览器浏览
- 多人共享临时文件
- 非人为流量
- 动态 IP 地址
- 页面缓存
- 脚本加载
- 被称为像素定位

你甚至还没讲到将英里数换算成加仑的好处:

- 不同的使用工具
- 不同的日期截止惯例
- 不同的收集方法
- 收集不同类型的数据
- 不同种类的数据库
- 不同的数据清理方法
- 不同的切分和细分生成
- 不同类型的报告
- 不同的数据集成
- 不同的数据仓库

……在你收到感谢然后被永远解雇之前

但是这次你不会轻易上当。

你解释说,网络营销界一直饱受精确错觉和精准期望的困扰。

你告诉他们,我们生活在一个统计和概率的世界里。天上有多少星星我们无法计算,也不会计算。我们不会计算具体的数量,比如:

- 电视受众
- 广播听众
- 杂志读者
- 广告牌读者

- 公交海报读者
- 地板贴纸读者
- 机票夹读者
- 广告牌夹板读者

相反,我们会计算其中一部分,然后对剩下的进行估算。

你说我们能比以前做得更好,因为我们有一些非常厉害的工具和技术,可以动态锁定受众,提升受众体验。

你说:"我们网站的访问人次是3 630万。"

这时市场总监往下压了压她的半框眼镜,然后摆出了和她上次发现你使用她办公室的复印机复印派对邀请函时一样的表情。见此情况,你继续说道:"从现在开始,我们可以将这4%的误差作为每个月的比较基准。"

她说:"照你这么说,网站访问人次大概在3 450万和3 800万之间。"

"事实上就在这两个数字之间。"

她轻蔑地说道:"你就不能给我一个更准确的数字?到底有多少人看到了这个每年花费数千万美元的数字营销杰作?"

"我可以明确告诉你,我们的数字访问者是否参与到我们的品牌中来,是否会经常访问我们的网站,是否会购买并且和好友讨论我们的产品。有不少人看到了我们每年花费数亿美元投放在美国有线电视新闻网和奥普拉脱口秀上的广告,但这里面又有多少人购买过我们的产品?"

听到这些话,广告部门副总监更加无地自容,试图不断降低自己的存在感。

你说:"我来这是为了给您介绍一种新方法,帮您省下400万美元的搜索营销费用,同时将网络销售额增加6%～8%。"

这时市场总监脸上的愁容消失了,也不再怀疑数据的可靠性。她的眼睛眯了起来,身子向前微倾,然后说:"给我看看。"

所以,数字不一定要准确——有信服力就行了。

资料来源:Jim Sterne, "The Numbers Just Don't Add Up," *Media Post*, October 2, 2009, www.mediapost.com/publications/article/114723/the-numbers-just-dont-add-up.html(accessed June 22, 2017). Used by permission of Jim Sterne, founder of the eMetrics Marketing Optimization Summit and Chairman of the Web Analytics Association.

11.1 测量很重要

在本书中,我们介绍了品牌可以通过参与社会化媒体受益。借助社会化媒体,品牌可以吸引消费者、提升品牌的声誉和形象、建立积极的品牌态度、提高有机搜索排名、为客户提供服务,并在线上和线下为品牌吸引流量。但是如果没有设定目标并做出效果评估,任何社会化媒体营销活动都不会圆满结束。关键在于找到正确的使用方法。这听起来容易，但做起来难——事实上，营销人员仍在绞尽脑汁地做出决策，寻求具体的方法向那些掌控组织财政大权的人证明这些技术的价值。近90%的营销人员表示希望有更好的财务指标来评估社会化媒体支出和策略的有效性。

不久之前，社会化媒体营销人员认为社会化媒体营销活动根本就没有什么标准指标。部分营销人员认为，在社会化媒体等有机体中使用指标是"不可能的"——指标本身毫无意义，因为社会化媒体不是量化货币。但大部分营销人员仍然认为，社会化媒体就是量化货币！这一观点是那篇大肆宣扬社会化媒体投资回报率已经消亡的文章的核心。[1]原因何在？社会化媒体旨在处理品牌与消费者之间的参与和关系。短期内，我们制定了一系列有价值的指标，但是需要注意一点——我们使用的指标必须适合我们为营销活动设定的目标。只有当行为与品牌社会化媒体活动的目标相关时，统计关注者和粉丝、转发和博客评论才有意义。在收集指标并确定重要指标时，我们要谨小慎微。**关键绩效指标**（key performance indicators）与组织目标有关。[2]但有一个问题：为了使关键绩效指标具有价值，我们首先要明确这些指标测量的目标对象。就像一个资深极客说的那样："进来的是垃圾，出去的还是垃圾。"聪明的社会化媒体营销人员会重点评估关键绩效指标对目标完成度的影响。

11.1.1　初次约会还是婚姻

独立访客数、页面浏览量、访问频率、平均访问时间和点击率等指标可能无关紧要，或者其本身无法捕捉有价值的信息。为了证明手头事情的价值，我们喜欢统计各种指标，比如展示次数、访问者、好友、帖子、玩家，甚至是我们统计的频率！数字无疑是重要的。例如，参与品牌相关对话的社区成员的数量可以作为曝光度的指标，同一线程内的消息线程和文本行数可以作为衡量对话深度的指标。然而，《社会化媒体营销行业报告》强调，仅41%的营销人员认为他们能够测量自己的社会化活动，86%的营销人员表示他们需要了解更多关于衡量社会化媒体营销影响的方法的信息。[3]营销人员绞尽脑汁衡量社会化媒体影响的原因可能与其使用的社会化媒体指标有关。根据市场总监调查报告，表11-1介绍了使用每个指标评估社会化媒体营销的营销人员的百分比。[4]最常用的指标是每条社会化媒体内容的展示次数，而品牌情绪、影响力、病毒性传播和网络口碑等指标显然未得到充分利用。

如图11-1所示，社会化媒体测量战略选择模型说明了营销报告与社会化媒体指标之间的矛盾。[5]该模型表明，社会化媒体营销人员可能会通过可量化的模糊连续统做出测量，并且可能在从失败到成功的连续统中看到成效。得到的结果是一个简单的矩阵，矩阵表明社会化媒体营销人员可能将社会化媒体视为死胡同（模糊测量、无效策略）、需要测量和调整（量化措施、无效策略）、天真乐观（模糊措施、有效策略）或者作为一个迭代过程（量化措施、有效策略）。

表 11-1　营销人员使用的社会化媒体指标

指　　标	使用指标百分比 (%)
浏览量/展示次数	60.3
网站流量	51.2
点击率	47.9
粉丝、好友、关注者的数量	47.1
销售转化率	28.8
社会影响力	23.7
网络口碑和声音份额	21.4
病毒性传播	19.1
品牌情绪	16.7
评级	10.0

资料来源：*CMO Survey Report*：*Highlights and Insights*，CMO Survey，https://cmosurvey.org/wp-content/uploads/sites/11/2015/09/The_CMO_Survey-Highlights_and_Insights-Aug-2015.pdf（accessed June 22，2017）.

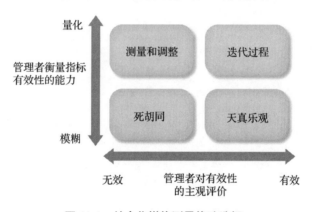

图 11-1　社会化媒体测量战略选择

资料来源：Donna Hoffman and Marek Fodor，"Can You Measure the ROI of Your Social Media Marketing？" *MIT Sloan Management Review*，52：1（Fall 2010），41-9，p.47.

© 2010 MIT Sloan Management Review/Massachusetts Institute of Technology. All rights reserved. Distributed by Tribune Content Agency.

11.1.2　把关键绩效指标与有意义的信息挂钩

　　根据衡量信息有效性的可行指标，社会化媒体营销在很多方面模仿了在线广告。广告商可以衡量**到达**（reach，接触信息的人数）和**频率**（frequency，接触信息的平均次数），并分析网站黏性（网站吸引重复访问和留住访问者的能力）和创意广告的**相对吸引力**（relative pull，比较不同的创意措施所产生的反应）。品牌可以监控点击率（点击在线广告或链接的实际人数）、**销售转化率**（sales conversions，点击购买产品的人数）和**浏览量**（view throughs，接触但没点击链接，之后访问品牌网站的人数）。

计算客户与品牌互动的次数并不会告诉我们多少信息，我们还要了解人们在参与时和参与后对互动的不同感受，与品牌的互动以及这些体验如何影响他们对品牌的感受。我们要知道社会化媒体活动是否有助于推动潜在客户的旅程（使营销漏斗更加深入）。基于此，我们还收集了其他更具诊断性的数字，比如品牌好感度、品牌形象、品牌认知、品牌忠诚度、品牌归属感、一致性和购买意向。例如，Facebook 的 Twitter 账户有 1 400 多万关注者，但这些粉丝中只有 11% 与 Facebook 进行过互动。音乐电视频道的关注人数大致相同，但有 26% 的关注者参与过互动。正如一位分析师所说，"4231 是一个衡量标准。在没有任何语境的情况下，它只是一个数字。但是一旦和个人最佳成绩、公司期望或竞争对手的努力相比时，4231 就成了一个指标。4231 现在表示结果的价值、重要性或变化"。[6] 图 11-2 说明了客户旅程的不同阶段与营销漏斗之间的关系，并且确定了每个阶段的关键绩效指标。

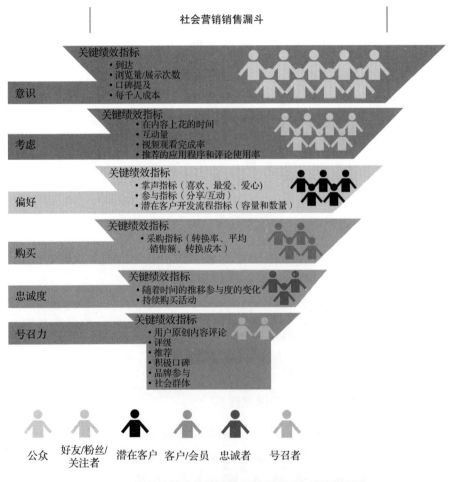

图 11-2　将关键绩效指标映射到营销漏斗和客户旅程中

社会化媒体分析面临的一个挑战是我们希望评估的结构太过复杂。互动是最具挑战性的概念之一!营销人员经常使用这一术语,甚至因为使用频率太高,导致互动的含义很容易变得模糊。使用营销漏斗的互动版本有助于解决这一问题,如图11-3所示,互动食物链介绍了营销人员寻求的受众在客户旅程中移动时具体的互动行为。

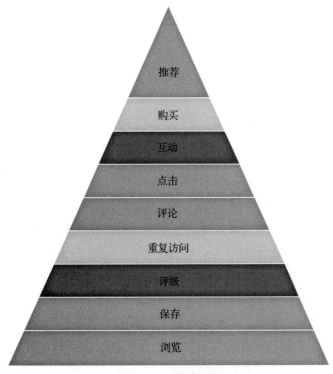

图 11-3　互动食物链

弗雷斯特研究公司鼓励营销人员以一种除了行为之外还能捕捉情绪和潜在影响力的方式来衡量互动指标。该公司从四个方面解释了互动的含义:参与度、互动量、亲密度和影响力。[7] 使用多维工具,以更有意义的方式收集各种结构。表11-2展示了不同的维度和用来捕获每个维度的不同指标。

表 11-2　参与维度

参与维度	解　释	指　标
参与度	每个人在每个社会接触点的表现	页面或简介访问,内容浏览量
互动量	在社会接触点所采取的行动	喜欢、分享、完成率(例如观看整个视频),平均每次互动时长(例如社会化广告游戏时间),评论,下载
亲密度	对品牌的喜爱或厌恶	情绪,社会化渠道上发布的投诉,赞美,投稿质量,用户原创内容所表达的情感,品牌认知,品牌态度
影响力	支持品牌的可能性	数量、频率、评分与评级,社会化口碑传播的推荐数和权威影响者的网络规模达到的展示次数,推荐

回顾一下前面的内容。

- 指标是在确定语境中的测量。
- 需要语境来为测量提供有效反馈。
- 与目标相关的指标是关键绩效指标。
- 在确定关键绩效指标之前,必须明确目标。

11.2 评估和测量过程:DATA

测量对社会化媒体营销或任何形式的营销而言都是必需的。同时,对于那些认真调整策略和战略以更好地实现目标的组织来说,测量是必要的。有些人可能会因为确定了自己对社会化媒体活动的期望而感到恐惧,他们认为这会让他们失败,因为他们不确定自己是否可以明确或实现特定目标。其他人可能仍处于社会化媒体成熟度生命周期的早期阶段(我们在第 4 章讨论过这一点),因为他们仍在与社会化媒体"玩耍嬉戏",所以他们觉得没必要对希望看到的结果下定义。但社会化媒体最终不得不和传统媒体一样,对那些希望看到资金价值所在的投资者负责。投资社会化媒体营销需要理性。为了确定活动是否需要改善或者是否值得继续,策略专家需要了解无效和有效信息。欢迎来到冰冷而残酷的预算世界!

实际上,设计测量计划相对来说比较简单(至少在理论上是这样)。我们按照 DATA 方法(DATA approach)的四个步骤来组织我们的计划。[8]

- **定义**(define):定义项目拟要实现的结果。
- **评估**(assess):评估项目成本和结果的潜在价值。
- **追踪**(track):追踪实际结果并将这些结果和项目联系起来。
- **调整**(adjust):根据结果调整项目以优化预期结果。

让我们进一步了解一下这四个步骤。

11.2.1 定义

我们的第一个也可以说是最关键的任务是定义我们希望发生的以及需要衡量的事情。很简单,我们必须定义社会化媒体营销活动的目标。毕竟,如果没有明确的目标,我们怎么知道何时能实现这些目标?确定的具体目标可能因品牌而异,但这些目标基本上都包含三个首要问题。

- 激励目标受众的行为(例如访问网站或购买产品)。
- 影响品牌认知和品牌态度(特别是影响那些可能在自己的社会化网络中传播这些信息的人)。
- 用比其他方法更少的资源完成前两个目标。

例如,如果我们使用 Twitter 早期确定客户投诉并解决这些在线投诉,我们可能会对品牌态度产生潜在的影响,鼓励客户分享自己的经验,并且会以远低于客服中心平时解决问题的成本来在线分享经验。请记住,组织目标与其选择的应用有直接关联。在不同的组织层面,决策的性质各不相同，因此指标也必须有所不同。如图 11-4 所示，奥特米特的社会化媒体投资回报率金字塔解释了公司各个层面的不同目标、不同层面的管理人员如何使用社会化媒体指标以及最适合的指标类型。[9] 该金字塔对获取指导整个组织业务重点和资源分配、营销战略决策以及关于社会化媒体策略的精细决策等信息而言非常重要。

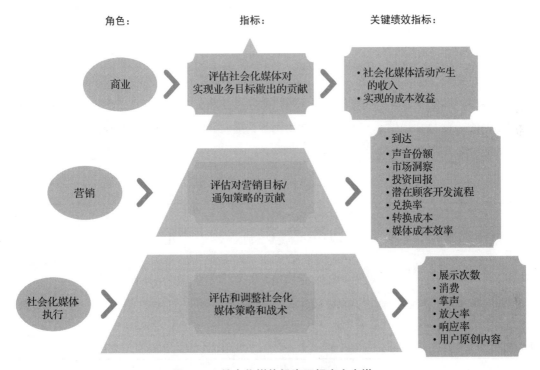

图 11-4　社会化媒体投资回报率金字塔

资料来源：Adapted from Jeremiah Owyang, "Framework：The Social Media ROI Pyramid", Web Strategist, December 13, 2010, www.web-strategist.com/blog/2010/12/13/framework-the-social-media-roi-pyramid. Reproduced by permission of Altimeter, a Prophet company.

从哲学的角度来看，定义重要的内容可能会改变我们对营销的看法。过去，营销人员从公司对客户的投资以及这些投资产生积极成果的程度来进行衡量。但是，由于社会化媒体主要以客户为导向，我们需要从客户对公司的投资角度来看待指标。[10] 客户花多长时间在社会化网站上发帖？客户推荐我们的品牌要冒多大的社会资本风险？

1. 你的目标是否 SMART

我们如何确定目标足够明确，从而能够进行充分衡量？关键是对目标进行说明，让目标具备 SMART 特征：

- **具体的**（specific）
- **可衡量的**（measurable）
- **合适的**（appropriate）

- 现实的（realistic）
- 有时限的（time-oriented）

要实现 SMART 目标，请看以下两个例子：

"我们会向所有人介绍我们的新 Facebook 页面，看他们是否喜欢，然后购买更多的产品。"

"我们会在《滚石》《体育画报》和《马克西姆》网站上发布广告，宣传我们的新 Facebook 页面。7 月 15 日，我们将统计'喜欢'我们品牌的 Facebook 用户数量，并将销售额与去年同期的销售额进行比较。"

第二个目标是 SMART，首先，目标不要太复杂。但是用一种具体的方式定义目标并不像听起来那么容易。即使是那些最理想的结果（例如品牌参与和成本效益）也必须明确下定义，这样才有助于评估。表 11-3 提供了 SMART 目标的例子，同时介绍了其对社会化媒体营销和相关指标的一些最常见的好处。

表 11-3 SMART 目标和相关指标

目 标	SMART 规范示例	指 标
提升品牌意识	产生等于或大于媒体计划中到达目标的展示次数	访问量、展示次数、提及量、互动量
提高声音份额	在下周/月/年关于我们行业的所有中性/积极对话中，15% 及以上的对话会提到品牌	中性/积极的品牌提及与竞争对手的品牌提及的比率
保持或提升品牌情绪	在活动期间，将品牌的积极情绪评分保持在 86% 以上	情绪
满足客户服务需求	在 4 小时/分钟内响应社会化媒体上 90% 的提及	响应率、平均响应时间

我们很难将考虑重点从社会化媒体营销带来的好处转移到测量价值的方式上来。这些好处可能是无形的（比如创造大量的网络口碑），所以第一步是找到一种方式来量化那些不适合进行数值测量的结果。以下是一些例子。

- 创建博客的好处之一是帮助目标受众了解公司的产品线。我们很难衡量消费者教育的价值，但是我们应该看到品牌知识增加带来的实际利益。假设博客访问者看到喜欢的内容，就会被吸引到电子商务网站上来，然后购买商品。因此，如果消费者教育可以增加网站流量和销售额，那么它就有价值。
- 与第 7 章讨论过的一样，社会化媒体营销的另一个目标是搜索引擎优化。通过测试搜索排名，我们可以知道网站是否进行过优化。此外，搜索结果越好，网站流量就会越高。这就是我们可以衡量的内容。
- 通过品牌信息吸引特定的受众是有意义的。我们需要衡量展示次数，但是我们也可以将使用社会化媒体吸引受众的成本与使用传统媒体的成本进行比较。社会化媒体在响应消费者关注的问题方面具有重要价值。但是提高响应性有什么价值？我们可以通过追踪客户满意度和保持度来评估这一价值。

2. 指标

下一步是确定指标或具体的度量标准，然后用来衡量目标。一旦确定指标，我们需要将这些指标与我们关注的结果进行匹配——无论是目标受众的态度转变和行为反应，还是通过节约成本和增加销售额来提高效率与收益率。表 11-4 列出了一些最常见的指标。

表 11-4　最常见的社会化媒体指标

1 口碑 / 讨论量
a 发帖数、评论、转发 / 分享
b 频率、势头、新近度、季节性
2 资产流行度，病毒传播率
a 分享、浏览量、书签、下载、安装、植入式品牌资产（视频、图片、链接、文章）
b 随时间变化
3 媒体提及（免费媒体报道）
4 品牌链接
a 粉丝、关注者、好友
b 粉丝、关注者、好友的增长
c 喜欢、收藏、评分、链接
5 第一层级和第二层级的到达率（影响他人的展示次数）
a 读者、受众
b 订阅
c 提及、链接
6 互动
a 评论量
b 用户原创内容上传、比赛参与
c 订阅（简易信息聚合、播客、视频、文档）
d 浏览社会化网页的时间
e 互动、掌声、放大率
7 评分、评论量和评论效价
8 影响
9 搜索引擎优化
10 网站效果（流量、点击率、转化率、浏览率、跳出率）
11 声音份额
12 经济价值
13 情绪
a 评论性质、标签属性
b 态度
14 客户价值
a 线上及线下销量变化
b 客户生命周期价值变化、客户保持率、低客户购买成本

资料来源：Based on sources including David Berkowitz, "100 Ways to Measure Social Media," Media Post Social Media Insider, November 17, 2009; Angela Jeffrey, "Social Media Measurement: A Step-by-Step Approach," Institute for Public Relations, June 2013; Chris Murdough, "Social Media Measurement," *Journal of Interactive Advertising*, 10: 1 (2009), 94-99.

3. 社会化媒体营销指标矩阵

建立一个适用于社会化媒体的措施列表非常重要。使用框架结构管理措施类型相当有用。表 11-5 中的矩阵说明了社会化媒体指标的类型和特征。这三类指标分别是活动指标、互动指标和收益指标：

- **活动指标**（activity metrics）衡量组织针对社会化媒体采取的行动。活动指标可以用来收集意见。因为活动指标经常用于评估策略的活动效果，其重要性不言而喻。活动指标考虑到了每个设计元素的性能测试。例如，通过了解社会化媒体中的付费活动和有机活动，可以追踪展示次数、点击次数、在内容上花的时间、互动量和病毒性传播，从而评估付费媒体是否比有机品牌活动的表现更好。每个战术元素都可以用活动指标进行评估。
- **互动指标**（interaction metrics）重点关注目标市场如何与社会化媒体平台和活动进行互动，包括关注者和粉丝的数量、评论、点赞、推荐以及共享内容的数量。互动的方式有多种，用户可以使用这些方式参与社会化媒体与品牌的互动。
- **收益指标**（return metrics）重点关注直接或间接有利于品牌成功的结果（财务或其他方面）。收益指标包括投资回报指标、成本减少指标和其他绩效指标。除了这些指标，社会化媒体数据包括定量和定性数据。这两种形式的数据既可以提供首席财务官需要在社会化媒体战略中投入资金的具体数据，同时也评估了新闻报道、讨论量和图片等社会化媒体的软收益。

投资回报率（return on investment，ROI）是衡量成功的常见指标，同时还是衡量盈利能力的一个标准。投资回报率反映了公司利用资本获得利润的效率。为了确定投资回报率，我们用财务价值来表示执行策略时使用的资源的价值。衡量财务结果，并计算投入与结果之间的比率。投资回报率回答了这样一个问题："活动投资产生了多少收入？"当我们将投资回报率用于品牌在社会化媒体营销方面的投资时，这种衡量标准被称为**社会化媒体投资回报率**（social media return on investment，SMROI）。社会化媒体投资回报回答了这样一个问题："我们在社会化媒体营销方面的投资产生了多少收入？"

我们很容易量化企业活动的价值，并且利用这一价值继续和扩展企业活动。社会化媒体面临的挑战是社会化媒体广告效果的定性、病毒性传播和普遍性。社会化媒体投资可以提升品牌声誉、品牌互动和品牌动力，因此分析人员必须明确这些结构的评估方法。

分析人员提出了几种方法来评估社会化媒体的经济利益。可以像估计其他投资回报率一样计算社会化媒体投资回报率。我们来回顾一些常见的方法：①展示次数回报；②社会化媒体影响回报；③目标影响回报；④免费媒体报道回报。[11]

展示次数回报模型（return on impressions model）介绍了社会化媒体策略产生的媒体展示次数。展示次数代表目标受众的广告能见率。品牌在购买广告位时，会购买收视机会，让目标市场接触到广告。社会化媒体还会购买展示次数，但是不会购买媒体空间。这些成本是不同的。品牌信息可能会作为虚拟世界活动的一部分，出现在社会化网络个人资料网站上以及由消费者生成的

表 11-5　社会化媒体指标框架

种类 / 特征	量化措施	定性措施
活动（投入）	数量、频率和新近程度： 　按照类型和频道（博客文章、更新 / 帖子、评论 / 回复评论、视频、社会化网络服务照片）对帖子进行分类 内容设计： 　用户行为号召、标题类型和字数、帖子的平均字数、交互式设计元素（例如，民意测验、小测验、用户原创内容邀请）、标签使用 总结如下： 　发帖率 　内容类型组合 　响应率 　平均响应时间	创意信息和定位策略 共鸣 / 活动吸引力 社会化媒体参与 内容与品牌形象和声音保持一致 相对价值 / 受众对内容的关注度
互动（反响）	数量、频率和新近程度： 展示次数 / 到达 注册 书签 / 收藏 / 喜欢 / 评级 评论 / 发帖 / 提及 / 标签 链接 / 引用 / 再次点击 下载 / 安装 / 移植功能 订阅 粉丝 / 关注者 / 好友 分享 / 转发 / 邀请 / 推荐 评论 / 推荐 流量 / 访问 / 浏览量 发帖 / 浏览网站的时间 用户原创内容贡献 折扣率 / 交易赎回率 反应效果 / 病毒性传播	情绪 参与 影响效果 推荐 口碑 / 病毒性传播
性能（结果）	参与度 成本 / 前景 潜在客户转化率 每个客户的平均收入 营销功能的成本效益 客户终身价值 免费媒体报道价值 平均销量 / 网站流量 / 搜索引擎评分的变化 声音份额 投资回报	品牌态度 品牌忠诚度 用户满意度 服务质量认知

资料来源：Based on sources including Mike Brown,"Social Media Metrics You Should Be Tracking,"Social Media Today, July 14, 2010; Angela Jeffrey,"Social Media Measurement: A Step-by-Step Approach,"Institute for Public Relations, June 2013; Chris Murdough,"Social Media Measurement,"Journal of Interactive Advertising, 10: 1（2009）, 94–99.

广告、产品评论上。从展示次数回报模型来看，展示次数是有价值的，假设展示次数会导致意识变化，然后是理解和态度的变化，最终导致行为（销售）变化。我们可以用最终购买的人数百分比计算销售额，然后用项目成本除以预计总收入减去社会化媒体广告项目的成本来确定展示回报率。例如，如果我们估计唐恩都乐 Twitter 广告的总收入为 50 万美元，时间投资成本为 10 万美元，那么微博活动的投资回报率就是 400%。

社会化媒体影响回报模型（return on social media impact model）追踪媒体和市场的覆盖范围，反映了不同时间段内销量的变化。分析可能影响销售额的变量时需要利用高级多元回归分析统计技术，包括不同时间和地点使用的广告和促销工具。这种方法为社会化媒体营销人员提供了最大的可能性，因为它可以滞后测量，控制在线事件发生的时间顺序（例如，社会化圈中发生事件的时间、激活简介的时间、比赛结束的时间以及随后发布的消费者生成广告）。社会化媒体影响回报可以确定营销组合的每个要素和社会化媒体广告策略对销售额的影响。追踪记录内容生成和消费，用算法分数来表示相对影响的权重。在相同的时间间隔内对销售额进行追踪，然后使用统计分析来确定销售趋势是如何根据社会化媒体营销的时间而变化的。

目标影响回报模型（return on target influence model）根据调查数据来评估社会化媒体营销的有效性。调查评估参与者是否接触了社会化媒体策略以及接触后产生的看法。目标影响回报模型基于曝光度来计算购买可能性的变化。

最后是**免费媒体报道回报模型**（return on earned media model）。该模型利用**广告等值价值**（advertising equivalency value，AEV）将新闻媒体宣传等同于付费广告。换句话说，如果一个品牌要购买一个特定空间的提及，那么它要付多少钱？对社会化媒体广告而言，广告等值将以下内容等同于付费广告价值：来源权威、来源重要性、品牌提及深度和推荐。为了计算广告等值，我们会用在网站上购买陈列式广告的成本来表示社会化展示次数的价值。例如，如果我们在 Facebook 的社会化陈列式广告上投入了 5 万美元，那么我们可以用 5 万美元的免费媒体报道价值来表示我们在 Facebook 上的 1 000 次品牌简介页面浏览量。广告等值还可以根据免费媒体报道的主观重要性进行调整。例如，有人可能会认为，简介访问比陈列式广告更重要，简介访问表明访问者寻求与品牌的互动。免费媒体报道价值可以根据变量进行调整，比如位置的受欢迎程度、来源的相对影响等。投资回报率根据广告等值价值和社会化媒体广告项目成本除以项目成本间的差异来进行计算。如果 Facebook 简介的广告等值价值为 5 万美元，但开发和维护成本为 5 000 美元，那么增量收益为 45 000 美元。项目成本除以项目收益得到的投资回报率为 900%。对于出售陈列式广告的社会化媒体而言，这种计算方法可能是最容易执行的方法之一。但是，与其说这是投资回报，不如说是衡量实际资源利用率的一种指标。

11.2.2 评估

正如你一开始看到的那样，为了计算结果指标，我们要了解成本和价值的相关信息。衡量规划过程的第二步就是评估社会化媒体活动产生的价值，收集反馈信息以便在调整策略和战略时使用。评估与图 11-4 所示的社会化媒体投资回报率金字塔有直接关联。我们所做的估值必须与组织各级决策相关。因此，评估将包括财务评估（如先前评估的投资回报模型）、成本效益评估以及社会化媒体营销计划中每个战略和战术设计元素的绩效指标。

参与社会化媒体营销需要什么？有什么价值？客户或潜在客户的价值是什么？获得客户或潜在客户的成本是多少？维护博客、开发应用或创建品牌化娱乐需要多少成本？推广和管理社会化游戏、保持 Twitter 账户的活跃度需要多少成本？展示次数的价值是什么？Facebook 粉丝的价值是什么？付费广告比有机品牌活动更有效吗？这些是组织必须回答的问题。以下是我们可能进行的一些评估。

- **设计元素的性能有效性**（performance effectiveness by design element（A/B 测试））：A / B 测试是一种策略，A / B 测试会对一条信息的两个版本——A 版本和 B 版本进行对比测试。这个测试无法从字面上来理解，因为可能有不止两个版本的"相同"消息在同时运行。目标确定消息变化对性能的影响。A / B 测试是一个实验。在测试一个变量时，要控制所有其他变量（包括受众群体定位）。目标是确定哪些设计选项可以触发关键绩效指标的最佳性能。要关注的变量包括渠道（如 Facebook、Instagram）、内容类型（如信息图、照片、列表文章），号召行动（如现在就阅读吧、加入我们）、标题钩子（如幽默钩子、资源钩子）、标题用语（最好、现在、顶级）及使用标签（如标签数量、活动标签或渠道使用的一般标签）。A / B 测试是否有用？当然。改变一个词，结果就可能完全不一样。每个社会化网络服务的帖子和广告活动策划者项目都能使 A / B 测试设置和执行起来更加简单。
- **成本效益**（cost efficiency）：对于生成的展示次数、流量、粉丝来说，哪个来源的成本更低？这种计算方式使营销人员能够比较不同策略的成本。为了计算成本，我们要追踪展示次数、流量、粉丝的数量，并确定每种策略的成本。总费用除以展示次数，确定每次展示的费用。用策略 1 的每次展示成本除以策略 2 的每次展示成本，如果结果高于 1.0，表明策略 2 的表现更好；如果低于 1.0，则说明策略 1 表现更好。
- **机会成本**（opportunity cost）：如果员工或志愿者没有花时间参与品牌的社会化媒体活动，那他们还能做些什么？例如，如果没有这些任务，他们可以将时间花在产生收入的其他任务上，那么负责撰写企业博客内容或在 Facebook 上回复投诉客户的员工的时间价值是多少？
- **服务质量**（service quality）：相对于其他客户服务方式，品牌怎样通过使用社会化媒体来更好地满足客户需求。这种评估方法包括请求回复的平均评论、回复率、回复速度和解决率。
- **消息或危机控制**（message/crisis control）：如果品牌信息以品牌不喜欢的方式被分享和操纵，品牌愿意承担这一风险。但是如果要利用病毒性传播来传播信息，那么必须减少对品牌信息的控制。尽管如此，我们仍然可以使用关键绩效指标来评估负面沟通和危机的影响，并衡量风险缓解工作是否成功。

示例 11-1

行动号召和其他元素的 A/B 测试

社会化网络服务付费广告最重要的设计元素之一就是行动号召。选择合适的行动号召有助于大幅提高投资回报率。在一个案例研究中，AdEspresso 发现"了解更多信息"的行动号召点击率比"注册"还多 22.5%！如果我们知道哪种行动号召表现最好，我们就可以用这个行动号召来优化预期策略。如何确定"合适的"行动号召？AdEspresso 通过一些 A／B 测试找到了答案。[12] 首先，AdEspresso 团队分析了 35 000 多个 Facebook 广告，并对行动号召进行编号以确定最受欢迎的行动号召。最常用的行动号召包括"了解更多信息""注册""立即购买"和"下载"。图 11-5 显示了研究中发现的行动号召组合，然后，他们测试了排名前三的网站，看看它们在关键绩效指标（点击率、每次点击费用和每次引导成本）上是如何进行比较的。

AdEspresso 的社会化发布战略之一就是设计三个广告来宣传电子书。为了购买电子书，人们必须交换电子邮件地址。这是一种典型的潜在客户广告。下载电子书的人会成为潜在客户。对电子书感兴趣表明他们可能需要 AdEspresso 服务。这三个广告在设计和目标受众方面是相同的，只有行动号召这个变量是例外。广告上线了 14 天，结果如何？这三个行动号召的初始点击率大致相同（见图 11-6）。然而，"下载"行动号召的用户提供电子邮件和下载电子书的比例更高（50.6%，而其他行动号召仅为 40%），而且每次引导成本较低（0.802 美元，而"了解更多信息"为 1.208 美元，"注册"为 1.126 美元）。结果表明，当我们使用 Facebook 广告提供类似服务时，我们应该使用"下载"行动号召来优化广告效果。

为什么"下载"行动号召在潜在客户转换方面的表现优于其他行动号召？因为它代表了用户在点击时期望看到的内容。当用户点击"了解更多"行动号召广告时，他们希望在分享他们的联系信息之前了解更多信息。总规则是行动号召要符合广告目标。如果你希望人们注册，请使用"注册"行动号召来号召人们采取行动；如果你希望人们购买你的产品，请使用"立即购买"行动号召。

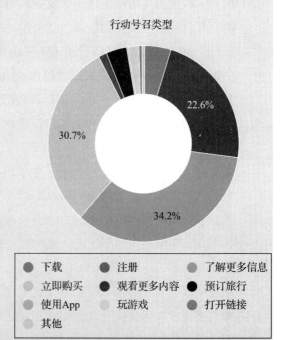

图 11-5 Facebook 广告中使用的行动号召

资料来源：Karola Karlson，"Learn More vs. Sign Up vs. Download？ What's the Best Call-to-action？"，AdEspresso，February 24, 2017，https://adespresso.com/academy/blog/learn-vs-sign-vs-download-whats-best-call-action. Reproduced by kind permission of AdEspresso, Inc.（accessed June 22, 2017）.

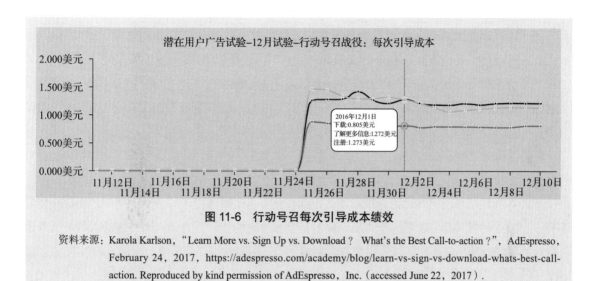

图 11-6　行动号召每次引导成本绩效

资料来源：Karola Karlson, "Learn More vs. Sign Up vs. Download？What's the Best Call-to-action？", AdEspresso, February 24, 2017, https://adespresso.com/academy/blog/learn-vs-sign-vs-download-whats-best-call-action. Reproduced by kind permission of AdEspresso, Inc.（accessed June 22, 2017）.

有时最好的评估方法就是制定成本效益分析表。表 11-6 举例说明了创办和维护公司博客的成本效益分析。[13] 分析人员需要对价值做出若干假设，然后对成本进行研究来完成评估。他们统计了与企业博客相关的可能价值，并估算了这些收益的财务数据。如果假设是正确的，那么品牌应该建立企业博客，因为维护企业博客的收益要大于成本。

表 11-6　公司博客的成本收益分析　　　　　　　　　　　　　　　　（单位：美元）

预计成本	
启动成本	
规划和发展	25 000
博主培训	10 000
持续成本（每年）	
博客平台	25 000
品牌监控服务	50 000
信息技术支持	3 000
内容制作	150 000
评论和重定向	20 000
总成本（第一年）	283 000
预计收益	
广告价值（基于每日 7 500 次的可见度/流量）	7 000
公关价值（24 个报道，每个价值 1 万美元）	240 000
口碑价值（370 个帖子，每个价值 100 美元）	37 000
支持价值（每天避免 50 个电话，每个电话价值 5.5 美元）	69 000
研究价值（5 个焦点小组，每个价值 8 000 美元）	40 000
总收益（第一年）	393 000
第一年的净值	110 000

品牌还可以使用表 11-6 中的数据计算维护博客的投资回报率，或者计算博客的博客价值指数。公司可以用**博客价值指数**（blog value index，BVI）这个简单的公式来评估博客是否盈利。[14] 如果博客价值指数低于 1，博客就会亏本，如果高于 1，博客就会盈利。因为组织可能已经承担了网站创办的成本，同时博客的额外成本可以忽略不计，这时软件和博客的创建成本可以假设为零。

博客价值指数＝［平均每日点击量 ×（平均广告收益 /1 000）］÷［平均每天写博客的时长 × 博客员工的时薪］

等式本身很简单，但有时我们很难评估在社会化媒体上具体投入的金额。例如，确定一个博客有多少独立的博客读者就是一个难题。简易信息聚合订阅统计了自动订阅博客的人数。读者也可以通过新闻过滤网站或博客搜索引擎查看博客内容，但是这可能会影响数据的准确性。

11.2.3 追踪

在追踪阶段，我们会收集整理未来确定结果可能会用到的数据。DATA 过程中的追踪步骤包括以下内容。

- 确定追踪机制。
- 建立比较基准。
- 设立活动时间线。
- 收集、计算数据。
- 测量先驱和活动指标。
- 寻找模式。

营销人员的社会化媒体数据生态系统有四个主要的信息来源：①自营网站分析（例如，自营网站上的谷歌分析）；②社会化网络服务分析（例如，Facebook 洞察）；③企业社会化倾听或分析平台（例如 Brandwatch、Infegy）；④利基分析解决方案和平台应用接口工具（例如 Keyhole、Trackur）。[15] 企业平台专注于社会化分析、社会化广告活动或社会化倾听，但在分析平台中，社会化倾听通常有不同的方面，反之亦然。每个社会化网络服务都为用户提供分析服务。Facebook 提供 Facebook 洞察，Twitter 提供 Twitter 分析，YouTube 提供 YouTube 分析。也有专注于特定测量形式的小众服务。例如，Keyhole 可以追踪标签的传播和到达。Bit.ly 可以追踪短链接。Hootsuite 和 Sprout Social 等社会化媒体管理系统也提供分析服务。

追踪不仅要确定收集评估数据的方式，还要对数据进行组织，以提高数据的有效性。以下是三种不同的追踪方法：正向追踪、同步追踪以及反向追踪。[16]

（1）**正向追踪**（forward tracking）表示追踪机制是在活动前开发的。正向追踪是最准确的方法，因为客户服务团队能够利用正向追踪开发一种机制，从而精确追踪所需的数据。理想情况下，为了制订战略性的社会化媒体活动计划，我们会先制订测量方案，然后提前确定追踪机制。如果组织已经制定了 SMART 目标，那么正向追踪就准备就绪了。

（2）**同步追踪**（coincident tracking）通常是在活动期间进行的。同步追踪很有效，因为它依赖于互动或销售时留下的剩余数据（这些数据不属于社会化媒体研究的范围）。同步追踪并不是开发一种独特的追踪机制。此外，同步追踪是以互动或结果为导向的，因为只有在人们留下他们的活动或意见时追踪才能进行。同步追踪并不完美。如果客户不把用过的关键词或标签发出来，搜索就不一定会显示相关信息。

（3）**反向追踪**（reverse tracking）通常是在活动结束后进行的。反向追踪还会使用剩余数据，包括收集主要数据，比如评估活动效果的调查。例如，我们很容易就能计算出上传到微型网站的内容。但是，如果没有正向追踪，微型网站缺少核心分享技术，就很难追踪那些源于该网站的分享内容。

考虑到数据容量、多个追踪社会化渠道、策略和大量指标，社会化媒体分析要通过使用**社会化媒体绩效仪表盘**（social media performance dashboard）来实现。仪表盘是一种观察工具，可通过关键绩效指标和数据可视化提供直观的导航。汇总区提供了一般观察和性能诊断，还提供了各种观点以及与竞争对手的对比、行业基准和历史表现。仪表盘也属于企业平台。每个社会化网站也在仪表盘中提供分析数据，但绩效指标仅限于各自的网站。其他分析服务提供与其专业相关的报告。https://blog.bufferapp.com/social-media-analytics-tools 提供了一些优秀的免费的社会化媒体分析工具、社会化网络服务分析功能和多个企业平台。[17]列表还提供了指标和分析数据以及每个工具的仪表盘图像。营销人员还可以选择包括多个数据源的第三方仪表盘。当社会化媒体团队需要合并企业平台中没有包含的数据源时，建议使用第三方仪表盘。Klipfolio 就是一个第三方仪表盘。图 11-7 是 Klipfolio 社会化媒体分析仪表盘的屏幕截图。[18]

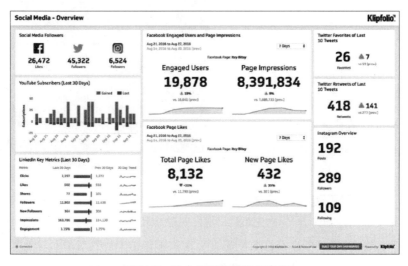

图 11-7　社会化媒体绩效仪表盘

资料来源："Social Media—Overview," Klipfolio, www.klipfolio.com/gallery/dashboards/social-media-overview（accessed June 22, 2017）.

如果你对全球最受欢迎品牌的社会化媒体绩效指标感兴趣，可以访问 topfe.infegy.com，查看 Infegy 上排名前 50 的品牌仪表盘。Infegy 是一个企业平台，该平台使用 Infegy Atlas 服务对排名前 50 的品牌仪表盘进行维护，为了了解哪些品牌被提及的次数最多、品牌对话的整体价值、评论中表达的喜好以及人们在讨论品牌时提到最多的话题，Infegy Atlas 分析了数十亿次在线对话。[19]

● 批判性反思

黑暗社会化其实是社会化媒体的一个黑暗面

网络分析背后的一个肮脏的秘密是我们得到的信息其实是有限的。[20] 如果想知道人们是用什么方式访问你的网站的，非常简单。一个人点击一个网站的链接来到另一个网站时，一小部分元数据会影响服务器的来源识别。这就是**引荐来源**（referral）。引荐根据来源分为有机搜索、付费搜索、社会化搜索、直接搜索等。直接搜索指的是那些在网页浏览器中输入链接访问网站的人。先找出我们应该优先考虑的网站，然后了解具体来源推荐的百分比对营销行为的影响。这些信息在决定社会化网站的预算分配和员工资源时特别有用。我们还可以用这些信息来衡量社会化媒体营销活动的有效性，因为它们可以记录点击次数，并建议客户进行购买。

但是有一个问题：我们无法追踪大多数引荐流量的来源。这种现象被称为**"黑暗社会化"**（dark social）。尽管我们看到了这些来源使用网络洞察工具在 Facebook 和 Twitter 以及其他社会化网络服务上分享的证据，但那只是冰山一角。大量的分享实际上是通过电子邮件、短信和社会化消息应用（如 Facebook、WhatsApp 和微信）进行的。如果有人使用消息应用而不是 Facebook 上的分享工具来共享链接，那么该引荐流量就不会被收集。分析程序基本上无法识别大多数社会化流量。实际上，RadiumOne 对 1 000 多万股股票进行的研究发现，84% 的社会化股份是通过黑暗社会化转移的。[21] 只有 16% 的社会化媒体分享内容直接来自 Facebook、Twitter、领英或其他社会化网络服务。

iStock.com/scyther5

"黑暗社会化"最初是由《大西洋月刊》的编辑亚历克西斯·C. 马德里加尔提出的，意为来自网络分析无法追踪的外部来源的网络流量。她发现黑暗社会化与黑暗能量非常相似，然后写了这样一句话："你看不见黑暗社会化，但它正是互联网不断扩大的原因所在。没有黑暗社会化就没有互联网。互联网只是在不断挤压而已。"[22] 你很可能通过黑暗社会化分享过内容！

大多数社会化内容是通过黑暗社会化媒体分享的，但更重要的是，在共享在线内容的人里面，只有 32% 会使用黑暗社会化渠道分享。[23] 对于其他人而言，内容类别在选择分享频道时很重要。分享比例最高的内容包括娱乐、职业和旅行。例如，在娱乐网站上看电影评论时，人们通过电子邮件或即时消息与好友分享他们想看的电影评论的可能性要高于 Facebook。他们会考虑共享信息是否能用来与家人和好友进行协商以及何时分享，此时，黑暗社会化会成为其首选的共享渠道。分享行为是潜在价值的重要指标。这是因为分享内容的人购买产品的可能性比没有分享的人要高 9 倍。人们还会分享自己的想法，通过给自己发短信或电子邮件来确定之后的行动，这种现象被称为**自我分享**（self-sharing）。自我分享者转换的可能性是非共享者的 16 倍。你可能会以为大多数的黑暗社会化都是在移动设备上进行的，但实际上，黑暗社会化在线下更加明显。收到共享内容的人在点击共享链接时，会生成**点击回送**（click back）数据，2/3 的黑暗社会化点击流量来自移动设备。

从分析学的角度来看，黑暗社会化引发了严重的问题。首先，在运营方面，社会化媒体营销人员应该优化社会化内容（我们在第 7 章讨论过这一点）。但是目前我们无法优化黑暗社会化分享、游戏、电子邮件或即时消息。你的联系人中没有权威影响者，所以没办法宣传黑暗社会化，没有算法需要理解。这就是纯粹的未经删改的社会化。其次，就渠道效益作为流量来源的渠道选择和渠道预算分配而言，黑暗社会化会歪曲数据。分析表明，我们使用的社会化内容并没有得到很好的传播，事实上，这些社会化内容可能已经被分享，但是是以黑暗社会化的方式。像 Facebook 这样的渠道作为推介来源表现不佳，说明我们在 Facebook 上打的广告太少。但是，如果 Facebook 第一时间曝光了信息，但受众仍然选择通过黑暗社会化分享怎么办？最后，共享内容的人会成为额外营销的目标。由于共享者购买的可能性很大，把共享者作为目标可能会加快转换率，提高推介销售。不幸的是，这个因果关系在黑暗社会化分享中并不成立。要把那些接触到社会化内容的人然后分享这些内容和最后点击链接的人联系起来很难。关键是什么？一些社会化媒体指标在收集有效信息方面的能力不足。我们早就知道有一些变量很难评估，例如品牌 Facebook 粉丝的价值。社会化分享首选渠道——黑暗社会化的盛行降低了我们评估社会化媒体营销活动效果的能力。

◎ 微案例研究

爱尔兰旅游局的社会化媒体测量方法

爱尔兰旅游局是在世界范围内推广爱尔兰岛的国家旅游机构。2010 年，爱尔兰旅游局发起了社会化媒体营销重大计划。[24] 计划涵盖了品牌形象和 Facebook 活动（区域 1）、博客（区域 2）、Facebook 上的社会化广告游戏（区域 3）和通过 Twitter 提供的客户服务以及 TripAdvisor 和 LonelyPlanet（区域 4）上的评论。

爱尔兰旅游局重新调整品牌形象，并开始统一公布活动，它鼓励通过申请用户原创内容视频和照片以及使用投票帖来提升参与度。爱尔兰旅游局的客户关系管理系统会对参与粉丝数据进行高级分析。这个社会化广告游戏以一个虚构的爱尔兰城镇为背景，模仿了《乡村度假》那种令人上瘾的游戏风格。游戏用户超过 20 万人，其中每周玩该游戏的用户超过 50%。该游戏为其 Facebook 吸引了将近 15 万名新粉丝。不少计划前往爱尔兰的人参与了 Twitter 的客户服务计划。

爱尔兰旅游局博客还专门开了一个板块来讲述爱尔兰的历史、饮食、建筑和文化。爱尔兰地理位置分散，为了支持爱尔兰旅游局的社会化媒体计划，必须使用八种语言和许多材料。那么社会化媒体营销活动的表现如何？

结果与收获

原始数据看起来令人震惊——粉丝群增长超过 1 000%，Facebook 粉丝超过 100 万人。但是，爱尔兰旅游局认为它缺少衡量社会化媒体活动的标准，无法估算计算投资回报所需的财务价值。受众与品牌的互

© Tourism Ireland Limited
资料来源：www.tourismirelandindustryopportunities.com/how-we-can-help/social-media.

动方式多种多样，包括浏览品牌页面、发表观点、点赞页面和内容、评论和分享以及观看和浏览视频、图像和音频。为了适应不同的参与指标，爱尔兰旅游局创建了一项称为**社会等效广告价值**（social equivalent advertising value）的指标。[25] 社会等效广告价值以两种既定指标为基础：以每千人成本为基础的展示次数和以每次点击付费广告为基础的点击率。通过了解用户在社会化媒体渠道中与品牌进行的互动，将展示次数和点击次数保持一致，爱尔兰旅游局将大多数社会化媒体参与分为四类，每类代表更深层次的参与度。

- 帖子展示次数：品牌帖子的浏览次数。
- 页面展示次数：品牌页面的浏览次数。
- 个人反应：点击查看品牌内容。
- 公众反应：赞同或评论和/或分享内容。

另外，爱尔兰旅游局开展了一些非社会营销活动，并通过这些活动的大致参与率来估计成本。爱尔兰旅游局还用一个 Excel 插件从 Facebook 和 Twitter 洞察中提取参与数据。因此，计算社会等效广告价值就非常简单了。在计算过程中，我们得到了每个参与级别（欧元）的成本/价值：0.007、0.033、0.200 和 0.200。任何公司都可以使用此模型来计算社会等效广告价值。它们只需要记住成本/价值会接近其用来估算行业成本价值的等值物。对于爱尔兰旅游局来说，社会等效广告价值数据表明其社会化媒体参与的财务价值超过 200 万美元。通过计算社会等效广告价值，营销人员可以对有机社会化媒体营销活动进行估值，从而评估投资回报。

基准

追踪活动效果的一种有效方法是构建**基准**（baseline）。基准是一个指标（通常以视觉形式呈

现），营销人员利用基准可以将其在某些方面的表现比作其他东西，例如竞争对手的表现或自身努力随时间的波动情况。在同一时间线上比较竞争对手的表现对衡量品牌社会化媒体活动的相对有效性非常有用，对比较品牌的基准绩效和行业绩效以及区域社会化媒体绩效也很有用。图 11-8 是营销人员在社会化媒体活动前和社会化活动后的一个简单基准比较。SocialBakers 是一家企业分析平台提供商，每月会发布不同行业和国家的社会化媒体绩效报告。[26]

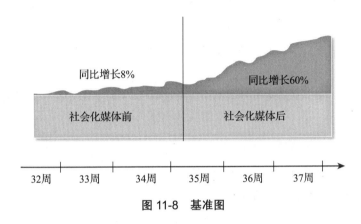

图 11-8 基准图

11.2.4 调整

过程的最后一步是调整。如果没有在未来活动和投资中运用所学的知识，那么测量就没有多大价值。追踪关键绩效指标和评估过程为未来策略和战略的直接选择提供了重要指导。

11.2.5 进行测量的简单方法

显然，我们可以选择各种标准、方法和工具来衡量社会化媒体活动的有效性。但是，一些营销人员在开始社会化媒体营销活动之前会想要一个简单的开始，然后再制订完整的衡量计划。以下介绍了一些可以让我们顺利开始的指标。[27]

- 内容消费：是谁在与品牌互动并消费品牌和消费者生成的内容？你希望谁来消费你的内容？
- 内容增补：是谁在通过回复帖子来继续对话，从而增加或更改内容？内容是以何种方式增加的？它和你希望在活动中看到的内容一样吗？
- 内容共享：接触品牌消息的用户以多快的速度使用共享工具与他人共享内容？分享的速度能否代表活动动力？
- 内容忠诚度：有多少消费者使用简易信息聚合或通过注册访问网站订阅品牌内容？
- 内容对话：是谁在讨论品牌？是谁在点击品牌网站链接？评论与帖子的比例是多少？
- 内容参与：品牌简介的好友数量在增加吗？人们是否提供评论和照片之类的内容。

⊙ 本章小结

指标在社会化媒体营销计划中的作用是什么？指标应如何根据组织的决策水平而变化？

指标是营销人员用来衡量与特定营销目标相关的结果的标准。我们能够使用指标来确定战略是否成功。如果没有指标，我们将无法评估活动效果。社会化媒体投资回报率金字塔将社会化媒体指标的选择与组织的各个层面（商业务、营销和社会化媒体执行）的决策重点联系起来。收入和成本、营销策略和战术活动要素的决策使用的指标各不相同。

营销漏斗、客户旅程及参与度如何指导营销目标及选择合适的关键绩效指标？

从产生意识到购买，营销漏斗的每个阶段都与客户旅程一致。每个阶段都有相关的绩效指标。例如，覆盖范围和展示次数指标对评估认知度更有用，而点击率和自有媒体网站的推荐次数对于衡量关注度和转化率来说更有益。参与度也会从表面指标到更好地评估情感投入的指标。关键是要为评估的目标选择正确的关键绩效指标。

DATA 测量方法的步骤是什么？使用的指标是什么？

我们根据 DATA 方法的四个步骤来组织测量计划：定义、评估、追踪和调整。在这个过程中，我们能够明确项目目的，确保计划的有效实施。反之，DATA 方法鼓励公司修改计划，使其产生预期的结果。

描述社会化媒体指标的一种方式是看衡量标准：活动指标衡量公司采取的和社会化媒体有关的行动。互动指标侧重于衡量目标市场参与社会化媒体平台和活动的方式。互动指标包括关注者和粉丝的数量、评论、点赞、建议以及共享内容的数量等。收益指标关注直接或间接支持品牌成功的结果（财务或其他方面），其中包括投资回报率指标、成本降低指标和其他绩效指标。

如何计算社会化媒体投资回报率？

投资回报率是盈利能力的一个衡量标准。它反映了公司利用资本获得利润的效率。为了确定投资回报率，我们用财务价值来表示执行策略时使用的资源的价值。衡量财务结果，并计算投入与结果之间的比率。投资回报率回答了这样一个问题："活动投资产生了多少收入？"当我们用投资回报率表示品牌在社会化媒体营销方面的投资时，我们把这种衡量标准称为社会化媒体投资回报率。社会化媒体投资回报率回答了这样一个问题："我们在社会化媒体营销方面的投资产生了多少收入？"

如何用 A/B 测试评估社会化媒体策略的成本和价值？

A/B 测试利用实验来改变社会化媒体策略中的个人设计元素，并比较后续的绩效和成本。利用 A/B 测试，社会化媒体营销人员可以优化诸如行动号召、标题引入、内容类型、渠道、图像等。

如何追踪社会化媒体结果？

正向追踪需要分析人员在活动前开发追踪机制。正向追踪是最准确的方法，因为客户服务团队能够利用正向追踪来开发一种机制，从而精确追踪所需的数据。同步追踪通常是在活动期间进行的。同步追踪以互动或结果为导向。反向追踪通常是在活动结束后进行的。反向追踪还会使用剩余数据，包括收集主要数据，比如评估活动效果的调查。公司会使用企业平台、社会化网络服务、谷歌分析、其他第三方来源和应用接口提供的分析工具作为数据源。社会化媒体绩效仪表盘会组织信息和评估。

关键词

关键绩效指标（key performance indicators）
频率（frequency）
销售转化率（sales conversions）
DATA 方法（DATA approach）
可衡量的（measurable）
现实的（realistic）
活动指标（activity metrics）
收益指标（return metrics）
社会化媒体投资回报率（social media return on investment）
社会化媒体影响回报模型（return on social media impact model）
免费媒体报道回报模型（return on earned media model）
设计元素的性能有效性（performance effectiveness by design element）
服务质量（service quality）
博客价值指数（blog value index，BVI）
同步追踪（coincident tracking）
社会化媒体绩效仪表盘（social media performance dashboard）
自我分享（self-sharing）
社会等效广告价值（social equivalent advertising value）

到达（reach）
相对吸引力（relative pull）
浏览量（view throughs）
具体的（specific）
合适的（appropriate）
有时限的（time-oriented）
互动指标（interaction metrics）
投资回报率（return on investment）
展示次数回报模型（return on impressions model）
目标影响回报模型（return on target influence model）
广告等值价值（advertising equivalency value，AEV）
成本效益（cost efficiency）
机会成本（opportunity cost）
消息或危机控制（message/crisis control）
正向追踪（forward tracking）
反向追踪（reverse tracking）
引荐来源（referral）
黑暗社会化（dark social）
点击回送（click back）
基准（baseline）

复习题

1. 什么是指标？什么是关键绩效指标？

2. 为什么社会化媒体投资回报率金字塔在选择适当的关键绩效指标方面很有用？
3. 解释 SMART 目标的含义。
4. 营销管理者如何应用 DATA 方法来评估社会化媒体营销工作？
5. 描述活动指标、互动指标和收益指标之间的差异。
6. 什么是 A/B 测试，如何使用？
7. 在评估指标后，营销人员可以进行哪些调整？

⊙ 练习题

1. 找到一个使用社会化媒体推广其活动和会员的学生组织。简要回顾该组织使用的社会化媒体区域，并指出该组织在使用社会化媒体时的三个 SMART 目标。
2. 使用练习题 1 中的 SMART 目标，找出两个衡量目标成功程度的指标。
3. 找出你使用的每个社会化网站所提供的见解。对于你在不同渠道上使用的社会化媒体情况，你有什么看法？
4. 寻找一些免费的社会化媒体分析工具。根据你的经验，你认为企业平台对社会化媒体营销人员而言有什么价值？

PART 5
05
第五部分

社会化媒体营销实践

附录A Appendix A

10个案例研究

第一部分的案例研究：社会化媒体营销的基础

案例研究1：全球社会化宣传
凯伦·米什拉，东卡罗来纳大学

许多非营利组织使用社会化媒体，因为它的成本低、覆盖范围广。这些非营利组织可以在"社会化社区"中宣传它们的事业，也可以创建一个关注者社区，这些关注者认可他们的事业并一起创造内容。非营利组织利用这些社区来提升品牌意识和品牌忠诚度。

关于非营利性社会化媒体使用的最新研究发现，Facebook 和 Twitter 是非营利组织使用最多的社会化媒体渠道。[1] 尽管 Facebook 和 Twitter 的使用非常广泛，但研究人员发现，非营利组织并没有充分发挥社会化媒体的积极作用。[2] 例如，它们更多地使用社会化媒体来促进沟通，而不是与它们服务的社区进行对话。[3] 许多非营利组织正在使用社会化媒体来号召和帮助它们的关注者采取行动，开展一种新形式的"社会化宣传"。

洛夫乔伊和萨克斯顿发现，社会化媒体对非营利组织而言主要有三种用途：信息、社区和行动。[4] 许多非营利组织利用社区分享信息来倡导社区采取行动，比如捐款、分享信息或贡献时间。[5] Obar 将宣传明确定义为"倡导、支持或提倡具体观点或事业的行为"。[6]

"带着目的去旅行"是一个非营利组织，其宗旨是改变人们对全球旅行的看法。"带着目的去旅行"（www.packforapurpose.org）始于丽贝卡（Rebecca）和斯科特·罗斯尼（Scott Rothney）的第一次非洲旅行，更确切地说，他们是在意识到每个人只能带两个手提箱和一个随身行李后才有的这个想法。在第二次去非洲的航班上，他们只能携带与第一次的随身行李一样重的行李。因为不想浪费下一次旅行的"免费送货"机会，他们在四个行李箱里装满了送给当地一所学校的足球和学习用品。他们的旅行社"野外旅行"对这所学校提供了资助。

因为这次经历，丽贝卡在 2009 年创立了"带着目的去旅行"，鼓励旅行者在旅行箱中装 5 磅（约 2.27 千克）必需品，并在抵达目的地时将其交付。这种"社会化宣传"不仅让旅行者学会如何更好地使用行李，还鼓励他们采取行动，并在下次旅行中利用这些多余的行李来为社会做贡献。

该组织与世界各地的住宿和旅游公司都有合作关系。参与者需要提交他们支持的社区项目所要求的需求清单。在确定目的地后，游客只需点击那个国家的列表，找到需求清单，然后选择他们想要带的物品。例如，如果你要去土耳其，伊斯坦布尔的丽思·卡尔顿酒店会将游客带来的所有用品（例如学校用品和衣服）送往其资助的小学。

"带着目的去旅行"是一个完全志愿化的组织。从网站管理员到图形设计师，每个人都自愿贡献自己的时间，因为他们希望改变人们对全球旅行的看法。"带着目的去旅行"网站于2009年12月开始运行。从那时起，该网站使用了多种社会化媒体向其他旅行者发布旅行消息。网站使用Facebook、Twitter、Instagram、Pinterest、YouTube和领英等社会化媒体。网站的理念是"小空间，小努力，大影响"。

该组织利用大学实习生提升了其社会化媒体形象。组织最初只使用Facebook，但随着时间的推移，实习生增加了许多新的社会化媒体渠道。通过使用这些社会化媒体平台，该组织极大地扩展了其业务范围，让世界各地的游客了解到自身的影响力。为了感谢这些实习生，丽贝卡为他们准备了自制的巧克力薄荷饼干（烤箱里刚刚出炉的，非常美味可口！）。丽贝卡的家是"带着目的去旅行"的全球总部，也是实习生的工作场所。丽贝卡是一个鼓舞人心的领导者，实习生们都喜欢向她学习，还喜欢为她提供一些有利于事业发展的新点子。

来自北卡罗来纳州立大学的实习生安德鲁介绍了他在这个组织时的经历："大三的时候能够在'带着目的去旅行'实习我感到非常荣幸。我从丽贝卡·罗斯尼身上学到了很多东西，比如要始终对职业充满热情，然后要有明确的目标规划。我在Instagram上发了很多关于'带着目的去旅行'的图片，希望能从视觉上吸引更多的旅客，宣传这一组织。因为摄影是一种非常直接的方式，能够影响并激励他人。"

最近，丽贝卡发起了一项筹款活动，旨在购买500件Be Girl（begirl.org）内衣。这款内衣可以让南非的年轻女性"每天"都留在学校。她用Facebook和Twitter宣传了这个活动，不仅让她的关注者认识到这一问题，还号召年轻女性采取行动。这场"社会化宣传"活动产生了不错的结果。不到3个月的时间，丽贝卡就筹集到了购买500件Be Girl内衣需要的资金。

讨论题

1. 对非营利组织而言，社会化社区和社会化商务哪个更重要？

2. 社会化社区的这种社会化宣传渠道如何利用利他冲动来大力发展"带着目的去旅行"事业？

3. 看看"带着目的去旅行"使用社会化媒体的所有方式。你会改进哪些方面？为什么改进以及如何改进？你会关注哪个社会化媒体网站？为什么？

4. "带着目的去旅行"可以用什么方式建设社区？怎样提高与"带着目的去旅行"有关的社区意识？

5. 你会参加什么类型的社会化宣传团体？为什么参加以及如何参加？

第二部分的案例研究：社会化媒体营销战略与规划

案例研究 2：战略性社会化媒体计划——First & Main，户外购物中心
唐娜·C.维塔利克，弗吉尼亚理工大学

不久之前，First & Main 购物中心经历了一场变革——由此开始了其关键时期，这场变革不仅对实体购物中心，而且对购物中心的每个租户都有持久的影响。在不断的演变过程中，该购物中心推出了与娱乐、餐饮及各种购物体验相关的全新品牌形象和产品。研究表明，购物中心需要开展线上和线下营销活动，以更具战略性的方式面向消费者。

First & Main 购物中心的目标是扩大其在弗吉尼亚理工大学生群体中的影响力，比如建立一种许多本地和到本地游玩的年轻专业人士都了解的品牌态度。利用识别度高且优质的对话来促进新的讨论。新的讨论需要具备生命力、持久的影响力，以及一种有趣的、非正式的和乐观的态度。理想情况下，这一社会化活动可以在多个平台上进行，并成为当地社会化社区中的一个令人愉快的主题。

First & Main 需要一种品牌声音，以此激发人们去享受生活、揭露消费行业的发展趋势，同时这种品牌声音会成为布莱克斯堡最新活动和信息的来源。First & Main 还需要建立一个能够实现以下核心目标的品牌。

- 通过社会化媒体活动将学生吸引到 First & Main 购物中心。
- 为新店和未来的娱乐活动造势。
- 激发大学生的活力。
- 利用社会化媒体渠道参与社区活动。

记住以上目标，就能形成一个以"对话"为主题的周期性和战略性的过程。

战略目标

- 建立品牌意识。
- 创建社区。
- 激发、吸引学生。
- 为 First & Main 引流。
- 追踪进展情况，继续修改以建立数字化控制。

实施步骤

- 步骤1——编辑：创建可供社区在社会化空间浏览和互动的内容。
- 步骤2——促进：用适当的资源来管理和继续对话。
- 步骤3——监控：风险管理可以确保社会化语言的正确使用，从而确保行动符合适当的信息。
- 步骤4——管理：最高管理层将监督整个流程中每个阶段的活动，实现 First & Main 的期望。

下一个任务是建立涵盖所有目标和需求的全局思想（这些思想之后会变成制定的策略）。通过为品牌造势、建立品牌意识、创建社区、吸引学生和增加店面访问等措施，First & Main 有望成为社区的娱乐活动中心。

策略

社会化媒体

任务：利用 Facebook 上的战略信息制定 First & Main 战略内容日历（见图 A-1）。

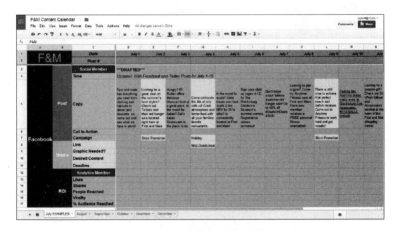

图 A-1　社会化议程图片

目标：利用大学活动以及本地赞助的晚会（如"儿童之夜""老年人日"和"Hokie 之夜"）为 First & Main 引流。

在参与过程中可以选择不同的社会化平台，然后通过预先生成的活动日历进行管理。

- Twitter——新闻分享来源。
- Facebook——集中宣传活动。
- Instagram——分享照片并鼓励标记与内容相关的想法。

在线优惠券和比赛

任务：在周末或活动高峰期，使用与社会化活动有关的优惠券吸引人群。在现有关系和赞助关系的基础上，与租户一起组织礼品袋、挂饰和抽奖物品。

目标：在购物中心利用奖励措施和互动活动来吸引新访客。

利用 First & Main 转盘抽奖等有趣的弹出窗口吸引潜在消费者，同时保持现有用户的参与激情。

活动呈现

任务：在展会上展示，如大学课外活动，入门展会——社团大招新——展示道具、海报、虚拟视频和比赛。

目标：接触不同的俱乐部、组织和个人。在社会化媒体上宣传这些活动，进行交叉推广！

通过一个以大学生联谊会和女学生联谊会为宗旨的活动来近距离接触希腊的大学生活，如图 A-2 所示。

图 A-2　Facebook 活动图片

其他项目

长期

国际设计艺术院校联盟：利用这一融合项目，参与威斯维尔、布鲁菲尔德和普拉斯基地区的高中体育活动，并播放卫星节目，为 First & Main 和纳斯卡赛车活动引流。

游戏应用：开发一个简单的游戏应用来展示购物中心内的店铺，如图 A-3 所示。在游戏中设定奖励计划鼓励多用途行动。

图 A-3　游戏情节设计

短期

设计并购买 First & Main 的帐篷和旗帜,在室内和室外活动中使用。

制订行动计划,在活动前确定受众、目标、可衡量指标等。

内容包括游戏规则、奖励创意、社会化入门要求、设计等。

战术后勤

- 考虑投资回报。
- 通过 Radian 6 技术、Hootsuite、Commun.it 和其他研究投资回报率的数据挖掘平台来追踪互动量、展示次数、主题标签和影响者。
- 每周评估和修改营销策略以确定社会化渠道与互动的影响。

时间线

- 8/25——欢迎周
- 9/5——社团大招新
- 9/17——商业视野职业展会
- 9/22——返校节
- 12/01——新大型娱乐租户 Franks Cinebowl 隆重开幕

预算

- 25 万美元

实施这个计划需要做出时间规划、失败预测,还要做好准备应对意想不到的成功和不完善的细节。最终目标是满足不同类型顾客的需求。由于紧跟这一行业的正确发展方向,购物中心的租户不断增加,活动越来越专业化,赞助越来越多,社会参与大幅增加,同时,这些活动仍在以惊人的速度吸引着新客户。

案例研究3:战略性社会化媒体计划——大学商学院

唐娜·C. 维塔利克,弗吉尼亚理工大学

为了在弗吉尼亚理工大学潘普林商学院(Pamplin College of Business)建立核心影响力,一项为期12周的计划应运而生。该计划实现了教育、社会化媒体投放、实验以及内容营销之间的平衡,还开发了一套社会化媒体渠道,用于发掘学术新闻、社会化媒体营销趋势,增强学院甚至整个大学的沟通。该计划的受众主要是现在和未来的学生、校友和学术界领袖。

为了在特定时间内在所有平台上开发一个稳定的权威影响者社区,该计划必须采取许多措施,同时采用和维持动态指标。理想情况下,学院在项目结束后可以对学生和专业团体产生充分的认识,并且对商业世界充满激情。学院要少开展非正式对话,多开展更引人深思的、值得分享的讨论。最终,学生的言论会启发学院和社会化网络采取行动,同时让那些对商业充满激情的人能够与同好分享乐趣。

考虑到这些,我们如何衡量并取得成功呢?因为存在太多错综复杂的问题和潜在的批评家,所以我们必须构建基础知识,这是最重要的细节之一。首先是从社会化语调、声音和个性方面建立一个包括以下标准的三层体系。

- 知识渊博——时刻关注大学和商界时事。
- 锐意进取——以全新的商业视角激发和鼓励创新。
- 积极互动——开始、分享并继续对话。

下一步计划是建立一个工作流程。通过结合分享、引导、监督和管理,团队可以不断实现目标。

整个流程结束后,测量结果再次受到质疑。哪些指标适合用来分析此计划中的行动项目?以哪些方式实现可衡量的目标?要想取得成功,要实现四个主要目标,每个目标都包含一个可量化的关键绩效指标和一个可以管理这些数字的工具。

最后,我们必须重视创新。社会化媒体不仅是一种沟通方式,它还是一门艺术、一种营销工具。12周计划根据定期主题可以分为4个部分(见图A-4)。每个阶段的合适元素,例如国家假日、大学活动与热门话题有助于提高关注度和开展对话。在每个阶段之间可以分析目标、指标以及互动量,在每个阶段内还可以进行头脑风暴,实施新想法(见表A-1)。

表 A-1

目标	关键绩效指标	指标(选择)
意识	网站流量	谷歌分析、Hootsuite 页面浏览量、搜索引擎优化排名
获得	平均花费在每页/每篇文章上的时间	谷歌分析、Hootsuite 点击跳出率
影响	分享、转发	谷歌分析、Hootsuite Klout
结果	网站关注者总数、Klout 得分	谷歌分析、Hootsuite Klout

在一个学期内,发起以主题为核心战略要素的社会化计划。

第一阶段（1月28日～2月24日）：确定

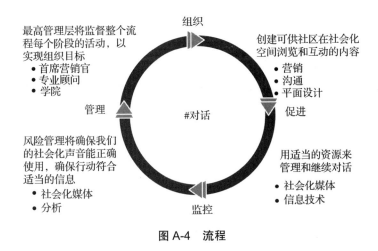

图 A-4　流程

- 专注于学生生活的所有元素——兴趣、爱情、教育、求职、历史、成功
- 超级碗、情人节、商业视野博览会、黑人历史月

第二阶段（2月25日～3月24日）：传统

- 环形舞、美国红十字会月、圣帕特里克节

第三阶段（3月25日～4月21日）：Ut Prosim，为他人服务

- 大事件、3.2 for Run、生命接力

第四阶段（4月22日～毕业）：我们就是未来

- 强调毕业生的成就（工作、实习等）

通过定期分解、系统化过程和图形目标，该方法包括一个团队和一些简单的行动项目。从内容议程到各种社会化渠道都需要人性化的考虑。如果忽视了这方面的考虑，战略分析就会毫无意义。利用战略分析，以下项目可以产生比计划更大的影响力。

在各个平台上创建综合编辑内容议程，扩大互动和到达。

- 团队任务：制定全面的内容议程——目标是每周发布3篇博文，每天发布5～7篇推文和1～3篇Facebook文章。

保持Twitter的活跃度。

- 团队任务：找到有影响力的教授、学生和校友。在目标日期前确保至少拥有15%的有影响力的Twitter粉丝。

建立一个专门的Facebook频道。

- 团队任务：每天状态更新1～3次，吸引读者阅读博客、对话并关注Twitter。在目标日期前确保至少有10%的有影响力的人点赞。

坚持更新博客。

- 团队任务：在Twitter和Facebook上利用目标关键词和促销；通过谷歌分析（搜索引擎优

化和关键词工具）基于流量分析测量是否成功，建立和扩大博客读者群。

通过执行每个项目，我们了解到项目不仅仅是实验，未来几年学院的各个方面都能从中获利。未来的学生、已入学的本科生与研究生以及校友都可以关注和分享想法，建立不可替代的和有影响力的联系。在不同年代、不同产业、不同城市甚至简单的社会形象之下，团队都可以以前所未有的水平参与其中。通过制订具体的、可衡量的、可实现的、相关的和及时的计划，我们可以很快并且顺利地取得成功。

案例研究 4：旅游和社会化媒体——乡村大剧院
卡里·坎特雷尔，弗吉尼亚联邦大学品牌中心（权威）

旅游业对互联网可以说是又爱又恨。一方面，互联网可以吸引那些聪明的旅行者去全世界旅行。另一方面，对于 Expedia 和 Kayak 这样的在线旅游综合服务商，要找到一个旅行度假的人越来越难。

互联网可以"让你到达目的地"并且"让你找到住宿的地方"。但是，一旦你决定要去哪个地方做什么事——无论是度假还是出差，旅游业正在从商业对消费者模式转向消费者对消费者模式。我们根据来自好友、家人以及 Pinterest 和 Instagram 平台的众包信息，在抵达目的地时做出明智的选择。

"旅行者生成的"内容可信度更高，也更加真实，还是一种保险的花钱方式。我们希望在离开之前能做出明智的选择。我们寻找真实的经历来创造并且与家人共享这些美好的回忆。在和我们身边的人分享旅行技巧和成功经验之前，我们要去亲身经历。在这些对话中，品牌、目的地和场所等信息可靠吗？可以用这些信息来增加访问量吗？

目的地：乡村大剧院？

乡村大剧院是田纳西州纳什维尔的乡村音乐舞台音乐会，每周会举办一次。这些年来该剧院出现了许多剧院明星和传奇人物。乡村大剧院成立于 1925 年 11 月 28 日，当时还只是一个时长一小时的"谷仓舞"电台节目，现在却成了美国历史上持续时间最长的广播节目。

乡村大剧院可以说是美国的一个标志。它结合了传奇人物和当代排行榜，涵盖了乡村、蓝草、民谣、福音和喜剧小品等表演节目。作为美国的象征，乡村大剧院吸引了世界各地成千上万的游客以及数百万的电台和网络听众。

在成为一个旅游胜地的同时，纳什维尔市也在蓬勃发展。在成为旅游胜地后，有不少人去纳什维尔享受美食、体验夜生活、购物和享受南方人的热情款待。最近的电视节目《纳什维尔》的成功使其人气更加高涨。

乡村大剧院存在的问题

多年来，乡村大剧院一直紧跟时代潮流，并且在其核心乡村音乐迷中享有很高的声誉。但是它需要赢得更多的粉丝（和游客流量），尤其是 40 岁以下的游客。乡村大剧院能否在《纳什维尔》日益流行的同时大受欢迎？

社会化媒体与乡村大剧院

和许多旅游和娱乐目的地一样，乡村大剧院越来越关注社会化。乡村大剧院可以借助社会化用更少的钱做更多的事，创造更多沉浸式体验。社会化创造的机会比广播频道要多得多。乡村大剧院在 Facebook、Twitter、Instagram 和 YouTube 上非常活跃，在 Pinterest 和 Snapchat 上的影响力也越来越大。但乡村大剧院是否充分利用了这些平台和其他平台？

面临的挑战

开展跨平台的社会化媒体活动，帮助提升品牌意识，吸引新的受众前往乡村大剧院——这些受众并非标准的乡村音乐迷，他们的年龄大概为20～40岁。挑战还包括消费者、品牌和内容见解。我们应该关注当前乡村大剧院在不同平台上的社会化媒体内容。你会推荐哪些新的付费或免费内容和平台？如果要代替具体的预算数字，请提供一些推荐的关键绩效指标。

讨论题

1. 这是一个双重任务。它既是一个旅游挑战还是一个"娱乐选择"挑战，哪个更重要？

2. 你如何划分20～40岁的成年受众群体？是否存在情境性、偶然性或亲缘性群体，他们可能成为优先事项或容易实现的目标？

3. 你所推荐的关键绩效指标如何在感受到"品牌化"的同时，为乡村大剧院提供一站式方案？

第三部分的案例研究：社会化媒体四大区域

案例研究 5：原生广告——新颖还是欺骗

詹妮弗·萨尔索萨，亨德森州立大学；萨拉·菲施巴赫，加利福尼亚路德大学

丽莎密切关注着好友和家人今天在 Facebook 上发的帖子。毕竟，这是了解身边的人和各种新闻时事的最佳方式。事实上，丽莎通常只会从 Facebook 和 Twitter 上了解消息。她一直在关注她最喜欢的品牌和发布者。她很享受看到在线更新时的那种感觉，因为这让她觉得自己像一个内部人士。

今天的资讯跟往常一样，比如可爱的狗狗视频、趣味表情包、生日快乐祝福、心灵鸡汤、度假图片和烹饪视频。在浏览 Facebook 资讯时，丽莎看到了一个可爱的狗狗视频，分享了趣味表情包，写了"生日快乐"的评论，还转发了一些心灵鸡汤。

然后，丽莎偶然看到了 The Gap 发的建议帖。她发现她的好友阿曼达和马克都喜欢 The Gap。建议贴介绍了夏季的五大时尚潮流。帖子下面有许多喜欢、可爱、惊讶甚至愤怒的表情以及评论和分享。因为想要了解更多信息，她点击了"了解更多"按钮。丽莎很喜欢在着陆页上看到的风格，于是她在购物车中添加了一条粗斜纹棉布牛仔裤和一件亮黄色的上衣，并且很快结了账。

自从早期的横幅广告、弹出式广告等成为在线广告的主要形式以来，在线广告已经走过了漫长的岁月。批评者认为横幅广告容易出现磨损，而且不够显眼；弹出式广告通常会被拦截。他们声称这种类型的在线广告具有侵入性，因此没有实际效果。消费者更加注重便捷性，因此他们会减少台式机的使用，这样台式机在线广告就会被淘汰。为了应对这一局面，广告商开发出了吸引消费者并促进互动的新方式。

原生广告完美地混合了原创和商业内容，打破了这一混乱局面。据美国联邦贸易委员会称，原生广告（有时也叫赞助内容）是将广告与新闻、娱乐和其他数字媒体内容相结合。原生广告指的是那些更贴近植入内容的广告。原生广告占许多发布者广告收入的 1/3 以上。

原生广告的支持者认为消费者经常忽视传统的在线广告。因此，广告商可以创造性地将商业内容与有机内容结合起来，利用原生广告来吸引读者。社会化媒体广告投放与传统在线广告相比具有明显的优势。很多时候，内嵌式广告都有互动标记（例如评论、点赞、转发），与有机内容融合良好，并且通过在线口碑获得了网民的认可，所有这些都增加了互动的可能性。因此，发布者也可以通过获得更多的广告收入而受益。Facebook 赞助的帖子和 Twitter 推广的推文等社会化媒体内嵌式广告占原生广告的 39%。此外，《福布斯》《纽约客》《快公司》和《大西洋月刊》等出版商使用广告或品牌内容，这又是另一种形式的原生广告。

原生广告反对者认为，消费者无法将原生广告识别为广告。尽管社会化媒体内嵌式广告的效果很好，因为它们与有机内容结合良好，但消费者是否可以将内嵌式广告看作商业广告仍是一个未知数。因此，原生广告可能是一种欺骗性广告。内嵌式广告是一种新颖的还是欺骗性的广告形式？美国联邦贸易委员会建议使用视觉提示（如阴影和边框）以及明确、大型且明显的文本标签

让广告变得更加清晰醒目，避免出现欺骗性广告。尽管如此，对发布者而言，在披露语言和视觉线索来标记原生广告方面还没有达成共识。因此，发布者使用不同的披露语言，而这些披露语言在赞助、建议、推广、品牌内容和呈现方式上有所不同。当消费者无法识别原生广告时，原生广告的反对者会声称原生广告违反了读者与广告商之间的信任关系。过去，编辑和广告内容之间存在分歧。但现在，这一界限变得越来越模糊。

讨论题

1. 如何对社会化媒体内嵌式广告进行分类？
2. 社会化媒体内嵌式广告与陈列式广告和有机社会化广告有什么不同？
3. 为什么丽莎更愿意点击社会化媒体内嵌式广告而不是陈列式广告？
4. 你觉得丽莎注意到了 The Gap 发的 Facebook 建议帖是一则原生广告吗？为什么？如果她注意到了，你觉得她会认为这是一个欺骗性广告吗？
5. 根据你自己的原生广告体验，你认为原生广告是否应该受到监管？
6. 假设你正在创建披露语言标准，描述一下你是如何根据视觉线索和文本标签创建公开语言标准的？

案例研究6：社会化媒体会议社区

艾伦·J.西摩，咨询顾问

体育营销促进了营销活动和趋势的复兴。每当作者想要举办讲座、研讨会和讲习班时，对话总是会回到这样一个话题——体育对大众来说就像氧气一样，是不可或缺的一部分，所以受众应该经常运动、坚持运动。[7]这是体育营销人员衡量球迷的反应和呼声的重要工具。

概述

这个案例是在社会化媒体社区中进行的一项练习，目的是让学生、学术界和从业者之间进行有效的商业对话。作为研究体育营销学的学者，我一直在计划推出新的体育营销管理研究项目，宣传这种社会化媒体是人们的首选。[8]

背景

此次会议是为了启动北安普顿大学体育营销新的本科课程而设立的，目的是提高学生对新学位的认识，从而提升北安普顿大学在体育商业市场的信誉，并在学生、学术界和从业人员中建立体育社区。最初和随后的会议使用了各种营销手段，并且首次使用了社会化媒体。从议程、演讲嘉宾以及受邀代表身上就可以看出来。[9]

会议的主题是赞助和众筹，会议特别强调了新媒体以及社会化媒体平台在交流中的作用。[10]讨论那些议程上可能没有的话题是选择主题的重要特征。作为赞助选择的新来源，受众在众筹中的重要地位和互动吸引了一些代表与发言人参加会议并加入有关会议主题的体育社区。

讨论题

1. 作为会议负责人，和你的社会化媒体团队一起评估你们在社会化媒体活动中使用的各种社会化媒体平台。

2. 利用社会化媒体管理为此次活动设计特殊流程，设计并创建新的会议体育社区。社区应该被具体设计为一个行业或同期群，以符合设想的会议类型，并且能够提前设计议程。

案例研究 7：#NikeAirMaxDay——创办社会化品牌活动

艾玛·瑞德，西苏格兰大学；凯瑟琳·达菲，格拉斯哥大学

运动鞋从功能性鞋类发展成了品牌忠诚消费者支持的时尚品牌，运动鞋是一种有着自己的语言、仪式和文化的#鞋迷亚文化。运动鞋爱好者利用社会化媒体、博客和论坛（如 NikeTalk、Sole Collector 和 Hypebeast 论坛），让消费者与经验丰富的收藏家一起讨论新型号或"系列"和"色彩设计"、鉴赏并验证正品、分享护理和保养技巧。

过去 10 年来，商业模式发生了很大的变化。不少公司依靠网络来销售产品，实体店的库存大量减少。为了购买 quickstrikes 和 hyperstrikes 系列，鞋迷必须时刻留意手机。每个月，通常每隔两周，产品的需求以及分销的便利性都会发生变化。既然每个周末都可以直接把鞋放在网上销售，那为什么还要在实体店卖鞋？

对运动鞋的痴迷已经从地下街头文化发展成为大众消费趋势。耐克没有广告牌或电视广告，但耐克创建了#鞋迷社区，并通过社会化媒体在 Instagram 的帖子、推文、博客帖子和专门的 Facebook 群组中宣传系列产品。最畅销的产品系列是 Air Max。在品牌 30 周年之际，耐克发布了许多既舒适又时尚的 Air Max 系列新品。耐克有一个忠诚的客户群，并且充分发挥了这个客户群体的作用。

超越产品：商业化节日

耐克进一步发展，然后创造了自己的节日——Nike Air Max Day。节日在 3 月 26 日，刚好是 1987 年推出第一代 Air Max Trainers 的日期，事实上，2 月正在迅速成为#鞋迷日历中的关键日期。耐克利用 3 月 26 日这一天来提升新产品发布意识，推动消费者期望，鼓励消费者创造和分享内容，并将其作为建立消费者与品牌之间关系的一种方式。这个品牌节日标志着在品牌和消费者粉丝的社会化推广方面互动方式的转变。线下活动包括乘坐 Nike Air Max 巴士游览多伦多（带有艺术装置和品牌自动售货机），参观四个城市的"Sneakeasy"门店以及进行线下促销活动。

在线上，耐克利用社会化媒体让消费者参与到零售店以外的方面，包括以用户为中心的游戏、粉丝艺术、社会权威影响者和电子口碑，以建立预期并调动现有粉丝社区的积极性。

- 消费者有机会投票选出 12 款 Nike RevolutionAirs 新款"混合设计"鞋。
- 耐克鼓励人们在 3 月 26 日穿上自己心爱的运动鞋，并使用 #airmaxday 标签拍摄一张照片，利用 Instagram 和 Twitter 用户来宣传其产品和风尚。
- 鼓励粉丝投票选出一款再发行的标志性的 Air Max 运动鞋。这使用户需求大的 Nike x Atmos Air Max 1 Elephant 系列得以再发行。
- 凯文·哈特和内马尔等社会化媒体权威影响者和品牌大使也在社会化媒体上分享了自己的 Air Max 的图片。

#AirMaxDay 标签在社会化媒体上的表现如何

Brandwatch 社会化倾听平台（www.brandwatch.com）收集的数据表明，从 2 月 1 日到 3 月 26 日，#AirMaxDay 标签在社会化媒体上的使用次数为 41 000 次，同比增长 64%；26 000 位独立用户在社会化媒体上讨论了 #AirMaxDay，前一年的独立用户数为 18 000。最显著的变化是 Instagram 上的标签使用量增加了 600%，在这个图像共享社会化网络上总共有 12 213 条用户生成的帖子。

由此可见，#AirMaxDay 在社会化媒体上越来越受欢迎，图像共享和视觉故事叙述是粉丝与品牌进行交流的最重要的途径。通过对 Air Max 品牌粉丝进行分析，我们得到了一些有趣的建议，这些建议主要表现为粉丝创建的社会化媒体内容。[11]

- 情感投入：购买和鉴赏不同的 Air Max 型号成了消费者日常生活的重要部分，关于讨论希望购买的型号和最喜欢的型号等推文就证明了这一点，详情请参考"买耐克花去了我 3 月的所有工资"等评论。
- 自我认同：通过使用 #AirMaxDay 主题标签、鞋迷语言、参与论坛互动以及上传节日那天最喜欢的 Air Max 图片，粉丝（鞋迷）可以找到志同道合的粉丝并与他们进行沟通，从而建立社会化网络。
- 文化技能：对品牌本身、老版的 Air Max、稀有版本的价值和稀缺性的认识，对在哪购买以及使用鞋迷社区专业用语的了解。
- 辅助消费：收集相关产品——对于这个消费群体而言，Unboxed Air Max 运动鞋具有很高的价值。此外，不同版本和"滞销品"的稀缺性也在高转售价值中表现出来。
- 内容制作：详情请查看在社会化媒体上分享和参与的大量粉丝的创作内容。

耐克没有采用以线性广播为基础的广告和营销，而是适应不断变化的媒体格局，并采用了一种灵活的策略。从数据中可以看出，耐克拥有和社会化领域的忠实粉直接合作的绝佳机会。鼓励粉丝创建和分享用户生成的内容，与品牌直接互动，并参与有关设计的决策，将有助于耐克品牌的发展。[12]

讨论题

1. 耐克是第一批创建品牌"节日"的品牌之一。J.Cew 也推出了自己的 #Nation Stripes Day。其他具有高参与度的社会化媒体社区的全球品牌应如何建立自己的节日？请给出你的建议。

2. 耐克利用 Air Max Day 对一个已经十分繁荣的在线运动鞋社区进行再开发。耐克如何使用社会化媒体了解更多关于运动鞋社区的信息？

3. 对于今后的 Air Max Day，耐克如何在不疏远现有的高度参与的社区的同时，利用 #AirMaxDay 标签吸引新的消费者？

4. 就使用社会化媒体和其他形式的数字营销技术来庆祝 #NikeAirMaxDay 提出你的建议。

案例分析 8：《精灵宝可梦 GO》——社会化游戏革命
克莱·格兰斯登，利物浦希望大学

2016年的夏天迎来了神奇宝贝诞生20周年，还发布了《精灵宝可梦 GO》应用程序。《精灵宝可梦 GO》是由奈安蒂克开发（奈安蒂克和任天堂是合作关系）并通过任天堂公司发行的一款游戏。[13] 精灵宝可梦当然不是小品牌，它目前在全球排名前30以内。[14] 多年来，精灵宝可梦作为一个品牌已经实现多元化，并且在娱乐和游戏行业拥有众多粉丝。全球游戏销量超过2.8亿，票房收入累计约为6.7亿美元，全球发行的交易卡达215亿张。[15] 这个强大的品牌与一种新的游戏形式相结合，创造出了一种完全沉浸式的广告游戏，引起了不小的轰动。要真正发挥游戏的影响力，首先应该了解《精灵宝可梦 GO》的运行方式。

游戏本身就是捕捉、进化或孵化神奇宝贝，然后将神奇宝贝收集到"精灵图鉴"中。[16] 每个玩家都可以访问精灵宝可梦捕捉点（现实世界中的位置）来获取帮助，访问游戏中的物品，然后帮助他们继续旅程。[17] 虚拟现实技术和全球定位系统也许是《精灵宝可梦 GO》成功的原因之一。[18]

这款游戏不仅让玩家探索生活，还鼓励他们到户外走动。2017年2月，奈安蒂克的首席技术官菲尔·柯斯林表示，游戏中的87亿公里相当于步行到冥王星的距离。[19]《精灵宝可梦 GO》的影响令人难以置信，有人声称《精灵宝可梦 GO》可能为美国玩家增加大约282.5万年的寿命。[20]《精灵宝可梦 GO》超越了以前所有的社会化游戏，与以前的游戏不同，《精灵宝可梦 GO》没有排行榜和游戏内消息系统。这是一款通过电子设备玩的游戏，鼓励你和现实世界中的其他人进行合作交流。

当然，《精灵宝可梦 GO》不是第一个这样做的游戏，奈安蒂克之前发布了一款名为《入侵》的同款游戏。[21]《入侵》也使用了全球定位系统。有人说，如果没有《入侵》的原始玩家，就没有《精灵宝可梦 GO》，《入侵》中的大量数据对开发精灵宝可梦捕捉点有很大帮助。[22] 但是如果没有《精灵宝可梦 GO》，《入侵》就没有同样的影响力。与《精灵宝可梦 GO》最近公布的6.5亿下载量相比，《入侵》的下载量才2 000万。[23]

截至2017年2月，《精灵宝可梦 GO》已经累积了10亿美元的巨额资金。[24] 它是所有应用中发展最快的，同时也是有史以来最畅销的应用之一。[25] 一个主要原因是该游戏提供微交易和游戏内购买。与其他价值10亿美元的游戏类似，《精灵宝可梦 GO》允许玩家购买额外的物品来辅助游戏。[26]《精灵宝可梦 GO》也可以免费玩，这种免费和付费兼有性似乎是市场上许多畅销游戏的发展原则之一。

如果你是一名铁杆玩家，那么你要做的事情就有很多了，比如在不使用外挂的情况下升级到第一名。[27] 休闲玩家也可以玩游戏，你不会因为没有投入大把时间而处于劣势。

对那些玩过《神奇宝贝》游戏或看过《神奇宝贝》动漫的人来说，《精灵宝可梦 GO》也很有吸引力。游戏中有一个集成相机系统，可以通过个人网络共享玩家内容。

《精灵宝可梦 GO》的成功不言而喻，它在较短的时间内积累了庞大的玩家基础，累积了巨额资金。《精灵宝可梦 GO》还使精灵宝可梦品牌其他商品的销量大增。某些交易卡的价值有时可能高达1万美元。[28] 不幸的是，自游戏发布以来，玩家人数一直在下降。[29] 但是，因为《神奇宝贝》现在已经发展到第七代并拥有高达801种神奇宝贝，游戏内容有可能继续增加。[30] 这个不起眼的应用彻底改变了手机游戏；随着虚拟现实技术的出现和更强大的设备的发布，利用社会化娱乐进行营销变得更加激动人心。[31]

讨论题

1. 《精灵宝可梦GO》是在第一款《精灵宝可梦》游戏发行20周年之际提供下载的。为什么说庆祝这个周年纪念对精灵宝可梦这一品牌来说特别有利？

2. 哪些因素促成了《精灵宝可梦GO》的成功？

3. 找一些利用《精灵宝可梦GO》进行宣传的公司的例子。

4. 当人们对《精灵宝可梦GO》的热情逐渐消退后，玩家数量也在下降。调查最近的《精灵宝可梦GO》活动或最新事件并创建一个时间表。

5. 下载《精灵宝可梦GO》并调查应用内购买。为什么会有人购买物品、服务？将这些应用内购买与其他游戏如《糖果粉碎传奇》和《部落冲突》进行对比。

6. 找到一个品牌，描述和评价该品牌当前采用的社会化娱乐活动（如果有的话）。就改善社会化娱乐活动提出你的建议，运用理论和行业示例来分析你使用的战略。

案例研究 9：社会化媒体是电子书销售成功的关键

成功案例：亚马逊 Kindle 电子书

托马斯·S. 米勒，阿巴拉契亚州立大学

亚马逊 Kindle 电子书是当今社会群体中最流行的数字出版形式之一。截至 2016 年年初，直接面向消费者的在线零售商每天要卖 106 万部电子书（付费下载）。消费者在最近一个月内每天要花费 575 万美元，其中 176 万美元用于支付作者版税。虽然没有关于利润分配的明文规定，但作者还是从亚马逊的订阅阅读服务 Kindle Unlimited 获得了 1.4 亿美元的额外收入。[32] 整个电子书行业每年的销售额超过 21 亿美元。

值得注意的是，随着出版商销售额的下降，独立作者撰写的电子书数量却在增加。[33] 在 2016 年进行的一次评估中，亚马逊 100 部最畅销电子书中有 56 本是由作者自行出版的。最畅销的独立作者通常会写关于自然活动、爱情、惊悚、都市、悬疑和科幻的题材。随着电子书在亚马逊和其他网站上的崛起，业内专家认为，纸质书将成为一个利基市场，类似于杂志和报纸中提到的效应。[34] 数字出版策略师本·汤普森运用聚合理论发现，亚马逊等销售门户会消除中间商，使独立出版商避开出版社，直接面向消费者。[35]

由于社会出版市场中有相当一部分是独立运作的，广告和推广就成了作者的责任。作者花一部分时间写小说，然后投入另一部分时间来进行社交，比如进行营销来扩大粉丝群。他们面临的挑战是如何让电子书在数百万个竞争类书籍中脱颖而出，然后说服读者将电子书下载到 Kindle 阅读器或其他数字设备上。预售对保证自行出版作者的投资回报至关重要。一个可行而且成本较低的方法是建立一个社会化媒体营销计划。通过社会化媒体平台，他们可以发展潜在客户、创建关注者名单、利用其他知名用户、访问大型专题组以及宣传展示即将推出的电子书内容"广告传单"。[36]

大多数电子书作者通过内容生成来制订社会化媒体计划，通常是一些 250～500 字的简短文章。大多数成功的社会化媒体计划的帖子更短，使用频率更高。社会化媒体内容通常是通过博客发布的，比如谷歌的博客平台，或者高度可定制的博客。[37] 关键是建立一个唯一可以代表作者及其作品的统一资源定位符。统一资源定位符以及博客文章标题中包含的关键搜索词有助于提高作者的社会化媒体内容在搜索引擎上的排名。

领英和 Google+ 等社会化媒体门户为每个用户提供个人登录页面，但更多的登录页面是由团体和社区提供的，每个人都可以在社区中分享自己的兴趣爱好。例如，Google+ 中的时尚社区拥有 55.7 万关注者。[38] 领英中的营销传播小组有 62.1 万名会员。[39] 领英图书营销小组有 2.8 万名会员。[40] 确定一个专题小组，了解帖子的相关性，如何互动和回复以及哪些人的帖子浏览量最高是非常有必要的。作者可以通过看帖、回帖然后写一些可以引起读者共鸣的内容来参与这些平台。一些作者在他们即将推出的电子书上加入了介绍性的促销评论。公开销售是不允许的，同时帖子必须有价值，能够吸引其他小组成员的兴趣。[41]

对许多电子书作者来说，Facebook 一直是最具影响力的平台。Facebook 在全球拥有超过 14

亿用户，70%的用户每天都会多次查看他们的资讯。电子书作者会为他们的个人资料或者特定的书籍创建一个"着陆页"。关键是将网页上的好友引流到个人网站，把特定的对电子书有共同兴趣的Facebook用户作为目标对象。一些作者会举办活动或宣传来吸引用户并增加流量，这些可以通过社会化媒体数据管理来衡量。马克·道森最初是传统出版公司的写手。因为业绩不好，他决定自己出版书籍。在了解了如何充分利用Facebook之后，马克投入了大量时间和精力，现在他每年的收入超过45万美元。[42]

Vimeo和YouTube等视频平台成为电子书的社会化媒体推广手段。谷歌于2006年以16.5亿美元的价格收购了YouTube这一主流视频播放平台。YouTube报告称其现在每个月的观看次数超过10亿次。[43]成功的电子书作者会在社会化媒体计划中加入YouTube视频，其中包括在电子书发布时提供特别推介优惠的访谈或"广告传单"。

在Facebook页面和Pinterest、Instagram等视觉分享网站中嵌入内容有助于交叉推广YouTube的帖子。研究表明，人类大脑浏览图片的速度要比文本快6万倍。电子书作者通常刻意进行视觉分享。例如Instagram主要面向18～24岁的女性用户（56%），同时允许共享图片；Pinterest面向女性和男性用户，年龄为18～24岁的用户占2/3，1/2的用户来自美国境外，同时Pinterest允许用户整合他们感兴趣的内容。此时，作者面临的挑战是吸引用户参与，宣传最新出版的电子书，并建立可以生成电子书评论的读者反馈。许多作者在多个帖子中讲故事，利用视觉优势来推广他们的电子书。[44]

Twitter可以说是所有社会化媒体活动的"信使"。每条推文限制为140个字符，可以重新编辑和共享。目前，Twitter每月用户为3.2亿人次，每月访问量超过10亿次。[45]聪明的电子书作者会加上"@"用户句柄来吸引其他重要作者或者利用主题标签来创建主题搜索。Twitter也可以将关注者引向其他发布博客或网页内容的平台。有些作者还利用Twitter的新视频直播节目——Periscope来宣传特殊节目和活动。

一些最成功的电子书作者同时还是著名播客节目的主持人。科技创业者詹姆斯·阿图彻出版了11本书，其中包括《华尔街日报》畅销书《别忘你也曾野心勃勃》。阿图彻在市场上拥有独特地位的原因在于，他在破产后暴富，然后又一次破产。他现在在出版《改造自己》和其他的电子书，并在流行的"詹姆斯·阿图彻秀"播客中宣传他的作品，可通过podbay.fm和iTunes访问"詹姆斯·阿图彻秀"播客。[46]

亚马逊本身就是一个容易被忽视的社会化媒体。亚马逊的作者页面可以展示作者的相关信息，包括个人简介，作者在亚马逊Kindle上的出版物的汇编，以及Twitter或个人博客等其他社会化媒体的链接。

大多数人都可以成为电子书作者，但不是每个人都可以出书。作者要知道如何写作、出版、联网、创作、联想和娱乐。社会化媒体是作者和客户在开放、不受管制的市场中进行联系的通道。

讨论题

1. 每个电子书作者都面临通过社会化媒体营销来促进销售的挑战。如果一位作者刚刚完成了关于内战的书，哪些社会化媒体小组可能会有对此感兴趣的成员？在领英和Google+中搜索并找到答案。

2. 美国制片人肯·伯恩斯1990年为公共广播网络制作了《美国内战》纪录片。找到伯恩斯先生的Twitter用户账号，然后撰写包括用户账号和标签的推文，将他的作品与《美国内战》电子书相关联。

3. 一位独立电子书作者刚刚出版了配有大量彩色照片的园艺专家手册。你会如何利用Pinterest和Instagram来宣传这本手册？

4. 选择一个主题，然后为该主题创建一个书名。你先后会使用什么样的社会化媒体向潜在读者宣传这本书？

第四部分的案例研究：社会化媒体数据管理和测量

案例研究 10: 米拉——利用社会化媒体进行市场研究

伊莱尼娅·康芬特、保拉·西格诺里，维罗纳大学

米拉是意大利北部（南蒂罗尔州）的一个拥有2 600名小型奶农的牛奶合作社。乳制品行业是一个独特的农业企业部门：乳制品是一种农产品，一年365天每天都会生产牛奶。[47]有不少国家在全球供应牛奶和乳制品，而且每个国家都有独特的生产方式和消费市场。乳制品行业的主体一般是小型或微型公司，但是由于新技术和技能的出现，农民可以管理更大的组织，因此乳制品行业近来发生了新的变化。过去几十年，意大利的乳制品零售商越来越多。这种现象导致供应链失衡，为了采取吸引力战略，避开中间商的收购，一些极具创新能力的小生产者进行了不少营销创新和市场调研。此外，消费者的偏好对乳制品行业发展的影响日益增强，了解消费者的动机和看法至关重要。为了应对这些情况，公司需要转变营销策略，实行"u营销，即无处不在的营销"，就是在用户出现的所有地方进行营销。由于先进技术的出现，消费者能够在需要时访问应用，所以u营销是可能实现的。消费者可以在社会化媒体上发帖或共享图片，分享实时事件和感受。

米拉为几个欧洲市场提供服务，米拉使用社会化媒体有多种目的，其中之一是改进这些市场的数据收集和研究。为了更好地了解消费者在线内容，比如帖子和图片，米拉在2016年3月开始了营销创新。但由于缺乏先进技能，米拉决定将营销创新外包给数字机构Maxfone。自2008年以来，Maxfone一直致力于为多家公司提供3.0数字通信服务和技术。Maxfone通过Social Meter分析和图片流平台监控短信、推文、博客、Facebook和类似的帖子、Instagram图片以及发布帖子和对话的其他社会化媒体应用。Maxfone还对这些数据进行挖掘和筛选，生成专注于客户品牌及其母公司的实时数据流。米拉通过数据流以产生共鸣的方式吸引消费者，同时发布与品牌相关的事件和互动。随着时间的推移，Maxfone能够通过Social Meter分析提供的被称为图片流的服务实时了解与图片相关的行为。如果品牌要恰当利用对话、事件和行为，实时分析非常重要。米拉的第一步是激活图片流服务和管理社会化网络官方账户（Facebook、Twitter和Instagram）。得益于此，米拉现在能够在一个地方收集和分析（并在其网站上截图）客户自发共享的视觉内容。

视觉内容（也称为"口碑图片"）正在以某种方式替代或集成社会化媒体中的书面内容（口碑）。Instagram、Pinterest和类似平台的成功证实了视觉内容的增长，用户可以利用许多视觉内容来在线分享他们的日常生活。

这种视觉数据的收集和分析使公司能够更多地了解消费者行为和偏好，创新产品，了解消费过程，从而建立品牌意识。例如，米拉可以观察和调查顾客使用产品的方式，例如，找出最常见的与奶酪搭配的食物，人们通常在牛奶中加什么，他们在哪里吃酸奶以及最喜欢的口味。然后将这些信息整合到那些从网上收集的最常见的信息，即米拉发布的书面评论和帖子，在推出新产

品、建立合作伙伴关系或创新产品时满足顾客的不同需求。

通过从社会化网络页面抓取文本和视觉帖子来进行市场调查，我们发现，来自南蒂罗尔州以外的甚至远至意大利中部地区的顾客对米拉的产品有着大量的需求。每天都有顾客询问在哪里可以购买米拉的产品。因此，米拉开始致力于研究产品搜索引擎，让访问者不仅能找到距离最近的销售商，还能找到来自遥远的南蒂罗尔地区的产品。

讨论题

1. 米拉如何通过社会化媒体进行市场调查？小企业和大企业在这方面有什么不同？
2. 米拉可以从图片流分析中收集关于消费者习惯的哪些信息？为什么说这些信息有助于市场调查？
3. 除了收集书面帖子外，为什么还要收集视觉内容？视觉内容可以为公司带来什么数据和信息？
4. 米拉可以运用哪些指标来衡量活动的有效性？

Appendix B 附录B

社会化媒体营销计划示例

GONOW 假期

简介

GONOW 是一家提供定制旅游、满足游客兴趣爱好的旅游机构。人们对食物、历史、文化、建筑、瑜伽等各种事物都充满了兴趣。GONOW 把人们的爱好与度假计划结合起来。该计划为 GONOW 提供了一张详细的地图，同时开发了社会化媒体营销信息以支持其营销计划。GONOW 产品的核心优势是可以提供充分激发受众兴趣的个性化度假计划，如家庭玩乐、历史、食物等。

在提升社会化媒体形象时，该品牌遵循了现有的品牌结构，还制定了一个现有品牌标识指南，确保所有营销渠道在 logo 设计、品牌名称、图像、音调和语言方面保持一致。品牌的宗旨是"给重视行动而非拥有的人带来传奇的人生体验，让他们认识到现在就是最好的行动机会"。品牌致力于在受众希望的时间和地点提供这些生活体验。品牌的标签系列是"带着激情去生活，现在就行动吧"。

情景分析

旅游业面临众多机遇和挑战。2016 年，美国国内和国际游客的休闲旅游直接支出总额为 6 831 亿美元。近 80% 的旅行属于休闲旅游而非商业旅游。休闲活动主要包括探亲访友、购物、饮食和观光。这些活动并没有阻碍与特定爱好和激情相关的度假文化趋势的发展。例如，即使像"奶酪"这样的小众爱好也会吸引相关旅客，因为旅客期待有意义的、独特的度假体验。不幸的是，对于 GONOW 来说，旅游业竞争非常激烈，它与其他旅行社、酒店、目的地营销组织、在线旅游预订网站、信用卡服务、DIY（手工艺者）等都存在竞争关系。

SWOT 分析法

SWOT 分析法分析了企业内部的关键优势和劣势，并且介绍了 GONOW 面临的机会和威胁（见表 B-1）。

表 B-1 SWOT 分析法

优势	劣势
• 与受众兴趣相关的独特体验 • 优秀员工，根据不同地点和能力的特殊培训提供优质、个性化的服务	• 很难在保证质量的同时，创造新的独特体验 • 缺乏品牌意识 • 每位客户的高获取成本
机会	威胁
• 旅游消费具备强劲的市场价值，并且仍在继续增加 • 作为全球文化潮流，旅游消费越来越注重体验而非物质享受 • 一些消费者厌倦了花时间寻找特价商品和目的地	• 全球恐怖主义降低了消费者对远程目的地旅行的热情 • 互联网和 Expedia 等网站鼓励旅客自主选择 • 大量旅行社、目标营销组织、酒店和旅游网站的出现 • 经济问题限制了消费者对可支配收入的信心 • 旅游支出往往是季节性的，主要集中在假期和夏季

竞争审计

针对定制度假套餐的两大竞争对手进行的竞争性审计表明，这两家公司在所有主要的社会化网络渠道上都拥有强大的影响力。竞争对手经常参与关注图片内容的渠道，特别是 Instagram 等沟通渠道。对上个月的帖子的分析表明，竞争对手会定期发帖，但不会回复关注者的问题和评论，在品牌定位声明方面使用的帖子的标题不具备品牌识别度。所以 GONOW 在响应、服务和差异化消息方面取得优异表现的空间很大。具体详情，请查看社会化媒体区域和渠道竞争活动的完整报告。

自我审视

GONOW 在它的每个社会化简介中宣传公司形象。作为生活经验方面的权威专家（对不同地方的烹饪、历史和文化的了解），品牌个性要与品牌形象保持一致。GONOW 在社会化媒体上的参与一直是零散的。有时会定期发帖，但大多数情况下不会。另外，很多信息是填充内容，对受众没有任何价值。具体详情，请查看每个社会化渠道上 GONOW 活动的完整分析。

因为 GONOW 试图系统地利用社会化媒体进行市场营销，所以重新了解品牌标识手册非常重要。GONOW 是策划专家，可以策划独特的旅行目的地，让你的生活充满激情。GONOW 的宗旨是"生活体验"，标语是"带着激情去生活，现在就行动吧"。它们的次要信息涉及受众的特定爱好，比如历史、食物、运动、葡萄酒、音乐、户外活动等。

在制订和执行社会化媒体营销计划的同时，GONOW 将确保所有传播都符合其品牌标识手册，语调和声音符合其品牌个性。

目标

因为旅游行业竞争激烈，所以 GONOW 的主要目标是获得品牌知名度。社会化媒体营销计划力求实现以下目标。

- 提高 GONOW 的品牌知名度，发展与游客喜好目的地的关系并提升游客体验。具体而言，该计划力求在发起后 6 个月内将受众的品牌意识提高 10%。
- 提升 GONOW 作为喜好目的地首选旅行社的声音份额，力求声音份额比其他竞争旅行社高 5%。
- 为 GONOW 电商网站引流，在计划推出一个月内增加至少 10% 的流量。
- 与上一年相比，激情度假套餐的预订量增加了 15%。
- 加强与老客户的关系，发展回头客生意。

目标受众

在对高收入度假计划的旅行者进行研究后，我们确定了三个主要目标受众：家庭、独立旅行者以及许愿清单者。

家庭占旅游总支出的 49%。但是，家庭通常会注重预算，并且会选择更加适合儿童而不是个人喜好的活动。独立旅行者旅行时不会带上孩子，他们有时会与其他成年人一起旅行。独立旅行者占旅游支出的 24%。他们对令人兴奋的、热闹的旅行和体验感兴趣，但他们也需要那些可以在假期内进行社会化活动的住宿。许愿清单者会寻求那些千载难逢的体验机会。他们将假期作为目标，并逐个检查清单。过去，许愿清单者一般较年长，但近年来，许愿清单的概念引起了各年龄层消费者的共鸣。社会化媒体共享为消费者提供了一种分享、推广和记录这些许愿清单成就的方式。许愿清单者与 GONOW 的价值主张非常吻合，因为他们倾向于寻求独特而稀缺的体验。这种体验与 GONOW 在其品牌定位中利用的喜好信息非常吻合。

GONOW 几乎不存在区域限制，其度假计划覆盖世界各地的旅行目的地。过去，大部分客户都来自美国、英国和澳大利亚。但是 GONOW 在亚洲的几个市场，特别是在中国、新加坡和日本也越来越受欢迎。

总的来说，GONOW 的目标受众都很富裕，非常国际化，受过良好的教育，并且精通互联网知识。他们能够使用在线资源制订自己的度假计划，但他们更加重视创建独特度假计划的专业知识，因为这样他们就能够专注旅行体验，免受计划中的一些细节的困扰。如果他们认为这种体验足够独特，提供的服务非常全面，他们不会介意支付更多的钱。

从社会化媒体的角度看，Facebook 和 Instagram 上的受众都很活跃，但他们在 Twitter、YouTube 和 Trip Advisor 等网站的使用上存在差异。受众首先关注的是亲和力，其次是有效性。社会化媒体网站上的内容应告知受众潜在的许愿清单机会，以及如何最大限度地利用这些体验，帮助他们在社会化网络中分享这些独特的体验。

社会化媒体区域与渠道

GONOW 在社会化媒体营销计划中使用自有、免费和付费媒体。自有媒体包括在 GONOW 网站上发布内容。在免费媒体中，GONOW 会通过 YouTube、Facebook、Instagram、Twitter、Snapchat 以及其他与受众兴趣相关的渠道发布内容。GONOW 还会给记者提供内容和发布互动帖，为受众参与和消息放大创造机会。GONOW 使用社会化媒体渠道中的付费广告来覆盖目标受众，为互动做宣传。GONOW 会与每个喜好领域的权威影响者合作，展示其设计个性化体验的能力。例如，食品、历史和音乐领域的影响者会使用权威观点强调许愿清单体验。

区域包括社会化社区、社会化发布和社会化商务。渠道包含 GONOW.it、Facebook、Instagram、YouTube 和 Trip Advisor。此外，内容会被提交并用于与食品、葡萄酒和历史等热点领域相关的网站。社会化社区区域互动会持续整整一年。社会化发布领域将持续进行，但全年发布和推广的具体内容将根据季节性兴趣与品牌内容日历来制定。社会化商务区域将是一项持续的工作，具体是在 Trip Advisor 和其他网站上发表评论，提高 GONOW 提供的体验质量的可信度。人们能够在喜好列表应用中直接发布评论和其他用户原创内容。

表 B-2 所示的战略战术映射了这些目标。

体验策略

这些体验应该为目标受众提供有价值的内容，并通过参与和分享与他人的体验来鼓励互动。可以通过创建符合不同季节的关键喜好的有价值的内容以及喜好列表应用来实现这些目标，参与者可以使用该应用来规划许愿清单。内容应该和季节性元素、假期以及最大的兴趣相关。每个兴趣爱好都有一个专门的内容主题，可以作为内容和互动的基础。主题包括吸引美食家的"口味"、吸引历史爱好者的"追溯时光"，以及吸引体育爱好者的"如果我是 ××"。品牌名称 GONOW 既是行为又是品牌身份，与每条信息相关联。

此外，帖子还包括民意调查，邀请人们分享原创内容，记录他们的许愿清单。例如，有关烹饪之旅的帖子可能会以"何时开始？现在就开始！"作为结束语。该战略旨在开发一个喜好列表应用，使用户能够创建自定义愿望清单，检查列表成就，并分享关于各种愿望清单体验的图片和评论。该应用会在移动设备上运行并发布到 Facebook 和 Instagram 上，用户可以创建愿望清单，检查并共享他们的体验内容。

该计划将喜好与每年、每月和每天的内容日历联系起来，并在每个主要喜好（例如食物、葡萄酒、历史、体育）中穿插各种高水平消息、特别优惠和促销信息。内容包括 GONOW 自有媒体和社会化渠道中分享的各种视频、文章、信息图表和摄影，还会邀请并发布与内容主题相关的用

表 B-2 将目标映射到战略战术中

战 略 目 标	战 略	战 术 目 标	战 术
建立品牌意识	在社会化社区中向目标受众展示品牌 鼓励使用喜好列表应用来设想与旅行相关的体验	在社区建立品牌形象 发布有趣的互动消息 与粉丝和权威影响者进行对话 宣传高价值内容的链接 鼓励采纳并持续使用应用程序来计划许愿清单体验	在选定的社会化网络服务（例如Facebook、Instagram）中设计品牌简介 每天在不同的社会化网络上发帖 每天回复评论和提问 使用权威影响者列表来提高喜好类别的到达率 在社会化网络服务中使用付费广告来宣传喜好列表应用
获得超过直接竞争对手的声音份额	原生信息，社会化发布的内容营销，目标受众口碑以及从应用生成的帖子 参与和评论超过竞争对手	创建并发布有价值的内容 邀请快乐的客户进行评论和打分来作为可靠的价值证据 回复目标受众的评论	创建包含英雄内容以及填充内容的信息，确保社会化渠道上的消息始终新鲜有趣 将内容和食物、葡萄酒、历史等喜好体验结合起来 在喜好体验参与期间，使用应用向Facebook和Instagram请求用户原创内容 在度假体验结束10天后，使用电子邮件营销来请求评论
为GONOW网站和预订专家引流	社会化社区和社会化发布的帖子将包含GONOW的链接；通过使用行动号召和激励措施（付费和有机帖子）来提高点击率	为网站访问者提供高级内容，例如可打印和可共享的行程、数字相册模板、食谱以及与喜好体验相关的其他高价值内容	以特殊兴趣群体为目标，开展与家庭度假和许愿清单者相关的Facebook和Instagram广告活动 将测试电话分为行动、图像和激励措施来优化流量
生成需求、获得客户	利用社会化商务区域来创造需求	追踪那些从付费广告中获取高附加值内容的潜在客户 在社会化频道发布的帖子中使用情感图片 利用小组交易和众包列表来促进销售	关键字监测会为销售团队的后续工作带来风险 关注具体销售目标的权威影响者 在社会化网络服务上宣布喜好话题的定期小组交易
留住客户、提高忠诚度	利用社会化社区和社会化商务来吸引、愉悦、激励、感谢和奖励客户	邀请客户分享在假期创建用户原创内容的经验 通过游戏建立粉丝之间的关系，奖励持续参与，突出专业知识，以发挥验证动机的作用 奖励评论和评分以及其他口碑信息 倾听和监测 回复问题和评论	邀请与每个活动和社会化网络服务相关的用户原创内容（例如，南方味道——谁有Ocra最喜爱的食谱？分享你的知识，给其他人评分然后获得胜利！） 感谢贡献者并提供优惠券或其他奖励 对品牌进行监管和回复，或警告内部团队潜在的危机

户原创内容。部分内容将在受众使用喜好列表应用时自动生成。该应用使用户能够创建与旅游相关的愿望清单、旅行行程、相册，并通过 Facebook 和 Instagram 与他们的社会化圈子分享。如果受众对烹饪感兴趣，可能会关注这些内容，比如来自热门旅行目的地的厨师的视频短片，在当地农民市场购买当地农产品的小技巧，与该地区文化相关的歌曲播放列表以及当地食材的建议食谱。标签将与每个元素相关联，这样 GONOW 品牌将会与每个喜好体验产生共鸣："想体验秘鲁的味道：GONOW""想体验苏格兰的历史：GONOW"或是"想体验奥地利音乐：GONOW"等。

战术要素包括分支（品牌个性的社会形象）、贡献（提供高价值内容）、交友（参与社会化社区）、通知或广播（推广品牌和特定假期优惠）、群集（使用与喜好兴趣相关的内容）、合作和资讯（利用权威影响者为目标受众制定建议行程并扩大影响力）、众包（邀请与旅行体验相关的用户原创内容）、激励（用特殊内容与交易来代替社会参与和喜好列表应用）、销售（支持包含社会化内容、优惠和评论的购买）和服务（将社会化媒体作为客户服务的渠道）。

激活

激活战略需要制定可在所有社会化渠道中发布和推广的内容，同时保持相关性并为目标受众提供有价值的内容。可以通过制定年度内容日历、主题列表（与愿望清单体验相关）以及创建内容（包括视频、文章、照片和促销活动）来完成（见表 B-3）。

表 B-3 策略激活

喜好	主题	话题	内容类型	目标渠道
食物	当地食材 菜的味道	春天来了 在［罗马］的时候 本月食谱	文章 视频教程 当地厨师的视频短片 图片 食谱卡片 现场品酒	YouTube Facebook Instagram Pinterest
历史	过去的图片 值得纪念的事件 文化遗产	在这一天 故事内容 想知道为什么	文章 虚拟现实、360 度视频娱乐 具有历史意义的地点的图像 建议行程	Facebook YouTube
运动	高尔夫 足球 冒险 利基	冠军的秘诀 业余还是职业 人生中的某一天 幻想联盟	信息图表 视频教程 民意调查 建议事件	Facebook Instagram YouTube Gamer's Hive Twitter 游戏

除了制定具体的细节，计划还包括每日在 Facebook 和 Instagram 上发帖子，每周在 YouTube

上发帖子，在 3 个社会化网络上发付费广告，以及在社会化渠道上回复有 GONOW 标签的所有消息。帖子将遵循 80/20 定律，受众发布的每四篇有意义的帖子中只有一条会出现 GONOW 旅行计划促销信息。四篇帖子里面有两篇是填充内容，一篇是原创内容，还有一篇是英雄内容。

社会化媒体策略主要由喜好列表应用构成。该应用需要进行定制开发和测试，还需要提供可以生成个性化列表、行程和人工制品（如照片）的规划工具，这些工具可以由用户保留，也可以通过社会化媒体渠道有机地共享，社会化渠道包括但不限于 Facebook 和 Instagram 等社会化平台。

该应用由每个主要喜好行业的权威影响者设计，比如厨师、侍酒师、历史专家。他们会创建带有 GONOW 提供的链接的建议愿望清单。

社会化媒体工作人员包括社会化媒体营销管理者和创作者。特别创意机构会提供应用开发、视频创作和其他自定义内容元素方面的援助。

预算会在战术计划中进行详细说明，但应用开发资金将限制在 20 万美元以内，摄影和视频资产的年度支出为 10 000 美元，专项代理工作为 15 000 美元，权威影响者资讯与伴随内容以及两名社会化媒体营销人员的薪水和福利合计 50 000 美元。

测量

计划是否有效依赖于目标达成的指标，比如品牌知名度、声音份额、网站流量以及每种喜好的旅行体验预订情况。此外，我们会评估每种类型的帖子的互动量，确定与受众产生最大共鸣的内容类型以及最有效的渠道和发帖时间。社会化倾听会提供关于客户服务机会、潜在客户以及发展爱好和兴趣方面的指导。

测量、维护和评估的具体指标包括到达率、喜欢和分享、对行动号召的响应率以及交互式邀请、喜好列表应用的使用（包括新近度、频率和花费时间）、对 GONOW 的情感和喜好兴趣、社会化渠道的声音份额、免费媒体报道回报以及投资回报。每天、每周和每月都会进行活动和互动指标评估。每年都会评估绩效指标。

注　释

本书注释内容，请参考下方二维码。

推荐阅读

书号	课程名称	版别	定价
978-7-111-61959-8	服务营销管理：聚焦服务价值	本版	55.00
978-7-111-60721-2	消费者行为学 第4版	本版	49.00
978-7-111-59631-8	客户关系管理：理念、技术与策略（第3版）	本版	49.00
978-7-111-58622-7	广告策划：实务与案例（第3版）	本版	45.00
978-7-111-58304-2	新媒体营销	本版	55.00
978-7-111-57977-9	品牌管理	本版	45.00
978-7-111-56140-8	创业营销	本版	45.00
978-7-111-55575-9	网络营销 第2版	本版	45.00
978-7-111-54889-8	市场调查与预测	本版	39.00
978-7-111-54818-8	销售管理	本版	39.00
978-7-111-54277-3	市场营销管理：需求的创造与传递（第4版）	本版	40.00
978-7-111-54220-9	营销策划：方法、技巧与文案 第3版	本版	45.00
978-7-111-53271-2	服务营销学 第2版	本版	39.00
978-7-111-50576-1	国际市场营销学 第3版	本版	39.00
978-7-111-50550-1	消费者行为学：基于消费者洞察的营销策略	本版	39.00
978-7-111-49899-5	市场营销：超越竞争，为顾客创造价值 第2版	本版	39.00
978-7-111-44080-2	网络营销：理论、策略与实战	本版	30.00

营销教材译丛系列

课程名称	书号	书名、作者及出版时间	定价
网络营销	即将出版	网络营销：战略、实施与实践（第4版）（查菲）（2014年）	65
销售管理	978-7-111-32794-3	现代销售学：创造客户价值（第11版）（曼宁）（2011年）	45
市场调研与预测	978-7-111-36422-1	当代市场调研（第8版）（麦克丹尼尔）（2011年）	78
国际市场营销学	978-7-111-38840-1	国际市场营销学（第15版）（凯特奥拉）（2012年）	69
国际市场营销学	978-7-111-29888-5	国际市场营销学（第3版）（拉斯库）（2010年）	45
服务营销学	978-7-111-44625-5	服务营销（第7版）（洛夫洛克）（2013年）	79